narr **STUDIENBÜCHER**

Claudia Meindl

Methodik für Linguisten

Eine Einführung in Statistik und Versuchsplanung

Für Anna (1989-1993)

Bibliografische Information der Deutschen Nationalbibliothek

Die Deutsche Nationalbibliothek verzeichnet diese Publikation in der Deutschen National-
bibliografie; detaillierte bibliografische Daten sind im Internet über http://dnb.d-nb.de abrufbar.

© 2011 · Narr Francke Attempto Verlag GmbH + Co. KG
Dischingerweg 5 · D-72070 Tübingen

Internet: http://www.narr-studienbuecher.de
E-Mail: info@narr.de

Druck und Bindung: Gulde, Tübingen
Printed in Germany

ISSN 0941-8105
ISBN 978-3-8233-6627-0

Inhaltsverzeichnis

1 Reisevorbereitungen und Wegweiser

Bevor Sie mit mir in die Welt der Statistik und Versuchsplanung aufbrechen, lesen Sie bitte unbedingt die folgenden Hinweise:

➢ Was muss ich mitbringen?

Fast nichts. Einen leistungsfähigen Taschenrechner, den Wunsch, diese Reise anzutreten und den Willen, durchzuhalten. Mathematikkenntnisse sind nicht erforderlich, schaden allerdings auch nicht. Eventuell vorhandene Aversionen gegen Formeln lassen Sie bitte zu Hause. Sie werden lernen, souverän mit Formeln umzugehen.

➢ Wie ist das Buch aufgebaut?

Es behandelt in 14 Kapiteln die folgenden Fragen:

- Was ist Wissenschaft, und wie kann und sollte man (in der Linguistik) forschen? Wodurch unterscheiden sich qualitative und quantitative Methoden?
- Welche Idee steckt hinter dem Experimentieren, und wie baut man ein Experiment auf?
- Wie sieht der optimale Ablauf einer Untersuchung aus?
- Wie misst man (Sprache) und beschreibt Daten statistisch? Und wie kann man Daten mit Grafiken visualisieren (Deskriptive Statistik)?
- Was ist Wahrscheinlichkeit, und wie kommt man von den eigenen Daten (einer Stichprobe) zu Aussagen über die Gesamtheit aller Personen?
- Wie formuliert man statistische Hypothesen, und was ist Signifikanz?
- Welche Verfahren gibt es, um auf Unterschiede oder auf Zusammenhänge zu testen (Inferenzstatistik)?
- Wann sollte man welches Verfahren wählen?
- Wie können Statistikprogrammpakete beim Rechnen helfen?

Abschließend weise ich Sie noch auf alternative Möglichkeiten hin. Zu vielen dieser Kapitel gibt es Übungsaufgaben mit Lösungsansätzen und Hinweise auf weiterführende Literatur.

➢   Warum diese Inhalte?

Das Reisen im Kopf kennt keine Grenzen, das Reisen auf Papier ist leider durch den Umfang des Buches begrenzt. Für die ausgewählten statistischen Verfahren gilt: Sie kommen häufiger in linguistischen Publikationen vor und lassen sich auch auf kleine Stichproben anwenden (wie sie etwa bei Abschlussarbeiten üblich sind). Ich habe mich aber auch bemüht, einige Besonderheiten der linguistischen Teilgebiete zu berücksichtigen. Ein Computerlinguist bspw. arbeitet teilweise mit anderen Methoden als etwa ein Soziolinguist oder ein Sprachdidaktiker. Ich hoffe, dass diese Auswahl möglichst viele (angehende) Linguisten anspricht.

Bei den theoretischen Abschnitten geht es um die Vermittlung von Grundlagen. Ausführlicher werden deshalb bewusst solche Inhalte behandelt, deren Aneignung im Selbststudium oder ohne Mathematikkenntnisse mühsam ist. Dafür muss ich aus Platzgründen auf manche Teilgebiete der Methodik verzichten (bspw. auf die Methoden „Test" und Befragung"). In diese Techniken kann man sich aber meiner Erfahrung nach gut eigenständig einarbeiten, wenn man über ein solides Basiswissen verfügt. Ich gebe Ihnen dazu als Einstiegshilfe Literaturhinweise mit auf den Weg.

➢   Kann ich ein Kapitel überspringen oder mittendrin einsteigen?

Autoren freuen sich immer, wenn Leser bei der Stange bleiben. Die Realität sieht in Zeiten hoher Studienbelastung anders aus. Sie sollten aber unbedingt die ersten acht Kapitel lesen, denn Sie vermitteln die Grundlagen! Bei den folgenden Kapiteln ist es möglich, sich das Verfahren herauszusuchen, das Sie interessiert. Alle, die das Buch nutzen wollen, um sich systematisch in die Themengebiete Statistik und Versuchsplanung einzuarbeiten, haben keine Wahl.

➢   Gebrauchsanweisung: Was bedeuten die einzelnen Symbole im Buch?

Lernziele Nennt die wichtigsten Begriffe und gibt die Struktur vor, in die Sie beim Lesen Ihr Wissen einsortieren sollen.

Nachdenken! Dieses Symbol soll Sie ermuntern, nicht einfach zu konsumieren, sondern erst einmal selbst nachzudenken. Dieses Vorgehen erhöht nachweislich den Lernerfolg.

▶   Das große Dreieck markiert immer eine Definition oder eine wichtige Formel.

? Beispiel! Sie lernen die statistischen Verfahren praktisch immer anhand einer Fragestellung und eines Beispieldatensatzes aus der Linguistik kennen. Damit können Sie ein Problem mit dem statistischen Lösungsansatz verknüpfen. Die Beispiele sind so gewählt, dass man sie auch ohne linguistisches Fachwissen (bspw. ohne Kenntnis einer Grammatiktheorie) nachvollziehen kann, auch wenn dadurch ab und an die Repräsentativität leidet. Nur den Stichprobenumfang habe ich oft bewusst klein gehalten. Das spart Platz und erleichtert das Rechnen.

Achtung! Hier finden Sie wichtige Hinweise und praktische Tipps. Ich warne Sie vor typischen Fehlern und gefährlichen Fallen in der Statistik und Versuchsplanung. Manchmal finden Sie hier auch eine Begründung dafür, warum es wichtig ist, sich mit dem Thema zu beschäftigen.

Weiterlesen! Das Buch-Symbol verweist auf weiterführende Publikationen, die Sie am Ende des Buches in der Bibliographie aufgeführt finden. Diese Hinweise dienen als Einstieg, wenn Sie sich genauer mit einem Thema beschäftigen möchten.

 Lernkontrolle! Hier finden Sie die Schlüsselbegriffe aus dem Kapitel zum Testen, ob Sie die dazugehörigen Inhalte wiedergeben können. Auf eine Zusammenfassung habe ich bewusst verzichtet. Sie verführt dazu, abzukürzen, also den eigentlichen Text nicht richtig zu lesen ("Mut zur Lücke"). Diese „Instant-Kaffee-Technik" ist für das formale Methodik-Lernen nicht gut geeignet.

> **Was leistet das Buch nicht?**

Es ist kein „Kochbuch" mit schnellen Anleitungen, denen man ohne Erklärung folgen soll. Diese „How to do-Literatur" ist ein Ärgernis für mich, weil sie die Neugier von Studenten unterschätzt. Sie trifft auch nicht mein Verständnis von wissenschaftlicher Ausbildung. Aber auch meine Erfahrungen in der Methodikberatung sprechen dagegen. Es gab zu viele Kandidaten, auf die die folgende Beschreibung zutraf: Nach Kochbuch-Anleitung Daten erhoben, ein Statistikprogrammpaket besorgt, dann ohne Hintergrundwissen sehr viel angeklickt, Rechner heiß laufen lassen, Stapel von Papier mitgebracht, keinen Schimmer gehabt, was die Zahlen eigentlich wirklich bedeuten, Panik!

> **Was ist mit Statistikprogrammpaketen?**

„Kaum jemand rechnet doch heute noch mit der Hand. Das macht doch der Computer besser!" Dieser Einwand ist richtig. Man sollte aber schon verstehen, was man da warum rechnen lässt. Ich möchte deshalb, dass Sie sich zunächst die Grundlagen ganz klassisch durch Rechnen „per Hand" aneignen – soweit es die Komplexität der Verfahren zulässt. Vielen hilft es einfach beim Verstehen, die Formeln zu „begreifen". Darauf aufbauend können und sollen Sie auch den Umgang mit Statistikprogrammpaketen lernen. Für beides zusammen reicht nicht immer die Zeit. In einer Lehrveranstaltung geht meiner Erfahrung nach das Lernen von Syntax-Befehlen zu stark auf Kosten der Vermittlung der Grundlagen. Mit einer soliden Statistik-Basis kann man sich aber in einem zweitägigen Kurs in ein Programmpaket einarbeiten. Solche Kurse werden mittlerweile an vielen Universitäten angeboten. Ich verweise Sie auch auf kostenlose Angebote auf Web-Plattformen. Im Buch lernen Sie die Grundlagen von zwei „Rechenhelfern" kennen: SPSS und R. Sie können dann auf dieser Basis entscheiden, mit welchem Programmpaket Sie sich weiter eingehend beschäftigen wollen.

Danke!

Ein solches Buch entsteht nicht ohne Unterstützung. Die Teilnehmer meiner Methodik-Veranstaltungen an den Universitäten Frankfurt und Bonn waren die (manchmal unfreiwilligen) Versuchsteilnehmer an diesem Projekt. Ich habe wertvolle Hilfe bei der Literaturrecherche (Heike Renner-Westermann, BLL/Unibibliothek Frankfurt) und dem professionellen „Outfit" (Kathrin Heyng und Karin Burger, Narr Verlag) erhalten. Stephanie Tyszak hat mit ihren Care-Paketen für viel gute Laune gesorgt. Michael Schürig, Thomas Pollow, Angelika Emge, Sebastian Hohl und Brooks Ferebee haben den Inhalt und die Lesbarkeit des Buches durch Korrekturlesen, Hinweise und Diskussionen verbessert.

Alexandre Rausch hat dieses Projekt von Anfang an unterstützt. Von ihm habe ich über viele Jahre hinweg sehr viel lernen dürfen: Über Statistikprogramme, Formeln und Formate, aber auch über die Schönheit seines Faches, über die Mathematik. Ohne seine exzellenten R-Kenntnisse wären manche Abbildungen und Simulationen in dieser Form nicht möglich gewesen. Was die meiner Meinung nach notwendigen Vereinfachungen betrifft, bitte ich alle Mathematiker um Nachsicht. Das gilt auch für vielleicht noch enthaltene Fehler und Inkonsistenzen, für die ich allein verantwortlich zeichne.

Für alle Leser gilt: Geben Sie nicht gleich auf, wenn es etwas komplizierter wird. Ich hoffe, dass möglichst viele den Weg in die Methodik finden und freue mich auf Ihre Rückmeldungen.

 Zum Buch gibt es eine Webseite auf: www.narr.de/methodik_fuer_linguisten. Hier finden Sie auch eine Reihe zusätzlicher Übungsaufgaben zum Rechnen (mit Lösungshinweisen).

2 Linguistik als empirische Wissenschaft

Lernziele Grundlagen empirischer Forschung; Falsifikation, Verifikation und Bestätigung; Induktion, Deduktion und Abduktion; Merkmale quantitativer und qualitativer Forschung; Hypothesen und Operationalisierung; Paradigma und Paradigmenwechsel; Gütekriterien

Was verbinden Sie mit dem Begriff „Wissenschaft"? Was unterscheidet eigentlich eine wissenschaftliche Hypothese von einer Alltagsvermutung? Haben Linguisten einen besseren Zugang zu sprachlichen Prozessen als Laien? Was zeichnet Ihrer Meinung nach „gute" Forschung aus?

„Neunzehntel aller wissenschaftlichen Arbeit ist stumpf machende Mühe", nörgelte schon Adolf von Harnack (1851–1930), der erste Präsident der heutigen Max-Planck-Gesellschaft. Ob er mit seiner Einschätzung recht hat, können Sie bald selbst überprüfen. Unstrittig ist dagegen der Ausgangspunkt wissenschaftlichen Arbeitens: Wissenschaftler versuchen, Probleme und Rätsel zu lösen. Dafür hat jede Einzelwissenschaft spezifische Methoden entwickelt. Die Linguistik als eine **empirische**, also eine **Erfahrungswissenschaft**, sammelt Informationen über sprachliche Prozesse, wertet sie systematisch aus und versucht sie mithilfe von Theorien zu interpretieren.

Bevor wir aber in die Vermittlung dieser Forschungsmethoden einsteigen, möchte ich Sie in ein Teilgebiet der Philosophie locken – in die Erkenntnis- oder Wissenschaftstheorie. Sie wird das unverzichtbare Fundament bilden, auf dem Sie nach und nach Ihre Methodikkenntnisse aufbauen werden. Sie sollten deshalb dieses Kapitel nicht überspringen, auch wenn das kein leichter Einstieg wird und Sie viele neue Fachbegriffe lernen werden. Haben Sie über die am Anfang gestellten Fragen nachgedacht? Dann sind Sie bereits mitten in der Wissenschaftstheorie angekommen: Wie sieht die Wirklichkeit aus, und was können wir überhaupt über sie wissen? Welche Forschungsergebnisse kann man also erwarten, und wie sollte man sie gewinnen?

2.1 Karl Popper und der Falsifikationismus

Mit diesen Fragen hat sich auch der in Österreich geborene und später in seiner Wahlheimat England geadelte Philosoph Sir Karl Raimund Popper (1902–1994) beschäftigt. Anders als Aristoteles, der sicheres Wissen für möglich hielt, glaubte Popper an die Fehlbarkeit des Menschen (*Fallibilismus*). Menschliche Erkenntnis ist danach immer nur vorläufig und kann niemals endgültig sein. So etwas wie „ewige Wahrheiten" gibt es also nicht. Was aber gibt es stattdessen? Immer wieder neu zu überprüfende Vermutungen und Hypothesen, die sich immer wieder neu bewähren müssen. Scheitern sie, müssen sie durch neue, noch kühnere Vermutungen ersetzt werden. Poppers Idee: Durch Fehleranalyse besser werden, Stück für Stück, in kleinen Schritten. Sie kennen sicher die beiden dazu passenden Volksweisheiten: „Irren ist menschlich!" und „Aus Fehlern wird man klug!".

Schon in seinem ersten Hauptwerk, der 1934 erschienenen *Logik der Forschung* (LdF), führte Popper den Nachweis, dass wissenschaftliche Gesetze nie endgültig bewiesen werden können, auch nicht durch noch so viele identische Beobachtungen und Experimente. Aus immer wieder gemachten Beobachtungen kann man nicht ableiten, dass etwas gesetzmäßig passiert (also durch **Induktion**). Auch wenn Sie über Popper noch nichts gehört haben, kennen Sie vielleicht die berühmte Illustration dieser These, das Beispiel mit den weißen und den schwarzen Schwänen. Den Satz „Alle Schwäne sind weiß" kann ich nicht dadurch beweisen, dass ich jahrelang nach weißen Schwänen suche. Wie kann ich sicher sein, alle Schwäne gefunden zu haben? Popper schlägt vor, anders vorzugehen: Suche schwarze Schwäne! Wenn ich nur einen einzigen schwarzen Schwan entdecke, ist mein Satz „Alle Schwäne sind weiß" widerlegt. Das Vermutungswissen, der hypothetische Satz, gilt nur so lange, bis mindestens ein Gegenbeispiel gefunden ist. **Falsifikation** nennt Popper dieses, auf Widerlegung basierende Verfahren: „Ein empirisch-wissenschaftliches System muss an der Erfahrung scheitern können." (Popper, LdF, 2005: 17) Das Prinzip der Fehlbarkeit nutzt Popper auch, um das sogenannte *Abgrenzungsproblem* zu lösen. (Natur)wissenschaftliche Aussagen lassen sich dadurch von pseudowissenschaftlichen oder metaphysischen (d.h. jenseits der physikalischen Beobachtbarkeit) trennen. Nur Hypothesen, die widerlegbar sind, dürfen sich wissenschaftlich nennen und sagen etwas über die Wirklichkeit aus. Man muss sich also konkrete und praktische Situationen oder Experimente vorstellen können, die eine Theorie widerlegen könnten.

Popper unterscheidet dabei eine logische und eine praktisch-empirische Falsifizierbarkeit. Logisch falsifizierbare Sätze behaupten etwas, und sie verbieten auch etwas. „Alle Schwäne sind weiß." Und: „Es gibt keinen Schwan, der nicht weiß ist." Diese Idee von Aussage (Hypothese) und Verbot (Nullhypothese) ist grundlegend für die Statistik und Versuchsplanung. Die empirische Falsifizierbarkeit geht darüber hinaus. Empirisch falsifizierbare Sätze müssen logisch falsifizierbar sein. Zusätzlich muss aber auch der Sachverhalt, über den eine Aussage gemacht wird, beobachtbar sein. Dabei können auch Hilfsmittel (wie etwa technische Geräte) eingesetzt werden.

Mit seinem Falsifikationsprinzip grenzte Popper sich auch gegen eine andere, zu dieser Zeit sehr einflussreiche Methodenlehre ab, den **logischen Empirismus**. Er geht auf den sogenannten „Wiener Kreis" zurück, eine Diskussionsrunde von Mathematikern und Logikern, Philosophen und Naturwissenschaftlern um Moritz Schlick, Otto Neurath und Rudolf Carnap. Hier galten zunächst die Sätze als unwissenschaftlich, die nicht **verifizierbar**, also nicht durch ein Experiment oder durch eine Beobachtung zu bestätigen sind. Die Vertreter des logischen Empirismus forderten: Alle bedeutungsvollen Aussagen einer Theorie müssen auf Beobachtungen oder Erfahrungen zurückgeführt werden können (deshalb „Empirismus"). Der Zusatz „logisch" im Namen beschreibt die zweite Forderung: Alle Theorien müssen in einer formalen Sprache wie der Aussagen- oder Prädikatenlogik formuliert werden, um möglichst eindeutig und präzise zu sein. Die Alltagssprache ist dafür ungeeignet, weil sie viel zu viele Mehrdeutigkeiten zulässt. Ihre dritte Forderung: Theoretische Begriffe müssen vollständig auf Beobachtungsbegriffe zurückführbar sein. In der formalen Sprache des logischen Empirismus werden Beobachtungen und Erfahrungen als *Protokollsätze* bezeichnet.

Kann man eine theoretische Aussage aus mehreren solcher Protokollsätze vollständig ableiten, ist sie empirisch verifiziert. Alle Aussagen, die sich anhand von Beobachtungen verifizieren lassen, galten als sinnvoll (Sinnkriterium). Nicht Erfahrungen oder Dinge, sondern Aussagen bilden also hier das Fundament der Wissenschaft.

Popper hat aber nicht einfach nur die Verifikation durch die Falsifikation ersetzt. Er teilte auch die Metaphysikkritik der logischen Empiristen nicht (bspw. Carnap, 1961). Das nach dieser Definition Nichtwissenschaftliche ist nicht automatisch auch kognitiv sinnlos und kann trotzdem verstanden werden. Es fehlt nur die Möglichkeit, es auch empirisch überprüfen zu können. Ein Beispiel: Der empirisch gehaltlose Satz „Gott existiert" ist nicht sinnlos, über seinen Inhalt kann man sich austauschen. Das gilt auch für ästhetische Urteile („X ist schön") oder moralische Aspekte („Helfe Deinem Nächsten!").

Wann und wie ist aber ein Satz oder eine Theorie falsifizierbar? Um allgemeine wissenschaftliche Theorien empirisch überprüfen zu können, benötigt man besondere Sätze über Experimente oder Beobachtungen. In seinem Buch „Logik der Forschung" nennt Popper sie **Basissätze**. Sie sind aber gerade nicht sicher und unveränderlich, wie die Bezeichnung „Basis" vielleicht vermuten lässt, denn reine Beobachtungen gibt es für Popper nicht. Auch Beobachtungen sind von Theorien durchsetzt und werden von diesen geleitet. Später verwendet Popper dafür den Begriff *Prüfsatz*. Solche Basis- oder Prüfsätze sollen die Überprüfung von allgemeinen wissenschaftlichen Hypothesen ermöglichen. Ein Basissatz sagt aus, dass an einem bestimmten Ort zu einer bestimmten Zeit ein bestimmtes Ereignis beobachtet worden ist. Popper nennt sie deshalb *singuläre Es-gibt-Sätze*. Sie müssen als Beobachtungssätze intersubjektiv nachprüfbar sein. Die Vorgänge, die sie beschreiben, sollen also für mehrere Beobachter erkennbar sein. Behauptet nun eine Theorie oder eine Hypothese, dass dieses Ereignis unter diesen Bedingungen nicht auftreten kann, steht der Basissatz im Widerspruch zu dieser Theorie oder Hypothese. Ein solcher Basissatz kann eine allgemeine wissenschaftliche Hypothese falsifizieren. Es ist dabei nicht wichtig, dass der geforderte Basissatz auch *wahr* ist, entscheidend ist nur die Falsifikations*möglichkeit*. Bemühen wir noch einmal den berühmten weißen Schwan und schauen uns die von Popper geforderte Form der Basissätze an. Die Hypothese „Alle Schwäne sind weiß" ist logisch äquivalent mit dem Satz: „Es gibt keinen nicht-weißen Schwan". Falsifiziert wird diese allgemeine Hypothese von dem Satz: „An der Raum-Zeit-Stelle k gibt es einen nicht-weißen Schwan". Der Basissatz könnte lauten: „Am 31.12.2010 stand ein schwarzer Schwan zwischen 10 und 11 Uhr morgens vor der Mensa in Bonn". Ein solcher Basissatz enthält eine sogenannte *Randbedingung*, die für den betreffenden Fall gilt: „Vor der Mensa in Bonn stand am 31.12.2010 zwischen 10 und 11 Uhr morgens ein Schwan." Wahr ist der Basissatz übrigens nicht, wie ich glaubhaft versichern kann. Niemand hat unter diesen Bedingungen einen schwarzen Schwan beobachtet.

Angenommen, man hätte aber ein solches Exemplar tatsächlich gesichtet: Was wäre, wenn der eigentlich weiße Schwan einfach nur dreckig ist und deshalb nur schwarz aussieht? Der Basissatz muss präzisiert werden: „Vor der Mensa in Bonn stand am 31.12.2010 zwischen 10 und 11 Uhr morgens ein *von Natur aus* schwarzer Schwan." Damit wäre unsere Hypothese eigentlich zu falsifizieren. Leider ist die Bedingung „von Natur aus" nicht zu beobachten. Sie führt zu einem sogenannten *problematischen Basissatz*. Man benötigt *Hilfshypothesen*, um aus einem solchen Basissatz einen unproblematischen Satz abzuleiten. In unserem Beispiel könnte die Hilfshypothese lauten: „Verändert sich auch durch Waschen die Farbe des Schwans nicht, dann ist er von Natur aus schwarz." Neben den Hypothesen spielen also auch Randbedingungen und Hilfshypothesen eine große Rolle im Forschungsprozess.

Prüfsätze können nicht durch Beobachtung *verifiziert* werden. Diese Vorstellung der logischen Empiristen lehnte Popper ab. Alle Sätze gehen weit über das hinaus, was man aufgrund unmittelbarer Erlebnisse sicher wissen kann. Prüfsätze können von der Erfahrung also nicht bewiesen werden. Wie kann man sie dann kritisieren? Eine Möglichkeit ist die **Reproduzierbarkeit** der Prüfsätze: „Ganz analog muss jeder empirisch-wissenschaftliche Satz durch Angabe der Versuchsanordnung u. dgl. in einer Form vorgelegt werden, dass jeder, der die Technik des betreffenden Gebietes beherrscht, imstande ist, ihn nachzuprüfen." (Popper, LdF, 2005: 75).

Falsifikation bedeutet nicht, dass eine Theorie falsch ist und deshalb gleich aufgegeben werden muss. Sie ist *eine* Möglichkeit, wenn sich Vorhersagen nicht bestätigen. Wegen eines einzigen Widerspruchs zwischen Theorie und Experiment ist die Theorie noch nicht *zwingend* widerlegt. Irgendwo ist ein Fehler im System aufgetreten, das sich aus Theorien und Hypothesen, Randbedingungen und Hilfshypothesen, Beobachtungen und sprachlichen Formulierungen zusammensetzt. Diesen Fehler muss man finden und aus ihm lernen. Für Popper war es wichtig, dass eine wissenschaftliche Methode verhindert, dass eine Theorie ihrer Falsifizierung entgeht, da man „ (…) Falsifikationen immer bestreiten" und „(…) insbesondere eine Theorie gegen Falsifikationen immunisieren kann." (Popper, LdF, 2005: 508).

Popper hat später auch eine sogenannte *probabilistische Falsifizierung* zugelassen, die sich in der wissenschaftlichen Praxis bewähren soll. Wissenschaftler interessieren sich für Wenn-Dann-Beziehungen, also für Ursache-Wirkungszusammenhänge. Linguistische Hypothesen sind selten völlig **deterministisch**. Die Ursache bestimmt also nicht allein die Wirkung. Auch der Zufall (oder unbekannte Faktoren) spielen eine Rolle. Ein bestimmtes sprachliches Verhalten lässt sich also nicht *immer bei jedem Menschen an jedem Ort* beobachten, und Messungen können zudem auch fehlerhaft sein. Linguistische Hypothesen sind deshalb meistens Wahrscheinlichkeitsaussagen, sie sind **probabilistisch**. Unter bestimmten Bedingungen lässt sich ein sprachliches Verhalten mit einer gewissen Wahrscheinlichkeit beobachten, gemittelt über viele Personen, um Zufallseinflüsse zu berücksichtigen. Für die praktische Überprüfung bedeutet dies: Eine Theorie ist durch wiederholte, stark abweichende Beobachtungen praktisch falsifizierbar.

Für Popper war die Wissenschaft ein Pfeilerbau, der auf einem Sumpfland errichtet wurde: „So ist die empirische Basis der objektiven Wissenschaft nichts ‚Absolutes‘, die Wissenschaft baut nicht auf Felsengrund." (Popper, LdF, 2005: 88). Man kann also nur hoffen, dass die Pfeiler tief genug im Sumpf verankert sind, um die Theorien tragen zu können. Basissätze können Theorien prüfen. Eine Theorie kann sich also bewähren oder sie gilt als widerlegt. Aber auch wenn sie sich zunächst bewährt, bleibt sie trotzdem *fallibel*, d.h.: Sie kann an einer weiteren Prüfung scheitern. Eine Theorie ist niemals falsifizierbar „in dem Sinne, dass die fragliche Theorie endgültig oder zwingend falsifiziert werden kann" (Popper, 1989: 84). Auch ein endgültiges Scheitern gibt es also nicht.

2.2 Kritik am Falsifikationismus

Poppers einflussreiche Falsifikationstheorie ist vielfach kritisiert und weiterentwickelt worden. Auch heute noch ist sie Gegenstand kontroverser Debatten (bspw.: Gawronski, 2000). Ein Kritikpunkt: Zwar könne man *isolierte* allgemeine Hypothesen falsifizieren. Falsifizierende Schlüsse („Alle Schwäne sind weiß") sind also möglich. In der Wissenschaft würden aber eher komplizierte theoretische *Systeme* empirisch überprüft. Solche Systeme setzen sich aus mehreren allgemeinen Hypothesen und manchmal zusätzlichen theoretischen Randbedingungen zusammen. Theorien sind also ein kohärentes Netzwerk aus einzelnen, miteinander verknüpften Aussagen. Auf diesen sogenannten *holistischen* und systematischen Charakter von Wissenschaft haben schon Duhem (1908) und Quine (1951) hingewiesen. Der Gegenstand der Falsifikation ist danach nicht eine isolierte Theorie, sondern immer ein ganzes Netzwerk aus Theorien und Hintergrundannahmen. Alle diese Annahmen sind aber ebenso hypothetisch wie die zu überprüfende Theorie selbst. Durch Beobachtungsdaten sind sie nicht ausreichend gestützt, sie sind *unterdeterminiert.* Eine einzelne empirische Beobachtung kann deshalb nicht die komplette Theorie falsifizieren. Es gibt kein kritisches Experiment für eine Theorie, kein *experimentum crucis*, das den Wissenschaftler wirklich zwingen könnte, bestimmte Teile seiner Theorie aufzugeben. Irgendwo im System muss eine falsche Hypothese enthalten sein, aber es ist logisch gesehen unbestimmt, welche Hypothese diejenige ist, die verworfen werden muss.

Popper wurde aber vor allem für sein Wissenschaftsverständnis angegriffen. Bevor wir uns mit Hypothesen und Operationalisierungen beschäftigen und damit der Praxis zuwenden, schauen wir uns abschließend die Einwände dreier berühmter Kritiker etwas genauer an.

2.2.1 Kuhns historisch-soziologische Analyse

Thomas Kuhn (1922–1996) interessierte sich weniger dafür, nach welchen Regeln man Theorien definieren und sinnvoll überprüfen sollte (Wissenschaftstheorie). Ihn interessierte vielmehr, wie Wissenschaft tatsächlich funktioniert (Wissenschaftssoziologie). Das Ergebnis seiner historisch-soziologischen Analyse: Wissenschaftliche Forschung findet nicht im so gerne zitierten Elfenbeinturm statt, sondern in ganz speziellen wissenschaftlichen Gemeinschaften. Die Mitglieder dieser *Community* teilen einen gewissen Kenntnisstand, kommunizieren sehr intensiv miteinander, kommen zu ähnlichen Beurteilungen und bilden auch ihren Nachwuchs nach vergleichbaren Standards aus. In einer solchen Gemeinschaft ist vieles festgelegt: Welche Begriffe und theoretischen Annahmen sind akzeptiert? Mit welchen Methoden, Hilfsmitteln und Apparaturen sollte man forschen? Und welche empirischen Generalisierungen sind zulässig? Welche Schlüsse darf man also aus den Untersuchungen und Ergebnissen ziehen? Diese gemeinsame Basis bezeichnet Kuhn als **Paradigma**. Im Wissenschaftsbetrieb können Sie ein Paradigma auch daran erkennen, dass es dazu eigene Fachzeitschriften, Lehrbücher, Fachgesellschaften, spezialisierte Kongresse oder Lehrstühle gibt.

Was passiert, wenn das Ergebnis einer wissenschaftlichen Untersuchung nicht in ein bestehendes Weltbild, also in ein Paradigma passt? Nach Kuhn führen solche Anomalien gerade nicht zu einer Falsifikation, wie Popper es fordert. Der Wissenschaftler versuche stattdessen, durch Zusatzannahmen oder zusätzliche Erklärungen seine Theorie zu retten – und zwar möglichst lange! Berühmt geworden ist in diesem Zusammenhang eine Aussage des Physikers Max Planck, der behauptete, dass Theorien erst gemeinsam mit ihren Vertretern stürben. Treten Anomalien auf, werden die Paradigmen also zunächst nur verändert oder erweitert. Lassen sie sich aber über einen längeren Zeitraum nicht auflösen, wird aus einer Anomalie mehr als „lediglich ein weiteres Rätsel der normalen Wissenschaft" (Kuhn, 1988: 96). Die „normalwissenschaftliche" Forschungsperiode mündet schließlich in eine Krisensituation. Jetzt existieren verschiedene Modifikationen des bestehenden Paradigmas nebeneinander. Die Forschergemeinschaft diskutiert darüber, ob bisher akzeptierte Methoden und Theorien, Regeln und Normen vielleicht aufgegeben werden sollten. Eine solche Krisensituation kann aber durchaus durch eine weitere Modifikation des Paradigmas beendet werden. Dann folgt wieder eine Periode „normaler Wissenschaft". In seltenen Fällen lässt sich die Anomalie aber nicht auflösen. Dann wird das alte Paradigma ganz oder teilweise durch ein neues, mit ihm nicht vereinbares Paradigma ersetzt. Diesen Vorgang bezeichnet Kuhn als **Paradigmenwechsel**. Wissenschaftlicher Fortschritt vollzieht sich also nach Kuhn nicht durch kontinuierliche Veränderung (Stück für Stück der Wahrheit näherkommend), sondern durch einen revolutionären Prozess, den sogenannten Paradigmenwechsel. Deshalb trägt sein 1962 erschienenes Buch auch den Titel *The Structure of Scientific Revolutions*. Nicht die strenge Überprüfung und Falsifikation von Theorien, sondern die Ausdifferenzierung von Paradigmen lösen nach Kuhn solche Revolutionen aus.

Wissenschaftliche Theorien sind aber auch immer ‚Kinder ihrer Zeit'. Folgen Theorien aufeinander, lässt sich deshalb ihr Wahrheits- bzw. Falschheitsgehalt nicht vollständig miteinander vergleichen. Sie sind *inkommensurabel*. Zwischen dem alten und dem neuen Weltbild ist ein Bruch entstanden. Mit dem Paradigmenwechsel, dem Übergang von einer Theorie zur nächsten, verändern „die Wörter ihre Bedeutung oder die Bedingungen ihrer Anwendbarkeit auf eine ganz subtile Weise." (Kuhn, 1974: 258). Eine neue Grammatiktheorie, die mit den Vorgängermodellen bricht, oder die Einführung konnektionistischer Modelle sind Beispiele für einen solchen Paradigmenwechsel in der Linguistik.

2.2.2 Die Methodologie wissenschaftlicher Forschungsprogramme nach Lakatos

Der Ungar und Popper-Schüler Imre Lakatos (1922–1974) hat mit seiner *Methodologie wissenschaftlicher Forschungsprogramme* (1974) einen dritten Weg eingeschlagen. Er behält zwar Poppers Idee der Falsifizierbarkeit von Theorien bei, verbindet sie aber mit Kuhns sozialpsychologischer Analyse. Die beiden Grundgedanken des Lakatos'schen **raffinierten Falsifikationismus**: Wozu eine Theorie falsifizieren, wenn noch keine bessere Alternative vorliegt? Eine mit der Erfahrung (mit Daten) unvereinbare Theorie ist also erst dann als gescheitert anzusehen, wenn eine bessere Theorievariante entwickelt wurde („weiche Falsifikation"). Über den Erfolg (oder das Scheitern) einer Theorie wird dabei nicht sofort entschieden, sondern erst nach einer ständigen und andauernden Konfrontation mit neuen Daten. Um den zweiten Grundgedanken verstehen zu können, muss man Lakatos` Idee der Forschungsprogramme kennen. Nach seiner

Vorstellung gibt es keine isolierten (also kontextfreien) Theorien, sondern nur ganze *Theoriereihen*. Auch solche Reihen entstehen, wenn es zu Anomalien kommt, also zu einer Unvereinbarkeit zwischen Theorie und empirischen Befunden. Dann wird als Reaktion darauf eine neue Theorie entwickelt. Entscheidend ist dabei, dass diese neue Theorie auf ihre Vorgängermodelle *bezogen* ist. Aus einer solchen Reihe wird ein sogenanntes **Forschungsprogramm**. Alle Theorien in dieser Reihe teilen einen harten Kern, bestehend aus einigen sehr allgemeinen Hypothesen. Er entwickelt sich in einem langsamen, geschichtlichen Prozess. Ihn sehen die Wissenschaftlicher als nicht-falsifizierbar an. Falsifizierbar sind nur die Hilfshypothesen, die sich wie ein Schutzgürtel um diesen harten Kern und die Mitte gruppieren. Nach Lakatos lässt sich dieser Theoriekern dadurch retten, dass man an den Rändern der Theorie, also an den speziellen Hilfshypothesen des Gürtels, etwas verändert, in dem man diese aufgibt oder durch andere Hypothesen ersetzt (*Immunisierungsthese*). Wenn das Ergebnis eines Experiments im Widerspruch zu einer Theorie steht, können im Nachhinein auch kompliziertere Systemeigenschaften oder vielleicht auch unbekannte Störfaktoren als vermutete Ursache angegeben werden, sogenannte *Ad-hoc-Hypothesen* (*ad hoc* bedeutet: „eigens zu diesem Zweck gebildet"). Die Anomalie (abweichende Daten – Theorie) bleibt also bestehen, die Theorie gilt eigentlich als Misserfolg. Der Kern wird aber trotzdem nicht aufgegeben. Das ist aber nur unter der Bedingung zulässig, dass eine solche Ad-hoc-Anpassung *progressiv* ist. Solange also durch solche Ad-hoc-Anpassungen neuer empirischer Gehalt gewonnen wird, ist die Entwicklung der Reihe nicht degenerativ und damit akzeptabel. Das neue Programm muss also so viel erklären können wie das Vorgängermodell in der Reihe, zusätzlich aber einen neuen empirischen Gehalt (den sogenannten *Überschussgehalt*) mitbringen. Dieser Überschussgehalt muss allerdings auch ab und an überprüft und empirisch durch Untersuchungen bestätigt werden. Je degenerativer der alte harte Kern wird, desto eher werden immer mehr Wissenschaftler nach Alternativen suchen und damit neue Forschungsprogramme entwickeln. Eine Art „Eliminationsregel", wann genau ein Forschungsprogramm aufgegeben werden sollte, führt Lakatos allerdings nicht an. Eine wissenschaftliche Elite soll (normativ) darüber entscheiden, ob mit der Entwicklung eines Forschungsprogrammes auch wirklich ein wissenschaftlicher Fortschritt verbunden ist.

2.2.3 Paul Feyerabend: Alles geht!

Der dritte berühmte Popper-Kritiker neben Kuhn und Lakatos, auf den hier abschließend kurz eingegangen werden soll, ist der Österreicher Paul Feyerabend (1924–1994), der in Berkeley lehrte. Sein 1975 erschienenes Buch *Against Method: Outline of an Anarchistic Theory of Knowledge* ist nach seinen eigenen Angaben kein „systematischer Traktat, es ist ein Brief an einen Freund und geht dabei auf die Eigentümlichkeiten des Adressaten ein." (Feyerabend, 1986: 11). Der hier zitierte Adressat und Freund ist kein anderer als der Rationalist Imre Lakatos.

Mit seinem Buch wandte Feyerabend sich gegen die Vorstellung, dass die Wissenschaft einen herausgehobenen Status habe. Sie habe keinen Vorrang vor anderen Formen der Erkenntnis. Die Hochachtung gegenüber der Wissenschaft hielt er sogar für ein gefährliches Dogma, das Menschen unterdrücke. Jeder Mensch, jedes Individuum, habe die Freiheit, zwischen der Wissenschaft und anderen Formen der Erkenntnis zu wählen. Wenn überhaupt, zeichneten sich wissenschaftliche Methoden nur durch *ein* unveränderliches Merkmal aus. Dieses berühmt gewordene Prinzip beschrieb Feyerabend (1986: 21) mit ironischem Unterton so: „Der einzige allgemeine Grundsatz, der den Fortschritt nicht behindert, lautet: *„Anything goes!".* Man könne keine Grundsätze unabhängig vom konkreten Forschungsproblem aufstellen und diskutieren. Solche „Grundsätze änderten sich von einem Fall zum anderen" (Feyerabend, 1986: 11). Den Versuch, eine verbindliche wissenschaftliche Methode zu finden, sah er als gescheitert an. Es gibt nur Wissenschaftler, die ihren eigenen, sehr subjektiven Bedürfnissen ohne methodologische Einschränkungen folgen sollten:

> „Keine der Methoden, die Carnap, Hempel, Nagel, Popper oder selbst Lakatos heranziehen möchten, um wissenschaftliche Veränderungen rational zu machen, läßt sich anwenden, und die einzige Methode, die übrigbleibt, die Widerlegung, wird stark geschwächt. Es bleiben ästhetische Urteile, Geschmacksurteile, metaphysische Vorurteile, religiöse Bedürfnisse, kurz, *es bleiben unsere subjektiven Wünsche*: die fortgeschrittensten und allgemeinsten Bereiche der Wissenschaft geben dem einzelnen eine Freiheit zurück, die er in ihren einfacheren Teilen zu verlieren schien." (Feyerabend, 1986: 369)

Chalmers (2001) weist auf einen wichtigen Kritikpunkt an Feyerabends Ansatz hin: Keinem Wissenschaftler stehen wirklich *alle* Wege offen. Wählen kann er eigentlich immer nur zwischen den Optionen und den Ressourcen, die ihm zur Verfügung stehen. Auch diese Erfahrung werden Sie sicher mit Ihrem eigenen Projekt machen müssen.

2.3   Hypothesen

Es existieren also durchaus sehr unterschiedliche Ansichten darüber, was eigentlich genau eine wissenschaftliche Methode auszeichnet und ob man überhaupt verbindliche Regeln aufstellen kann und sollte. Die folgende Aussage wird aber von den meisten Wissenschaftlern geteilt: Hypothesen spielen im Forschungsprozess eine zentrale Rolle. Was aber ist eigentlich eine Hypothese? Man ist als Wissenschaftler auf ein Rätsel oder ein Problem gestoßen. Jetzt muss man dieses Problem als Frage formulieren, die man empirisch, also mit Daten, beantworten kann. In der Versuchsplanung, die wir im nächsten Kapitel behandeln werden, geht es um die Beziehung zwischen mindestens zwei sogenannten *Variablen*. Welcher Zusammenhang besteht zwischen A und B, oder wie verändert sich A, wenn ich B verändere? In der Linguistik also bspw.: Welcher Zusammenhang besteht zwischen dem Alter eines Kindes und dem Umfang seines Wortschatzes? Oder auch: Dauert das Lesen von Sätzen länger, wenn sie syntaktisch komplexer werden? Mit der Hypothese formulieren Sie die vermutete Antwort auf eine wissenschaftliche Fragestellung.

▶ **Hypothese**

Hypothesen sind in ihrer allgemeinen Form Vermutungen. Sie sind vorläufige Antworten auf wissenschaftliche Fragestellungen. In der Versuchsplanung sind sie gerichtete Behauptungen über die Beziehungen (Relationen) zwischen Variablen.

Klassifikation von Hypothesen

Es gibt verschiedene Möglichkeiten, Hypothesen zu klassifizieren. Wir können jetzt in Anlehnung an Huber (2005) dazu den Begriff der Falsifikation verwenden. Zur Erinnerung: Eine Hypothese gilt als falsifiziert, wenn sie als falsch, als verifiziert, wenn sie als wahr bewiesen wurde. Das ist eine Vereinfachung, aber sie ist für unsere Zwecke ausreichend. Für unsere Klassifikation ist auch noch wichtig, ob man alle Personen oder Fälle der Grundgesamtheit oder nur einen Teil davon, also nur eine Stichprobe, untersuchen kann.

Universelle Hypothesen sind Aussagen, die für alle Fälle gelten sollen. Unbeschränkt oder strikt universelle Hypothesen (Allaussagen) gelten für alle Fälle ohne Einschränkung, also bspw. für alle Menschen an allen Orten und zu allen Zeiten. Schränken Sie die Fälle ein (bspw.: nur Männer oder nur Frauen), wird aus einer striktuniversellen eine quasi-universelle Hypothese. Wie Sie schon wissen, kann man universelle Hypothesen widerlegen. Findet man nur einen einzigen Fall, auf den ein Sachverhalt nicht zutrifft, ist eine universelle Hypothese falsifiziert (Poppers schwarzer Schwan!). Wenn man alle Fälle untersuchen könnte, und nur dann, könnte man eine universelle Hypothese auch verifizieren. Ein solches Vorgehen scheitert aber nicht nur an praktischen, sondern auch aus prinzipiellen Gründen. Man müsste nicht nur sehr viele Personen untersuchen, sondern auch gleichzeitig zu allen Zeitpunkten ganz unterschiedliche Verhaltensweisen der Personen erfassen können. Da universelle Hypothesen, deren Gültigkeit an Stichproben untersucht wird, prinzipiell nicht verifizierbar sind, gelten sie als **bestätigt**, solange sie nicht als falsch bewiesen wurden.

Existenzielle Hypothesen beziehen sich auf *mindestens einen* Fall aus allen möglichen Fällen. Es können aber durchaus auch mehrere Fälle existieren. Sie lassen sich nur dann falsifizieren, wenn man alle möglichen Fälle untersuchen könnte. Ansonsten sind sie nur verifizierbar. Wenn ich behaupte, dass es Menschen gibt, die mehr als zwanzig Sprachen beherrschen, genügt ein Fall einer sogenannten Inselbegabung, um diese Hypothese bestätigen zu können. Denken Sie an berühmte *Savants*, bspw. an Emil Krebs, dem die Kenntnis von über 60 Sprachen nachgesagt wird.

Die Behauptung „bei 5% aller Rechtshänder ist die rechte Hirnhälfte bei der Sprachverarbeitung dominant" ist eine sogenannte **Hypothese über Anteile**. Da man zumeist nur Stichproben untersuchen kann, ist sie weder verifizierbar noch falsifizierbar. Sie bewährt sich mit statistischen Verfahren.

Hypothesen kann man auch danach unterscheiden, wie sie Ereignisse beschreiben und auf welchen Bereich sie sich beziehen. Bei den sogenannten **deterministischen Hypothesen** *muss* ein Ereignis unter bestimmten Bedingungen eintreten. Es ist also determiniert. So wird die Einnahme einer kritischen Menge eines Giftes jeden Menschen immer und überall umbringen. **Statistische oder stochastische Hypothesen** behaupten, dass ein Ereignis unter bestimmten Bedingungen *mit einer gewissen Wahr-*

scheinlichkeit eintritt. Das ist eigentlich der Standardfall in der linguistischen Forschung. **Singuläre Hypothesen** beziehen sich nur auf einen einzelnen Fall. Sie schränken also den Personenkreis, die zu betrachtende Situation oder die dort auszuführenden Tätigkeiten ein: Person A hat zum Zeitpunkt X eine bestimmte sprachliche
Konstruktion verwendet. Solche Hypothesen spielen vor allem in der klinischen Forschung im Rahmen von Einzelfallstudien eine Rolle.

2.4.   Operationalisierung

Es gibt noch einen weiteren Grundbegriff, der für alle empirischen Wissenschaften eine
zentrale Bedeutung hat: die **Operationalisierung.** Der Ausgangspunkt einer empirischwissenschaftlichen Untersuchung ist eine Frage. Entscheidend ist: Diese Frage muss so
formuliert werden, dass man sie mit Daten beantworten kann. Der Inhalt (die Bedeutung) muss sich also empirisch bestimmen lassen. Dazu müssen die in der Frage enthaltenen theoretischen Begriffe beobachtbaren Größen zugeordnet werden können.

▶   **Operationalisierung**

  Die Operationalisierung verknüpft Begriffe mit Verfahren (Operationen), mit
  denen sich der Inhalt der Begriffe empirisch bestimmen lässt. Sie gibt Anweisungen, wie bezeichnete Sachverhalte gemessen werden sollen.

Wenn in Ihrer Hypothese bspw. die Größe des mentalen Lexikons eine Rolle spielt,
müssen Sie also überlegen, wie Sie diesen Umfang messen wollen. Was bedeutet hier
„mentales Lexikon"? Was gehört alles dazu, was nicht? Welche sprachlichen Einheiten
wollen Sie betrachten (Lemma, Lexem, Wort, Silbe etc.), und wie sollen diese erfasst
werden? Bei der Operationalisierung geht es also nicht nur darum, empirische Indikatoren zu finden. Sie fordert auch eine Präzisierung der verwendeten Begriffe und
zwingt Sie dazu, über das Messen nachzudenken. Viele gute Ideen scheitern an diesem
Konkretisierungsschritt, der Messbarmachung. Auch deshalb werden wir uns noch
genauer mit dem Messen beschäftigen.

2.5   Kritischer Rationalismus

Auf Popper und seine Mitstreiter geht auch der sogenannte **Kritische Rationalismus**
zurück (Popper, 1972). Wie kann man wissenschaftliche, gesellschaftliche, aber auch
ganz alltägliche Probleme methodisch und vernünftig (also rational) untersuchen und
lösen? Kritische Rationalisten gehen davon aus, dass es eine Welt gibt, die von unserem
Erkenntnisvermögen unabhängig ist. Sie verschwindet ja nicht, wenn wir bspw. die
Augen schließen. (Wissenschaftliche) Theorien sind der Versuch, diese Wirklichkeit zu
erfassen und abzubilden. Unsere Erkenntnisfähigkeit ist aber begrenzt. Niemals können wir sicher sein, dass unsere Erfahrungen und Ansichten mit der tatsächlichen Welt
übereinstimmen. Das ist die kritische, sehr bescheidene Sicht auf die Welt.
  Eine solche *realistische* Position ist in der linguistischen Forschung weit verbreitet.
Wissenschaftlicher Fortschritt heißt: Der Wissenschaftler strebt danach, die Wahrheit

zu erkennen und nähert sich dadurch immer mehr den realen Sachverhalten an (Albert, 1980). Es gibt aber auch noch eine andere Sicht auf die Welt. Sogenannte *idealistische Erkenntnistheorien* sehen in Theorien lediglich hilfreiche Fiktionen. Sie sind nur Instrumente, mit denen sich beobachtbare Sachverhalte beschreiben oder vorhersagen lassen. Ihre Begriffe beziehen sich also nicht auf etwas, das real existiert. Die spannende Frage, welche Begriffe oder Theorien in der Linguistik ein „reales Gegenstück" haben könnten, können wir hier nicht weiter diskutieren. Es lohnt sich aber, darüber einmal nachzudenken.

2.6 Quantitative und qualitative Forschungsansätze

Wenn Sie anfangen, sich mit wissenschaftlichen Forschungsmethoden zu beschäftigen, werden Sie früher oder später auf zwei Methodentraditionen stoßen, die sich in ihrem Wissenschaftsverständnis deutlich voneinander unterscheiden. Sie tragen verschiedene Etiketten: quantitativ/qualitativ, hart/weich, Labor/Feld, messen/beschreiben, partikulär/holistisch oder auch induktiv/deduktiv, um nur einige zu nennen. Dahinter verbirgt sich ein jahrzehntelanger und oft erbittert geführter Streit über die richtige Form empirischen Forschens.

2.6.1 Quantitative Forschungsansätze

Quantitative Forschung steht in der Regel in der Tradition des kritischen Rationalismus, den Sie ja gerade zumindest in Ansätzen kennengelernt haben. Kritische Rationalisten halten es für möglich, die Strukturmerkmale der Welt so abzubilden, wie sie auch tatsächlich sind. Diese realistische Abbildung ist aber keine einfache Kopie des Originals. Was ist damit gemeint?

Auch die Sprache bietet die Möglichkeit der Abbildung. Als Linguisten kennen Sie sicher den Begriff der sprachlichen *Arbitrarität*. Zwischen einem sprachlichen Zeichen und seiner Bedeutung oder der außersprachlichen Realität besteht eine beliebige Beziehung. Wir bezeichnen ein Objekt mit Blättern und einem Blütenkelch als BLUME. Wir können es aber genauso gut auch FLOWER oder vielleicht KSEFXE nennen. Die begrifflichen Abbilder sind also beliebig austauschbar, es sind keine 1:1-Kopien. Wir können aber nicht den Begriff BLUME durch den Begriff HAUS ersetzen. Die Beziehungen zwischen den Begriffen müssen denen entsprechen, die in der Wirklichkeit als Relationen zwischen den realen Objekten bestehen. Mit dem Begriff BLUME bezeichnen wir eine Gattung von Objekten, die sich von den Objekten der zweiten Kategorie, HAUS, deutlich unterscheiden. Die Abbilder hängen aber nicht nur von der Qualität der abgebildeten Welt ab, also davon, was mit welchen Eigenschaften abgebildet werden soll. Auch wie gemessen wird und welche Theorie man zugrundelegt, spielt eine große Rolle (Schnapp et al., 2006). Denken Sie daran, dass es keine reinen Beobachtungen geben soll. Unsere Wahrnehmung wird immer von unseren Vorannahmen und Einstellungen mitbestimmt. Für kritische Rationalisten gibt es deshalb keinen sicheren, geprüften Weg, um zu einer bestimmten Abbildung zu gelangen. Trotzdem sind solche Konstruktionen aber auch nicht völlig beliebig. Die Fragestellung bestimmt, wie angemessen oder plausibel sie sind, und ihr Aufbau darf nicht im Widerspruch zum abge-

bildeten Ausschnitt der Wirklichkeit stehen. Werden im Konstruktionsprozess Entscheidungen getroffen, beeinflussen sie die nachfolgenden Schritte. Wie wir etwas bezeichnen, ist zunächst irrelevant, ob BLUME oder KSEFXE. Ist aber ein Begriff vergeben, kann man ihn nicht mehr für andere Objekte verwenden, die diese Eigenschaften
nicht teilen.

Die **quantitative Methodik,** die in diesem Buch besprochen wird, geht also von gegebenen (oder unterstellten) Strukturen und Zusammenhängen aus. Sie müssen im
weiteren Forschungsprozess präzisiert werden. Am Anfang stehen deshalb ein genau
definierter Gegenstandsbereich und eine möglichst präzise Fragestellung (eine Hypothese). Diese Fragestellung soll durch eine kontrollierte Datenerhebung und unter Einsatz standardisierter Verfahren beantwortet werden (Objektivierung). Individuelle
Besonderheiten werden dabei zugunsten genereller Tendenzen ausgeblendet. Man
betrachtet eine möglichst große Anzahl von Fällen, um auf dieser breiten Basis beste-
hende Hypothesen und Theorien testen zu können (*data set observations).* Es ist wichtig, möglichst repräsentative Daten zu erheben, um die Ergebnisse dann auch verallgemeinern zu können. Die zu überprüfenden Theorien entstehen aber außerhalb dieses
Prozesses. Auch ist eine Erweiterung oder gar Änderung der Theorie *während* der empirischen Analyse nicht möglich. Sie kann nur bestätigt oder abgelehnt werden. Ist
dieser Prozess abgeschlossen, kann oder muss *danach* eine Theorie geändert oder neu
formuliert werden. Deshalb wird dieser Prozess auch als *linear* beschrieben.

2.6.2 Qualitative Forschungsansätze

Der qualitative Ansatz betont dagegen sehr viel stärker die konstruktivistische Sicht auf
die Welt. Die reale Welt ist uns nicht, wie beschrieben, als ein Abbild zugänglich, sie
kann nur rekonstruiert werden. Diese Rekonstruktion ist aber immer abhängig vom
Forscher und damit nicht objektivierbar. Eine objektive, vom Beobachter unabhängige
Beschreibung der Welt, kann es deshalb nicht geben. Unser ganzes Wissen über die
Welt ist eine Konstruktion, die sich auch an gesellschaftlichen Regeln oder Bedeutungen orientiert. Ändern sich diese Regeln, ändert sich auch die Konstruktion. Nach wissenschaftlichen Regeln erhobene Daten werden auch nicht automatisch als qualitativ
wertvoller angesehen als andere Daten. Dem Alltagswissen kommt also eine vergleichbare Bedeutung zu. Mit einer solchen **qualitativen Methodik** sollen Strukturen und
Zusammenhänge aufgedeckt werden (*causal process observations).* Es gilt also, individuelle Besonderheiten herauszuarbeiten und zu analysieren, in welche Strukturen ein
Einzelfall eingebettet ist (eine sogenannte *fallorientierte Analyse).* Beim Sammeln der
Informationen, also der Daten, ist nicht die Menge, sondern ihre Qualität entscheidend. Wie reichhaltig, detailliert und informativ sind sie? Aber auch: Welche Rolle
spielen die Entstehungsgeschichte oder der Kontext für diese Daten? Der Ausgangspunkt sind immer die Daten selbst und ihre Bedeutungen unter bestimmten Bedingungen. Anders als bei einem quantitativen Ansatz, soll also nicht eine vorher entwickelte
Frage beantwortet oder eine Theorie überprüft werden. Die Zielsetzung muss vorher
nicht festgelegt sein. Sie kann sich auch erst im Laufe der Untersuchung ergeben und
soll in der Auseinandersetzung mit den Daten ständig weiterentwickelt werden, ein
sogenanntes *heuristisches Vorgehen.* Das Entwickeln einer Theorie und ihre Überprüfung sind keine getrennten Prozesse. Die einzelnen Forschungsschritte werden in ei-

nem Kreislauf mehrmals durchlaufen, wobei der jeweils nächste Schritt von den Ergebnissen des vorherigen abhängt. Eine solche Strategie wird deshalb als *zirkulär* bezeichnet (Witt, 2001). Da qualitative Methoden häufig mit verbalen Daten (nämlich Texten)
arbeiten, spielt die Sprachwissenschaft für die qualitative Forschungstradition eine
immer wichtigere Rolle. Ihre Verfahren, wie die Text- oder die Gesprächsanalyse, werden hier eingesetzt.

Diese beiden Labels sind idealtypische Beschreibungen. Sie werden im nächsten
Kapitel lernen, dass man bspw. auch im quantitativen Paradigma einen Einzelfall untersuchen kann. Auch gilt dort nicht einfach das Motto: „Masse statt Klasse". Kromrey
(2005) plädiert auch deshalb dafür, die beiden Begriffe qualitativ und quantitativ aus
dem Sprachgebrauch zu streichen. Da sie aber immer noch verwendet werden, sollten
Sie diese beiden Schulen kennen. Wenn in diesem Buch von quantitativer Forschung
die Rede ist, ist damit eine *Strategie* gemeint, um möglichst präzise, vergleichbare empirische Informationen zu gewinnen, die statistisch auswertbar sind. Meine Entscheidung, mich auf quantitative Verfahren zu beschränken, hat vor allem formale Gründe
(wie etwa der Umfang des Buches und die gegebenen Studienordnungen). Es gibt Fragestellungen, bei denen ich eine andere, offenere („qualitative") Vorgehensweise für die
viel angemessenere halte. Oft reicht auch das gesicherte Vorwissen nicht aus, um eine
vielleicht gewünschte, standardisierte Forschungsstrategie einsetzen zu können. Beide
Zugänge haben ihre Stärken und Schwächen. Mittlerweile werden sie auch immer weniger im direkten Konkurrenzverhältnis gesehen, sondern in Forschungsprojekten oft
kombiniert eingesetzt.

⚠️ Welchen Weg Sie mit Ihrem Forschungsvorhaben gehen, ist die erste und vielleicht wichtigste Entscheidung, die Sie treffen müssen. Lassen Sie sich bitte diese
Entscheidung nicht von anderen abnehmen („Hier arbeiten alle so…!")! Seien Sie skep-
tisch, wenn Sie lesen oder hören, es gäbe in der Linguistik nur einen einzigen, also *den*
methodischen Weg schlechthin. Die empirische Sprachwissenschaft kennt viele Wege,
um durch eine systematische Auswertung von Erfahrungen zu Erkenntnissen zu gelangen. Sie sollten aber Ihre Entscheidung begründen und die gewählte(n) Methode(n)
dann auch richtig anwenden können!

2.7 Induktion, Deduktion und Abduktion

Im Alltag schließen wir oft vom Einzelnen auf das Ganze, vom Besonderen auf das
Allgemeine, eine **Induktion** also. Wenn ein Dozent eine langweilige Veranstaltung
abhält und nicht gut erklären kann, befürchten Sie erfahrungsbedingt, dass auch seine
anderen Seminare nicht wirklich überzeugen werden. Etwas schematischer lässt sich
der induktive Weg in der Forschung so darstellen:

Beobachtung ▶ Muster ▶ Hypothese ▶ Theorie

Auch den gegenteiligen Schluss kennen Sie aus Ihrem Alltag. Bei der **Deduktion**
schließen Sie vom Ganzen auf das Einzelne, vom Allgemeinen auf das Besondere. Weil
Semesterferien sind, bieten die Lehrenden keine regelmäßigen Sprechstunden mehr an.

Dann wird auch Professor X nur noch in seinen Feriensprechstunden erreichbar sein. Während durch Induktion neues, aber unsicheres Wissen erzeugt wird, ist der deduktive Schluss zwar wahrheitsbewahrend, innovativ ist er aber nicht. Nach Popper sollen aus Theorien Hypothesen abgeleitet (deduziert) und diese dann falsifiziert werden.

Theorie ▶ Hypothese ▶ Beobachtung ▶ Bestätigung/Ablehnung

Es gibt aber noch einen dritten Weg, der auf den amerikanischen Mathematiker und Philosophen Charles Sanders Peirce (1839–1914) zurückgeht. Bei der sogenannten **Abduktion** schließt man von den Beobachtungen nicht auf ähnliche Fakten, das wäre ja die induktive Methode (Suche nach Mustern). Stattdessen sucht man nach einer kreativen Interpretation oder Erklärung für seine Beobachtungen. Man spekuliert also und gewinnt dadurch theoretisches Wissen. Die Abduktion ist die einzige logische Operation, die eine neue Idee ins Spiel bringt. Während Popper also die „Logik der Forschung" untersuchte, interessierte sich Peirce für die „Logik der Entdeckung".

Induktive Schlüsse gibt es auch in der Statistik, bspw. wenn man von einer Stichprobe auf die Population schließt, also von den 20 Kindern im Alter von drei bis fünf Jahren, die an einer Studie teilgenommen haben, auf alle Kinder in diesem Alter. Wenn Sie kreativ die Bedeutung Ihrer Ergebnisse diskutieren oder über die praktische Relevanz Ihrer Studie spekulieren, gehen Sie den abduktiven Weg. Haben Sie vielleicht ein linguistisches Schema in der Analyse Ihrer Daten eingesetzt (ein Modell des Satzes oder eine Kategorie, wie eine Textsorte bspw.)? Dann sind Sie deduktiv vorgegangen. Qualitative und quantitative Forschungsansätze kombinieren Induktion, Deduktion und Abduktion, gewichten sie aber unterschiedlich.

2.8   Was ist „gute" Forschung?

Als Antwort auf diese zentrale, aber schwierige Frage hat die Wissenschaftstheorie Kriterien entwickelt, an denen sich wissenschaftliche Aussagen messen lassen müssen. Auch sie sind eng mit dem Namen Popper verbunden. Eine Theorie soll in einer einfachen und verständlichen Sprache formuliert sein (**Verständlichkeit**). Alle bestehenden Unklarheiten müssen benannt werden (**Vorläufigkeit**). Sie sollte möglichst aussagekräftig sein und präzise Prognosen erlauben (**Aussagekraft**). Hypothesen müssen also informativ sein, d.h. einen hohen empirischen Gehalt haben. Er steigt mit der Anzahl der Falsifikationsmöglichkeiten. Je mehr Ereignisse mit der Hypothese im Widerspruch stehen können, desto höher ist ihr *empirischer Gehalt*. Sie muss auch wirklich scheitern können. Eine Hypothese mit einem niedrigen empirischen Gehalt ist für die Wissenschaft wertlos. Hypothesen und Theorien müssen außerdem in sich konsistent sein, dürfen sich also in ihrem Aufbau nicht logisch widersprechen (**innere Widerspruchsfreiheit**). Und sie sollten sich auf bereits vorhandenes und akzeptiertes Wissen beziehen, unabhängig davon, ob sie mit diesem vereinbar sind oder es korrigieren wollen (**äußere Widerspruchsfreiheit**).

Neben diesen allgemeinen Qualitätskriterien haben quantitative und qualitative Forschungstraditionen eigene Bewertungskriterien entwickelt. Zu den wichtigsten **quantitativen Gütekriterien** gehören die Objektivität, die Reliabilität und die Validität.

Den Begriff **Objektivität** kennen Sie aus der Alltagssprache. In der Wissenschaft ist mit diesem Kriterium gemeint, dass die Ergebnisse einer Untersuchung nicht vom Versuchsleiter oder von der Versuchssituation abhängen dürfen. Verschiedene Forscher müssen also unter gleichen Bedingungen auch zu gleichen Ergebnissen kommen (intersubjektive Vergleichbarkeit). Wir werden im Kapitel „Versuchsplanung" besprechen, wie man die Objektivität einer Untersuchung gewährleisten kann.

Die **Reliabilität** ist ein Kriterium für die Zuverlässigkeit einer Untersuchung. Ein Messinstrument ist dann reliabel, also messgenau, wenn es im Wiederholungsfall und unter gleichen Bedingungen ein gleich bleibendes Ergebnis liefert. Wenn Sie also die sprachliche Kompetenz von Person A innerhalb einer Woche zweimal mit einem Sprachtest messen, sollte ein reliabler Test an beiden Messzeitpunkten zu einer ähnlichen Einschätzung kommen. Wie sehr solche Messungen übereinstimmen, können Sie auch berechnen und mit einem Reliabilitätskoeffizienten angeben.

Das dritte Kriterium ist die **Validität**. Sie gilt als das wichtigste Gütekriterium, denn sie ist ein Maß für die Gültigkeit. So könnte sich in unserem Beispiel trotz hoher Reliabilität der Sprachtest als völlig unbrauchbar erweisen, wenn er gar nicht wie gewünscht die Sprachkompetenz misst, sondern vielleicht generelle kognitive Fähigkeiten abbildet. Er misst also genau, aber leider nicht das, was er messen soll oder vorgibt zu messen. Das Kriterium Validität lässt sich weiter ausdifferenzieren. Wir beschränken uns hier auf die externe und die interne Validität. Die **externe Validität** bezieht sich auf die Generalisierbarkeit der Ergebnisse. Kann man die Ergebnisse, die man an einer Stichprobe gewonnen hat, auf andere Personen, Zeitpunkte oder Kontexte (Situationen) übertragen oder verallgemeinern? Die **interne Validität** bezieht sich auf die kausale Interpretation der Ergebnisse. Könnte man diese vielleicht auch anders erklären? Je mehr alternative Erklärungen zulässig sind, desto niedriger ist die innere Gültigkeit einer Untersuchung. Im Kapitel „Versuchsplanung" werden Sie lernen, dass man dann von einer hohen internen Validität eines Experiments spricht, wenn sich die Veränderungen der abhängigen Variablen eindeutig auf den Einfluss der unabhängigen Variablen zurückführen lassen. Damit, und wie man die interne Validität steigern kann, werden wir uns noch ausführlicher beschäftigen. Eine Reihe anderer Validitäten (bspw. die Konstrukt-, Kriteriums- oder Übereinstimmungsvalidität) können wir hier leider nicht besprechen. Sie spielen als sogenannte *Testgütekriterien* bei der Entwicklung, Durchführung und Bewertung von standardisierten Tests und Fragebögen eine große Rolle. Das gilt auch für die verschiedenen Unterformen der Reliabilität und Objektivität. Interessierten empfehle ich dazu den Klassiker Lienert (1998) als weiterführende und vertiefende Lektüre.

In der **qualitativen Forschung** sind die Gütekriterien weniger einheitlich. Hierzu zählen nach Mayring (2007) die Nähe zum Gegenstand, die kommunikative Validierung, die Verfahrensdokumentation sowie die argumentative Absicherung und die Regelgeleitetheit. Man sollte sich also an der Alltagswelt orientieren und das Verhalten der Personen möglichst in ihrer natürlichen Umgebung untersuchen (**Nähe zum Forschungsgegenstand**). Der Forschungsprozess selbst muss dabei auch für andere nachvollziehbar sein. Deshalb müssen alle Schritte auch sorgfältig dokumentiert werden (**Verfahrensdokumentation**). Auch wenn einzelne Analyseschritte während des Forschungsprozesses verändert werden können, muss das Vorgehen trotzdem systematisch sein und bestimmten Regeln folgen (**Regelgeleitetheit**). Nach der Untersuchung werden die Befunde mit den Teilnehmern diskutiert (*member check*). Halten auch die an der Untersuchung Beteiligten die Ergebnisse für nachvollziehbar, sind diese dadurch besser abgesichert (**kommunikative Validierung**). Da Interpretationen in der qualitativen Forschung eine große Rolle spielen, müssen diese sorgfältig begründet werden. Man sollte also gute Argumente für seine Schlussfolgerungen vorlegen können. Wenn man eine Frage mit unterschiedlichen Methoden untersucht, kann man die so gewonnenen Ergebnisse miteinander vergleichen und erfährt damit auch etwas über die Stärken und Schwächen der einzelnen Forschungsmethoden. Diese sogenannte **Triangulation** soll methodischen Verzerrungen entgegenwirken. Solche Qualitätskriterien sind allerdings nicht unumstritten. Manche Wissenschaftler halten sie für unvereinbar mit einer konstruktivistischen Sicht auf die Welt.

Schauen wir uns abschließend unser Fundament an: Sie wissen jetzt etwas über Popper und die Rolle der Falsifikation für den Forschungsprozess. Sie kennen die Basisbegriffe Empirie, Hypothese und Operationalisierung. Sie können Hypothesen klassifizieren, quantitative und qualitative Ansätze charakterisieren und haben die wichtigsten Gütekriterien zur Bewertung wissenschaftlicher Theorien kennengelernt.

⚠ Warum Sie das alles wissen sollten, obwohl Sie doch eigentlich nur an handfesten Informationen zur Versuchsplanung und Statistik interessiert sind? Auch Sie sind jetzt Teil einer wissenschaftlichen Gemeinschaft und sollten die entsprechenden Paradigmen kennen und kritisch bewerten können. Die empirische Forschung in der quantitativen Linguistik orientiert sich an den wissenschaftstheoretischen Positionen des kritischen Rationalismus. Sie werden Poppers Idee der Falsifikation an vielen Stellen des Buches wiederfinden. Begriffe und Konzepte (wie bspw. die sogenannte Nullhypothese) sollten Sie mit diesem Wissen besser verstehen und einordnen können.

Für Popper spielten Experimente eine zentrale Rolle in der Forschung: „Die Methode der Wissenschaft ist die Methode der kühnen Vermutungen und der erfinderischen und ernsthaften Versuche, sie zu widerlegen" (Popper, ObE, 1973: 102). Leider finden in unserer Umwelt ständig sehr viele interagierende Prozesse gleichzeitig statt. Man kann diese Prozesse in der Regel nicht einfach dadurch begreifen, dass man sie nur genau beobachtet. Man muss auf eine gewisse Art und Weise eingreifen und versuchen, den zu untersuchenden Prozess von den anderen zu trennen, unerwünschte Einflüsse also zu eliminieren. „Kurz, es ist notwendig, Experimente durchzuführen." (Chalmers, 2001: 26). Starten wir also in die Versuchsplanung. Was ist ein Experiment, und wie sollte man es (möglichst erfinderisch) aufbauen?

- Popper und der Kritische Rationalismus
- Verifikation, Falsifikation und Bestätigung
- Induktion, Deduktion und Abduktion
- Paradigma, Hypothesen und Operationalisierung
- Merkmale quantitativer und qualitativer Forschung
- Gütekriterien

Leider ist auch die weiterführende Lektüre zu diesem Kapitel nicht immer „leichte Kost". Ich empfehle deshalb vor allem Einsteigern, diese Bücher (in Auszügen) im Tutorium oder in einer Arbeitsgruppe zu lesen. Ein schöner Zusatzgewinn: Man kann dabei auch gleich das wissenschaftliche Diskutieren üben. Wer sich mit der Frage nach den Grundlagen unserer Erkenntnisfähigkeit weiter beschäftigen möchte, kann mit Carrier (2006), Chalmers (2001) oder Hoerster (2010) starten (Anfänger) und sein Wissen mit Brülisauer (2008) und Schurz (2008) vertiefen (Fortgeschrittene). Wer gerne die Originale lesen möchte: Poppers Bücher *Logik der Forschung* (LdF/2005, Erstdruck 1934) und *Objektive Erkenntnis* (ObE/1973, Erstdruck 1972) haben den Status von Klassikern. Sie werden sie in jeder größeren Bibliothek finden können. Das gilt auch für die Bücher von Thomas Kuhn (1988, Erstdruck 1962), Imre Lakatos (1974) und Paul Feyerabend (1986, Erstdruck 1975). An qualitativer Forschung Interessierte finden im Web einen Einstieg über die Seite des Instituts für Qualitative Forschung der FU Berlin: [http://www.qualitative-forschung.de/index.html]. Mittlerweile sind viele Bücher auf dem Markt, die grundlegend in qualitative Methoden einführen. Beispielhaft sei hier das folgende Handbuch empfohlen: Flick et al. (2009). Es thematisiert auch für Linguisten interessante Aspekte (wie etwa Transkription, Interviewleitfaden oder auch die Gesprächs- und Textanalyse). Cropley (2002) gibt viele Hinweise für die praktische Durchführung. Empfehlenswert ist auch die Aufsatzsammlung von Heigham & Croker (2009), die einen Überblick über verschiedene Methoden gibt (bspw. „Ethnography" oder „Mixed Methods").

1. Welche der folgenden Kriterien müssen wissenschaftliche Hypothesen erfüllen: Wahrheit, hoher empirischer Gehalt, Generalisierbarkeit, Wenn-Dann-Satz, Originalität, Falsifizierbarkeit, praktische Relevanz, Überprüfbarkeit, Replizierbarkeit? Begründen Sie bitte Ihre Entscheidung.

2. Warum sollte man in der linguistischen Forschung nicht nur introspektive Daten erheben, d.h. auf die Intuitionen von Muttersprachlern zurückgreifen, sondern auch Experimente durchführen?

3. Operationalisieren Sie die folgende Hypothese: „Sprachliche Botschaften werden mit möglichst geringem Aufwand vermittelt". Denken Sie dabei an alle sprachlichen Beschreibungsebenen und an beide Seiten (Sprecher/Hörer).

4. Zum Diskutieren: Sie haben verschiedene Ansätze kennengelernt: Popper, Kuhn, Lakatos und Feyerabend. Welcher Ansatz ist Ihr Favorit? Was sind die Vorteile, was die Nachteile der einzelnen Positionen? Sollte es verbindliche Methoden in der Linguistik geben? Wer legt fest, was die Sprachwissenschaft voranbringt? Finden Sie heraus, worüber sich Popper und Adorno gestritten haben (Was war der Inhalt des berühmten Positivismusstreites?) und diskutieren Sie die beiden Positionen.

3   Versuchsplanung

Lernziele Idee des Experimentierens; Klassifikation von Experimenten; Variablentypen; Kontrolle von Störvariablen; Vorexperiment / Ex post-facto-Forschung, Quasi-Experiment und Experiment; Versuchspläne; ethische Probleme beim Experimentieren

Was ist ein Experiment? Welche Idee steckt hinter dem Experimentieren? Wann sollte man experimentell arbeiten, wann eine andere Methode einsetzen? Welche (linguistischen) Experimente darf man Ihrer Meinung nach nicht durchführen?

Linguisten versuchen, auf sehr verschiedenen Wegen das Rätsel Sprache zu lösen. Sie arbeiten mit introspektiven Daten, nutzen also die Sprachkenntnis (Intuition) als Datenquelle. Sie befragen oder beobachten andere Menschen und analysieren Korpora, also Sammlungen von mündlichen oder schriftlichen Äußerungen. Oder sie versuchen über Simulationen mit dem Computer, die Gültigkeit von Modellannahmen zu überprüfen. Zunehmend werden aber auch spezielle Techniken eingesetzt. So kann man mit elektrophysiologischen Methoden und bildgebenden Verfahren die Hirnaktivität sichtbar machen, um die biologischen Grundlagen der Sprache besser erforschen zu können. Oder man analysiert mithilfe aufgezeichneter Blickbewegungen (*eyetracking*), wie Menschen beim Lesen Sätze oder ganze Texte verarbeiten. Diese neueren Entwicklungen haben auch dazu beigetragen, dass Experimente eine immer größere Rolle in der Linguistik spielen. Das Experimentieren setzt allerdings einiges voraus: Man muss schon etwas über den betrachteten Gegenstand wissen und für die noch offenen Fragen alternative Antwortmöglichkeiten haben. Mit Experimenten können Sie also kein Forschungsfeld neu erkunden, es *explorieren*. Die dazugehörige „Landkarte" müssen Sie schon im Gepäck haben, wenn Sie experimentell arbeiten wollen. Das ergibt sich eigentlich schon aus der Definition:

▶ **Experiment**

Systematische Beobachtung von veränderlichen Merkmalen unter kontrollierten oder künstlich geschaffenen Bedingungen.

3.1   Variablen

Bevor wir uns mit den Experimenten beschäftigen können, müssen wir zunächst einen wichtigen Begriff klären. Was sind **Variablen**?

▶ **Variable**

Alle Gegebenheiten in einer wissenschaftlichen Untersuchung, die sich quantitativ oder qualitativ ändern können.

Eine Variable variiert. Sie kann also in verschiedenen Merkmalsausprägungen, Bedingungen, Stufen oder auch Attributen vorliegen. Das Gegenteil einer Variablen ist eine Konstante. Sie repräsentiert immer einen bestimmten Wert. Während sich also Ihre Sprachkenntnisse im Laufe des Studiums oder Ihr sozialer Status nach dem Examen durchaus verändern können, bleibt die Anzahl der Wochentage immer gleich. Nur mit Variablen können Sie experimentieren. Wozu sollte man die Auswirkungen von X auf etwas untersuchen, das sich niemals verändert? Halten Sie bitte auch empirische Variablen und **Konstrukte** auseinander. Konstrukte können nicht direkt beobachtet, sondern müssen aus Beobachtungen erschlossen werden. Sie werden manchmal auch als *theoretische Variablen* bezeichnet. Die Universalgrammatik ist ein Beispiel für ein berühmtes linguistisches Konstrukt. Sie ist nur über die Beobachtung und Analyse einzelner Sprachen zugänglich.

3.1.1 Unabhängige und abhängige Variable

Es gibt verschiedene Arten von Variablen, die sich auch unterschiedlich klassifizieren lassen. Wir konzentrieren uns zunächst auf die drei wichtigsten Variablentypen. In wissenschaftlichen Publikationen werden Sie oft unter ihrem Kürzel geführt.

▶ **Unabhängige und abhängige Variable (UV und AV)**

   Eine unabhängige Variable (UV) kann vom Versuchsleiter (Vl) direkt oder indirekt manipuliert werden. Man untersucht ihren Einfluss auf die abhängige Variable (AV). An der AV werden also die Veränderungen beobachtet, die auf die Manipulation der UV zurückgehen.

Die **unabhängige Variable** (*independent variable* (IV)) wird auch **treatment** (Behandlung), **Prädiktor** oder **Faktor** genannt. Sie ist die vermutete Einflussgröße oder Ursache, die „Schraube, an der gedreht wird". Die **abhängige Variable** (*dependent variable* (DV)) oder **Kriterium** soll die Wirkung der UV erfassen. Daher auch der Name: Sie hängt von der UV ab, ihre Ausprägungen sind eine Funktion der UV. Von manchen Forschern wird sie deshalb auch als *Reaktionsvariable* bezeichnet (Sarris, 1992), da sie die Reaktionen der Versuchspersonen (Vpn) erfasst. Das können in der Linguistik Reaktionszeiten, Antworten in Tests oder Fragebögen oder auch Verhaltensänderungen sein. Was in einem Experiment UV und was AV ist, ist nicht automatisch festgelegt, sondern von der Rolle der Variablen im Forschungsprozess abhängig. Eine Variable kann also in Untersuchung A eine UV sein, in Untersuchung B aber als AV eingesetzt werden.

In experimentellen Untersuchungen geht es um die Beziehungen zwischen Variablen. Diese können natürlich ganz unterschiedlich ausfallen. Ein Beispiel für eine eher einfache Beziehung wäre: Je größer (oder kleiner) die UV, desto größer (oder kleiner) die AV (also streng monoton steigend oder fallend). Je mehr Wörter einer Sprache ich kenne, desto flüssiger kann ich auch sprechen. Meistens liegen aber kompliziertere Beziehungen vor. Mit steigender UV steigt zunächst auch die AV an, fällt dann aber wieder ab. Das erinnert an ein U, das auf dem Kopf steht (umgedrehte U-Form). Was für eine Beziehung liegt hier vor? Je mehr man übt, desto besser werden die Sprachkenntnisse. Der Zuwachs fällt aber mit der Zeit immer geringer aus. Methodiker sprechen dann von einer negativ beschleunigten Funktion. In der Forschung möchte man solche Beziehungen in einem Modell erfassen. Je mehr Elemente (Variablen) und Beziehungen ein solches Modell enthält, desto komplexer wird es (mögliche Wechselwirkungen). Damit wird es auch schwieriger, die empirische Gültigkeit eines Modells zu überprüfen.

⚠ In einem Koordinatensystem werden die Stufen der UV auf der Abszisse (oder auch x-Achse, das ist die waagerechte Achse), die der AV auf der Ordinate (y-Achse, senkrechte Achse) aufgetragen.

3.1.2 Störvariable

Leider sind Sie als Experimentator nicht allein am Start. Neben den gewünschten Effekten, die Sie durch die Konstruktion Ihres Experimentes hervorrufen wollen, werden Sie auch immer mit systematischen Veränderungen zu kämpfen haben, die *nicht* auf Ihre Manipulation der UV zurückzuführen sind. Solche Variablen werden treffend als **Störvariablen** (SV; *confounding variable*) bezeichnet. Sie sind der dritte, wichtige Variablentyp.

▶ **Störvariable (SV)**

Alle Variablen, die einen Einfluss auf die AV haben (mit Ausnahme der durch den Versuchsleiter willkürlich manipulierten UV).

Systematische Störvariablen können Ihre Probanden, die experimentellen Bedingungen (Treatments) oder auch die Untersuchungssituation selbst (einschließlich Ihrer Beteiligung als Versuchsleiter) betreffen. Manchmal wissen Sie aber vielleicht noch gar nicht, was alles Ihre Untersuchung beeinflussen könnte. Vielleicht handelt es sich auch um Störvariablen, die aus prinzipiellen Gründen nicht kontrollierbar sind. In diesen beiden Fällen spricht man von *unkontrollierten* Störvariablen. Die experimentelle Methodik hat aber ein ganzes Bündel von Gegenmaßnahmen entwickelt, um den Einfluss von *kontrollierbaren* Störvariablen in den Griff zu bekommen.

3.1.3 Quantitativ/Qualitativ und Diskret/Stetig

Sie kennen jetzt die Variablentypen UV, AV und SV. Ich möchte Ihnen abschließend aus der Fülle der Ansätze noch zwei weitere, wichtige Klassifikationskriterien kurz vorstellen. Variablen lassen sich auch danach unterscheiden, ob sie **quantitativ** oder **qualitativ** sind. Die Ausprägungen einer qualitativen Variablen kennen Sie unter dem Begriff „Kategorie". Qualitative Variablen werden deshalb auch als *kategoriale Variablen* bezeichnet. Der Name verrät, dass hier nicht das Ausmaß oder die Intensität eines Merkmals entscheidend ist, sondern nur seine Qualität. Ein Beispiel wäre das Geschlecht oder die Muttersprache einer Person. Die Ausprägungen einer quantitativen Variablen sind dagegen Zahlen. Welche Sprache(n) ein Mensch spricht würde eine qualitative Variable erfassen. Wie gut er sie beherrscht, eine quantitative (bspw. gemessen mit einem Sprachtest).

In der Statistik unterscheidet man Variablen auch danach, wie viele Ausprägungen sie annehmen können. Variablen, die nur endlich viele oder *abzählbar* unendlich viele Ausprägungen annehmen können, nennt man **diskret** oder diskontinuierlich. Wenn Sie untersuchen möchten, wie lange jemand benötigt, eine sprachliche Aufgabe zu lösen, können Sie die einzelnen Lösungsansätze zählen. Theoretisch könnte Ihr Proband auch unendlich viele Versuche brauchen, um ans Ziel zu gelangen. Wenn Sie dagegen anstelle der Anzahl der Lösungsversuche die Dauer messen (also die Reaktionszeit), arbeiten Sie mit einer **stetigen Variable**. Solche Variablen nennt man auch kontinuierlich. Sie können in einem Intervall sehr viele Ausprägungen annehmen. Der mathematische Fachbegriff dafür lautet: *überabzählbar*. Man kann eine stetige Variable in eine diskrete Variable umformen. Sie feiern wahrscheinlich wie die meisten Menschen nur einmal im Jahr Geburtstag und geben Ihr Alter mit einem Wert an. Sie altern aber eigentlich kontinuierlich. Umgekehrt kann eine diskrete Variable so viele Werte annehmen, dass sie wie eine stetige Variable behandelt wird. Dann spricht man von einer quasi-stetigen Variable.

3.2   Klassifikation von Experimenten

Wie kann man Experimente klassifizieren? Dabei geht es weniger darum, ein Ordnungssystem zu entwickeln. Vielmehr steckt dahinter die Schlüsselfrage, welcher Untersuchungstyp unter welchen Voraussetzungen für welches Ziel am besten geeignet ist. Schauen wir uns die wichtigsten Unterscheidungskriterien etwas genauer an:

3.2.1 Untersuchungsziel

Mit dem Begriff Experiment ist meistens das klassische **Prüf- oder Entscheidungsexperiment** gemeint, mit dem man eine oder mehrere Hypothesen testen möchte. Manchmal erlaubt es aber die Forschungslage oder das Projektstadium noch nicht, endgültige Hypothesen oder Versuchspläne vorzulegen. Dann kann man die Durchführbarkeit eines Experimentes an einem sogenannten **Vorexperiment** überprüfen und danach anhand der Ergebnisse das Design verbessern. Oder man sammelt erst einmal Daten im Rahmen einer sogenannten **Pilot- oder Erkundungsstudie** (*pilot study*), um daraus dann später Hypothesen entwickeln zu können. In der Wissenschaft ist es wichtig, dass ähnlich aufgebaute und durchgeführte Untersuchungen auch zu ähnlichen Ergebnissen kommen. Wenn Sie ein bereits durchgeführtes Entscheidungs- oder Prüfexperiment wiederholen, führen Sie ein **Replikationsexperiment** durch. Sie können dabei auch einzelne Bausteine des Experimentes verändern, um zu überprüfen, ob die Annahmen auch unter dieser veränderten Bedingung zutreffen. Ein nicht-sprachliches Experiment über die Raumwahrnehmung, an dem *native speaker* des Englischen teilgenommen haben, wird dann bspw. mit deutschen Muttersprachlern durchgeführt. Lassen sich Unterschiede nachweisen, ist die Generalisierbarkeit der Hypothese (d.h.: sie gilt für alle Menschen unabhängig von ihrer Muttersprache) eingeschränkt. Dann müssen Sie im weiteren Forschungsprozess untersuchen, wie genau der Einfluss einer Einzelsprache auf diese (nonverbale) Informationsverarbeitung aussehen könnte. Es gibt aber noch andere Zielsetzungen. Manchmal möchte man Zusammenhänge aufdecken oder Daten statistisch aufbereiten, um damit zusätzliche Informationen zu gewinnen. Mit Korrelationen (Zusammenhangsmaßen) kann man bspw. zunächst die Anzahl der Faktoren reduzieren, die man dann in einem Folgeexperiment überprüfen möchte.

3.2.2 Kontrolle der äußeren Bedingungen

Man kann Experimente aber auch danach klassifizieren, wo sie durchgeführt werden. Die meisten denken bei einem Experiment an ein **Labor**, also an einen speziellen Raum. Experimente lassen sich aber auch in der natürlichen Umwelt durchführen, bspw. in einer Schule, einer Klinik oder in der häuslichen Umgebung der Probanden. In der Versuchsplanung nennt man ein solches Experiment ein **Feldexperiment**. In der Laborsituation können Sie gewollte, aber eben auch unerwünschte Einflüsse leichter kontrollieren. Allerdings werden Laborexperimente manchmal als „künstlich" empfunden. Der Fachbegriff dafür lautet: **ökologische Validität**. Labordaten wären danach weniger ökologisch valide, weil sich die Erkenntnisse, die man auf diese Weise im Labor gewonnen hat, nicht ganz einfach auf die Welt außerhalb der Labormauern übertragen lassen. Hier müssen Sie also abwägen und entscheiden, welcher Aspekt Ihnen wichtiger ist. Dabei spielt natürlich auch Ihr Thema und das Design Ihrer Studie eine große Rolle. Für Linguisten wird zunehmend auch ein dritter Bereich interessant: das Internet. **Internetexperimente** haben den Vorteil, dass sie gut standardisierbar sind, man schnell eine größere Anzahl an Versuchspersonen (Vpn) testen kann, und man als Versuchsleiter (Vl) außen vor bleibt. Leider weiß man meistens nicht, wer wirklich daran teilnimmt (unklare Identität der Vpn) und unter welchen situativen Bedingungen das Experiment abläuft. Kein Versuchsleiter ist glücklich, wenn der Proband eine sprachliche Aufgabe bearbeitet und dabei auch noch Musik hört und eine Pizza isst. Auch kann ein Teilnehmer sehr viel leichter aus einem solchen Experiment aussteigen.

3.2.3 Anzahl der teilnehmenden Versuchspersonen

Um dieses Kriterium verstehen zu können, braucht man eigentlich keine methodischen Vorkenntnisse. Trotzdem wird es oft missverstanden. Führt man eine Untersuchung durch, an der nur eine einzige Person teilnimmt, spricht man von einer **Einzelfalluntersuchung** (*single case study*). Hier gilt also: $n = 1$. Mit einem n wird in der Statistik die Anzahl der Versuchspersonen (der Objekte) in einer Stichprobe angegeben. Ein großes N finden Sie manchmal in Publikationen, wenn von der Anzahl der Objekte in der *Population* die Rede ist, oder es symbolisiert eine sehr große Anzahl von Stichproben. Da ich in der Versuchsplanung ein bestimmtes Schema verwende, das auch ein großes N enthält, habe ich für die Formeln in diesem Buch in der Regel das kleine n gewählt.

⚠️   Bei einer **Gruppenstudie** gilt: $n > 1$. Gruppe bedeutet hier aber nicht, dass Sie die Teilnehmer auch als Gruppe untersuchen müssen, also alle zusammen an einem Ort zu einem bestimmten Zeitpunkt. Mit Gruppenstudie ist gemeint, dass Sie alle Teilnehmer dieser Gruppe *einer* experimentellen Bedingung unterworfen haben. Alle Teilnehmer dieser Gruppe haben bspw. an einem Lückentest teilgenommen, mit dem Sie die syntaktische Verarbeitung überprüfen möchten. Manchmal ist es möglich, alle Teilnehmer auch wirklich gleichzeitig zu untersuchen. In der Regel werden Sie aber

Ihre Versuchspersonen nacheinander oder vielleicht sogar an verschiedenen Orten testen.

3.2.4 Anzahl der untersuchten Variablen

Jetzt können wir noch ein weiteres Klassifikationskriterium für Experimente einführen. Man kann in einem Experiment nur eine einzige, aber auch mehrere unabhängige Variablen oder Faktoren betrachten. Entsprechend spricht man dann von einem **unifaktoriellen** (einfaktoriellen) oder einem **multifaktoriellen** (mehrfaktoriellen) Experiment. Was für die Seite der UV gilt, gilt genauso für die Seite der AV. Auch hier können Sie nur eine einzige abhängige Variable aufnehmen (**univariat**) oder eben mehrere Variablen betrachten (**multivariat**).

3.2.5 Anzahl der Treatments pro Versuchsperson

Sie kennen jetzt auch schon den Begriff *Treatment* für eine experimentelle Bedingung (UV). Man kann Experimente auch danach klassifizieren, wie das Verhältnis zwischen Treatment und Versuchspersonen gestaltet ist. Mit den sogenannten abhängigen und unabhängigen Stichproben werden wir uns noch genauer beschäftigen (Kapitel 7). Mit diesem Merkmal lassen sich nämlich auch statistische Verfahren klassifizieren. Sie können bspw. ein Design anwenden, in dem eine Versuchsperson mehrere treatments hintereinander durchlaufen muss. Dann messen Sie, ob und wie sich das Verhalten einer Versuchsperson durch die einzelnen Treatments verändert (*within subject design*). Sie können aber auch einen Untersuchungsplan wählen, in dem jeder Proband nur ein Treatment erhält und dann untersuchen, ob sich die Versuchspersonen voneinander unterscheiden (*between subject design*). In sogenannten gemischten Plänen (*mixed designs*) erhält die Versuchsperson zwar mehrere, aber nicht alle treatments.

3.3   Kontrolle der Störvariablen

Störvariablen beeinträchtigen den eigentlich interessierenden Effekt der UV auf die AV. In einem Versuch müssen Sie deshalb möglichst viele der potentiellen Störvariablen ausschalten oder versuchen, ihren Einfluss zumindest zu minimieren. Auch bei einem „echten" Experiment gelingt es allerdings nicht immer, den Einfluss von Störvariablen zu kontrollieren. Wenn eine SV *systematisch* mit der UV variiert, spricht man von **Konfundierung**. Über Ursache und Wirkung können Sie dann keine Aussage machen, weil Sie die Wirkung der UV nicht von der SV trennen können. Ein solches Experiment ist eigentlich wertlos. Sie können dann nur versuchen, mit korrelativen Verfahren weiter zu arbeiten, die wir in Kapitel 11 behandeln. Es gibt aber eine ganze Reihe von Kontrollmöglichkeiten, die Sie einsetzen können.

Überlegen Sie bitte beim Lesen selbst, welche der hier vorgestellten Kontrolltechniken Sie jeweils auf welche der drei großen Störfelder anwenden können (Probanden, experimentelle Bedingungen und Versuchssituation). Denken Sie dabei daran, dass Sie diese Techniken auch kombiniert einsetzen können!

3.3.1 Elimination

Wenn etwas stört, kann man versuchen, es auszuschalten. Das funktioniert gut bei bestimmten Umweltfaktoren wie bspw. Lärm oder Hitze. Nicht ohne Grund werden viele Experimente in einem Labor durchgeführt. Dieses Vorgehen hat allerdings Grenzen. Je mehr Störfaktoren Sie eliminieren, desto „künstlicher" wird möglicherweise die Umgebung, in der Ihr Experiment stattfindet. Dann können Sie die Ergebnisse vielleicht nur eingeschränkt auf andere Situationen übertragen.

3.3.2 Konstant halten

Eine Elimination ist nicht möglich, weil bspw. eine Störvariable versuchsbedingt auftritt? Dann können Sie versuchen, die Einflussgröße einer SV konstant zu halten. Hinter dieser Methode steckt die Idee, dass es dann zwar einen unerwünschten Einfluss gibt (bspw. Versuchsleiter, Lichtverhältnisse), die Messwerte sich aber in *allen* Versuchsgruppen um einen *konstanten* Betrag verändern. Damit bleiben die Werte der Gruppen vergleichbar. Mit dieser Kontrolltechnik standardisieren Sie also Ihr Experiment. In der Praxis wird dazu häufig das Experiment mit einem Computer durchgeführt, das dann bis auf die interessierenden Variablen unter konstanten Bedingungen abläuft.

3.3.3 Homogenisieren und Ausbalancieren

Man kann nicht nur Umweltbedingungen standardisieren, sondern auch Eigenschaften der Teilnehmer konstant halten. Untersucht man bspw. nur Männer (oder Frauen), hat man einen möglichen Einfluss der Variable Geschlecht kontrolliert. Je ähnlicher sich die Versuchspersonen hinsichtlich eines bestimmten Merkmales sind, desto homogener werden die Versuchsgruppen. Wenn man nicht nur Männer (oder Frauen) untersuchen möchte, kann man die Variable Geschlecht ausbalancieren. Man sorgt dafür, dass in allen experimentellen Bedingungen die Geschlechterverteilung gleich ist. Damit hält man zwar nicht die Variable Geschlecht, aber die *Verteilung* dieser Variable konstant.

Auch Versuchspläne können Sie ausbalancieren. Wenn Sie befürchten, dass die Reihenfolge, in der Sie Ihr Versuchsmaterial präsentieren oder ein Treatment einsetzen, einen Einfluss auf das Ergebnis haben könnte, können Sie solche Positionseffekte mit verschiedenen Techniken ausbalancieren. Enthält Ihr Experiment die drei Bedingungen A, B und C, müssen Sie diese zunächst in allen möglichen Reihenfolgen anordnen, also: A, B, C / A, C, B / B, A, C / B, C, A / C, A, B / C, B, A. Jetzt weisen Sie jeder dieser sechs Reihenfolgen jeweils ein Sechstel Ihrer Probanden per Zufall zu. Die Idee dahinter: Die durchschnittliche Leistung *aller Versuchspersonen* wird in den drei Versuchsbedingungen gleich stark von einem Positionseffekt beeinflusst. Ein solches **vollständiges Ausbalancieren** lässt sich allerdings nicht unbegrenzt realisieren, da die Anzahl der Reihenfolgen mit der Anzahl der Bedingungen ansteigt. Das können Sie leicht ausrechnen: Von sechs (bei drei Bedingungen), auf 24 Reihenfolgen bei vier und auf 120 bei fünf Bedingungen. Bei sechs Bedingungen müssten Sie 720 Versuchspersonen untersuchen! Zur Balancierung linearer Positionseffekte kann man auch die **AB-BA-Methode** einsetzen. Auch hier bezeichnen die Buchstaben A und B zwei Bedingungen eines Experimentes. Die Teilnehmer durchlaufen zunächst die verschiedenen Bedingungen in irgendeiner Reihenfolge. Dann wird die Reihe gespiegelt, also in umgekehrter Reihenfolge durchgeführt. Das funktioniert auch mit $n > 2$ Bedingungen. Aus A, B, C wird dann entsprechend wieder C, B, A.

Auch mit den sogenannten **lateinischen Quadraten** können Sie Positionseffekte kontrollieren. Dabei können Sie zwischen verschiedenen Varianten wählen. Sie kommen dann zum Einsatz, wenn ein vollständiges Ausbalancieren nicht möglich ist. Bei einem lateinischen Quadrat gilt: Die Anzahl der Bedingungen ist gleich der im Experiment verwendeten Reihenfolgen. Wenn Sie mit vier Treatments (A, B, C, D) arbeiten, setzen Sie entsprechend vier Reihenfolgen ein: A, B, C, D / B, D, A, C / D, C, B, A / C, A, D, B. Jede dieser Reihenfolge wird mit der gleichen Anzahl zufällig ausgewählter Versuchspersonen realisiert. Vielleicht haben Sie schon die beiden Besonderheiten eines lateinischen Quadrates erkannt? Jede Bedingung muss mindestens einmal in jeder Position vorkommen. Die Bedingung A kommt also an der ersten, zweiten, dritten und vierten Position vor. Das gilt auch für die anderen Bedingungen, also B, C, und D. Und jede Bedingung geht jeder Bedingung einmal voran und folgt ihr einmal. Aus A-B wird B-A, aus C-D entsprechend D-C, aus A-D ein D-A usw. Das sieht komplizierter aus, als es eigentlich ist. Eine genaue Anleitung für die Konstruktion der verschiedenen Varianten können Sie bspw. in Bortz & Döring (2006) nachlesen.

3.3.4 Parallelisieren

Das Parallelisieren (*matching*) ähnelt dem Ausbalancieren. Auch hier soll die Verteilung einer Störvariablen in allen experimentellen Bedingungen gleich sein. Damit sich die mittlere Ausprägung der Merkmale zwischen den Gruppen nicht unterscheidet, müssen Sie Ihre Versuchspersonen *gezielt* einer experimentellen Bedingung zuweisen (*matching*). Wenn Sie bspw. mit zwei experimentellen Bedingungen arbeiten, weisen Sie beiden Gruppen jeweils eine Versuchsperson zu, deren Werte sich nicht oder nur wenig unterscheiden. Wenn Sie also fürchten, dass auch das Intelligenzniveau die Einzelwortverarbeitung in einem lexikalischen Entscheidungstest beeinflusst, müssen Sie Gruppen mit vergleichbarem IQ bilden. Der Nachteil ist Ihnen sicher schon aufgefallen: Sie müssen dazu die Störvariable kennen und ihren Einfluss messen können (hier vielleicht mit einem Intelligenztest, den Sie *vor* dem Experiment durchführen). Nur dann können Sie Gruppen bilden mit ähnlichen oder vergleichbaren Werten. Ein weiterer Nachteil: Sie können mit dieser Technik in der Regel nur *eine* personengebundene SV kontrollieren. Die Parallelisierung wird deshalb häufig mit der Randomisierung (Zuweisung per Zufall) kombiniert.

3.3.5 Wiederholtes Messen

Sie können Ihre Probanden auch an mehreren experimentellen Bedingungen (bspw.: einmal Experimentalgruppe und einmal Kontrollgruppe) teilnehmen lassen und wiederholt messen. Dadurch schließen Sie personenbezogene Störvariablen aus, denn es nehmen ja an beiden Bedingungen die gleichen Personen teil. Die Wiederholungsmessung ist also eine Art Parallelisierung. Hier werden allerdings die Versuchspersonen nicht mit anderen Probanden parallelisiert, sondern quasi „mit sich selbst". Den Fachbegriff dafür kennen Sie auch schon: *within-subjects-Design*. Diese Methode kann sehr effizient sein. Sie kann aber nur unter bestimmten Bedingungen eingesetzt werden. Kann es bspw. zu Übertragungseffekten kommen, scheidet Ihr Einsatz aus. Wenn eine Versuchsperson in der experimentellen Bedingung A etwas gelernt hat (eine grammatische Regel bspw.), wird sie das in der Kontrollbedingung B nicht plötzlich wieder vergessen. Es kommt also zu einem Transfer von Bedingung A auf Bedingung B. Wiederholungsmessungen können sogar selbst Störeffekte hervorrufen.

3.3.6   Randomisieren

Auch in der Versuchsplanung ist Kollege Zufall eine große Hilfe. Mit dieser Technik teilen Sie Ihre Versuchspersonen nach dem Zufallsprinzip den verschiedenen experimentellen Bedingungen zu. Sie können aber auch Ihr Versuchsmaterial zufällig zuordnen. Wenn Sie über lexikalische Effekte arbeiten, werden Sie nicht immer alle Eigenschaften der Wörter kontrollieren können (wie bspw. Kategorie, Wortlänge oder Häufigkeit). Dann können Sie die Wörter nach dem Zufallsprinzip den experimentellen Bedingungen zuordnen. Die Randomisierung (*randomizing*) eliminiert nicht die Störvariable, aber ihre Wirkung verteilt sich nach dem Zufallsprinzip auf Ihre verschiedenen experimentellen Bedingungen. Systematische Unterschiede lassen sich damit ausschließen.

Sie können allerdings nicht selbst Kollege Zufall spielen, sondern müssen ihn zum Zuge kommen lassen, in dem Sie bspw. eine Münze werfen, Lose ziehen oder mit Zufallszahlen (speziellen Tabellen) arbeiten. Sie können auch Statistikprogrammpakete eine Zufallssortierung erstellen lassen. Ein einfaches Beispiel: Ist die gewürfelte Zahl ungerade, kommt die Versuchsperson in die Bedingung X_1, bei einer geraden Zahl wird sie der Bedingung X_2 zugeteilt. Auch die Entscheidung über die Reihenfolge, in der Sie Ihr Versuchsmaterial präsentieren wollen, können Sie dem Zufall überlassen. Auf der Homepage von *random.org*, die auf Wissenschaftler des Trinity College zurückgeht, finden Sie eine Reihe kostenloser Spiele (Lotto, Würfel, Münzen). Randomisieren führt allerdings nicht immer zu gleich großen Gruppen. Das kennen Sie sicher vom Würfeln. Man kann durchaus mehrmals hintereinander eine ungerade Zahl würfeln. Je größer Ihre Stichprobe ist, desto besser funktioniert diese Kontrolltechnik.

3.3.7   Eine Kontrollgruppe aufnehmen

Wenn man um den Einfluss einer Störvariablen weiß, kann man diese SV auch als UV in den Versuchsplan aufnehmen. Zusätzlich zu den Effekten der eigentlichen UV, erfährt man so auch etwas über die Wirkung der Störvariablen auf die AV und kann überprüfen, ob es vielleicht zu Wechselwirkungen zwischen den Variablen kommt. Der Nachteil liegt im System: Durch jede zusätzlich aufgenommene Variable wird Ihr Versuchsplan komplexer, der Aufwand (Versuchspersonen) entsprechend größer.

3.3.8   Auspartialisieren

Hinter diesem Fachbegriff verbirgt sich eine statistische Technik, die auch wie eine Art Konstanthaltung wirkt. Sie werden sie im Kapitel 11 kennenlernen.

3.4   Wann welche Kontrolltechnik einsetzen?

Eine einfache Regel, wie man am besten vorgehen sollte, gibt es leider nicht. Um einen Versuch überhaupt durchführen zu können, müssen Sie in der Regel in der Versuchsumgebung und im -ablauf bestimmte Faktoren eliminieren und konstant halten. Homogenisieren, Parallelisieren und Balancieren sind wichtige Techniken, um die Vergleichbarkeit der Probanden und der anderen Umwelteinflüsse sicherstellen zu können. Sie können und sollten Kontrolltechniken ggf. kombinieren (bspw. erst parallelisieren, dann randomisieren). Als Königin unter den Techniken gilt die Randomisierung, weil Sie mit dieser Methode auch Ihnen unbekannte Störeffekte kontrollieren können.

3.5   Quasi-Experiment

Wenn Sie eine Untersuchung mit Patienten und gesunden Probanden durchführen möchten, können Sie nicht per Zufall Ihre Teilnehmer einer bestimmten Gruppe zuordnen. Jemand leidet an einer Krankheit, oder er ist gesund, und Sie können nicht aus einem gesunden einfach einen kranken Menschen machen oder umgekehrt. Das gilt bspw. auch für die Variable „Geschlecht". In der Methodik spricht man dann von „natural settings" (Campbell & Stanley, 1963). Ansonsten unterscheiden sich quasi-experimentelle Versuchspläne aber nicht von den klassischen Designs, d.h. auch hier können Sie Ihre UV manipulieren.

▶   **Quasi-Experiment**

Eine Versuchsanordnung, bei der zwar die UV manipuliert werden können, das Randomisierungsprinzip aber nicht angewandt werden kann.

⚠   Die Grenzen zwischen einem „echten" Experiment und einem Quasi-Experiment sind fließend. Auch bei einem Experiment werden Sie niemals *alle* denkbaren Störvariablen kontrollieren können. Und auch mit einem streng kontrollierten Experiment kann man Hypothesen nicht verifizieren, sondern nur falsifizieren. Quasi-Experimente spielen in der Linguistik eine große Rolle, weil sie für viele linguistische Fragestellungen die geeignete Vorgehensweise sind. Sie sind deshalb keine Experimente „zweiter Klasse". Ein gut geplantes Quasi-Experiment kann durchaus schlüssiger sein als manches Experiment. Sie müssen nur beachten, dass Sie bei einem Quasi-Experiment mit einem größeren Einfluss der Störvariablen rechnen müssen und deshalb auch plausible Alternativerklärungen für Ihre Ergebnisse in Erwägung ziehen sollten.

3.6   Ex-post-facto-Forschung

Untersuchungen, in denen auch die UV aus prinzipiellen Gründen nicht mehr manipuliert werden kann, nennt man **ex-post-facto-Anordnungen** (übersetzt: „im Nachhinein aus Tatsachen"). Solche Pläne geben also noch ein weiteres experimentelles

Kriterium auf und werden deshalb nicht mehr der Versuchsplanung zugerechnet. Es gibt viele Gründe für ein solches, nicht-experimentelles Vorgehen. Vor allem sogenannte *organismische Variablen* wie Alter, Geschlecht oder soziale Herkunft können Sie nicht aktiv manipulieren. Auch ethische Gründe können gegen die Realisation eines Experimentes sprechen. Nicht alles, was man tun könnte, darf man auch tun. Man kann bspw. nicht ein Kind isoliert aufwachsen lassen, um zu untersuchen, welche Rolle soziale Faktoren für den Spracherwerb spielen. Und nicht jede Untersuchung ist auch finanzierbar, obwohl sie unter dem Aspekt der Versuchsplanung betrachtet durchaus möglich wäre. Der ideale Ablauf: Man plant zuerst sorgfältig das Experiment und führt es *danach* durch. Es kommt aber auch vor, dass ein Problem untersucht werden soll, dessen Ursache nicht mehr manipuliert werden kann, weil sich das Ereignis in der Vergangenheit ereignet hat. Was Sie jetzt sehen, ist die *Wirkung* dieses Ereignisses. Dann können Sie nur noch im Nachhinein (*retrospektiv*) nach einer möglichen UV suchen, bspw. bei mangelnden Deutschkenntnissen von Schulkindern die Migrations- und Bildungspolitik betrachten. Sie können aber auch eine *prospektive* Ex-post-facto-Forschung betreiben. Hat die Politik mit einem zusätzlichen Angebot an Sprachkursen reagiert, können Sie sich fragen, welche Wirkungen diese Maßnahmen hatten oder in der Zukunft noch haben werden und dazu Daten erheben. Die interne Validität dieses Verfahrens ist gering. Der Untersucher kann hier keine eindeutigen Kausalzusammenhänge ermitteln, sondern nur bspw. über korrelative Verfahren Zusammenhänge zwischen abhängigen Variablen aufdecken. Man kann aber mit diesem Forschungstyp immerhin Alternativhypothesen möglichst plausibel ausschließen.

3.7 Versuchspläne

Sie kennen jetzt die drei Forschungsrichtungen *experimentell, quasi-experimentell* und *vorexperimentell* (dazu wird meistens die ex post-facto-Forschung gezählt). Für jeden Bereich gibt es verschiedene Versuchspläne und Designtechniken. Auch deswegen gilt die Versuchsplanung als ein schwieriges Gebiet, das gerade für Anfänger schnell unübersichtlich wird. Dagegen gibt es aber ein Hilfsmittel: Versuchspläne lassen sich formalisieren.

Tabelle 1: Symbole nach Trochim und Donnelly (2008)

O	Messung der AV Bei mehreren O in einer Zeile handelt es sich immer um die gleiche AV
$O_1, O_2 \ldots$	Messung von $AV_1, AV_2 \ldots$
X	Treatment (UV); Fehlt hier eine Angabe, dann gibt es kein Treatment
$X_1, X_2 \ldots$	Mehrere Treatments (einfaktorieller Fall)
$X_{11}, X_{12}, X_{21}, X_{22}$	Mehrere Treatments (zweifaktorieller Fall)
R	Random: Zuweisung der Vpn nach dem Zufallsprinzip
N	Non-equivalent: Keine zufällige Zuweisung der Vpn

Ich verwende hier das Schema von Trochim & Donnelly (2008). Hat man sich erst einmal mit den Symbolen vertraut gemacht, kann man sehr schnell das Design einer Untersuchung erkennen Es gibt an, welche Gruppen beteiligt sind und wie man die Teilnehmer (Vpn) diesen Gruppen zugeordnet hat. Auch die experimentellen Stufen (UV) und die Messung der AV werden notiert. Das O bezieht sich auf Ihre AV, das X markiert Ihre UV. Schließlich muss noch die Abfolge des Experimentes dokumentiert werden. Wir schauen uns dazu gleich einige Beispiele an.

3.7.1 Vorexperimentelle Versuchspläne

Vorexperimentelle Versuchspläne werden manchmal auch als *ungültige Versuchspläne* bezeichnet. Sie lassen sich nämlich nur schwer interpretieren. Warum das so ist, sollen drei vorexperimentelle Versuchspläne verdeutlichen. Wir behandeln sie deshalb ausführlicher, weil man an ihnen gut lernen kann, was im Gegensatz dazu dann „echte" Experimente auszeichnet.

Einmalige Untersuchung einer Gruppe

Im Sprachkurs Tagalog I dürfen die Studenten heute die Vokabeln am Computer lernen (X). Nach der Doppelstunde erfährt jeder Teilnehmer, wie viele neue Wörter er gelernt hat (O). Der Computer errechnet für den gesamten Kurs, dass im Schnitt 75% der Aufgaben des Vokabeltests richtig gelöst wurden. Welche Schlüsse können Sie aus diesen Daten ziehen?

Abb. 3.1: Einmalige Untersuchung einer Gruppe

Sicher haben Sie das Problem schon erkannt: Hier fehlt die Vergleichsmöglichkeit. Wenn eine Gruppe G mit X behandelt wird und man anschließend misst (O), entsteht das Problem, womit man eine solche einmalige Messung vergleichen soll. Die UV variiert nicht, und Sie können die AV nur mit irgendwelchen Normen oder hypothetischen Werten vergleichen. Solche Werte wurden aber zu einem anderen Zeitpunkt gemessen. Es fehlt also bei diesem Design die Vergleichbarkeit und die Kontrolle von Störfaktoren.

Pretest-Posttest-Eingruppenplan

Ein solcher Vorher-Nachher-Test wird oft im Bereich der Sprachlehrforschung und Pädagogik eingesetzt. Man möchte überprüfen, wie gut bspw. eine neue Lehrmethode ist und untersucht dazu eine Gruppe einmal bevor und einmal nachdem man mit dieser neuen Methode gearbeitet hat.

Anna möchte wissen, ob Kinder mit einem bestimmten Training besser schreiben lernen. Nachdem sie die Eltern über ihren geplanten Versuch informiert hat, testet sie zunächst, wie gut die Kinder ihrer Gruppe schon schreiben können (O). Dann

setzt sie die neue Methode ein (X). Nach drei Wochen Training mit der neuen Methode untersucht sie die Kinder noch einmal (O). Alle Kinder erzielen jetzt bessere Ergebnisse. Anna argumentiert deshalb dafür, die neue Methode auch weiterhin einzusetzen.
Darf sie das aus methodischer Sicht? Was ist Ihre Meinung?

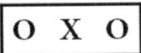

Abb. 3.2: Vorher-Nachher-Eingruppenplan

Immerhin kann man mit diesem Plan, den Sie oben in schematischer Form sehen, zwei
Messwerte miteinander vergleichen, nämlich den der Vorher- mit dem der Nachhermessung. Was aber hat die Veränderung wirklich bewirkt? War nur das Training dafür
verantwortlich? Darüber kann Anna nur spekulieren. Valide Daten kann sie mit diesem
Design nicht erheben. Was, wenn vielleicht die Kinder in den drei Wochen auch im
häuslichen Umfeld besonders gefördert wurden (außerschulischer Übungseffekt), weil
die Eltern wussten, dass ihre Kinder getestet werden und man einen negativen Eindruck vermeiden wollte? Solche Zeiteinflüsse und Testeffekte können schon jeder für
sich genommen die unterschiedlichen Testergebnisse erklären. Anna kann also nicht
ihre Testergebnisse auf ihre Trainingsmethode zurückführen.

Statischer Gruppenvergleich ohne Pretest

Deshalb möchte Anna jetzt ihre Untersuchung verbessern. An ihrer zweiten
Untersuchung nehmen Kinder der Grundschulen A und B teil. In Schule A
werden die Kinder zweimal pro Woche zusätzlich mit dem neuen Material unterrichtet
(X), in der Schule B nicht (kein X). Nach drei Wochen wird wieder getestet, wie gut alle
Kinder jetzt schreiben können (O). Auch in dieser zweiten Untersuchung sind die Kinder, die mit der neuen Methode untersucht wurden, im Vorteil. Hat Anna jetzt alles
richtig gemacht?

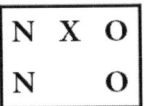

Abb. 3.3: Gruppenvergleich ohne Vorhertestung

Das N in der Formalisierung des Versuchsplanes zeigt an, dass hier die Kinder nicht
nach dem Zufallsprinzip den beiden Bedingungen zugeteilt wurden. Das ist aber nicht
Annas einziges Problem: Vielleicht sind die beiden Gruppen auch schon mit einem
unterschiedlichen Leistungsniveau gestartet (Selektion). Ohne Vorhermessung kann
man darüber nur spekulieren. Ein solcher statischer Gruppenvergleich ohne Vorhermessung wird nach Sarris (1992) besonders oft in Ex-post-facto-Studien eingesetzt, die
Sie ja im vorangegangenen Kapitel kennengelernt haben.

⚠ In der Versuchsplanung wird meistens empfohlen, vorexperimentelle Versuchspläne zu vermeiden und sie – falls möglich – durch stärkere Designs zu ersetzen. Die Mängel (vor allem die fehlende Vergleichbarkeit) solcher Versuchspläne lassen sich auch nicht dadurch ausgleichen, dass man eine große Stichprobe (viele Teilnehmer) untersucht oder die AV besonders genau misst!

3.7.2 Experimentelle Versuchspläne

True experiments, also „echte" Experimente weisen die Versuchspersonen nach dem Zufallsprinzip den experimentellen Bedingungen zu, um durch diese Randomisierung die interne Validität zu erhöhen. Um den Überblick über diese Gruppe von Versuchsplänen zu behalten, nutzen wir zwei Klassifikationskriterien: die Anzahl der UV im Experiment (ein- oder mehrfaktoriell) und die eingesetzte Kontrolltechnik (Randomisierung und Blockbildung). Wir können auch hier nicht alle möglichen Varianten betrachten, sondern schauen uns nur beispielhaft einige Designs an, um eine Idee von dieser Art des Experimentierens zu bekommen.

Zweigruppen-Pläne

Ein „Klassiker" im Bereich der experimentellen Versuchsplanung ist dieses Design: die **Nachhermessung mit Kontrollgruppe.**

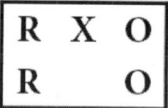

Abb. 3.4: Randomisierter Kontrollgruppenplan ohne Vortest

Auch einfaktorielle Pläne sind Mehrgruppen-Pläne. Sie enthalten eine UV und eine AV und zwei Gruppen. Die Experimentalgruppe (EG) in der ersten Zeile wurde mit X behandelt, die sogenannte Kontrollgruppe (KG) war nicht der UV ausgesetzt (kein X). Das R signalisiert hier aber, dass die Teilnehmer nach dem Zufallsprinzip in eine der beiden Gruppen eingeteilt wurden. Diese Randomisierung stellt sicher, dass die Unterschiede zwischen den beiden abhängigen Messungen (O) auf die experimentelle Behandlung (X) zurückzuführen sind. Die Kontrollgruppe kontrolliert also den Effekt der UV. In der Kontrollgruppe wirken alle die Störvariablen, die auch in der Experimentalgruppe auftreten, also bspw. Unterschiede zwischen den Versuchspersonen oder Zeiteinflüsse. Sieht man von der experimentellen Behandlung (X) ab, müssen beide Gruppen vergleichbar sein.

💭 Überlegen Sie bitte kurz: Was hätte Anna anders machen müssen? Anna hätte also bspw. eine Stichprobe (d.h. eine Gruppe von Kindern) nach dem Zufallsprinzip in zwei Gruppen aufteilen müssen. Die eine erhält das zusätzliche Schreibtraining mit ihrer Methode, die andere Gruppe nicht.

Sie können dieses Design mit einer zusätzlichen Vorhermessung (O) erweitern, um herauszufinden, wie die AV vor der Behandlung beschaffen war. Dann kann man auch angeben, wie groß der *Effekt* der UV ist. Im Trochim-Donnelly-Schema lässt sich eine solche Vorher-/Nachher-Messung folgendermaßen darstellen:

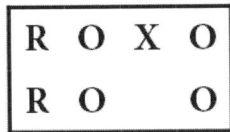

Abb. 3.5: Randomisierter Kontrollgruppenplan mit Vorher- und Nachhermessung

Was bedeutet das für Annas Untersuchung? Anna hätte also in diesem Fall zunächst die Schreibfertigkeiten aller Kinder überprüfen müssen, bevor sie ihre neue Methode anwendet. Die Idee der Kontrolle funktioniert unter bestimmten Bedingungen auch, wenn man statt der Alles-oder-nichts-Variante (also Experimentalgruppe vs. Kontrollgruppe), verschiedene experimentelle Gruppen einsetzt (X_1 und X_2). Aus der Kontrollbedingung „kein Schreibtraining", wird dann vielleicht die zweite experimentelle Bedingung „nur einmal die Woche Schreibtraining". Entscheidend ist dann die Stufung der UV.

Einfaktorielle Blockpläne

Sicher haben Sie die Idee des Experimentierens bereits verinnerlicht: Man möchte die Wirkung einer UV auf die AV erfassen. Damit eine kausale Interpretation zulässig ist, müssen die Versuchsgruppen möglichst vergleichbar sein. Je weniger interindividuelle Unterschiede es gibt, desto homogener ist eine Gruppe. Dann sind die gemessenen Unterschiede auch nicht auf die individuellen Eigenschaften der Versuchspersonen zurückzuführen, sondern können der Wirkung der UV zugeschrieben werden.

Sie kennen aus dem Abschnitt „Kontrolle von Störvariablen" bereits die Methode des Homogenisierens. Lässt man bspw. nur Männer als Teilnehmer zu, ist zwar die Variable Geschlecht homogenisiert, aber damit leider auch die Generalisierbarkeit eingeschränkt. Man kann dann eben auch nur eine Aussage über Männer machen. Wie kann man aber die Homogenität erhöhen, ohne die Repräsentativität zu beeinträchtigen? Die experimentelle Antwort darauf lautet: Homogenisierung durch Blockbildung. Zwei Varianten kommen dabei besonders häufig zum Einsatz. Die **Parallelisierung** und die **Wiederholungsmessung**.

Was bedeutet Blockbildung? Man ordnet seine Teilnehmer Blöcken zu, und zwar so, dass die Variabilität der Personen *innerhalb* jedes Blockes kleiner ist als die Variabilität *zwischen* den Blöcken. Jeder Block muss also gleich viele Versuchspersonen und Messungen enthalten. Innerhalb jedes Blockes werden die Stufen der UV per Zufall auf die Probanden verteilt (hier wieder am R zu erkennen). Schematisch sieht ein solcher Versuchsplan in Anlehnung an Trochim & Donnelly (2008) so aus:

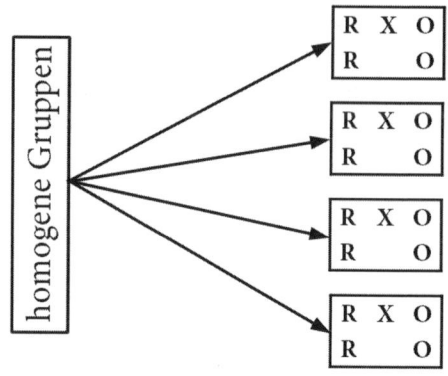

Abb. 3.6: Blockplan

Zu den Blockplänen gehören eigentlich auch Versuchspläne, die nicht mit randomi-
sierten Blöcken, sondern mit Wiederholungsmessungen arbeiten. Sie erinnern sich
sicher auch an diese Kontrolltechnik aus dem Abschnitt „Kontrolle von Störvariablen".
Die Probanden werden dazu mit sich selbst parallelisiert, sie werden quasi als eigene
Kontrolle eingesetzt. Sie kennen aber auch schon die Nachteile dieses Designs: Es kann
zu Übertragungseffekten kommen, und es nicht immer einfach, die Teilnehmer über
einen längeren Zeitraum bei der Stange zu halten.

Mehrfaktorielle Pläne

Nimmt man hypothetisch an, dass mehrere unabhängige Variablen *simultan* auf eine
abhängige Variable wirken, sollte man mit faktoriellen Designs arbeiten. Ein zweifaktorieller Plan enthält zwei unabhängige Variablen A und B. Vermutet man noch den
Einfluss einer dritten Variablen C, spricht man von einem dreifaktoriellen Design. Hat
man noch eine vierten Faktor D aufgenommen, handelt es sich um einen vierfaktoriel-
len Versuchsplan usw. Solche faktoriellen Versuchspläne spielen in der Linguistik eine
große Rolle. Mit ihnen man kann man nämlich nicht nur die direkte Wirkung der Faktoren A und B auf die AV überprüfen. In der Varianzanalyse (Kapitel 10) werden wir
solche Effekte unter dem Begriff **Haupteffekte** genauer betrachten. Man kann auch
testen, ob zwischen A und B Wechselwirkungen vorliegen, sie also gemeinsam auf die
AV wirken. Solche Wechselwirkungen werden als **Interaktionseffekte** bezeichnet.

2 x 2-faktorieller Versuchsplan (vollständig)

Schauen wir uns den einfachsten Fall eines mehrfaktoriellen Designs an: den zweifaktoriellen, oder kürzer auch 2 x 2-Plan, hier wieder in schematischer Form dargestellt An
dem vorangestellten R erkennen Sie wieder, dass die Teilnehmer per Zufall den verschiedenen Treatments zugeordnet werden.

⚠️ In der X x X-Schreibweise verrät Ihnen die Anzahl der Zahlen, wie viele Faktoren im Plan enthalten sind. Die Werte der Zahlen repräsentieren die einzelnen
Stufen. Ein 3 x 4-faktorieller Versuchsplan enthält demnach zwei Faktoren, von
denen der eine dreifach und der andere vierfach gestuft ist. Die Reihenfolge spielt keine

Rolle. „3 x 4" ist so gut wie „4 x 3". Mit dieser Schreibweise können Sie leicht ausrechnen, wie viele Treatmentgruppen Ihr Versuchsplan enthält. In unserem 3 x 4-Plan sind es zwölf, in einem 2 x 2-Design vier, nämlich die vier Gruppen X_{11}, X_{12}, X_{21} und X_{22}.

$$
\begin{array}{l}
R \ X_{11} \ O \\
R \ X_{12} \ O \\
R \ X_{21} \ O \\
R \ X_{22} \ O
\end{array}
$$

Abb. 3.7: 2 x 2-faktorieller Versuchsplan

Man kann einen solchen Plan auch anders darstellen. Die erste UV (A) ist zweifach gestuft mit den Faktorstufen a_1 und a_2. Die zweite UV (B) ist ebenfalls zweifach gestuft mit den Faktorstufen b_1 und b_2. Dadurch ergeben sich als Kombination a mal b Faktorstufen und demnach vier Gruppen. Leider sieht es einfacher aus als es ist. Das soll das folgende Beispiel verdeutlichen: Wenn Sie untersuchen möchten, welchen Einfluss die Typikalität und die Häufigkeit von Wörtern auf das Benennen von Objekten haben, müssten Sie in diesem Design jede Eigenschaft zunächst anhand von normierten Wortlisten (bspw. Snodgrass & Vanderwart, 1980) zweifach stufen: in hoch-und niedrigfrequent und typisch/untypisch. Gruppe 1 enthält die Objekte, die häufig vorkommen und typische Vertreter einer Klasse sind (bspw. das Auto als typisches Fortbewegungsmittel, das auch häufig vorkommt). Gruppe 4 enthält sehr untypische und seltene Vertreter wie eine Rakete oder eine Kutsche. Die beiden anderen Gruppen müssen Sie entsprechend durch Kombination bilden (typisch/selten und untypisch/häufig).

Tabelle 2: Faktorstufen

			A	
			R	R
			a_1	a_2
B	R	b_1	X_1 (X_{11}) Gruppe 1	X_2 (X_{21}) Gruppe 2
	R	b_2	X_3 (X_{12}) Gruppe 3	X_4 (X_{22}) Gruppe 4

Ein konstruktionstechnisches Problem haben Sie sicher schon erkannt: Es ist gar nicht so einfach, bestimmte Kombinationen innerhalb eines Wortfeldes zu finden. Zwar ist bspw. das Huhn ein untypischer Vogel, der in den Frequenzlisten häufiger aufgelistet ist. Die meisten Menschen zählen Hühner aber nicht zu den Fortbewegungsmitteln. Sie müssten also noch eine zusätzliche Variable aufnehmen, nämlich das Wortfeld, und Ihren Versuchsplan entsprechend erweitern. Vielleicht fallen Ihnen auch passende

Beispiele ein, aber es liegen für diese Wörter keine entsprechenden Normwerte vor, mit denen Sie arbeiten könnten. Die Umsetzung relativ schlichter Hypothesen fordert also schon Ihre ganze Kreativität! Jetzt verstehen Sie bestimmt auch, warum ich Sie außerdem davor warne, zu viele Faktoren in Ihren Versuchsplan aufzunehmen. Jedes zusätzliches Kästchen, der Methodiker spricht hier von **Zelle**, muss mit Versuchspersonen „gefüllt" werden. Viele statistische Verfahren verlangen, dass eine bestimmte Anzahl von Zellen eine Mindestanzahl an Messwerten enthält. Durch die Kombination nimmt die Komplexität schnell zu. Es wird dann auch immer schwieriger, bei der Interpretation der Ergebnisse den Überblick über alle Haupt- und Interaktionseffekte zu behalten und die richtigen Schlüsse aus den Daten zu ziehen. Auch die graphische Darstellung der Daten wird nicht einfacher. Der Vorteil dieser Methode: Sie können nicht nur testen, ob die Typikalität (oder die Frequenz) jede für sich genommen einen Effekt auf die Verarbeitung hat. Zusätzlich lässt sich überprüfen, ob und wenn ja, wie stark beide zusammen wirken.

⚠ Ein zweifaktorieller Versuchsplan ist nicht identisch mit zwei unifaktoriellen Versuchsplänen, auch wenn Sie in beiden Varianten identische Variablen verwenden würden. Bei einem mehrfaktoriellen Design werden die Stufen der Faktoren kombiniert. Diese *Kombinationen* sind hier die experimentellen Bedingungen.

Unvollständige faktorielle Designs

Ein Ausweg aus der drohenden Komplexitätsfalle: ein unvollständiges faktorielles Design. Hier bleiben einzelne Zellen *bewusst* unbesetzt, d.h. nicht alle möglichen Kombinationen werden auch realisiert. Der klassische Fall ist der Einsatz einer sogenannten Kontrollgruppe, die kein treatment enthält. Sie repräsentiert dann quasi eine eigene Zelle. Es ist ja auch unmöglich, als Versuchsperson *gleichzeitig* kein treatment zu erhalten *und* auf verschiedene Art und Weise behandelt zu werden. Eine solche Kombination kann es nicht geben.

3.7.3 Quasi-experimentelle Versuchspläne

Auch aus dieser Gruppe können nur beispielhaft zwei Pläne vorgestellt werden, die Ihnen in der Literatur häufiger begegnen werden. Wir schauen uns statische **Gruppenvergleiche mit einer Vorhermessung** und sogenannte **Zeitreihenexperimente** an. Bei solchen Plänen werden mehrere Vor- und Nachtests durchgeführt oder nicht-äquivalente Kontrollgruppen eingesetzt. Trochim & Donnelly (2008) markieren solche Versuchspläne mit einem N (für *non-equivalent*), um anzuzeigen, dass die Versuchspersonen hier nicht per Zufall den experimentellen Bedingungen zugeordnet werden.

Statischer Gruppenvergleich mit einem Pretest

Bei diesem Versuchsplan misst man zunächst für beide Gruppen die AV (Pretest, O). Dann wird die experimentelle Gruppe behandelt (X), die Kontrollgruppe bleibt dagegen ohne Treatment (kein X). Abschließend wird wieder gemessen (Posttest, O). Ein solcher, nicht-äquivalenter Kontrollgruppenplan sieht schematisch so aus:

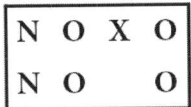

Abb. 3.8: Gruppenvergleich mit einer Vorher- und einer Nachhermessung

Sie haben bestimmt gleich erkannt, dass er sich von einer experimentellen Vorher-/Nachhermessung mit Kontrollgruppe nur in einem Punkt unterscheidet: die Versuchspersonen werden hier nicht nach dem Zufallsprinzip den treatments zugeteilt. Das entspricht auch der Definition eines Quasi-Experiments, die Sie schon kennen. So plausibel dieser Plan auf den ersten Blick auch sein mag, die Tücke steckt im Detail. Es ist nämlich gar nicht so einfach, zwei Gruppen zu bilden, die sich dann wirklich nur in der Anwendung des treatments unterscheiden, ansonsten aber homogen sind. Hier sind Sie als Experimentator besonders gefordert, um möglichst einfallsreich Einflüsse zu kontrollieren. Möglich wäre es auch, anstelle der Kontrollgruppe eine zweite Bedingung einzuführen. Unterschiedliche Indices (X_1/X_2) zeigen in einem solchen Fall dann an, dass die zweite Gruppe anders behandelt wird als die erste. Auch diese Variante haben Sie schon bei den „echten" Experimenten kennengelernt.

Zeitreihen

Schauen Sie bitte zunächst noch einmal kurz auf das vorexperimentelle Pretest-Posttest-Design (Abb. 3.2). Um sich davon unterscheiden zu können, muss ein einfacher Zeitreihenversuchsplan mindestens *zwei* Messzeitpunkte (jeweils vorher und nachher) haben. Es können aber durchaus auch mehr als zwei sein (hier als O_j dargestellt). Für eine Zeitreihe werden meistens sogar mindestens drei Vorher-Nachher-Messungen gefordert, wobei der Plan aber nicht symmetrisch sein muss. Er kann bspw. mehr Pretests enthalten als Nachhermessungen usw. Allen Varianten gemeinsam ist: Nur *eine* Gruppe wird hier also *mehrfach* vor und nach der Behandlung gemessen. In schematischer Form und der besseren Übersichtlichkeit wegen hier mit Trennstrichen versehen:

$$\boxed{N \quad \bigg| \quad O_1 \; O_2 \; \dots \; O_j \quad \bigg| \quad X \quad \bigg| \quad O_{j+1} \; O_{j+2} \; \dots \; O_k}$$

Abb. 3.9: Einfacher Zeitreihenversuchsplan

Eine solche Längsschnittstudie können Sie übrigens auch mit nur einer Versuchsperson durchführen, um bspw. den Erwerb einer Fremdsprache im Rahmen einer Fallstudie zu untersuchen. Sie untersuchen dann, wie sich das Lexikon im Laufe des gesteuerten Erwerbs entwickelt und messen dazu zu unterschiedlichen Zeitpunkten.

Zeitreihen lassen sich aber auch mit mehreren Versuchsgruppen durchführen. Der erste Index hinter dem O steht dann für die Versuchsgruppe, der zweite symbolisiert die laufende Nummer der Messung. $O_{1,2}$ bedeutet also, dass hier die erste Gruppe zum zweiten Mal gemessen wurde. Auch hier können Sie mehrere, also j-Messungen durchführen. Sie können mit einer Kontrollgruppe arbeiten (kein X) oder mit gestuften experimentellen Bedingungen (X_1 und X_2).

N	$O_{1,1}$ $O_{1,2}$ ... $O_{1,j}$	X (X_1)	$O_{1,j+1}$ $O_{1,j+2}$ ... $O_{1,k}$
N	$O_{2,1}$ $O_{2,2}$ ... $O_{2,j}$	– (X_2)	$O_{2,j+1}$ $O_{2,j+2}$ ... $O_{2,k}$

Abb. 3.10: Mehrfacher Zeitreihenversuchsplan

3.8   Wie sollte man vorgehen?

Hager (1987) schlägt folgenden Weg vor, dem Sie aber nicht blind folgen müssen. Auch in der Methodenlehre gibt es wie in jedem anderen Teilgebiet auch, verschiedene Ansichten darüber, wie man am besten vorgehen sollte. Die Übersicht soll Ihnen auch helfen, abschließend noch einmal die wichtigsten Punkte abzuspeichern.

Können Sie die UV und die AV klar voneinander trennen? Wissen Sie also, was Ihre UV und Ihre AV sein sollen? Nein? Dann sollten Sie korrelative Verfahren einsetzen, die wir in Kapitel 11 besprechen. Ja? Dann schauen Sie bitte auf die Reihenfolge der Variablen. Kommt die AV nach der UV? Können Sie die UV variieren? Wenn Sie diese Fragen verneinen müssen, sind auch hier Korrelationsstudien das Mittel der Wahl. Bei einer Korrelation spielt es nämlich keine Rolle, ob Sie A mit B oder B mit A in Beziehung setzen. Sind Sie unsicher? Oder ist die AV gegeben, aber die vermutete UV wird noch gesucht oder liegt in der Vergangenheit? Dann sind Sie im Bereich der Ex-post-facto-Studien gut aufgehoben.

Sie können die UV und die AV klar trennen, und die Sequenz lautet UV – AV? Dann müssen Sie sich als nächstes fragen, ob Sie randomisieren können. Können Sie also per Zufall Ihre Teilnehmer den experimentellen Gruppen zuordnen? Ja? Dann steht Ihnen der experimentelle Weg mit all seinen Design-Varianten offen. Er kann Sie zu einem Labor- oder zu einem Feldexperiment führen. Eine Randomisierung ist nicht möglich? Dann können Sie ein Quasi-Experiment durchführen oder im Feld arbeiten, wenn Sie mit Ihrer Variable mehr als eine experimentelle Bedingung realisieren (d.h.: systematische Variation verschiedener Ausprägungen der UV; Möglichkeit, zu vergleichen). Ist auch das nicht möglich, bleibt Ihnen nur die Möglichkeit einer vorexperimentellen Anordnung.

3.9   Was darf ich als Experimentator, was nicht?

Ethische Probleme betreffen nicht nur die Forschung selbst, sondern auch ihre Ziele. Das ist ein interessantes, aber leider auch weites Feld, das hier nur kurz angerissen werden kann. Wer glaubt, man könne als Linguist in der Welt ohnehin keinen großen Schaden anrichten, der irrt, weil er die Macht der Sprache unterschätzt. Ein Gutachten kann in der forensischen Linguistik einen Täter ins Gefängnis bringen oder in der Klinischen Linguistik über die Einweisung in eine geschlossene Abteilung mitentscheiden.

Eine fehlerhafte Sprachstandsmessung bringt ein Kind vielleicht um seine Bildungs-
chancen. Und in Amerika arbeiten auch Linguisten für das Heimatschutzministerium,
weil auch verbale Daten eine große Rolle in der Terrorismusabwehr spielen.

Auch wenn Sie erst einmal eine Nummer kleiner einsteigen wollen, gilt auch für Sie:
Sie dürfen Ihre Versuchspersonen nicht schädigen oder durch Ihr Experiment in ihren
Einstellungen manipulativ beeinflussen. Auch erzwungene Teilnahmen und verdeckte
(heimliche) Experimente ohne Einverständnis der Teilnehmer sind ein Problem, genauso wie Verletzungen des Datenschutzes. Im nächsten Kapitel finden Sie deshalb
auch Hinweise, wie Sie mit Ihren Probanden und deren Daten umgehen sollten.

Jetzt wissen Sie, welche Unterschiede zwischen einem Vorexperiment / einer Ex-post-
facto-Untersuchung, einem Experiment und einem Quasi-Experiment bestehen. Sie
kennen die wichtigsten Variablentypen und können mit verschiedenen Techniken dem
Einfluss von Störvariablen entgegenwirken. Sie haben Beispiele für Versuchspläne kennengelernt und können solche Designs auch formalisiert darstellen. Mit diesem Rüstzeug können wir uns jetzt der Praxis zuwenden. Wie sieht er aus, der optimale Ablauf
einer Untersuchung?

Experiment: Definition und Klassifikation

Experiment, Quasi-Experiment und Ex-post-facto-Untersuchung: Definition
und Unterschiede

Variablentypen und Merkmale

Kontrolle von SV (Techniken)

Versuchspläne (inkl. schematischer Darstellung)

Ethik

Für die ersten Schritte im Bereich des experimentellen Arbeitens empfehle ich Huber
(2005). Die beiden Klassiker Bortz & Döring (2006), vor allem aber Trochim & Donnelly (2008) enthalten viele grundlegende Informationen zur Versuchsplanung. Quasi-
experimentelle Designs finden Sie genauer beschrieben in Campbell & Stanley (1963)
und in Cook & Campbell (1979). Wer sich für ethische Fragen interessiert, sollte als
Einführung in Patry (2002) nachlesen. Über Experimente mit dem Internet informiert
Reips (2002). Im Internet finden Sie viele Anleitungen zum Experimentieren mit
Übungsaufgaben, bspw.: [http://elearning.tu-dresden.de/versuchsplanung/e137/]. Sie
können dort für eine Fragestellung einen passenden Versuchsplan entwickeln. Lassen
Sie sich bitte nicht davon abhalten, dass es keine linguistischen Hypothesen sind, die
dort getestet werden sollen, und auch nicht davon abschrecken, dass eine andere Notation als hier verwendet wird. Ich muss hier leider aus Platzgründen auf solche umfangreichen Aufgabenstellungen verzichten.

1. Nennen Sie ein Beispiel für eine linguistische Variable, die in Untersuchung A als UV, in Untersuchung B aber als AV eingesetzt werden kann.

2. Sie haben sich dafür entschieden, Ihre Untersuchung nicht im Labor, sondern im Feld durchzuführen. Welche Probleme könnten dabei auftreten?

3. Was können Sie tun, damit möglichst viele an Ihrer Untersuchung teilnehmen?

4. Wie viele Faktoren umfasst ein 3 x 2 x 4-faktorieller Versuchsplan? Wie viele mögliche Faktorstufenkombinationen gibt es (Zellen)? Wie viele Probanden müssen Sie gewinnen, wenn pro Zelle 14 Probanden teilnehmen sollen?

5. Finden Sie heraus, was es mit dem sogenannten Rosenthal-Effekt auf sich hat und wie Sie ihn kontrollieren können.

6. Warum können wiederholte Messungen selbst Störeffekte hervorrufen?

7. Wie können Sie die interne Validität Ihrer Untersuchung verbessern?

4   Die Arbeitsschritte einer Untersuchung

Lernziele Ablauf einer Untersuchung; Fehlervermeidung

Bitte überlegen Sie erst einmal selbst. Wie würden Sie vorgehen, angefangen von der ersten Idee zu einer empirischen Arbeit bis zum fertigen Produkt (Abschlussarbeit oder Veröffentlichung)? Bitte notieren Sie alle Schritte!

Wenn Sie Ihr Projekt Ihrem Betreuer vorstellen, ist es vorteilhaft, einen solchen Fahrplan mit konkreten Zeitvorgaben vorlegen zu können. Er kann dann besser einschätzen, ob Sie Ihr Projekt in dieser Form mit den gegebenen Möglichkeiten realisieren können. Wie viele Etappen haben Sie eingeplant? Sicher enthält Ihre Liste eine Fragestellung, einen Versuchsplan, die Auswertung der Daten und einen Bericht. Ich bin mir aber sicher, dass einige Schritte auf Ihrer Liste fehlen. Vergleichen wir einmal:

1. Schritt – das Thema

Ein passendes Thema für eine Abschlussarbeit zu finden, ist keine leichte Aufgabe. Nicht nur Ihnen fällt es schwer, diesen ersten Schritt zu machen. Hier führen viele Wege zum Ziel. An manchen Instituten können Sie im Rahmen bestehender Forschungsprojekte Fragestellungen bearbeiten. Es lohnt sich, einmal nachzufragen. Sie tragen mit Ihrer Datenerhebung zum Projekt bei und bekommen dafür in der Regel eine gute Betreuung. Ihre Gestaltungsmöglichkeiten, vor allem Ihr Einfluss auf das Design, sind aber wahrscheinlich gering.

Sie möchten lieber von Anfang an auf eigenen Füßen stehen, haben aber noch keine zündende Idee? Dann schauen Sie einmal aktuelle Fachzeitschriften durch, stöbern in einer Fachbibliothek (real oder virtuell) oder nutzen meinen Literaturhinweis am Ende des Kapitels. Auch nicht-wissenschaftliche Medien behandeln Themen, aus denen eine wissenschaftliche Fragestellung werden könnte. Lassen Sie sich einfach treiben! Sammeln Sie alles, was Sie anspricht, ohne gleich den Zensor im Kopf einzuschalten. Aussortieren können Sie später immer noch. Ganz wichtig: Reden Sie mit anderen über Ihre Ideen. Gute Forschung entsteht im Austausch. Viele zunächst vage Ideen gewinnen erst dadurch die notwendige Präzision. Wer mag, kann auch die Hinweise aus der Kreativitätsforschung nutzen. Im Web finden Sie eine ganze Reihe kostenloser Anleitungen zum kreativen Denken. Viele gute Abschlussarbeiten entstehen aber auch aus Seminararbeiten, die schon lange in einem Regal verstauben oder stehen mit Praktika in Verbindung, die man schon fast vergessen hat.

Ihre Themenwahl könnte auch für Ihre zukünftige Berufsperspektive von Bedeutung sein. Ein passendes Abschlussthema kann nämlich die Tür zum gewünschten Berufsfeld öffnen. Manche Berufsverbände fordern sogar ausdrücklich ein berufsbezogenes Thema als Voraussetzung für die angestrebte Weiterqualifikation.

Der Strategie des Bestseller-Autors Steven King sollten Sie besser nicht folgen: „The ultimate inspiration is the deadline". Auch wenn Sie ansonsten Meister im Aufschieben sind, sollten Sie Ihre Abschlussarbeit strategischer angehen und sich vielleicht sogar erst dann zur Prüfung anmelden, wenn Sie Ihre Datenerhebung erfolgreich abgeschlossen haben. Wie und warum Sie auch immer ein Thema ausgewählt haben: Es muss Sie interessieren. Ansonsten wird es nämlich sehr anstrengend, sich über mehrere Wochen hinweg mit einem ungeliebten Thema beschäftigen zu müssen.

Vermeiden Sie auf jeden Fall Einzelkämpfertum! Profitieren Sie stattdessen von den Erfahrungen anderer. Sie können an einem Kolloquium teilnehmen, in dem laufende Projekte vorgestellt werden, auch wenn Sie selbst noch nicht zur Prüfung angemeldet sind. Trauen Sie sich einfach, nachzufragen. Organisieren Sie gemeinsam mit der Fachschaft einen Informationsabend und lassen Sie ehemalige Absolventen von Ihren Erfahrungen berichten. Oder gründen Sie eine Arbeitsgruppe, die sich ab und an trifft, um Probleme zu besprechen – vor allem praktische Probleme, die nicht in die Kategorie „wissenschaftlich" fallen und deshalb selten in Kolloquien oder in der Sprechstunde angesprochen werden. Man möchte ja nicht den Eindruck hinterlassen, mit angeblich einfachen Dingen überfordert zu sein, die alle anderen scheinbar mit links meistern: Wo finde ich die dringend benötigte Fachliteratur? Wie bekomme ich einen Zugang zu statistischen Programmpaketen? Wieso klappt die Formatierung des Textes nicht? Wieso sehen meine Grafiken so unprofessionell aus? Solche Probleme können unglaublich viel Nerven kosten, viel Zeit binden und damit Ihren Fahrplan erheblich durcheinander bringen.

2. Schritt – die Fragestellung

Sie haben Ihr Thema gefunden? Dann müssen Sie jetzt eine präzise Fragestellung formulieren und sich mit der entsprechenden Forschungsliteratur auseinandersetzen. Je besser Sie die Forschungslage zu Ihrem Themenbereich kennen, desto leichter fällt erfahrungsgemäß diese notwendige Präzisierung. Nicht ohne Grund finden Sie in Publikationen praktisch immer den aktuellen Forschungsstand zusammengefasst dargestellt. Auch Sie bewegen sich jetzt auf dieser Grundlage und sind ein Teil dieser wissenschaftlichen Forschungsgemeinschaft geworden, es sei denn, Sie erkunden als erster ein neues Forschungsfeld. Ein guter Betreuer wird Ihnen aber davon abraten und Ihnen empfehlen, dieses Vorhaben in Ihrer späteren wissenschaftlichen Karriere anzugehen.

In der Regel werden Sie deshalb mit Ihrer Fragestellung die gängigen Theorien überprüfen, vielleicht einen Ihrer Meinung nach vernachlässigten Aspekt aufgreifen oder datengestützte Argumente für oder gegen eine spezifische Modellannahme finden wollen. Hier gilt: Konzentration auf das Wesentliche, Klasse statt Masse! Verzetteln Sie sich also nicht, sondern versuchen Sie lieber, die entwickelte Fragestellung möglichst präzise in einen Untersuchungsplan umzusetzen. Heben Sie Ihre Ideen aber für Master- und Doktorarbeiten auf.

3. Schritt – die Hypothese(n)

Hypothesen werden *immer vor* einer Untersuchung aufgestellt (Ausnahme: siehe Kapitel 12). Denken Sie beim Formulieren an die Gütekriterien, die Sie kennengelernt haben. Das Scheitern ist Teil des Geschäftes. Je mehr Todesarten Ihnen für Ihre Hypothese einfallen, desto wertvoller ist Ihr Kandidat.

4. Schritt – die Operationalisierung

Wenn Sie Ihre Hypothesen formuliert haben, beginnen Sie mit der Operationalisierung. Finden Sie also für die wesentlichen Begriffe Ihrer Hypothese empirische Indikatoren, die sich messen lassen, also bspw. für den Wortschatz die Anzahl der Wörter. In der Regel gibt es verschiedene Möglichkeiten, einen Begriff zu operationalisieren. Vielleicht sollten Sie nicht nur einfach die Wörter zählen, sondern zusätzlich morphologische Kriterien (Komposita) berücksichtigen. Am besten sammeln Sie erst einmal alles, was Ihnen dazu einfällt. Gelingt Ihnen die Operationalisierung nicht, sind Ihre Hypothesen wertlos. Sie können sie dann nicht in empirische Forschung umsetzen. Sie sollten sich also für diese Etappe entsprechend Zeit nehmen und gründlich darüber nachdenken.

5. Schritt – der Versuchs- oder Untersuchungsplan

Ihr Versuchsplan muss so gestaltet werden, dass Sie damit die Gültigkeit Ihrer Hypothese(n) testen können. Mit ihm legen Sie jetzt fest, welche abhängigen und unabhängigen Variablen Sie betrachten wollen und ob diese vielleicht gestuft werden sollten. Entscheiden müssen Sie auch, ob Sie einmalig oder wiederholt testen möchten (Vorher- und Nachhermessung). Prüfen Sie unbedingt, ob Sie Ihren favorisierten Plan auch mit Ihren Möglichkeiten realisieren können. Je mehr Variablen und Stufen er enthält, desto mehr Versuchspersonen müssen Sie auch untersuchen. Verfügen Sie über ausreichende Ressourcen (Zeit (Abgabetermin), finanzielle Mittel, Zugang zu Stichproben), um genügend Daten erheben zu können? Der schönste Untersuchungsplan wird wertlos, wenn Sie ihn nicht umsetzen können.

6. Schritt – die Kontrolle der Störvariablen

UV und AV können Sie manipulieren. Den Einfluss von Störvariablen müssen Sie kontrollieren, damit sie keine Wirkung auf Ihre abhängigen Variablen haben. Was könnte Ihnen die Untersuchung „verhageln"? Sie sollten also im Vorfeld darüber nachdenken, welche der Variablen der Probanden (Alter, Bildungsniveau, Motivation, Muttersprache usw.) und der Untersuchungssituation (Testaufgabe, Reihenfolge usw.) Ihre Ergebnisse beeinflussen könnten. Je besser Sie diesen Einfluss einschätzen können, desto eher können Sie auch dagegensteuern.

7. Schritt – die Stichprobe(n)

Jetzt müssen Sie auswählen, wer an Ihrer Untersuchung teilnehmen soll. Etwas methodischer ausgedrückt: Sie ziehen eine oder mehrere Stichproben aus der Grundgesamtheit oder Population. In der Praxis wird Ihnen in der Regel ein Teil der Entscheidung abgenommen. Für das Ziehen großer Zufallsstichproben, die starke Generalisierungen zulassen, fehlt meistens die Zeit und vor allem das notwendige Kleingeld. In Examensarbeiten werden Sie sich wahrscheinlich auf eine kleine und beschränkte Stichprobe konzentrieren müssen. Umso wichtiger ist es, dass Sie die Probanden sorgfältig auswählen. Bevor Sie also losziehen und einfach sämtliche Verwandten, Freunde oder Kommilitonen um ihre Mitarbeit bitten, sollten Sie überlegen, ob Sie nicht Kollege Zufall etwas mehr für sich arbeiten lassen könnten.

Nicht jeder wird mit Begeisterung an Ihrer Untersuchung teilnehmen wollen, das sollte eigentlich klar sein. Aus studentischen Arbeiten weiß ich aber von der großen Enttäuschung, wenn eine Mitarbeit verweigert wird. Wie kann man nur an einem Meilenstein der Forschung nicht teilnehmen wollen? Je heikler und belastender aber Ihre Untersuchung für die Teilnehmer ist, desto schwieriger wird es, Probanden zum Mitmachen und falls nötig, vielleicht auch zum kontinuierlichen Mitarbeiten zu bewegen. Planen Sie deshalb unbedingt ein genügend großes Zeitpolster ein, um entsprechend reagieren zu können. Ablehnung und „Schwund" wird es immer geben. Sie können aber durchaus dazu beitragen, möglichst viele zum Mitmachen und Dabeibleiben zu bewegen.

Lassen Sie sich von Ihrem Betreuer eine schriftliche Bestätigung geben, dass Sie an der Universität XYZ studieren und Daten im Rahmen der Untersuchung XYZ erheben. Viele beeindruckende Stempel und akademische Titel auf einem solchen Schriftstück sind meiner Erfahrung nach ein guter Türöffner, um in Institutionen wie Kindergärten, Schulen oder anderen Einrichtungen Daten erheben zu können. Informieren Sie die Vorgesetzten und die Leitung über Ihr Projekt. Sind Ihre Versuchspersonen Kinder, benötigen Sie selbstverständlich die Einwilligung der Erziehungsberechtigten. Falls nötig, bitten Sie Ihren Betreuer um ein zusätzliches, kurzes Begleitschreiben, das die Wichtigkeit Ihres Projektes betont. Üben Sie, Ihr Projekt klar und verständlich vortragen zu können. Gehen Sie mit Ihren Probanden so um, wie Sie auch selbst behandelt werden möchten. Wenn Sie im klinischen Bereich unterwegs sind, sehen Sie bitte nicht nur einen Datenträger, sondern einen kranken Menschen vor sich. Wenn die Täuschung Teil Ihres Projektes ist, klären Sie Ihre Probanden nach der Untersuchung auf. Bieten Sie auch *immer* an, nach Abschluss der Untersuchung über die Ergebnisse Ihrer Studie zu informieren.

Bevor Sie loslegen, müssen Sie sich unbedingt auch um die datenschutzrechtlichen Aspekte kümmern. Bitte erheben Sie *niemals* Daten ohne *schriftliche* Einverständniserklärung der Teilnehmer! In einer solchen Erklärung muss auch geregelt sein, wer welche Rechte an den Daten hat. Das ist besonders wichtig, wenn Sie Ton- oder Bildaufnahmen machen möchten, um sie später in Ihrer Arbeit oder Veröffentlichung zu verwenden. Fragen Sie bei Ihrem Betreuer nach, in der Regel gibt es schon einen solchen praxisbewährten Vordruck, den Sie dann verwenden können.

Sie möchten Ihren Probanden eine schriftliche Instruktion vorlegen? Dann müssen Sie diese Anleitung jetzt formulieren und von einer dritten Person gegenlesen lassen.

Nicht alles, was man selbst verständlich findet, kann eine dritte Person ohne entsprechendes Hintergrund- oder Fachwissen nachvollziehen. Sicher haben Sie sich auch schon einmal über Gebrauchsanweisungen für technische Geräte amüsiert oder sogar geärgert, wenn diese in einer unmöglichen Sprache verfasst wurden. Auch eine Versuchsinstruktion ist eine Art Gebrauchsanweisung. Machen Sie es also besser als die Techniker, und bemühen Sie sich um einfache Formulierungen ohne Fachchinesisch.

8. Schritt – die statistische Hypothese

Zu einer gelungenen Planung gehört es auch, *im Vorfeld* zu entscheiden, mit welchen statistischen Verfahren Sie Ihre Daten wie auswerten wollen und wie die Null- und Alternativhypothesen lauten. Die Statistik muss zu Ihrer Hypothese „passen", und Sie müssen bestimmte Werte, wie bspw. das Signifikanzniveau, vorher festlegen. Was genau damit gemeint ist, werden Sie im Laufe des Buches immer besser verstehen. Deshalb jetzt dazu nur so viel: Es scheint für manche Studenten sehr verlockend zu sein, ein vermeintlich prestigeträchtiges statistisches Verfahren einzusetzen. Das gilt besonders dann, wenn es angeblich alle verwenden. Problematisch wird es aber, wenn man gar nicht versteht, was man da eigentlich rechnet bzw. durch ein Programmpaket rechnen lässt. Wie soll man dann erst die Ergebnisse interpretieren können? Die Interpretation der Daten liefert Ihnen die Statistik nämlich nicht, das ist und bleibt Ihre Aufgabe. Erkundigen Sie sich aber auf jeden Fall nach Lizenzen für Auswertungsprogramme, insbesondere wenn Sie planen, umfangreiche Datensätze zu erheben. Viele Universitäten bieten mittlerweile auch kostenlose Blockkurse an, die in den Umgang mit solchen Statistikprogrammpaketen (wie SPSS oder R) einführen. Es ist sinnvoll, dafür ein paar Tage zu opfern. Wenn Sie schon über methodische Grundkenntnisse verfügen, wird Ihnen der Einstieg in solche Programme leichter fallen, als Sie jetzt vielleicht befürchten. Die Statistik ist der Berg, nicht die Bedienung eines Programmes.

9. Schritt – die Durchführung

Haben Sie alle Vorbereitungen inklusive der Materialbeschaffung und eventuell notwendiger Raumreservierung erfolgreich abgeschlossen? Dann können Sie jetzt mit Ihrer Datenerhebung loslegen. Aus dem Planer wird jetzt also ein Versuchsleiter, der sich um seine Teilnehmer kümmern muss. Diese sollten sich trotz der ungewohnten Situation wohl fühlen. Eine ruhige, von den Bedingungen her möglichst konstante Testumgebung und ein souveräner Versuchsleiter, der die Probanden *kurz* in das Experiment einweist, sind jetzt besonders gefragt. Sehr ängstlichen Probanden können Sie auch mit einem Probedurchlauf helfen. Erstellen Sie dazu eine Parallelversion Ihres Testmaterials. Ein bis zwei Items zur Übung genügen, also bspw. zwei vergleichbar konstruierte Testsätze, die Sie vor dem eigentlichen Versuch präsentieren. Achten Sie allerdings *immer* darauf, dass man nicht Ihre Hypothesen errät, denn das würde das Verhalten Ihrer Teilnehmer massiv beeinflussen.

Wie Sie Ihre Daten erfassen, ist Ihre Entscheidung. Ein auf manche schon altmodisch wirkender, klassischer Papier- und Bleistifttest, bei dem die richtigen und falschen Antworten vermerkt werden, kann für viele Fragestellungen vollkommen ausreichend sein. Es muss nicht immer die High-Tech-Variante zum Einsatz kommen. Hoher technischer Aufwand ist kein Qualitätsmerkmal wissenschaftlicher Forschung. Wenn Sie allerdings Reaktionszeiten messen wollen, wie es in vielen Experimenten zur Sprachverarbeitung üblich ist, ist ein Computer das bessere Messinstrument. Er kann natürlich viel genauer messen als ein Mensch mit einer Stoppuhr.

10. Schritt – die Auswertung

Haben Sie genügend Daten gesammelt, können Sie mit der Auswertung beginnen. Wenn Sie mit dem Computer gearbeitet haben, können Sie Ihre Daten meistens auch gleich am PC weiterverarbeiten. Bei Papier- und Bleistifttests muss man die Daten unter Umständen zunächst codieren. Davon später mehr (Kapitel 13). Auch wenn das Genie bekanntlich das Chaos beherrscht, sollten Sie Ihre kostbare Zeit nicht damit verplempern, nach Datensätzen suchen zu müssen. In diese Kategorie fällt auch das mühsame Entziffern von unleserlichen Versuchsprotokollen oder der allzu sorglose Umgang mit nicht vollständig oder gar nicht abgespeicherten Dateien. Gehen Sie bitte im eigenen Interesse sehr sorgfältig mit Ihrem Datenschatz um. Überlegen Sie genau, welche Variablennamen Sie vergeben, damit Sie später in der Phase der Datenauswertung die Variablen auch wiedererkennen und auseinanderhalten können. Ganz wichtig: Bevor Sie anfangen, etwas zu berechnen, überprüfen Sie Ihre Daten bitte unbedingt auf Konsistenz. Daten können in der Hektik falsch eingetragen werden, Tippfehler oder Zahlendreher ein Experiment erheblich verfälschen.

⚠ Ein guter Freund von mir beginnt übrigens alle seine Forschungsprojekte mit dem Kauf einer Kladde in einer auffälligen Farbe. In diese sogenannten Laborbücher, die Sie natürlich auch virtuell auf Ihrem PC anlegen können, trägt er alles ein: Seine Ideen, auftretende Probleme, Variablennamen, Termine mit den Probanden, alle Auswertungsschritte usw. – zur Nachahmung empfohlen!

11. Schritt – das Schließen auf die Sachhypothese

Wenn alles geklappt hat, sind Sie jetzt schon auf der Zielgeraden. Das Schließen von der statistischen Hypothese auf die Sachhypothese ist allerdings ein größerer Schritt, als Sie vielleicht zunächst annehmen. Das verdeutlicht am besten ein Beispiel: Hannah hat zwei Gruppen miteinander verglichen, die eine Fremdsprache unter unterschiedlichen Bedingungen erlernen mussten. Hannahs Vermutung: Methode A führt zu einem größeren Lernzuwachs als die B-Variante. Nach ihren Berechnungen unterscheiden sich die beiden Gruppen auch signifikant voneinander (statistische Hypothese). Der Wortschatz der A-Gruppe ist nach Abschluss der Schulung größer. Darf Hannah dann aufgrund ihrer Daten für den schulischen Einsatz der ersten Methode plädieren? Überlegen Sie erst einmal selbst. Als angehende Methodiker haben Sie sicher an die Operationalisierung und den Einfluss von Störvariablen gedacht. Wie wurde also der Wortschatz gemessen? Waren in Gruppe A vielleicht einfach nur besonders viele begabte und hochmotivierte Schüler? Hat vielleicht durch die übungsintensive Methode

A der Wortschatz enorm zugenommen, aber auf Kosten der Grammatikkenntnisse, in denen die B-Gruppe besser abschneiden würde? Ihnen fallen sicher noch weitere Aspekte ein. Die Bewertung der Sachhypothese geht also über die statistische Hypothese hinaus.

12. Schritt – die Diskussion

In der Wissenschaft heißt diskutieren in Beziehung setzen zu einer Theorie und/oder zur Praxis und damit auch zum Stand der Forschung (der Forschungslage). In einer Publikation, bspw. einem Artikel in einer Fachzeitschrift, müssen Sie sich dabei oft beschränken und deshalb gewichten und Schwerpunkte setzen. In einer Abschlussarbeit erwartet man aber von Ihnen in der Regel, dass Sie alle Aspekte ausführlich und kritisch diskutieren. Dabei dürfen Sie sich ruhig selbst loben. Erwähnen Sie, was Ihrer Meinung nach in Ihrer Studie besonders gut funktioniert hat, aber machen Sie auch Verbesserungsvorschläge für kommende Projekte. Ehrlichkeit ist hier Trumpf: Sollte Ihnen ein Fehler unterlaufen sein, sprechen Sie ihn an. Ihr betreuender Gutachter wird ihn wahrscheinlich sowieso bemerken, und es zeichnet Sie nach Popper als Wissenschaftler aus, wenn Sie aus Ihren Fehlern lernen können. Allerdings muss erwähnt werden, dass der Publikationsdruck und die gängige Publikationspraxis ein solches Vorgehen erschweren. Man schätzt, dass auf einen „erfolgreichen" und dann auch publizierten Versuch, mehrere gescheiterte Untersuchungen kommen, die nicht veröffentlicht werden. Auch über diese sogenannte *publication bias* wird geforscht. Sie ist nämlich ein großes methodisches Problem für Meta-Studien, die die Ergebnisse vieler einzelner Studien zusammenfassen und dann bewerten. Damit sind wir beim letzten Schritt angekommen – dem Schreiben und/oder Veröffentlichen.

13. Schritt – die Abschlussarbeit oder Veröffentlichung

Linguistische Abschlussarbeiten und Veröffentlichungen gelten als eigene Textsorte. Sie folgen in ihrem Aufbau und in ihrem Schreibstil bestimmten Regeln, denen man sich meistens unterwerfen muss. Diese haben sich im letzten Jahrhundert eingebürgert und sind international akzeptiert. Der westliche Schreibstil wird manchmal mit einem Baum verglichen (Ascheron, 2007). Wie bei seinen Ästen können sich Erklärungen und Diskussionen entwickeln und weiter verzweigen. Der Aufbau ist dabei logisch und hierarchisch. Nur was vorher eingeführt wurde, wird weiter diskutiert.

Die breite Wurzel des Baumes repräsentiert die Basis, also die Einführung in das Thema inklusive der Forschungslage (*introduction*). Dann wird das Experiment mit seinen wichtigsten Komponenten dargestellt: Hypothesen und Aufbau (*design*), Stichproben (*subjects*, bitte nicht mit „Subjekte" übersetzen, das sind die Vpn), Material und Durchführung (*procedure*), Auswertung und Ergebnisse (*results*). Am Ende der sich anschließenden Diskussion (*discussion*) werden Schlussfolgerungen gezogen und Empfehlungen für zukünftige Forschungen gegeben (*conclusions*). Dann werden noch einmal die wichtigsten Ergebnisse kurz zusammengefasst. Warum? Eine solche Zusammenfassung (kurz heißt hier ca. 200 Wörter, nicht mehr), die als *abstract* bei Artikeln oft auch an den Anfang gesetzt wird, soll dem Leser bei der Entscheidung helfen, ob er sich näher mit Ihrer Arbeit beschäftigen sollte.

Ganz am Ende dann besonders wichtig: Ein vollständiges Literaturverzeichnis (*references*). Es muss alle im Text angegebenen Publikationen enthalten. Alle heißt hier auch wirklich alle! Ich kenne Kollegen, die auf unvollständige Angaben mit Punktabzug reagieren. Sie müssen also immer Ihr Literaturverzeichnis auf Vollständigkeit hin überprüfen, auch wenn Sie das als lästig empfinden. Die genaue Dokumentation der verwendeten Forschungsliteratur hilft anderen dabei, Ihre Argumentation zu verstehen und zu kontrollieren und regt zum Weiterlesen und -forschen an. Literaturverzeichnisse in Publikationen sind in der Regel keine Bibliographien, in die auch weiterführende und Hintergrundliteratur aufgenommen wird. Sie enthalten nur die Literaturangaben, auf die im Text direkt verwiesen wird. Wenn Sie aber als Student eine wissenschaftliche Arbeit verfassen, verlangen viele Betreuer, dass Sie alle Quellen angeben. Auch meine Literaturangaben am Ende dieses Buches sind nicht alle direkt mit dem Text verknüpft. Es sind Publikationen dabei, denen ich Anregungen verdanke oder die mir als Hintergrundliteratur den Einstieg in ein Thema erleichtert haben. Sie alle im Text anzugeben, wäre nicht leserfreundlich gewesen.

Damit sind wir fast wieder beim ersten Schritt angekommen. Es fehlt nur noch die Formatangabe für die Literaturhinweise. In der Linguistik wird mittlerweile meistens folgendermaßen belegt: Name des Autors oder der Autoren, Erscheinungsjahr in Klammern, dann Titel, Erscheinungsort und Verlag (bei einem Buch). Das sieht formalisiert so aus:

> Autor (en). (Jahr). *Buchtitel*. Verlagsort: Verleger (Verlag).

Wenn es sich um mehrere Autoren handelt, verweisen Sie im Text auf den ersten Autor und fügen ein *et al.* (et alii, *lateinisch* für: und andere) ein. Im Literaturverzeichnis können Sie genauso verfahren. Manchmal wird allerdings verlangt, dort alle beteiligten Verfasser aufzuführen. Handelt es sich um einen Artikel in einem Sammelband, müssen Sie auch die Herausgeber (oder *Editor*s) angeben.

> Autor(en). (Jahr). Beitragstitel. In: Herausgebername(n) (Hrsg. oder Ed(s)). *Buchtitel*. Verlagsort: Verleger (Verlag), Seitenzahlen.

Manchmal werden die Seitenzahlen auch direkt nach dem Buchtitel angegeben. Bei einem Zeitschriftenartikel geben Sie nach dem Titel nicht den Erscheinungsort, sondern den Namen der Zeitschrift, den jeweiligen Jahrgang und/oder die Nummer der Ausgabe und anschließend noch die Seitenzahlen des Artikels an.

> Autor(en) (Jahr). Titel des Artikels. *Name der Zeitschrift, Jahrgang und/oder Nummer*, Seitenzahlen.

Ob man Punkte oder Kommata zwischen die einzelnen Angaben setzt, ist für Abschlussarbeiten unbedeutend. Bei Publikationen schreiben es die Verlage in der Regel entsprechend vor.

Natürlich müssen die einzelnen Einträge alphabetisch und nach ihrem Erscheinungsjahr geordnet werden. Die Reihenfolge hängt aber auch davon ab, ob ein Autor der alleinige Verfasser ist oder noch andere Autoren beteiligt sind. Das gilt übrigens auch, wenn Sie im laufenden Text die Untersuchungen mehrerer Autoren erwähnen, also bspw.: Maier, 2002; Müller, 2001; Maier & Müller, 1998; Maier & Müller, 2000. In Ihrer Arbeit könnte das Literaturverzeichnis folgendermaßen aussehen:

Potzblitz, C. (2012). 15 Wochen vergeblich geforscht. In: Mabuse, S. (Hrsg.). *Linguistik als Wissenschaft*. Tübingen: Narr, 12-32.
Potzblitz, C. (2015). From Data to Theory. In: Mabuse, S. & Miller, E. (Eds.). *Handbook of Linguistic Research Methods*. Tübingen: Narr, p. 212-215.
Potzblitz, C. (2030). *Unsterbliche linguistische Methoden*. Tübingen: Narr.
Potzblitz, C. & Moritz, K.F. (2010). Feeling Linguistic Methods - Experimental Demonstration. *Gaga Linguistics, 12*, 122-212.

Manchmal steht in Buchangaben noch vor der Seitenzahl ein kleines *p* für *page* (Seite). Wie Sie sehen, sind der Buchtitel und der Name der Zeitschrift kursiv gesetzt. Das wird oft, aber nicht immer gemacht.

Alles, was Sie im Text nicht unterbringen wollen oder können, aber für wichtig halten, dokumentieren Sie im Anhang. Sie sollten die einzelnen Teile des Anhangs gliedern, mit Buchstaben markieren und mit einer Überschrift versehen. Anhang A enthält vielleicht das Versuchsmaterial, Anhang B Transkripte von Interviews, Anhang C Tabellen oder statistische Kennwerte usw.

⚠ Jetzt haben Sie eine Vorstellung bezüglich des Zeitplans, den Sie allerdings nicht akribisch einhalten müssen. Manche entwickeln zuerst das Design und präzisieren dann ihre Fragestellung. Warum nicht? Wichtig ist nur, dass Sie sich vorher *genau* überlegen, wohin die Reise gehen soll. Sind Ihnen beim Datenerheben schwerwiegende Fehler unterlaufen, fehlt in der Examensphase in der Regel die Zeit für Korrekturen oder gar einen Neustart. Dann kann auch der Betreuer Ihr Kind nicht mehr aus dem methodischen Brunnen fischen. Methodik hat leider auch viel mit Erfahrung zu tun. So wie beim Sport Üben die Kondition fördert, werden Sie mit jeder noch so kleinen Studie immer besser werden. Auch das sorgfältige Lesen von Studien ist ein gutes Training (Lernen am Modell). Ab sofort sollten Sie also beim Methodikteil einer Publikation nicht mehr weiterblättern, sondern ihn im Gegenteil ganz genau lesen.

Denken Sie beim Arbeiten an die berühmte Sanduhr, die Sie hier abgebildet sehen. Sie arbeitet leider gegen Sie (Abgabetermin Ihrer Arbeit).
Gehen wir davon aus, dass Sie fast alles richtig gemacht haben. Fehler passieren praktisch immer, und nach Popper bringen sie die Wissenschaft voran. Dann kommt jetzt die spannende Phase der Datenauswertung. Was wird aus den Hypothesen werden? Kann man bestimmte Effekte nachweisen, oder versinkt alles in einem frustrierenden Rauschen der Daten?

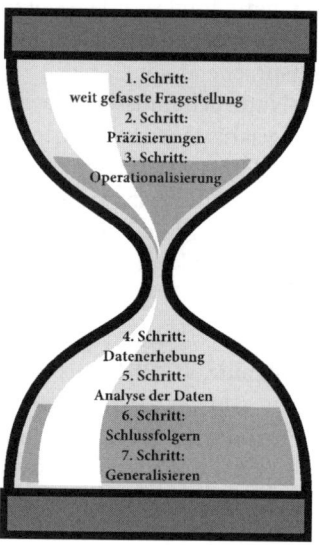

  Thema und Fragestellung finden, Hypothese formulieren, operationalisieren, Untersuchungsplan aufstellen, Störvariablen kontrollieren, Stichproben ziehen, statistische Hypothese formulieren, Versuch durchführen, Daten auswerten, Ergebnisse angemessen präsentieren.

Sie sind noch auf der Suche nach einem Thema und haben noch überhaupt keine Idee? Dann lohnt es sich, einen Blick in Wray et al. (1998) zu werfen. Das Buch ist zwar schon länger auf dem Markt, vermittelt Ihnen aber über 250 linguistische Projektideen. Huber (2005) gibt auch eine Einführung in den Ablauf einer Untersuchung, und es macht Spaß, seine Comics anzuschauen. Gegen Schreibblockaden könnte Kruse (1999) helfen. Da sich linguistische Veröffentlichungen in ihrer Darstellung nicht sehr von psychologischen Publikationen unterscheiden, empfehle ich Ihnen Hager & Spies (1991), wenn es um das Verfassen einer Versuchsdurchführung oder eines -berichtes geht. Stephany & Froitzheim (2009) wird häufig in einführenden Lehrveranstaltungen eingesetzt. Ich kann diese Publikation allerdings nicht uneingeschränkt empfehlen. Das Buch beschreibt zwar viele, sehr hilfreiche Arbeitstechniken, die propagierten Kriterien für einen wissenschaftlichen Schreibstil halten manche aber für „typisch Deutsch". Achten Sie einmal auf den „lockeren" Stil vieler, auf Englisch verfassten Bücher. Man kann also durchaus auch auf diese Art und Weise wissenschaftlich schreiben, ohne sich gleich in der „Belletristik-Ecke" wiederfinden zu müssen. In Zeiten der Globalisierung werden sich die verschiedenen Schreibstile wahrscheinlich auch immer mehr annä-hern. Ein gutes Beispiel dafür ist Tracy (2007). Auch wenn Ascheron (2007) nicht spe-ziell für Linguisten geschrieben ist, finden Sie darin viele praktische Hinweise zum Präsentieren und Publizieren. Wer schließlich mehr über die *publication bias* wissen möchte, kann darüber in Sigelman (1999), Sterling (1959) oder Sterling et al. (1995) nachlesen.

1. Die folgende Übung zum Formulieren von Handlungsanweisungen sollten Sie mit einem Partner machen. Jeder überlegt sich ein kleines Experiment (ohne hohen technischen Aufwand und ohne sich darüber auszutauschen). Anregungen: Das Anordnen von Objekten nach sprachlicher Aufforderung (Raumausdrücke) oder das Zuordnen von Sätzen zu zwei unterschiedlichen Bildern. Formulieren Sie dann dazu passend eine schriftliche Instruktion. Jetzt soll der Partner der Instruktion folgen. Bitten Sie anschließend um eine kritische, aber freundliche Manöverkritik. War Ihre Instruktion erfolgreich? Ist das Experiment so abgelaufen, wie Sie es ge-plant hatten?

2. Warum sollte man im Forschungsprozess möglichst viele Schritte dokumentieren?

3. Warum gilt in der Forschungspraxis das alte Sprichwort: „Weniger ist oft mehr"? Was könnte damit gemeint sein, und welche Folgen hat das für die Versuchspla-nung und -auswertung?

4. Warum muss man die Hypothese vor der Untersuchung aufstellen?

5   Deskriptive Statistik – erste Schritte der Datenanalyse

Lernziele Messen und Messtheorie; Skalen und Transformationen; Maße der zentralen Tendenz und Maße der Dispersion; Visualisierung von Daten

Die Datenerhebung ist abgeschlossen. Die **deskriptive**, also **beschreibende Statistik**, hilft jetzt dabei, Ordnung in die Daten zu bringen. Vielleicht haben Sie schon einmal Häufigkeiten ausgezählt oder Daten in einer Tortenform dargestellt. Auch die sogenannten statistischen Kennwerte sind Ihnen zumindest zum Teil noch aus dem Schulunterricht vertraut, denn Sie haben sicher früher einmal den Notendurchschnitt einer Klassenarbeit ausgerechnet. Die deskriptive Statistik (*descriptive statistics*) kann aber sehr viel mehr. Gleich werden Sie auch verstehen, warum es so wichtig ist, sich mit den sogenannten Skalenniveaus eingehend zu befassen. Vorher müssen wir uns aber mit dem Messen beschäftigen, denn das Messen geht der deskriptiven Statistik voraus.

5.1   Messtheorie – von Eigenschaften zu Zahlen

Kann man Sprache messen und wenn ja, wie? Welche Probleme könnten auftreten, wenn Sie Sprache messen wollen?

5.1.1 Die Grundbegriffe der Messtheorie

Was verbinden Sie mit dem Begriff „Messen"? Die meisten denken dabei an ein Lineal oder vielleicht auch an ein Thermometer, an physikalische Messungen also. Aber „Sprache" oder allgemeiner: „menschliches Verhalten" könne man nicht messen. Was für eine furchtbare Idee, einen Menschen auf eine Zahl reduzieren zu wollen! Dieser Einwand wird oft vorgebracht. Dabei wird übersehen, dass man nicht den ganzen Untersuchungsgegenstand („*der* Mensch" oder „*die* Sprache"), sondern nur einzelne Aspekte (Eigenschaften, Merkmale oder Ausprägungen) betrachtet. Im klassischen Sinne bedeutet Messen, dass man Zahlen gemäß einer Vorschrift empirischen Objekten oder Ereignissen zuordnet (Stevens, 1959). In der Wissenschaft heißt Messen aber auch, dass man mit Hilfe numerischer Systeme ein Modell erstellt, das man dann weiter empirisch, also mit Daten, überprüfen kann.

Um messen zu können, braucht man einen *empirischen Bereich* (Objekte) und einen *Bereich von Zahlen*. Für Methodiker sind auch Menschen Objekte, das ist für einige gewöhnungsbedürftig. Eine Menge aus empirischen Objekten könnte sich also bspw. aus den Teilnehmern eines Sprachkurses zusammensetzen. Der Bereich der Zahlen könnte als Objektmenge die Menge aller reellen Zahlen enthalten. Wer sich nicht mehr erinnert: Das sind alle rationalen und irrationalen Zahlen. Mit ihnen darf man addieren, subtrahieren, multiplizieren und dividieren. Wenn diese Bereiche sowohl Mengen (Objekte und Zahlen) als auch Relationen (innerhalb dieser Mengen) enthalten, spricht

man von **Relativen.** Empirische Objekte und Relationen sind also **empirische Relative.**
Zahlen und numerische Relationen nennt man entsprechend **numerische Relative.**
Was ist mit den Relationen gemeint? Wenn zwei Teilnehmer des Sprachkurses gleich-
altrig sind oder Herr Müller bessere Deutschkenntnisse hat als Herr Maier, spricht man
von einer binären, also zweistelligen Relation, da es sich um zwei Objekte einer Menge
handelt. Die Art der Relation kann ganz unterschiedlich sein. In unserem ersten Beispiel handelt es sich um eine *Äquivalenzrelation*, die die Gleichheit von Objekten oder
Merkmalen beschreibt („gleiches Alter", aber vielleicht auch: „nuscheln beide", „sitzen
nebeneinander", „sind beides Männer" u.a.). Rangfolgen, wie „Müller vor Maier", sind
ein Beispiel für eine sogenannte schwache *Ordnungsrelation*. Dazu gehören auch Präfe-
renzrelationen, etwa welche Sprachkurse besonders oft gewählt werden. Ordnungsrelationen sind Ihnen sicher vertraut. In der Linguistik sprechen wir ja von Positiv, Kom-
parativ und Superlativ (gut, besser, am besten). Das sind sprachliche Modelle für
Ordnungsrelationen. Entsprechende Beispiele für numerische Relationen (also für den
Zahlenbereich) sind *Gleichheitsrelationen* (wie „8 = 8") oder *Größer-Kleiner-Relationen*
(wie „12 > 8"). Eine Messung ist eine besondere Art der Zuordnung eines empirischen
zu einem numerischen Relativ. Sie ist eine Abbildung, eine **Funktion.** Abbildung 5.1
zeigt eine solche Funktion.

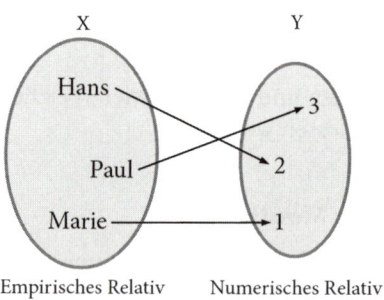

Abb. 5.1: Funktion

Alle Elemente x der Menge X werden jeweils einem y der Menge Y zugeordnet. Umgedreht ist das nicht der Fall. Etwas formaler ausgedrückt: f (für Funktion): X → Y. Diese
Abbildung ist eine sogenannte **homomorphe Abbildung.** Alle Elemente des empirischen Relativs werden eindeutig im numerischen Relativ abgebildet. Entscheidend ist
aber, dass auch die Relationen *zwischen* den Objekten innerhalb des empirischen Relativs durch entsprechende Relationen des numerischen Relativs wiedergegeben werden.
Für jedes Objekt x aus der Menge X muss es also eine Zahl y aus dem Bereich Y geben.
Für zwei empirische Objekte (x_1 und x_2) der Menge X mit der Relation $x_1 > x_2$ muss im
Bereich der Zahlen (der Menge Y) entsprechend gelten: $y_1 > y_2$. Die empirischen Relationen bleiben also in den numerischen erhalten. Das empirische System wird durch das
numerische System *repräsentiert*. Damit können wir auch die Begriffe Messung und
Messskala definieren:

▶ **Messung**

Homomorphe Abbildung (Repräsentation) eines empirischen Systems in (bzw. durch) ein numerisches System.

▶ **Messskala**

Eine homomorphe Abbildungsfunktion mit einem entsprechenden empirischen und numerischen Relativ.

Nutzen Sie bei neuen Fachbegriffen Ihr linguistisches Fachwissen: Vielleicht kennen Sie schon die Bezeichnung *Homonym* für ein Wort von gleicher Form, aber mit unterschiedlicher Herkunft und Bedeutung (Bank/Bank). Auch darin steckt das Präfix *homo* (von *homós*, mit der Bedeutung „gleichartig, entsprechend"). *Morphe* ist das griechische Wort für Gestalt, Form und Aussehen. Der Wortbestandteil *morph* ist Ihnen aus der Morphologie, der Lehre von der Wortgestalt, vertraut. *Homomorph* bedeutet also, dass an den Gleichheits- bzw. Ungleichheitsrelationen nichts verändert wird.

Die Messtheorie versucht, Messmodelle zu entwickeln. Nach welchen Bedingungen (Axiomen) kann also ein empirisches Relativ numerisch repräsentiert werden? Unter Axiomen versteht man in der Mathematik Sätze, die nicht bewiesen werden müssen. Solche Axiome werden Sie noch kennenlernen. Ein Messmodell ist ein Satz solcher Axiome. Sie postulieren Gesetzmäßigkeiten für ein empirisches System, also bspw. wie Menschen sich unter bestimmten Bedingungen sprachlich verhalten. Sind die Axiome im untersuchten Bereich erfüllt, darf man behaupten, dass das Messmodell gültig ist und eine homomorphe Abbildung vorliegt. Das Messen ist aber auch in der Linguistik kein einfaches Unterfangen. Die Messtheorie kämpft dabei an drei Fronten. Sie heißen *Repräsentation*, *Eindeutigkeit* und *Bedeutsamkeit*. Um diese drei Probleme verstehen zu können, müssen wir uns zunächst mit den sogenannten Skalenniveaus beschäftigen.

5.1.2 Skalenniveaus

Will man nämlich statistische Verfahren anwenden, muss man vorher das sogenannte Skalenniveau (auch Messniveau oder Skalendignität) feststellen. Man legt also fest, auf welchem Niveau man misst.

   Ohne richtig gewähltes Skalenniveau, keine korrekte Statistik!

Beginnen wir mit einer Grobeinteilung der Messskalen. Es gibt **kategoriale** und **kardinale** Skalen. Die Kardinalskalen werden oft auch als **metrische** Skalen bezeichnet. Zu den kategorialen Skalen gehören die Nominal- und die Ordinalskala. Unter dem Oberbegriff Kardinalskala werden drei metrische Skalen zusammengefasst: die Intervallskala, die Verhältnisskala und die Absolutskala.

▶ **Skalen**

Kategorial: Nominal- und Ordinalskala
Metrisch (auch kardinal genannt): Intervall-, Verhältnis- und Absolutskala

Schauen wir uns die einzelnen Skalen mit ihren Eigenschaften genauer an. Die Absolutskala fehlt übrigens in der Tabelle ganz am Ende dieses Kapitels. Sie kommt meines Wissens in der Linguistik so gut wie nicht vor und wird deshalb nur kurz erwähnt.

Nominalskala – Ähnlichkeit

Ein typisches Beispiel für eine nominalskalierte Variable ist das Geschlecht einer Person. Diese Variable ist sogar *dichotom*, d.h. es liegen nur zwei Kategorien vor (männlich/weiblich). Bei nominalskalierten Variablen sind aber durchaus auch mehrere Ausprägungsvarianten möglich, denken Sie bspw. an den Familienstand (ledig, verheiratet, verwitwet, geschieden). Auch die Muttersprache oder das Bestehen einer Prüfung sind Beispiele für eine nominalskalierte Variable. Für alle gilt, dass eine Person (ein Objekt) in diese Kategorie fällt oder eben nicht. Alle Objekte haben also gemeinsam, dass sie bei Gleichheit in eine Klasse kommen. Entsprechend kann man solche Daten auch leicht codieren. Alle Männer bekommen dann vielleicht die Zahl 1 zugewiesen, alle Frauen die Zahl 2, wobei 2 nicht „mehr wert" ist als 1, sondern lediglich den Unterschied markieren soll. Das Ereignis „Prüfung durchgefallen" wird mit 0 codiert, „bestanden" vielleicht mit dem Wert 1 belegt. „Muttersprache Deutsch" = Wert 12, „Muttersprache Spanisch" = Wert 37 usw. Diese Codierungen legen Sie selbst fest, Ihrer Fantasie sind dabei keine Grenzen gesetzt. Unterschiedliche Ausprägungen müssen nur durch unterschiedliche Zahlen codiert werden. Anfangen können Sie mit solchen Datensätzen allerdings nur wenig. Sie können nur auszählen, wie häufig eine bestimmte Kategorie besetzt ist (also etwa 14 Personen haben bestanden, darunter sieben Frauen mit Deutsch als Muttersprache). Einen Durchschnitt bspw. können Sie auf diesem Skalenniveau nicht berechnen. Dichotome nominalskalierte Variablen bilden aber den Übergang zum nächsthöheren Skalenniveau, der Ordinalskala. Verwenden Sie in einem Fragebogen die beiden Antworten 1 = " lehne ich ab" und 2 = „stimme ich zu", werden Sie nämlich einen hohen Wert als Zustimmung, einen niedrigen als Ablehnung interpretieren.

Ordinalskala – die Größer-kleiner-Ordnung

Kann man Objekte nicht nur in gleich – verschieden einteilen, sondern sie auch noch in eine Rangfolge bringen, spricht man von einer ordinalskalierten Variable. Solche Variablen geben eine *Ordnungsrelation* wieder und enthalten deshalb schon mehr Information als nominalskalierte Daten. Ein einfaches Beispiel: In der Prüfung hat Marie besser abgeschnitten als Hans, und Hans besser als Paul, eindeutig eine Rangreihe: Marie (Gold) – Hans (Silber) – Paul (Bronze) (vgl. Abb. 5.1). Allerdings enthält diese Rangreihe keine Angaben darüber, um *wie viel* Marie besser ist als Paul. Man kann die Daten also nur relativ grob ordnen. Das kann aber in der Praxis schon sehr hilfreich sein. Wenn Sie keine genauen Daten ermitteln können, können Sie mit Kategorien arbeiten. Sie kennen nicht das genaue Alter Ihrer Probanden? Dann fassen Sie bspw. alle Teilnehmer bis 30 Jahre in einer Kategorie zusammen. Kategorie 2 umfasst dann alle Probanden von 31-40 Jahre. Ab 40 Jahren wird man in Kategorie 3 einsortiert, usw.

Solche Altersklassen sind ordinalskaliert, obwohl das Lebensalter auf einem höheren Skalenniveau gemessen werden kann.

Intervallskala – Gleichheit von Intervallen

Mit einer Intervallskala, der ersten metrischen Skala, kann man Aussagen über die *Gleichheit oder Verschiedenheit von Differenzen* treffen. Um die Länge eines Gegenstandes zu messen, könnten Sie ein Papier mehrmals in möglichst konstant gleich große Abschnitte falten. Dann zählen Sie ab, wie viele von diesen Falten Sie benötigen, um das Objekt abzudecken (Sixtl, 1967). Der Abstand der Falten ist quasi eine Maßeinheit, die willkürlich den Wert 1 annehmen könnte. Wichtig ist, dass diese Einheit eine *konstante Größe* ist (Gleichheit von Intervallen; intervallus (*lat.*) = Abstand). Gleiche Differenzen von Merkmalen haben auch die gleiche inhaltliche Bedeutung. Der Nullpunkt einer Intervallskala ist allerdings willkürlich gewählt. Deshalb kann man auch keine Aussagen über die Gleichheit von Verhältnissen machen.

Ein Thermometer misst das Merkmal Temperatur mit einer Skala, die wir dem Schweden Anders Celsius (1701–1744) verdanken. Er hatte allerdings noch den Gefrierpunkt des Wassers bei 100 Grad und den Siedepunkt bei Null Grad der Celsius-Skala festgelegt. Sie wurde erst kurz vor seinem Tod „umgedreht". Der Abstand zwischen 10° C in Frankfurt und 20° C in Rom ist genauso groß wie der zwischen 20° C in Paris und 30° C in Kairo (gleiche Differenzen). Allerdings ist es in Rom nicht doppelt so warm wie in Frankfurt. Den Nullpunkt seiner Skala hat Celsius nämlich willkürlich gewählt. Das Merkmal Temperatur kann man auch anders messen. In Amerika misst man bspw. in Fahrenheit, einer Intervallskala, die man in Celsius umrechnen (also transformieren) muss.

Verhältnisskala

Schauen wir noch einmal auf das Lebensalter. Wenn Sven 20 Jahre alt ist und Olaf 40, dann wissen Sie, dass Olaf 20 Jahre älter ist als Sven (Differenz). Genauso gut könnten Sie aber auch sagen: Olaf ist doppelt so alt wie Sven. Eine solche Variable nennt man verhältnisskaliert, weil hier offensichtlich Aussagen über Verhältnisse gemacht werden können (doppelt so, halb so, vier mal so, etc.). Dazu gehören alle intervallskalierten Variablen, die einen *natürlichen Nullpunkt* haben, der auch der niedrigste denkbare Wert ist. In unserem Beispiel wäre der natürliche Nullpunkt die Geburt eines Menschen. Die Verhältnisskala wird manchmal auch *Proportional-* oder *Ratio(nal)skala* genannt.

Dem Physiker Kelvin (1824–1907) verdanken wir die Möglichkeit, das Merkmal Temperatur so zu messen, dass man auch Verhältnisse interpretieren kann. Seine Skala, die nach ihm benannte Kelvin-Skala, teilt zwar die Einheiten mit der Celsius-Skala, hat aber einen natürlichen Nullpunkt. Tiefer als Null Kelvin ist physikalisch gesehen unmöglich, das sind –273,15 Grad Celsius. Eine Aussage wie „doppelt so warm" (d.h. eigentlich: doppelt so viel Energie) ist mit dieser Skala deshalb zulässig. Die Verhältnisskala gilt als die Königin im Reich der Skalen, sie bildet die Spitze der Hierarchie. In der Linguistik wird sie Ihnen eher selten begegnen.

Absolutskala

Der Name dieser Skala verrät, dass es hier nicht um Größenordnungen, Verhältnisse oder Differenzen geht. Hier interessiert nur der genaue Wert einer Merkmalsausprägung und ihre Häufigkeit. Wie die Verhältnisskala hat sie einen natürlichen Nullpunkt, aber ihre Skaleneinheiten sind nicht frei wählbar. Sie sollen sich „natürlich" aus dem Sachzusammenhang ergeben, bspw. für die Klassengröße die Anzahl der Schüler oder für die Sterblichkeit die Anzahl der Todesfälle. Es gibt also nur einen einzigen Wert, der die zu messende Eigenschaft darstellen kann, und keine Transformationsmöglichkeiten.

⚠ Ihnen ist vielleicht schon der **hierarchische Aufbau** des Modells aufgefallen. Sie können also bei einem gegebenen Skalenniveau alle statistischen Verfahren der niedrigeren Skalen anwenden. Deshalb steht in der Tabelle 5.5 am Ende des Kapitels bei den zulässigen Transformationen ein „zusätzlich". Der Wermutstropfen: Sie verzichten dann auf Information. Sind Sie unsicher, ob Ihre Messwerte wirklich ein bestimmtes Skalenniveau haben, steigen Sie bitte erst einmal auf einer niedrigeren Stufe ein. Beim Lesen wissenschaftlicher Arbeiten werden Sie allerdings auch feststellen können, dass manche Autoren ihre Daten „hochskaliert" haben. Die Gründe dafür werden Sie noch kennenlernen. Die Wahl des richtigen Skalenniveaus ist also eine knifflige Aufgabe. Wenn Sie hier einen Fehler machen, hat das erhebliche Konsequenzen für die Auswertung Ihrer Daten.

5.1.3 Skalentransformationen

⚠ Für den rechnerischen Umgang mit Daten spielt das Skalenniveau eine entscheidende Rolle. Achtung: Mit Zahlen dürfen Sie nur die Veränderungen (Transformationen) durchführen, die die empirischen Relationen unverändert lassen. Was bedeutet das für die verschiedenen Skalen?

Nominalskala

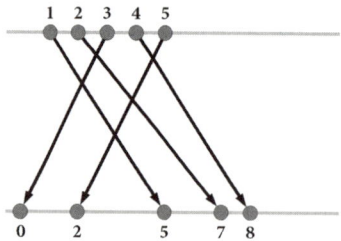

Abb. 5.2: Hier regiert die Gleichheit. Eine Zahl ist also genauso so gut wie eine andere. Ändert man die Bezeichnung der Klassen, verändert sich weder die Gleichheit innerhalb noch die Verschiedenheit zwischen den Klassen. Ob ich einem Mann den Wert 1 und einer Frau den Wert 2 zuweise, oder umgedreht, spielt keine Rolle, nur konsistent muss es sein. Man darf also umcodieren. Die Zahlen selbst sind allerdings nicht interpretierbar. Etwas mathematischer ausgedrückt: Alle injektiven Funktionen sind niveauerhaltende Transformationen. Injektive Funktionen sind linkseindeutige Relationen, d.h. zu jedem x aus X existiert höchstens ein y aus Y. Höchstens heißt: „ein y", kann aber auch „kein y" bedeuten.

⚠️ Wichtig ist, dass Sie jedes Objekt eindeutig einer Klasse zuordnen und alle Merkmalsausprägungen erfassen können. Die Kategorien müssen sich gegenseitig ausschließen.

Ordinalskala

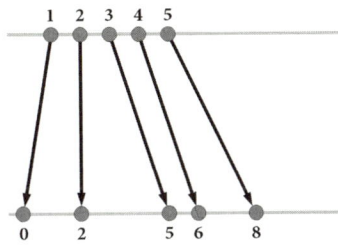

Abb. 5.3: Hier ist jede Transformation erlaubt, die die Ordnung unverändert lässt. Für jedes Paar von Werten gilt, dass der transformierte Wert des größeren Wertes ebenfalls wieder größer ist als der transformierte Wert des kleineren Wertes. In der Mathematik nennt man solche Veränderungen *streng monoton*. Die Rangfolge ändert sich dadurch nicht. Auch die Codierungen können Sie ohne Probleme auf den Kopf stellen, ohne dass sich dadurch die Rangfolge verändert. Der Beste bleibt dadurch der Beste.

Intervallskala

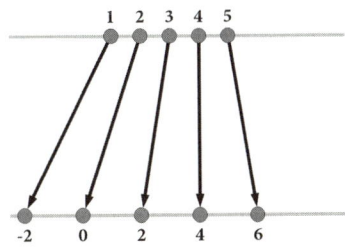

Abb. 5.4: Alle linearen Transformationen (X' = a + b · X) sind hier erlaubt. Sie können also die Skala stauchen, dehnen oder auch verschieben. Die Verhältnisse zwischen den Differenzen bleiben gleich und können verglichen werden. Deshalb kann man eine solche Skala in eine andere „umrechnen", bspw. Temperatur gemessen in Celsius in Fahrenheit. In unserem Abbildungsbeispiel wurde die untere Skala gedehnt (Abb. 5.4), aber auch bei dieser gedehnten Skala sind die Differenzen (die Abstände) zwischen den einzelnen Werten gleich. Sie sind jeweils alle um den gleichen Betrag größer geworden. Solche Transformationen sind niveauerhaltend. Gleich große Abstände kann man wieder in gleich große Abstände überführen. Diese Gleichheit ist die Voraussetzung, um als Rechenoperation Summen und Differenzen bilden zu können.

Verhältnisskala

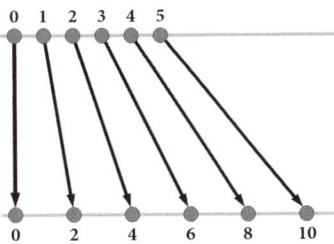

Abb. 5.5: Anders als bei der Intervallskala, gibt es bei der Verhältnisskala einen natürlichen Nullpunkt. Nullpunkttransformationen sind deshalb unzulässig. Die Null wird wieder auf die Null abgebildet. Die Zahlen, die die Merkmalsauspägungen der Objekte repräsentieren, stehen im selben Verhältnis zueinander wie die Merkmalsausprägungen der Objekte selbst. Da die Verhältnisse zwischen den Werten erhalten bleiben müssen, sind alle Ähnlichkeitstransformationen erlaubt. Nur bei diesem Skalenniveau dürfen Sie multiplizieren und dividieren. Sie wissen bereits, dass die Temperaturskala eine Intervallskala ist. Man

kann die Temperatur von Celsius T_C in Fahrenheit T_F folgendermaßen umrechnen: T_F = $1,8 \cdot T_C + 32$, eine allgemeine lineare Gleichung. Null Grad Celsius sind demnach 32 Grad Fahrenheit. Und 0° Fahrenheit sind –17,77 °C. Die Entfernungsskalen in km und Meilen sind dagegen Verhältnisskalen. Die Umrechnung von km in Meilen geht folgendermaßen: $S_{km} = 1,609344 \cdot S_{miles}$ (eine lineare Gleichung ohne absolutes Glied). 0 km sind deshalb 0 Meilen, und 0 Meilen sind entsprechend 0 km.

5.1.4 Repräsentation, Eindeutigkeit, Bedeutsamkeit

Mit diesem Wissen im Gepäck können wir uns jetzt noch einmal mit dem Messen beschäftigen, genauer mit den drei Kardinalproblemen der Messtheorie.

Beim **Repräsentationsproblem** geht es darum, ob man messen und daraus einen empirischen Nutzen für die Modellbildung ziehen kann. Der Zusatz ist wichtig, denn rein mathematisch betrachtet, kann man immer messen (Gigerenzer, 1981). Wir können es jetzt auch so formulieren: Kann man ein empirisches Modell auf ein numerisches System homomorph abbilden? Welche Gesetzmäßigkeiten in einem empirischen System vorliegen müssen, regelt das Repräsentationstheorem. Seine Axiome legen die Eigenschaften fest, die das empirische System erfüllen muss, damit es durch das numerische System repräsentiert werden kann. Diese Axiome müssen so formuliert werden, dass sie widerspruchsfrei und empirisch zu überprüfen sind. Es geht dabei nicht nur um die Frage: Existiert eine solche Skala oder nicht? Deswegen nennt man übrigens das Repräsentationsproblem auch das *Existenzproblem*. Es soll auch gleichzeitig eine Methode angegeben werden, wie man die Werte der Skala konkret gewinnen kann.

Beim Repräsentationsproblem geht es also um die Abbildung von Objekten auf Zahlen. Das zweite Problem, das sogenannte **Eindeutigkeitsproblem**, handelt von der Abbildung von Zahlen auf Zahlen. Welche Transformationen sind zulässig, ohne dass sich der Informationsgehalt einer Skala ändert? Beim Repräsentationsproblem haben wir uns gefragt, ob eine Skala existiert. Jetzt fragen wir uns: Gibt es nur eine oder mehrere zulässige Skalen? Nehmen wir die Körpergröße als Beispiel. Sie können sie in Metern angeben (erste Skala), aber genauso gut auch in Zentimetern (zweite Skala). Die zweite Skala haben Sie durch eine Transformation erhalten, nämlich durch eine Multiplikation mit 100. Sie wissen ja schon, dass die Skalenniveaus eine Hierarchie bilden, d.h. jede höhere Skala schließt die tieferen mit ein. Jetzt können wir noch ergänzen: Je niedriger eine Skala misst, desto mehr zulässige Transformationen existieren, und umso weniger eindeutig ist sie.

Mit der Eindeutigkeit hängt das dritte Problem, die **Bedeutsamkeit**, eng zusammen. Das Bedeutsamkeitsproblem hat den größten Bezug zur Praxis. Hier geht es nicht mehr darum, ob man etwas messen kann und wie man diese Messwerte gewinnt, sondern was man dann mit ihnen anstellen darf. Welche Rechenoperationen (bspw. einen Durchschnitt berechnen) können mit den Messwerten auf einem bestimmten Skalenniveau durchgeführt werden, die zu numerischen Aussagen und sinnvollen empirischen Schlussfolgerungen führen? Man muss nicht nur die für die Fragestellungen geeigneten statistischen Verfahren auswählen, sondern dann auch mit diesen Verfahren angemessen umgehen. Schauen wir uns dazu drei Bespiele an:

Eine Interpretation eines nominalskalierten Messwertes (einer Zahl) ist theorie- und sinnfrei. Wir hatten ja in unserem Beispiel das Geschlecht codiert und den Männern die Zahl 1 und den Frauen die Zahl 2 zugeordnet. Niemand kommt hoffentlich auf die Idee, dass das Merkmal Geschlecht deshalb bei Frauen doppelt so stark vorliege! Aber auch auf Ordinalskalenniveau passieren Tag für Tag „messtheoretische Grausamkeiten". Sie erinnern sich: Bei Ordinalskalen liegen neben der Äquivalenzrelation nur noch Ordnungsrelationen vor. Einen Mittelwert für ordinalskalierte Daten zu berechnen, ist eine empirisch sinnlose Operation. Genau das ist aber der Fall, wenn man einen Notendurchschnitt ausrechnet. Die Note 1 ist besser als die Note 4, aber der Unterschied zwischen einer 1 und einer 2 ist offensichtlich nicht genauso groß wie der zwischen einer 4 und einer 5. Das wissen nicht nur die, die deswegen schon einmal eine schulische Ehrenrunde drehen durften. Abschließend noch ein Beispiel für einen falschen Umgang mit Messdaten auf metrischem Niveau. In politischen Zeiten, in denen viel über die schulischen Probleme von Kindern mit Migrationshintergrund gestritten wird, spielt auch das Thema Sprachstandsmessung in der Linguistik eine größere Rolle. Manche dieser Tests messen nach eigenen Angaben auf Intervallskalenniveau. In einem Gespräch über die Leistungsunterschiede zweier Kinder habe ich einmal folgende Bewertung gehört: „X ist sprachlich fast doppelt so gut wie Y!" – eine unzulässige Aussage auf diesem Skalenniveau.

Am Anfang hatte ich Ihnen die Frage gestellt, ob man Sprache messen könne. Sie hätte eigentlich lauten müssen: Kann man Sprache *auf einem bestimmten Skalenniveau* messen? Bevor wir die nächste Etappe in Angriff nehmen und uns wieder mit Daten beschäftigen, bitte ich Sie über die folgenden drei Fragen nachzudenken. In der Methodenlehre wird auch darüber diskutiert, ob das Skalenniveau psychologischer (und damit auch linguistischer) Merkmale eine Eigenschaft des „Merkmals an sich" ist – unabhängig vom Individuum, also dem Merkmalsträger (bspw.: Gigerenzer, 1981). Die klassischen Skalentypen, die vor allem mit dem Namen Stanley Smith Stevens (1906–1973), einem Professor für Psychophysik, verbunden sind, gehen von dieser Annahme aus. Und es ist auch kein Zufall, dass man diese Skalentypen besonders gut mit Beispielen aus der Physik veranschaulichen kann. Will man sie in die Linguistik „übertragen", hat man mit einer Reihe von Problemen zu kämpfen:

Man möchte möglichst genau und eindeutig messen, also mindestens auf Intervallskalenniveau. Dahinter steckt die Idee, dass es einen Zusammenhang zwischen der Messgenauigkeit und dem Erkenntnisgehalt wissenschaftlicher Aussagen gibt. Je genauer ich messe, desto „wertvoller" sind meine Ergebnisse und damit auch meine Erkenntnisse. Teilen Sie diese Auffassung? Und wovon hängt die Messgenauigkeit ab?

Messungen auf einem höheren Skalenniveau gibt es nicht „für umsonst", das wissen Sie schon. Der zu zahlende Preis auf der Seite der zu messenden empirischen Objekte sind stärkere Voraussetzungen und Beschränkungen. Man muss kein Linguist sein, um intuitiv zu wissen, was bspw. ein Wort oder ein wohlgeformter Satz der eigenen Muttersprache ist. Steigt die Messqualität, werden die Eigenschaften, die man messen möchte, „abstrakter". Sie entfernen sich von einem intuitiven, theoretischen oder vielleicht auch konventionellen Vorverständnis (Gigerenzer, 1981). Welche Folgen hat das für linguistische Kategorien?

Wir haben die menschlichen „Objekte" schon angesprochen. Der Messvorgang spiegelt eine bestimmte Sichtweise auf das „zu vermessende" Individuum wider. Was ist an diesem Messvorgang in der Linguistik anders als in den klassischen Naturwissenschaften wie etwa der Physik?

5.2   Wann welche Skala wählen?

Die Beantwortung der folgenden Fragen kann Ihnen helfen, das richtige Skalenniveau zu finden. Denken Sie bei der Wahl auch an mögliche Zusatzbedingungen (siehe Abschnitt Skalenniveaus):

Können Sie Ihre Daten in einer Rangreihe sinnvoll anordnen?

▶ Nein? Dann wählen Sie die **Nominalskala**.
▶ Ja? Weiter:

Stehen die Werte nur in einer Rangbeziehung zueinander? Können Sie sie nur im Sinne von „größer als" anordnen, aber keine Aussage über das „Wie viel größer" treffen?

▶ Ja? Dann wählen Sie die **Ordinalskala**.
▶ Nein? Weiter:

Haben Ihre Werte einen natürlichen Nullpunkt?

▶ Nein? Dann entscheiden Sie sich für die **Intervallskala**.
▶ Ja? Weiter:

Gibt es „natürliche" Zählintervalle?

▶ Ja? Dann wählen Sie die **Absolutskala**.
▶ Nein? Dann ist die **Verhältnisskala** die richtige Wahl.

5.3   Reduktion und Darstellung von Daten

Datenreduktion ist in der Methodikberatung ein heikles Thema. Da hat man mit viel Mühe und unter Zeitdruck (Abgabetermin) Daten erhoben und jetzt soll man Teile seines kostbaren Schatzes aufgeben? Nicht ganz, denn in der beschreibenden Statistik bedeutet Reduktion Konzentration auf das Wesentliche. Was allerdings wesentlich ist, sagt Ihnen die deskriptive Statistik nicht, das ist letztendlich Ihre Entscheidung als Wissenschaftler. Sie liefert Ihnen aber ein ganzes Bündel an Möglichkeiten, Daten zu beschreiben und auch zu visualisieren.

 Auch bei der Darstellung der Daten gilt: Achten Sie auf das Messniveau Ihrer Daten!

5.3.1 Häufigkeiten: absolut, relativ und kumuliert

Eine sehr einfache Möglichkeit, Daten zu reduzieren, ist das Auszählen von Häufigkeiten. Welche Kategorie kommt also wie oft vor? Wenn Sie darüber eine Strichliste geführt haben, können Sie diese sogenannte **Urliste** leicht in eine Tabelle überführen. Mit diesen absoluten Werten kann man aber nicht sehr viel anfangen. Besser ist es, die relativen Häufigkeiten zu ermitteln. Sie werden meistens als Prozentwert angegeben. Wenn Sie hören, dass 27 Kommilitonen die Syntax-Klausur nicht bestanden haben, aber nicht wissen, wie viele überhaupt mitgeschrieben haben, sagt Ihnen das nicht besonders viel. Die Angabe „20%-Durchfaller-Quote!" versteht dagegen jeder sofort. Die dazugehörige Rechenvorschrift ist denkbar einfach. Man ermittelt zunächst die Summe der **absoluten Häufigkeiten** für alle Probanden (also für alle Merkmalsträger). Die **relative Häufigkeit** für die einzelnen Kategorien ist dann ihr jeweiliger Anteil an dieser Gesamtsumme. Multipliziert man diesen Wert mit 100, erhält man eine Prozentzahl.

▶ **Häufigkeit**

$$n = \sum_{j=1}^{k} f_j$$

▶ **Prozentuale Häufigkeit**

$$p_j = \frac{f_j}{n} \cdot 100 \quad , \; j = 1, \cdots, k$$

Nicht alle werden auf Anhieb diese Formeln „lesen" können, die genau diese Rechenvorschrift beschreiben. Gehören Sie dazu, beschäftigen Sie sich bitte zunächst einmal mit dem Exkurs. Alle anderen können den Exkurs überspringen und beim Abschnitt „kumulierte Häufigkeiten" weiterlesen.

Exkurs   **Rechnen mit dem Summenzeichen**

Man muss Formeln nicht auswendig können! Man sollte sie aber „lesen" können. Das ist vergleichbar mit einer phonologischen Umschrift, einem syntaktischen Strukturbaum oder einem formalisierten Ausdruck in der Semantik. Mathematiker verwenden bestimmte Symbole, um häufig auftretende Rechenoperationen verkürzt und vor allem übersichtlicher darzustellen. Das ist praktisch, aber für Neulinge anfangs verwirrend. In der Statistik wird häufig das **Summenzeichen** Σ (der griechische Buchstabe *sigma*) verwendet. Es symbolisiert die Aufsummierung über Fälle. Die einzelnen Beträge, die addiert werden sollen, sind die Summanden. Sollen bspw. N Zahlen (Ausprägungen einer Variable X), also N Summanden, summiert werden, und zwar vom ersten bis zum N-ten Wert, kann man dies auch folgendermaßen notieren:

$$\sum_{i=1}^{N} x_i = x_1 + x_2 + x_3 + \cdots + x_N$$

Die einzelnen Summanden müssen also nicht mehr aufgeschrieben werden. Woher weiß man, welche Werte man summieren muss? Die Indexvariable unter dem Summenzeichen ist der sogenannte *Laufindex*. Er gibt an, mit welchem Wert die Summierung beginnt. Der Wert oberhalb des Summenzeichens definiert das Ende der Aufsummierung. Man sagt übrigens in unserem Beispiel: „Summe von x über 1 bis N." Dabei können aber ganz unterschiedliche Platzhalter verwendet werden, also nicht nur x, i oder N. Hinter dem Summenzeichen steht die Vorschrift, in die man die Zahlen (hier von i bis N) einsetzen soll, also bspw.:

$$\sum_{n=1}^{3} n = 1 + 2 + 3$$

Da hier keine Werte vorgegeben sind, muss man hier also nur die Zahlen von eins bis drei addierden. Wenn alle Werte einer Indexvariablen gemeint sind, kann man diesen Wertebereich auch weglassen. Diese Kurzschreibweise sollten Sie nicht verwenden, aber einmal gesehen haben:

$$\sum_{i} x_i$$

Da das Summenzeichen mit Platzhaltern arbeitet, üben wir kurz das Einsetzen mit vorgegebenen Werten. Das könnten bspw. die Testergebnisse von fünf Personen sein. Mit ihnen wollen wir jetzt einmal rechnen. Sie sollen in die Rechenvorschrift eingesetzt werden:

i	1	2	3	4	5
x_i	8	4	1	2	3

$$\sum_{i=2}^{4} x_i = 4 + 1 + 2 = 7$$

Man beginnt also beim unteren Wert der *i*-Reihe, hier also beim zweiten (x = 4), und geht dann zum oberen Index (hier bis zum vierten der Reihe; x = 2). Man muss also laut Rechenvorschrift hier aus der *i*-Reihe den zweiten, dritten und vierten Wert der x-Variablen addieren. Das ist schon alles. Die Rechenvorschriften umfassen natürlich nicht nur die Addition einzelner Werte. Im folgenden Beispiel (nicht auf die Tabelle bezogen) sollen die Summanden auch noch zusätzlich quadriert werden:

$$\sum_{k=4}^{9} k^2 = 4^2 + 5^2 + 6^2 + 7^2 + 8^2 + 9^2 = 271$$

Die Summe einer Summe ist gleich der Summe der getrennt aufsummierten Werte. Das gilt genauso für Differenzen:

$$\sum_{i=1}^{N} (x_i + y_i) = \left(\sum_{i=1}^{N} x_i \right) + \left(\sum_{i=1}^{N} y_i \right)$$

Für das Rechnen mit dem Summenzeichen gelten die bekannten Rechenregeln, wie bspw. Punkt- vor Strichrechnung. Man kann Konstanten ausklammern, aus Summanden Teilsummen bilden oder wie schon gesehen mit Potenzen rechnen. Vor allem Mehrfachsummationen sehen auf den ersten Blick sehr bedrohlich aus, sind aber gar nicht so schwierig, wie Sie gleich feststellen werden.

$$\left(\sum_{i=1}^{N} x_i \right) \cdot \left(\sum_{j=1}^{M} y_j \right) = \sum_{i=1}^{N} \sum_{j=1}^{M} x_i \cdot y_j$$

Nehmen wir einmal ein Beispiel mit zwei Variablen (X und Y) und setzen die Werte dieser Tabelle ein:

i/j	1	2	3	4	5	6	7	8
x	9	7	8	4	2	3	3	2
y	6	4	2	8	9	1	1	3

$$\left(\sum_{i=6}^{8} x_i \right) \cdot \left(\sum_{j=2}^{3} y_j \right) = (3 + 3 + 2) \cdot (4 + 2) = 48$$

$$\sum_{i=6}^{8} \sum_{j=2}^{3} x_i \cdot y_j = (3 \cdot 4) + (3 \cdot 2) + (3 \cdot 4) + (3 \cdot 2) + (2 \cdot 4) + (2 \cdot 2) = 48$$

⚠ Achtung, Falle!

Betrachten Sie einmal diese beiden Formeln. Man kann sie leicht verwechseln. Sie sehen sich sehr ähnlich, beschreiben aber sehr unterschiedliche Rechenvorschriften!

$$\sum_{i=1}^{N} i = 1 + 2 + 3 + \cdots + N$$

$$\sum_{i=1}^{N} k = k + k + k + \cdots + k = N \cdot k$$

Achten Sie also immer darauf, ob die „Buchstaben", also die Indices, im Laufindex und der Rechenvorschrift übereinstimmen, also hier bspw. das i und das k. Leider gibt es noch mehr Fallgruben, die wir hier nicht alle besprechen können. Wir konzentrieren uns auf diese beiden Fehler, die Sie vermeiden sollten. Sie betreffen das Quadrieren und das Ausklammern. Vergleichen Sie einmal die jeweiligen Rechenvorschriften:

$$\sum_{i=1}^{N} x_i^2 \neq \left(\sum_{i=1}^{N} x_i \right)^2$$

$$\sum_{i=1}^{N} x_i^2 = (x_1 \cdot x_1) + (x_2 \cdot x_2) + (x_3 \cdot x_3) + \cdots + (x_N \cdot x_N)$$

$$\left(\sum_{i=1}^{N} x_i \right)^2 = (x_1 + x_2 + x_3 + \cdots x_N) \cdot (x_1 + x_2 + x_3 + \cdots x_N)$$

$$\sum_{i=1}^{N} (x_i - k) \neq \left(\sum_{i=1}^{N} x_i \right) - k$$

$$\sum_{i=1}^{N} (x_i - k) = \left(\sum_{i=1}^{N} x_i \right) - \left(\sum_{i=1}^{N} k \right) = \left(\sum_{i=1}^{N} x_i \right) - N \cdot k$$

Kumulierte Häufigkeiten

Manchmal ist es sinnvoll, prozentuale Häufigkeiten zu kumulieren. **Kumulieren** bedeutet *anhäufen*. Man addiert dazu sukzessive zu einer Kategorie die Häufigkeiten der nächsthöheren Kategorie dazu. Die so errechnete Summe bildet dann die Basis für den nächsten Additionsschritt, so lange, bis man alle Kategorien abgearbeitet hat. Die Summe aller aufgeführten kumulierten Prozente muss am Ende natürlich 100 betragen.

?   Susanne wollte in ihrer Abschlussarbeit wissen, wie es die Deutschen mit ihren Dialekten halten. Sie hat dazu 300 Personen danach befragt, ob sie im Alltag eine Mundart sprechen. Die Ergebnisse ihrer Umfrage hat sie in einer Tabelle zusammengestellt:

Tabelle 5.1: Kumulierte Häufigkeiten

	Häufigkeit	Prozent	Kumulierte Häufigkeit	Kumulierte Prozente
Spreche oft/immer Dialekt	165	55 %	165	55 %
Spreche manchmal Dialekt	51	17 %	216	72 %
Spreche keinen/nie Dialekt	84	28 %	300	100 %

Danach haben 84 Befragte angegeben, gar keinen Dialekt zu beherrschen oder ihn zumindest nicht zu benutzen. Immerhin 51 Personen reden manchmal, 165 der Befragten sogar oft oder immer in einer Mundart (absolute Häufigkeiten). Die prozentuale Häufigkeit für die Angabe „oft/immer Dialekt" errechnet sich aus 165 geteilt durch 300, multipliziert mit 100. Die kumulierte Häufigkeit ergibt sich aus der Addition der beiden Prozentwerte 55% („oft Dialekt") und 17% („manchmal Dialekt"). So sieht man in der Tabelle sofort, dass für fast drei Viertel der Befragten, nämlich 72%, der Dialekt im Alltag eine Rolle spielt.

5.3.2 Maße der zentralen Tendenz: Arithmetisches Mittel, Median und Modus

In der Politik reden alle von der Mitte. Auch in der deskriptiven Statistik spielen die sogenannten **Maße der zentralen Tendenz** (Lage- oder Lokationsmaße; *measures of location/central tendency*) eine große Rolle. Mittelwerte kennen Sie sicher noch aus Ihrer Schulzeit, als Sie den Durchschnitt Ihrer Klassenarbeiten ausgerechnet haben. Es gibt aber noch sehr viel mehr Möglichkeiten, die Mitte zu definieren. Welche Möglichkeit man auswählt, hängt vom Skalenniveau ab. Aber auch das Erkenntnisinteresse sollte Ihre Wahl mitbestimmen, denn nicht alles, was man formal rechnen könnte, sollte man auch rechnen. Beginnen wir am besten auf vertrautem Terrain:

Arithmetisches Mittel

Das arithmetische Mittel, kurz: $\overline{x}$, AM oder MW für Mittelwert (*mean*), das Sie noch aus der Schule kennen, ist die Summe der Messwerte, geteilt durch ihre Anzahl:

▶   **Arithmetisches Mittel (AM)**

$$\overline{x} = \frac{\sum_{i=1}^{n} x_i}{n}$$

? Sebastian schreibt seine Abschlussarbeit über das Lexikon und möchte untersuchen, wie Wörter semantisch verarbeitet werden. Dazu hat er sich ein Experiment ausgedacht. Aus Zeitgründen konnte er nicht alle seine Probanden an einem Tag testen, aber von allen $n = 11$ Teilnehmern der ersten Gruppe hat er auch die soziodemographischen Variablen Geschlecht und Alter erhoben. Hier sind die Altersangaben seiner Teilnehmer: 18, 20, 23, 33, 42, 20, 26, 30, 21, 24, 28.
Jetzt können Sie sicher schon das arithmetische Mittel berechnen. Als Summe ergibt sich der Wert 285, den man durch die Anzahl der Werte ($n = 11$) teilen muss:

$$\bar{x} = \frac{285}{11} = 25{,}909.$$

Die Teilnehmer sind also im Mittel $\bar{x}$ = 25,909 Jahre alt. Die Nachkommastellen sollten Sie übrigens nicht generell vernachlässigen. Vor allem, wenn Sie mehrere Mittelwerte miteinander vergleichen wollen, sollten Sie wegen der Genauigkeit drei Nachkommastellen wählen, ansonsten kann aber auch schon eine Stelle hinter dem Komma
ausreichen. Liegen Ihre Daten in einer Häufigkeitstabelle vor, sollten Sie mit einer anderen Formel arbeiten.

Tabelle 5.2: Klassenspiegel

Note (x_j)	Häufigkeit (f_j)	$f_j \cdot x_j$
1	2	2
2	8	16
3	5	15
4	6	24
5	3	15
6	1	6
Σ	25	78

Sie kennen diese Darstellung sicher noch aus Ihrer Schulzeit. Es ist der typische Noten-
spiegel einer Klassenarbeit. Vergessen wir einmal kurz das messtheoretische Problem,
dass Noten eigentlich nur ordinalskaliert sind. Wie gut ist die Klassenarbeit ausgefallen?

Für einen solchen Datensatz sollten Sie diese Formel für gruppierte Daten verwenden:

▶   **Arithmetisches Mittel (gruppierte Daten)**

$$\bar{x} = \frac{\sum_{j=1}^{k} f_j \cdot x_j}{\sum_{j=1}^{k} f_j}$$

Eingesetzt in diese Formel ergibt sich: $\bar{x} = \dfrac{78}{25} = 3{,}12$

Der Klassendurchschnitt liegt also bei 3,12.

⚠ Was macht man, wenn man mehrere Stichproben mit unterschiedlichen Fallzahlen hat, für die man einen gemeinsamen MW angeben möchte? STOPP! Auf
keinen Fall jetzt einfach die MW der beiden Gruppen addieren und durch die
Anzahl der Stichproben teilen! Sie müssen unbedingt die unterschiedlichen Fallzahlen
berücksichtigen. Dazu sagt der Statistiker „gewichten". Haben Sie die MW von zwei
Stichproben X_1 und X_2 mit den entsprechenden Fallzahlen n_1 und n_2, verwenden Sie
bitte die folgende Formel:

▶ **Mittelwert zweier Stichproben**

$$\bar{x} = \frac{n_1 \cdot \bar{x}_1 + n_2 \cdot \bar{x}_2}{n_1 + n_2}$$

Sebastians Mittwochsgruppe (elf Probanden) hatte einen Altersdurchschnitt von
25,909. Für seine zweite Stichprobe vom Samstag (13 Teilnehmer) hat er einen Alters-
mittelwert von 24,822 berechnet. Daraus ergibt sich ein gemeinsamer MW für beide
Stichproben von $\bar{x} = 25{,}30$.

$$\bar{x} = \frac{11 \cdot 25{,}9 + 13 \cdot 24{,}8}{11 + 13} = 25{,}30$$

Geometrisches und harmonisches Mittel

Der Ordnung halber sei erwähnt, dass es noch zwei andere Mittel auf metrischem
Messniveau gibt, die allerdings in der Sprachwissenschaft eine untergeordnete Rolle
spielen. Auf Verhältnisskalaniveau kann man das sogenannte **geometrische Mittel**
berechnen. In der Linguistik können Sie es manchmal in Untersuchungen zum Spracherwerb finden, um zu ermitteln, wie viele Wörter ein Kind im Durchschnitt in einem
bestimmten Zeitraum gelernt hat. Wirtschaftswissenschaftler verwenden es häufiger,
weil man mit diesem Mittel Wachstumsraten berechnen kann. Definiert wird das geometrische Mittel folgendermaßen:

▶ **Geometrisches Mittel**

$$\bar{x}_G = \sqrt[n]{x_1 \cdot x_2 \cdots x_n}$$

Auch das zweite Mittel können Sie im Alltag verwenden. Das sogenannte **harmonische
Mittel** erfordert ebenfalls Daten auf einem Verhältnisskalaniveau. Man verwendet es
oft zur Berechnung von Durchschnittsgeschwindigkeiten. Angenommen, Sie möchten
in den Semesterferien zu Ihren Eltern nach Hause fahren. Die ersten 100 km kommen
Sie gut voran und können durchschnittlich 120 km/h fahren. Die zweiten 100 km ziehen sich. Viele Baustellen lassen Sie nur mit 80km/h vorankommen. Wie hoch ist Ihre

Durchschnittsgeschwindigkeit für die gesamte Strecke? Sicher nicht 100 km/h. Das harmonische Mittel berechnet sich nach der folgenden Formel:

▶ **Harmonisches Mittel**

$$\overline{x}_H = \frac{n}{\frac{1}{x_1} + \frac{1}{x_2} + \cdots + \frac{1}{x_n}}$$

Wenn man die Geschwindigkeiten in die Formel einsetzt und kürzt, errechnet man eine mittlere Geschwindigkeit für die gesamte Fahrt zu den Eltern von 96 km/h.

$$\overline{x}_H = \frac{2}{\frac{1}{80} + \frac{1}{120}} = 96$$

Median

Bei einer ordinalskalierten Variablen kann man die Ausprägungen ordnen und einen mittleren Wert ermitteln. Diesen Wert in der Mitte nennt man **Median** oder Zentralwert (*median*), kurz: Md. Er teilt die Messwerte in zwei Gruppen. Die eine Hälfte liegt unterhalb, die anderen 50% oberhalb des Medians. Berechnen kann man den Median auf unterschiedliche Art und Weise, abhängig davon, ob einzelne Messwerte oder eine Häufigkeitstabelle zugrunde liegen.

? Sebastian hat in Sekunden gemessen, wie lange seine Testpersonen gebraucht haben, um den richtigen Begriff aus einem semantischen Feld auszuwählen. Notiert hat er die folgenden Zeiten seiner elf Probanden:

Testzeiten: 512 128 130 109 808 133 684 200 144 150 212

⚠ Achtung! Wer jetzt den „klassischen" Mittelwert (das AM) gerechnet hätte, hat nicht genau genug hingeschaut. Zwar sind die Daten metrisch, aber drei seiner Versuchspersonen sind wohl über der Aufgabe kurz eingenickt. Ihre Werte weichen deutlich von den anderen ab, es sind sogenannte *Ausreißer* (512, 684, 808). Solche Werte können einen Mittelwert extrem verfälschen. Für den Median gilt das nicht, er ist robuster. Hier spielt es keine Rolle, welchen Wert der größte Messwert annimmt. Der Teufel steckt also, wie so oft in der Statistik, im Detail.

Wie berechnet man den Median? Wir sortieren die Messwerte zunächst nach ihrer Größe:

109 128 130 133 144 $\boxed{150}$ 200 212 512 684 808

Bei unserer *ungeraden Anzahl* (*n* ungerade) ist der Median ein tatsächlich auftretender Wert, nämlich der Wert 150 in der Messreihe. Bei elf Messwerten ist er der sechste Wert in der Reihe. Jeweils fünf Werte liegen nämlich links und rechts von ihm. Was aber, wenn Sebastian anstelle der elf Probanden zwölf Teilnehmer getestet hätte (*n* gerade)? Muss er jetzt auf den zwölften Mann verzichten? Die Lösung: In diesem Fall ist der Median der *Mittelwert aus den beiden mittleren Werten*. Fügen wir noch einen Wert zur Reihe dazu, den Wert 100:

$$100 \quad 109 \quad 128 \quad 130 \quad 133 \quad \boxed{144} \; \boxed{150} \quad 200 \quad 212 \quad 512 \quad 684 \quad 808$$

Jetzt können wir den Median ganz einfach berechnen:

$$\text{Median} = \frac{144 + 150}{2} = 147$$

? Etwas komplizierter wird es, wenn man gehäufte Daten erhoben hat, die man in einer Häufigkeitstabelle zusammengefasst hat. Nehmen wir dazu als Beispiel noch einmal Susannes Daten aus der Dialektforschung (vgl. Tabelle 5.1). Susanne hat einen Fragebogen mit festen Antwortkategorien verwendet. Den einzelnen Antwortkategorien hat sie entsprechende Skalenwerte zugeordnet. Der Aussage „spreche nie Dialekt" ist bspw. der Skalenwert 1 zugeordnet. Damit haben wir eine Klassenbreite (Differenz aus oberer und unterer Klassengrenze) von 1 und können mit dieser Formel arbeiten:

$$x_m - 0{,}5 + \frac{1}{f_m} \cdot \left(\frac{n}{2} - F_m - 1 \right)$$

Was bedeuten die einzelnen Platzhalter?

x_m: Wert der m-ten Kategorie (enthält den Median)
f_m: Häufigkeit der m-ten Kategorie
F_{m-1}: kumulierte Häufigkeit bei der Kategorie m−1
n: Summe der Häufigkeiten

Tabelle 5.3: Susannes Datensatz

Antwortkategorie	Skalenwert	Häufigkeit	kumulierte Häufigkeit
kein/nie Dialekt	1	84	84
manchmal Dialekt	2	51	135
oft/immer Dialekt	3	165	300

Bei 300 Werten liegt der Median zwischen dem 150. und dem 151. Wert der Reihe. Das können Sie schon ermitteln. Schauen wir in der Tabelle nach: Er muss also beim Skalenwert 2 liegen. Wir können ihn mit der oben genannten Formel aber viel genauer berechnen. Für Susannes Datensatz ergibt sich:

m   = 2 (Kategorie 2: „spreche manchmal Dialekt")
x_m = 2
f_2 = 51 (51 Antworten in Kategorie 2)
F_1 = 84 (84 Antworten in Kategorie 1, denn Kategorie 2–1 = Kategorie 1)
n   = 300 (insgesamt 300 Antworten)

$$Median = 2 - 0,5 + \frac{1}{51} \cdot \left(\frac{300}{2} - 84 \right) = 2,79$$

Modus

Was aber, wenn die Daten nominalskaliert sind? Dann kann man nur auszählen, wie häufig eine bestimmte Merkmalsausprägung vorkommt. Der Wert, der am häufigsten auftritt (sowohl absolut als auch relativ), ist der sogenannte **Modalwert** oder auch **Modus** (*mode*), kurz: Mo. Formal lässt er sich folgendermaßen definieren:

▶   **Modus (auch Modalwert)**

    Der am häufigsten vorkommende Messwert; das Maximum der Verteilung

Fassen wir zusammen: Diese drei Parameter beschreiben die Lage einer Verteilung und ihre zentrale Tendenz. Immer, wenn Sie es mit normalverteilten und intervallskalierten Variablen zu tun haben, ist der Mittelwert der passende Lokationsparameter. Was genau mit „normalverteilt" gemeint ist, klären wir noch. Der Mittelwert hat auch zwei besondere Eigenschaften, die uns noch beschäftigen werden: Die Summe der Differenzen aller Werte vom Mittelwert ist null. Und auch die Summe der quadrierten Differenzen aller Werte vom Mittelwert ist kleiner als die quadrierten Differenzen aller Werte zu irgendeinem anderen Wert.

5.3.3 Streuungsmaße (Maße der Dispersion)

Wir haben uns jetzt viel mit der Mitte beschäftigt. Aber wie im richtigen Leben reicht das nicht aus. Das lässt sich leicht mit einem Gedankenexperiment zeigen: Zwei studentische Gruppen wurden mit unterschiedlichen Methoden unterrichtet. Mit welcher wird besser gelernt? Ein Abschlusstest mit allen Teilnehmern ergab folgende Ergebnisse (Punktwerte). Gruppe A: 2, 3, 3, 4, 3, 3 und Gruppe B: 1, 5, 1, 5, 5, 1. In beiden Fällen errechnen wir ein arithmetisches Mittel (AM) = 3. Gibt es also keinen Unterschied zwischen den beiden Lehrmethoden? Schauen wir einmal genau auf die Daten: In Gruppe A sind keine großen Leistungsunterschiede aufgetreten, die meisten Teilnehmer bewegen sich im Mittelfeld. Die B-Gruppe dagegen zerfällt in zwei Lager: Es gibt sehr gute Studenten, aber auch Teilnehmer mit schlechten Punktwerten. Jetzt ist klar, dass nicht nur die Mitte interessant ist. Sie spiegelt nicht alle Aspekte der Datenreihe wider. Neben den Lagemaßen (Lokationsparameter) brauchen wir auch statistische Kennwerte, die die Streuung erfassen, die sogenannten **Streuungsmaße** oder **Maße der Dispersion**. Da bei der Streuung Abstände, also Differenzen bedeutsam sind, sind die folgenden Maße für metrische Daten geeignet.

Spannweite

Betrachtet man nur den kleinsten und den größten Wert einer Datenreihe, ermittelt man die sogenannte Spannweite (*range*). Dieser Kennwert ist sehr einfach zu berechnen, man bildet einfach die Differenz zwischen den beiden **Extremen** (Maximum minus Minimum).

▶ **Spannweite**

Maximum – Minimum

Alle Werte, die dazwischen liegen, bleiben aber leider unberücksichtigt. Entsprechend wenig erfährt man auch über die gesamte Datenreihe. So wie der Modus bei den Lagemaßen, ist also bei den Streuungsmaßen die Spannweite ein Kennwert mit sehr niedrigem Informationsgehalt.

Varianz und Standardabweichung

Das ist beim nächsten Streuungsmaß, der Varianz (*variance*), ganz anders. Sie spielt in der Statistik eine große Rolle. Vielleicht sind Sie beim Lesen einer Publikation über eine Untersuchung schon einmal im Methodikteil über das geheimnisvolle Kürzel „ANOVA" gestolpert. Es steht für *Analysis of Variance*, also Varianzanalyse. Sie werden dieses Verfahren in Kapitel 10 kennenlernen. Jetzt gilt es erst einmal zu verstehen, was es mit der Varianz, die auch als s^2 bezeichnet wird, auf sich hat. Das arithmetische Mittel (AM, MW oder $\bar{x}$) kennen Sie ja schon. Die **Varianz** ist eigentlich nur das arithmetische Mittel der quadratischen Abweichungen vom arithmetischen Mittel. Dahinter steckt die Idee, jeden Wert in einer Messwertreihe zu berücksichtigen und zu berechnen, inwieweit er von der Mitte abweicht, also um eine Mitte herum streut. Die einzelnen Abstände werden quadriert, weil es neben positiven ja auch negative Abweichungen geben kann. Manche schneiden besser ab als der Durchschnitt, einige sind aber vielleicht auch schlechter. Durch die Quadrierung erhält man nur positive Werte, mit denen man besser rechnen kann.

Warum addiert man dann aber nicht einfach nur diese einzelnen Abstände, sondern teilt diese Summe noch durch die Anzahl der Abweichungen? Bei einer Addition spielt die Stichprobengröße eine entscheidende Rolle. Je mehr Werte man addiert, desto größer werden auch die Abstände. Um Messwertreihen miteinander vergleichen zu können, berücksichtigt man deshalb auch den jeweiligen Stichprobenumfang. Auch das kennen Sie ja schon vom AM. Man ermittelt deshalb die *mittleren* Abstände oder Abweichungen. Um die Varianz als Streuungsmaß bestimmen zu können, müssen Sie also zunächst den MW berechnen. Dann wird für jeden Wert ermittelt, wie weit er von diesem Mittelwert abweicht. Die quadrierten Abweichungen werden anschließend addiert und durch ihre Anzahl geteilt:

▶ **Varianz**

$$\frac{\sum_{i=1}^{n}(x_i - \overline{x})^2}{n-1}$$

Wenn Sie sich verschiedene Lehrbücher anschauen, werden Sie feststellen, dass mit unterschiedlichen Formeln und auch Begriffen gearbeitet wird. Das zwingt Sie dazu, genau hinzuschauen. Im Nenner steht manchmal nur ein *n* anstelle von *n-1*. In diesem Fall berechnen Sie die empirische Varianz Ihrer *Stichprobe*. Wir verwenden die *n-1*-Variante, weil man man mit ihr auch in der schließenden Statistik rechnen kann. Man benutzt nämlich diese Formel, wenn man aus den Daten einer Stichprobe die Varianz in der Grundgesamtheit schätzen will. Sie wird auch von Statistikprogrammpaketen wie SPSS verwendet. Damit werden wir uns noch in Kapitel 7 ausführlicher beschäftigen. Wenn Sie mit großen Stichproben arbeiten, spielt der Unterschied keine Rolle.

Zur Varianz gehört die **Standardabweichung** (SA oder einfach nur s; *standard deviation, SD*). Dieser Kennwert ist ganz leicht zu berechnen. Sie müssen nur die Wurzel aus der Varianz ziehen:

▶ **Standardabweichung**

$$s = \sqrt{\frac{\sum_{i=1}^{n}(x_i - \overline{x})^2}{n-1}}$$

Wenn Sie zwei Datenreihen miteinander vergleichen wollen, ist die Standardabweichung ein gutes Maß. Sie misst ja wieder in der ursprünglichen Maßeinheit (ohne Quadrierung). Trotzdem ist sie als einzelner Kennwert inhaltlich nicht ganz einfach zu interpretieren. Je mehr einzelne Messwerte vom MW abweichen, desto größer wird auch die SA. Hat eine Datenreihe eine größere SA als eine andere, bedeutet das, dass die Daten also breiter um das AM streuen. Vor allem in der Testkonstruktion spielt die SA eine große Rolle. Nehmen wir einmal den allseits bekannten IQ als Beispiel. Der durchschnittliche Intelligenzquotient beträgt 100. Etwa zwei Drittel der Probanden haben einen IQ zwischen 85 und 115. Ungefähr 68 % liegen also in dem Intervall vom Durchschnittswert jeweils minus und plus einer Standardabweichung. Wenn man zwei Standardabweichungen nach „oben" und „unten" betrachtet, hat man damit schon ungefähr 95% aller Werte erfasst.

Möchte man die Daten mit der Hand rechnen, kann man es sich mit der folgenden Formel etwas leichter machen:

▶ **Standardabweichung modifiziert**

$$s = \sqrt{\frac{1}{n-1} \cdot \left[\left(\sum_{i=1}^{n} x_i^2 \right) - \frac{1}{n} \left(\sum_{i=1}^{n} x_i \right)^2 \right]}$$

Wir rechnen noch einmal mit Sebastians Daten, der ja die Altersangaben seiner Teil-
nehmer erhoben hat: 18, 20, 23, 33, 42, 20, 26, 30, 21, 24, 28. Wir müssen nur zwei
Zwischenschritte rechnen: Ermittlung der Summe der einzelnen Werte (x_i) und die
Quadratsumme (x_i^2):

$$18 + 20 + 23 + 33 + 42 + 20 + 26 + 30 + 21 + 24 + 28 = 285$$

$$18^2 + 20^2 + 23^2 + 33^2 + 42^2 + 20^2 + 26^2 + 30^2 + 21^2 + 24^2 + 28^2 = 7883$$

Beachten Sie bitte, dass es einen Unterschied macht, ob Sie alle Werte zuerst addieren
und diese Summe dann quadrieren oder ob Sie jeden einzelnen Wert zunächst quadrieren und dann alle diese quadrierten Werte zu einer Quadratsumme aufsummieren (vgl.
Exkurs: Rechnen mit dem Summenzeichen). Jetzt können wir die Werte einsetzen:

$$s = \sqrt{\frac{7883 - \dfrac{285^2}{11}}{11-1}} = \sqrt{\frac{7883 - \dfrac{81225}{11}}{10}} = 7{,}06$$

Die Standardabweichung beträgt also 7,06. Ein Nachteil der Quadrierungen ist Ihnen
vielleicht schon aufgefallen. Ausreißer und Extremwerte werden dadurch besonders
stark gewichtet. Überlegen Sie einmal: Sie haben 100 Werte in Ihrer Messwertreihe, die
nur um eine Einheit vom AM abweichen, aber einen einzigen Wert, der um 10 Einheiten abweicht. Beide gehen aber gleichermaßen mit jeweils 100 in die Varianz (und in
die Standardabweichung) ein, nämlich 100 x 1^2 und 1 x 10^2. Warum diese Kennwerte
trotzdem zu den Stars am Statistikhimmel gehören, hat mathematische Gründe. Sie
haben „nützliche" Eigenschaften.

Variationskoeffizient

Wollen Sie die Standardabweichungen von Stichproben mit sehr verschiedenen Mittelwerten miteinander vergleichen, können Sie einen Variationskoeffizienten, kurz V,
berechnen.

▶ **Variationskoeffzient**

$$V = \frac{s}{\bar{x}}$$

Setzen wir einmal die Standardabweichung und das AM ein, die wir für Sebastians Daten, (die Altersangaben) errechnet haben, und errechnen den Variationskoeffizienten:

$$V = \frac{7{,}06}{25{,}90} = 0{,}275$$

Es ist auch möglich, eine „gemeinsame" Standardabweichung für die Standardabweichungen mehrerer Stichproben zu berechnen. Die Formel sieht auf den ersten Blick kompliziert aus. Am besten geht man deshalb schrittweise vor:

► **Gemeinsame Standardabweichung für mehrere Stichproben**

$$s = \sqrt{\frac{1}{N-1}\left[\sum_{j=1}^{k}\left((n_j - 1)\cdot s_j^2\right) + \sum_{j=1}^{k}\left(n_j \cdot (\overline{x}_j - \overline{x})^2\right)\right]}$$

k: Anzahl der Stichproben, die in die Berechnung eingehen sollen
n_j: Umfang dieser Stichproben
$\overline{x}$:   Gesamtmittelwert aller Stichproben
$\overline{x}_j$:   Mittelwerte der k Stichproben
s_j: Standardabweichungen der Stichproben
N: Summe der Stichprobenumfänge

Damit es einfacher zu rechnen ist, nehmen wir nur zwei kleine Stichproben mit $n_1 = 11$ und $n_2 = 13$ Probanden. Ihre beiden Mittelwerte (bspw.: von Altersangaben) lauten: $AM_1 = 29$ und $AM_2 = 25$, die Standardabweichungen $s_1 = 4$ und $s_2 = 5$. Den Gesamtmittelwert können Sie schon berechnen:

$$\overline{x} = \frac{11\cdot 29 + 13\cdot 25}{11+13} = \frac{319+325}{24} = 26{,}83$$

Was benötigen wir noch für die Formel? Tabelle 5.4 listet alle Zwischenschritte auf.

Tabelle 5.4: Zwischenschritte bei der Berechnung

j	n_j	s_j^2	$(n_j - 1)\cdot s_j^2$	$(\overline{x}_j - \overline{x})^2$	$n_j \cdot (\overline{x}_j - \overline{x})^2$
1	11	16	$(11 - 1)\cdot 16 = 160$	$(29 - 26{,}83)^2 = 4{,}7089$	$11\cdot 4{,}7089 =$ 51,7979
2	13	25	$(13 - 1)\cdot 25 = 300$	$(25 - 26{,}83)^2 = 3{,}3489$	$13\cdot 3{,}3489 =$ 43,5357
Σ	24		460		95,3336

Jetzt können wir die Werte einsetzen:

$$s = \sqrt{\tfrac{1}{24\ 1}\ [(160 + 300) + (51{,}7979 + 43{,}5357)]}$$

$$s = \sqrt{\tfrac{1}{23}\ [460 + 95{,}3336]}$$

$$s = \sqrt{24{,}1449}$$

$$s = 4{,}9138$$

Als gemeinsame Standardabweichung für die beiden Stichproben ergibt sich s = 4,913. Durch die Aufteilung in Zwischenschritte können Sie auch eine solche Formel meistern.

Quartile

Sie erinnern sich hoffentlich noch an den Median. Er teilt die Messwerte so auf, dass jeweils 50% oberhalb und unterhalb liegen – „fifty, fifty", wie es einmal eine Studentin in einer Klausur salopp formuliert hat. Genauso gut können Sie Ihre Messwertskala aber auch in **Quartile** einteilen, sie also „vierteln". Der Median ist dann das 2. Quartil. Unterhalb des ersten Quartils liegen dann 25%, unterhalb des dritten Quartils 75% der Daten.

Standardfehler

In der Reihe der wichtigen Dispersionsmaße fehlt noch der sogenannte Standardfehler s_e *(standard error, SE)*. Es schadet nicht, sich schon einmal mit seiner Definition vertraut zu machen:

▶ **Standardfehler**

$$s_e = \frac{s}{\sqrt{n}}$$

Wir werden uns in Kapitel 7 genauer mit dem Standardfehler beschäftigen. Auch er ist eine Standardabweichung, allerdings der Mittelwerte von Zufallsstichproben aus einer Population oder Grundgesamtheit. Damit betreten wir auch das Reich der schließenden Statistik. Es geht jetzt nicht mehr nur um Stichproben (also Ihre Daten). Der Standardfehler verrät, wie gut ein Stichprobenmittelwert den Mittelwert in einer *Grundgesamtheit* schätzt. Für diese Etappe fehlt Ihnen aber noch das nötige Rüstzeug, das Sie erst noch in den folgenden Kapiteln erwerben müssen.

5.3.4   Korrelation und Regression

Das gilt zunächst auch, wenn Sie in Ihren Daten nach Zusammenhängen von Merkmalen suchen. Bis jetzt haben wir ja nur einzelne Merkmale betrachtet und damit eine *univariate* Statistik betrieben. In der Regel ist aber gerade die Frage nach einem möglichen Zusammenhang von zwei oder mehreren Merkmalen interessant (bi- oder multivariat). Um diese lineare Parallelität abzubilden, haben die Statistiker verschiedene Korrelations- und Regressionskoeffizienten entwickelt, die meistens auch den Namen des jeweiligen Mathematikers tragen (bspw. Pearson, Spearman oder auch Kendall). Auch solche Koeffizienten beschreiben Daten, weshalb man sie in Lehrbüchern oft im Kapitel „Deskriptive Statistik" findet. Wir aber wollen ja schrittweise vorgehen. Sie lernen deshalb diese wichtigen Kennwerte erst in Kapitel 11 kennen, wenn Sie mehr über Signifikanz wissen.

5.3.5 z-Werte

z-Werte (*z-scores*) können wir aber bereits ohne Probleme berechnen. Sie kommen bspw. dann zum Einsatz, wenn man die Werte zweier Probanden miteinander vergleichen möchte, die aus verschiedenen Stichproben stammen. Dazu ein Beispiel aus Ihrem Unialltag:

Es ist bekannt, dass die Bewertungen von Referaten, Hausarbeiten oder Klausuren je nach Lehrkraft erheblich voneinander abweichen können. Simon und Olaf haben bei unterschiedlichen Dozenten die Methodik-Veranstaltung besucht. Beide haben für ihre Klausurleistung eine 2,0 als Note erhalten. Zweimal die Note gut, aber sind beide Kandidaten wirklich gleich gut?

Die Schwere der Aufgabenstellungen kann man als Methodiker natürlich nicht so einfach beurteilen. Man kann aber die einzelne Leistung im Kontext der Noten der anderen Teilnehmer sehen, sie also relativieren. Dazu muss man zunächst die Durchschnittsleistungen ermitteln. Bei Dozent A (Simons Gruppe) lag sie bei 2,7 mit einer Streuung von s = 0,85. Bei Dozent B (Olafs Seminar) ergab sich ein Notendurchschnitt von 2,5 mit einer Streuung von s = 1,12. Möchte man dann die Abweichungen zweier Werte vom AM miteinander vergleichen, muss man sie durch die Standardabweichung im jeweiligen Kollektiv teilen.

$$z_i = \frac{x_i - \bar{x}}{s} \qquad z_A = \frac{2,0 - 2,7}{0,85} = -0,82 \qquad z_B = \frac{2,0 - 2,5}{1,12} = -0,45$$

Beide sind besser als der Durchschnitt ihrer jeweiligen Gruppe. Simon hat aber besser abgeschnitten als Olaf, weil seine Leistung um 0,82 Streuungseinheiten unter dem Mittelwert seiner Gruppe liegt. Bei Olaf beträgt der Wert nur 0,45 Einheiten.
Mit einer solchen **z-Transformation** können Sie also metrische Mess- oder Zahlenwerte *standardisieren*. Aus Ihren ursprünglichen Werten werden dadurch standardisierte z-Werte. Die Verteilung dieser z-Werte hat immer einen Mittelwert von Null und eine Standardabweichung von 1. Die z-Transformation überführt also jede beliebige Verteilung in eine Verteilung mit genau diesen Eigenschaften. Sie „verschiebt" die Verteilung zum Nullpunkt und staucht oder dehnt sie. Den Verteilungstyp (die Form der Verteilung) ändert sie nicht. Eine glockenförmige Normalverteilung bspw. bleibt eine Normalverteilung. Sie wird nur schmäler oder breiter.
Sie können damit aber nicht nur zwei Messwerte miteinander vergleichen, die aus verschiedenen Stichproben stammen (wie bei Simon und Olaf). Genauso gut kann man

die Messwerte zweier Variablen mit unterschiedlichen Mittelwerten und Standardabweichungen vergleichbar machen, die aus *einer* Stichprobe stammen. Vor allem aber
können Sie mit z-Transformationen Verteilungen auf eine Art „Standardmaß" bringen
und sich damit eine Menge Rechenarbeit sparen. Mit diesen standardisierten Verteilungen werden wir uns in der schließenden Statistik beschäftigen (Kapitel 6 bis 11).

5.4   Die Visualisierung von Daten

Grafiken sind eine gute Möglichkeit, um Häufigkeitstabellen, statistische Kennwerte
oder auch Zusammenhänge zu visualisieren. Der Vorteil liegt auf der Hand: Unser
Auge erfasst Daten unglaublich schnell. Es gilt zu Recht als das „beste Kommunikati-
onswerkzeug der Welt" (Krämer, 1991). Auch methodisch Ungeübte können so auf
Anhieb Ihrer Argumentation folgen. Der Nachteil: Graphiken laden geradezu zum
Schummeln ein. Es ist nicht besonders schwer, Daten so zu präsentieren, dass sie ein
gewünschtes Werturteil transportieren oder sogar Ergebnisse verfälschen. Gehen Sie
also bitte sorgfältig mit Ihren Daten um und beachten Sie bei der Wahl der Visualisie-
rungsmethode immer auch das Skalenniveau.

Säulendiagramme (*bar chart*; Abb. 5.6) eignen sich sowohl für Querschnitts- als auch
für Längsschnittdaten, also für Einzelmessungen und Messreihen. Die Höhe der Säule
repräsentiert die absoluten oder relativen Häufigkeiten. Deshalb sollten Ihre Säulen
unbedingt bei Null beginnen. Achten Sie also darauf, die y-Achse (die vertikale Achse)
nicht unten zu „kappen". Die Reihenfolge der Säulen spielt bei nominalskalierten Daten keine Rolle, sollte aber bei ordinalskalierten Daten die Ordnung und bei metrischen
Daten die Proportionen entsprechend wiedergeben.

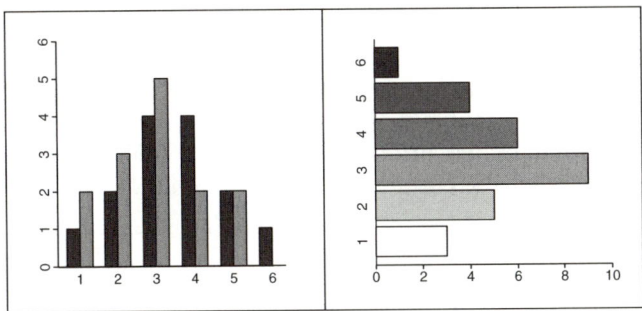

Abb. 5.6 und 5.7: Säulendiagramme für zwei Variablen und Balkendiagramm

Wenn Sie ein Säulendiagramm „drehen", bekommen Sie ein **Balkendiagramm** (*bar
chart*; Abb. 5.7). Die Häufigkeiten werden dann nicht horizontal, sondern vertikal dargestellt (man liest quasi von links nach rechts und nicht von unten nach oben). Sie
können relative Häufigkeiten auch in einer Säule übereinander stapeln. Die Größe der
einzelnen Flächen innerhalb der Säule spiegelt dann die Häufigkeit wider. Damit lassen

sich vor allem Längsschnittdaten gut visualisieren. Man sieht die Veränderung der Anteile über die Zeit von Säule zu Säule (Abb. 5.8).

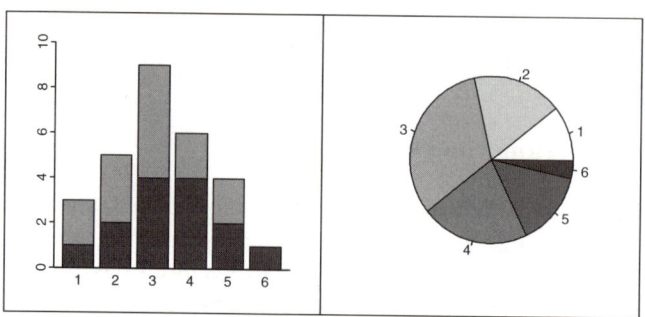

Abb. 5.8 und 5.9: Säulendiagramm (gestapelt) und Kreisdiagramm

Wenn Sie keine Säulen mögen, können Sie auch die Variante Kreisdiagramm (*pie chart*; Abb. 5.9) wählen. Auch hier gibt die jeweilige Größe der Tortenstücke (der Kreisausschnitt) die Häufigkeit wieder. Vor allem nominalskalierte Daten werden oft als Torten dargestellt. Wenn man Häufigkeiten zu 100% aufsummieren kann, lassen sich prozentuale Häufigkeiten nämlich gut in einem Kreisdiagramm abbilden. Spätestens bei der nächsten Wahlberichterstattung werden Sie in Fernsehsendungen diese Darstellungsformen wieder häufiger sehen können.

Wenn Sie die Häufigkeitsverteilung von intervallskalierten Daten darstellen wollen, aber sehr viele Merkmalsausprägungen haben (und den Wald vor lauter Säulen nicht mehr sehen), können Sie mit einem Histogramm arbeiten (*histogram*; Abb. 5.10 und 5.11). Dazu müssen Sie zunächst Ihre Daten kategorisieren, also in Klassen einteilen. Die Häufigkeiten der einzelnen Klassen werden dann als Balken dargestellt. Es gibt einige Unterschiede zum Balkendiagramm: Es fehlen die Zwischenräume. Die x-Achse eines Histogramms ist eine durchgängige metrische Skala. Hier treten alle Klassen auf. Die unbesetzten Klassen (Häufigkeit = 0) erscheinen als Lücke, weil die Höhe des Rechtecks auf die Nulllinie „geschrumpft" ist. Auch die Reihenfolge dürfen Sie nicht vertauschen, sie wird durch die Ordnung der Skala bestimmt.

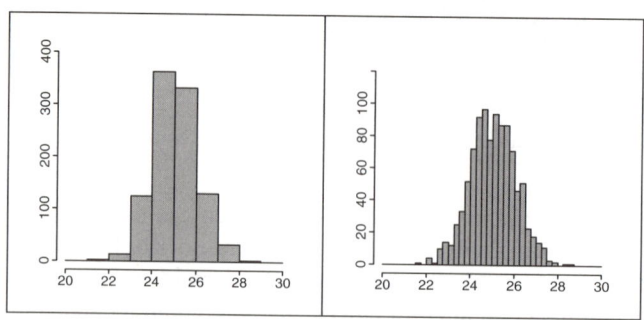

Abb. 5.10 und 5.11: Histogramme

Spielt die Zeit in Ihrer Untersuchung eine Rolle, bspw. um den Verlauf einer Sprach-therapie oder Spracherwerbsphasen darzustellen, sind **Liniendiagramme** (*line chart; line plot*) das Mittel der Wahl (Abbildung 5.12 und 5.13).

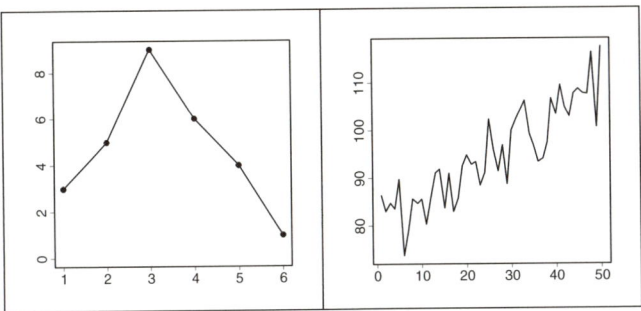

Abb. 5.12 und 5.13: Liniendiagramme

Streudiagramme finden Sie eigentlich nur in der wissenschaftlichen Literatur. Wenn man wissen möchte, ob und wie zwei intervallskalierte Variablen A und B zusammen-hängen (korrelieren), kann man die Daten als sogenannte *Punktwolke* darstellen. Sie finden sie in der Literatur auch unter dem Begriff *Scatterplot*. Als Grundlage nimmt man ein Koordinatensystem (x- und y-Achse) und trägt die beiden Merkmale horizon-tal bzw. vertikal ein. Jedem Punkt in der Wolke entspricht also ein Merkmalsträger (eine Person) mit den entsprechenden Merkmalsausprägungen der betrachteten Vari-ablen A und B.

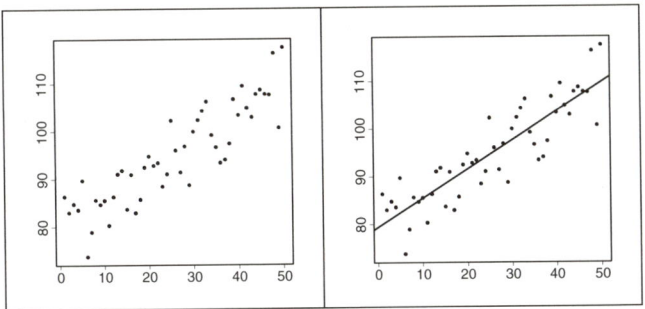

Abb. 5.14 und 5.15: Streudiagramme (mit Regressionsgerade)

Abb. 5.14 und Abb. 5.15 zeigen ein Streudiagramm für die Leistungen (erreichte Punktwerte) in zwei Sprachtests A und B in der zweiten Fremdsprache. Auf der x- und der y-Achse sind die jeweiligen Werte (die Testergebnisse) eingetragen. Man sieht auf einen Blick, dass die meisten Probanden in beiden Tests bezogen auf das Leistungsni-veau vergleichbare Testergebnisse erreicht haben. Eine Person mit einem niedrigen Wert in Test 1 (A) hat auch einen niedrigen Wert in Test 2 (B) erzielt. Wer dagegen gut in Test 1 (A) abgeschnitten hat, erkennbar am hohen Punktwert, ist auch in Test 2 (B) erfolgreich gewesen (ebenfalls hoher Punktwert). Wie sehr die beiden Merkmale zu-sammenhängen, kann man genau berechnen. Kennt man diesen Zusammenhang, ist auch eine Vorhersage möglich. Wenn man nur weiß, wie gut jemand im ersten Test abgeschnitten hat, kann man auch berechnen, welches Ergebnis man im zweiten Test zu erwarten hätte. Das ist für viele wissenschaftliche Fragestellungen sehr hilfreich. Damit und auch mit der Geraden, die durch die Punktwolke gezogen ist, werden wir uns im Kapitel 11 (Regression) noch genauer beschäftigen (Abb. 5.15).

Was bei zwei Merkmalen noch sehr anschaulich ist, wird bei $n > 3$ Merkmalen sehr schwierig. Die Interpretation n-dimensionaler Punktwolken ist auch für Experten eine Herausforderung. Die Statistik hat dafür eine Reihe von Verfahren entwickelt, die al-lerdings erst in einem Aufbaukurs Statistik behandelt werden können (Cluster- und Faktorenanalysen, mehrdimensionale Skalierung u.a).

Boxplots als Beispiel für EDA

Sie kennen ja jetzt auch schon den Begriff Quartil. Wir brauchen ihn, um uns abschlie-ßend noch einmal mit einer besonderen Darstellung von Daten zu beschäftigen, die von vielen nicht auf Anhieb verstanden wird.

Möchte man etwas über seine Daten wissen, kann man die entsprechenden (stan-dardisierten) Kennwerte berechnen, also bspw. die Varianz oder einen Mittelwert. Man kann sich aber auch direkt mit seinen Daten beschäftigen und wie ein Detektiv auf die Suche nach Besonderheiten gehen. Das nennt man **explorative Datenanalyse**, kurz EDA (*explorative data analysis*). Diese Forschungsstrategie wird in der Linguistik ge-nauso eingesetzt wie das klassische hypothesengeleitete Forschen, das Sie aus dem zweiten und dem dritten Kapitel kennen. Boxplots sind ein berühmtes Werkzeug der EDA, aber natürlich nicht das einzige. Auch sie basieren auf der Grundidee, mit Lage-maßen die Verteilung von Daten darzustellen. Dazu verwenden sie Quartile. Schauen wir uns Abb 5.16. genauer an.

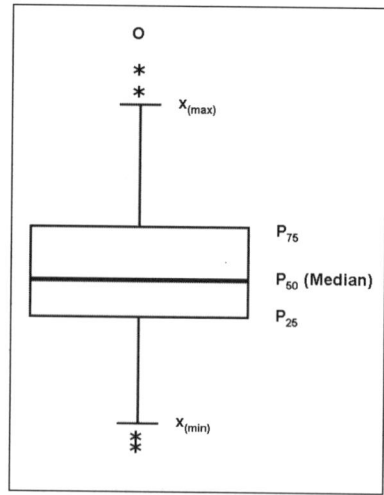

Abb. 5.16: Boxplot

Die Box in der Mitte, die der Namensgeber für diese Visualisierung ist, reicht vom ersten bis zum dritten Quartil. Das sind also die mittleren 50% der Verteilung. Der Strich in der Box repräsentiert das zweite Quartil, den Median. Je nach Verteilung der Daten liegt er natürlich nicht immer in der Mitte der Box, so wie hier. Er kann an irgendeiner Stelle die Box teilen. Aus der Box ragen die sogenannten *Whiskers* heraus. Diese Fühler reichen jeweils vom Ende der Box unten bis zum kleinsten Wert (0. Quartil, $x_{(min)}$) und oben bis zum größten Wert (4. Quartil, $x_{(max)}$). Damit ist auch klar, dass die Gesamtlänge des Boxplots nichts anderes ist als die Ihnen schon bekannte Spannweite. Von der Spannweite wissen Sie ja schon, dass stark abweichende Werte die Aussagekraft erheblich verringern können. Softwarepakete berücksichtigen solche Abweichungen. Weicht ein Wert um mehr als das 1,5 fache des Quartilsabstandes oben oder unten vom Boxende ab, wird er als **Ausreißer** bezeichnet. Bei mehr als dem 3-fachen Abstand spricht man dann von einem **Extremwert**. Solche Werte müssen zwar in die Berechnung des ersten und des dritten Quartils eingehen, werden dann aber in der Darstellung besonders hervorgehoben, bspw. durch einen Stern oder ein Kreissymbol ober- und unterhalb der Fühler. Die Länge der Fühler ist jetzt begrenzt. In der Visualisierung kann ein Fühler nicht mehr als das 1,5 fache der Box (des Quartilsabstands) lang sein.

Tabelle 5.5 am Ende des Kapitels fasst abschließend noch einmal die wichtigsten Informationen zu den Skalenniveaus, den zugeordneten statistischen Verfahren und den Visualisierungsmöglichkeiten zusammen.

Sie können jetzt Ihre Daten deskriptiv auswerten und diese auch visualisieren. Das ist schon eine ganze Menge, es reicht aber leider noch nicht. In der Regel möchten Sie nämlich nicht nur etwas über die Teilnehmer Ihrer Untersuchung aussagen, sondern verallgemeinern. Und Sie wissen bis jetzt auch nicht, ob die Ergebnisse Ihres Experimentes vielleicht nur rein zufällig zustande gekommen sind. Aber auch dafür kennt die Statistik eine Lösung. Bevor wir uns aber mit dieser sogenannten *Inferenzstatistik* beschäftigen können, ist es notwendig, sich mit einem zentralen und auch faszinierenden Konzept eingehend zu befassen: der Wahrscheinlichkeit.

 Messtheorie: Messen und Messskala; Repräsentation, Eindeutigkeit und Bedeutsamkeit

Skalentypen: Nominal-, Ordinal-, Intervall-, Verhältnis- und Absolutskala

Lagemaße (Lokation): Modus, Median, Mittelwerte (arithmetisch, harmonisch, geometrisch)

Streuungsmaße (Dispersion): Spannweite, Varianz und Standardabweichung, Standardfehler, Quartile, Variationskoeffizient

z-Werte

Wichtige Grafiken und ihre Besonderheiten: Säulen-, Balken-, Kreis-, Histo-, Linien- und Streudiagramm, Boxplot

5.5 Zusammenfassung

Tabelle 5.5: Skalentypen

Skalentyp	Nominalskala	Ordinalskala	Intervallskala	Verhältnisskala
Bedingungen	Eineindeutig-keit	Anordnungs-treue	Abstandstreue (beliebig gewählter Nullpunkt	Verhältnistreue (absoluter Nullpunkt)
Interpretation	stellt lediglich qualitiative Ungleichheit fest	die Ordnungsrelation *kleiner als* bzw. *größer als* ist bedeutsam	die Länge des Intervalls zwischen den beiden Werten ist bedeutsam	das Verhältnis der beiden Werte ist bedeutsam
Beispiele:	z.B. *englisch* versus *französisch*	z.B. *gut* versus *mangelhaft*	z.B. Temperaturdifferenz von 10° C	z.B. doppelte Länge
zulässige Transformationen	beliebige Umkodierung	streng monoton steigende Transformationen	beliebige lineare Transformationen y=a·x+b (a>0)	proportionale Transformationen y=a·x (a>0)
zulässige Rechenoperationen	keine	keine	Summen und Differenzen bilden	Produkte und Quotienten bilden
Maßzahlen (Auswahl)	Häufigkeit(en) Modus	*zusätzlich:* Median, Quartile, Prozentränge	*zusätzlich:* Mittelwert, Spannweite Standardabweichung	*zusätzlich:* geometrisches Mittel, Variationskoeffizient
Zusammenhangsmaße (Auswahl)	Kontingenz χ² Vierfelder (Phi)	*zusätzlich:* Spearmans Rho Kendalls Tau	*zusätzlich:* Produkt-Moment-Korrelation r Regression	*wie bei Intervallskala*
Beispiele	Geschlecht Muttersprache Dialekt	Schulnoten (eigentlich) Altersgruppen	Temperatur	Länge, Masse, Zeit, Alter
Visualisierung	Säulen- und Kreisdiagramm Balkendiagramm	*wie bei Nominalskala*	*zusätzlich:* Histogramm, Liniendiagramm, Streudiagramm	*wie bei Intervallskala*

Das Thema „Messen" ist immer noch ein Stiefkind in der Linguistik. Deshalb muss man noch bei den Nachbarfächern „wildern". Wenn Sie sich für die Messtheorie interessieren, empfehle ich Ihnen den Klassiker Orth (1974). Interessant, aber leider auch nicht einfach zu lesen, ist Gigerenzer (1981). Ins Messen (und Testen) führt das Buch von Steyer & Eid (2001) ein. Wer sich einen Überblick über verschiedene Messmethoden verschaffen möchte, sollte einen Blick in die Handbücher von Eid (2006) und Rao & Sinharay (2007) werfen. Eine interessante Abhandlung über Messfehler ist Viswanathan (2005). Zu einzelnen Teilbereichen finden Sie eine Reihe praxisorientierter Publikationen, wie etwa über sprachliche Einstellungsmessungen (Casper, 2002), stark zunehmend zur Sprachdiagnostik (bspw. Gass & Mackey, 2007 und Mackey & Gass, 2005 oder Shohamy & Hornberger, 2008)). An Einführungen in die deskriptive Statistik mangelt es dagegen nicht. Ich empfehle Ihnen das Buch von Büchter & Henn (2007). Ein „Klassiker" ist Bortz (2005).

1. Bitte bestimmen Sie das Skalenniveau der folgenden Variablen: Affixart, Alter der Probanden, Dialekteinschätzung mit einer Rating Skala, Sonorität von Phonemen, Zugehörigkeit zu einer Sprachgemeinschaft, Lautdauer.

2. Was ist das Gemeinsame von Modus, Median und Mittelwert, und wodurch unterscheiden sie sich?

3. Welches deskriptive Maß ist empfindlich gegenüber Ausreißerwerten (Abweichungen)?

4. Was kann man an einem Boxplot erkennen, was ein Balkendiagramm nicht zeigt?

5. Warum kann man bei nominal- und ordinalskalierten Variablen kein arithmetisches Mittel berechnen?

6. Hier sind die Klausurergebnisse (erreichte Punktzahl) der Teilnehmer der ersten Gruppe des Methodik-Tutoriums: 20, 19, 27, 25, 22, 19, 24, 21, 21, 24, 20, 34. Berechnen Sie den Klausurdurchschnitt. Geben Sie an, wie gut ein typischer Teilnehmer abgeschnitten hat. Welcher Wert repräsentiert den Median?

6 Kombinatorik und Wahrscheinlichkeit

Lernziele Permutation, Kombination, Variation; Zufallsexperimente; Wahrscheinlichkeit (frequentistisch und Laplace); Axiome von Kolmogorov; Bedingte Wahrscheinlichkeit (Bayes); Wahrscheinlichkeitsfunktion und -dichte; Verteilungsmodelle

Die Wahrscheinlichkeitsrechnung steckt voller Überraschungen und Paradoxien, die den Menschenverstand auf eine harte Probe stellen. Kennen Sie bspw. das berühmte Ziegenproblem? Ein Kandidat in einer Quizshow muss sich für eine von drei Türen entscheiden. Hinter einer versteckt sich der Hauptgewinn, die beiden anderen verbergen nur Nieten (Ziegen). Der Kandidat entscheidet sich für Tür 1. Der Quizmaster öffnet Tür 3. Dahinter steht eine Ziege. Der Quizmaster bietet dem Kandidaten an, die Entscheidung zu revidieren, also Tür 2 statt Tür 1 zu wählen. Soll sich der Kandidat jetzt noch einmal umentscheiden? Wie sähe *Ihre* Entscheidung aus und vor allem, *warum*?

Gibt es einen Zufall, oder ist alles vorausbestimmt? Für Einstein galt: „Gott (eigentlich „der Alte") würfelt nicht." Er betrachtete die stochastischen Erklärungen der Quantenmechanik mit Skepsis. Wir würfeln aber, schließlich sagt man der *Stochastik* als Wissenschaft vom Zufall nach, dass sie sich auch deshalb entwickelt habe, weil das Glücksspiel optimiert werden sollte. Halten Sie also bitte schon einmal Würfel oder auch Münzen bereit. Bevor wir allerdings ins Glücksspiel einsteigen können, müssen wir uns zunächst mit der Kombinatorik beschäftigen. Wir brauchen sie, wenn wir Wahrscheinlichkeiten ermitteln und theoretische Verteilungen verstehen wollen.

6.1 Kombinatorik

Bei der Kombinatorik als Hilfsmittel der Wahrscheinlichkeitsrechnung geht es um das Auswählen und/oder das Anordnen von Elementen aus einer vorgegebenen endlichen Menge (combinare, *lat.*: verbinden). Drei Aspekte spielen dabei eine Rolle: die Auswahlmöglichkeiten, die Verschiedenartigkeit der Elemente und die Bedeutung der Anordnung. Darf man ein Objekt genau einmal, höchstens einmal oder aber beliebig oft einsetzen? Sind alle Elemente verschieden, oder gibt es Gemeinsamkeiten zwischen ihnen? Und spielt die Anordnung der ausgewählten Elemente eine Rolle?

6.1.1 Permutation

Wie viele Möglichkeiten gibt es, n Elemente einer Menge anzuordnen oder in einer Reihe aufzulisten? Das Wort Permuation kommt vom lateinischen *permutare*, was so viel wie „die Reihenfolge ändern" bedeutet. Eine Anordnung, in der jedes Element genau einmal eingebracht wird, wird als **Permutation** bezeichnet. Auswählen, wie bspw. beim Lotto (sechs Zahlen aus 49), können Sie hier also nicht. Bei den Permutationen ist es wichtig, ob die vorgegebenen Elemente alle voneinander verschieden sind. Trifft dies zu, spricht man von einer **Permuation ohne Wiederholung**. Sind dagegen mindestens zwei Elemente identisch, handelt es sich um eine **Permuation mit Wiederholung**.

Permutation ohne Wiederholung

Werfen Sie mit mir einen imaginären Blick auf mein leeres Regalbrett über meinem Schreibtisch. Dort möchte ich vier Bücher abstellen, die ich jetzt einfach einmal nur mit den Buchstaben A, B, C, und D kennzeichne. Wie viele Möglichkeiten gibt es, diese Bücher auf meinem Regal in einer Reihe anzuordnen? Versuchen Sie einmal, alle Möglichkeiten aufzuschreiben, also ABCD, BADC usw.

Keines der Bücher kommt doppelt vor. Ich kann jedes Buch also einmal anordnen in der Reihe – eine **Permutation ohne Wiederholung**. In der ersten Position können alle vier Bücher stehen. Daher gibt es für die Position 1 der Reihe vier mögliche Folgen. Ich könnte sie mit Buch A, B, C oder D beginnen. Jede dieser Reihen kann ich jetzt mit den drei restlichen Büchern fortführen. Für die zweite Position stehen mir ja nur drei Bücher als noch nicht zugeordnete Kandidaten zur Verfügung, also bspw. AB, AC, AD usw. Jetzt sind wir schon bei 4 mal 3 = 12 Reihenfolgen angelangt. Jede dieser zwölf Reihenfolgen kann ich im nächsten Schritt mit zwei weiteren Bücherfolgen ergänzen, also ABC usw. Für die dritte Position in meiner Bücherreihe bleiben ja nur noch jeweils zwei Bücher übrig. Es gibt daher mindestens 4 mal 3 mal 2 = 24 Reihenfolgen. Jetzt müssen wir nur noch mit dem jeweils vierten, übrig gebliebenen Buch unsere Reihen vervollständigen (bspw. ABCD). Es gibt also 4 mal 3 mal 2 mal 1 = 24 mögliche Reihenfolgen. Jetzt verstehen Sie sicher besser, was mit der *kombinatorischen Explosion* gemeint war, vor der ich Sie schon in der Versuchsplanung gewarnt habe. Bei acht Büchern, wahrlich noch keine Bibliothek, hätten Sie schon 40.320 Möglichkeiten, sie auf einem Regal anzuordnen. Je mehr Elemente die Mengen besitzen, desto komplizierter und auch unübersichtlicher wird das Ganze also. Daher sollte man die Anzahl der verschiedenen Möglichkeiten mithilfe der Mathematik finden. Dazu brauchen wir den Begriff „**Fakultät**". Wer ihn nicht mehr aus dem Schulunterricht kennt:

⚠ Man schreibt für ein Produkt mit fortlaufenden Faktoren (das sind die Elemente, die multipliziert werden), beginnend mit dem Faktor 1 kurz auch: $1 \cdot 2 \cdot 3 \cdot 4 \cdot \ldots \cdot n = n!$ Das **$n!$** wird als „**n-Fakultät**" gelesen. 0! ist übrigens = 1.

▶ **Permutation ohne Wiederholung**

Eine Menge mit n verschiedenen Elementen besitzt $n!$ (n-Fakultät) verschiedene Permutationen ohne Wiederholung.

Ein kleiner Verständnistest, bevor wir uns die Permutationen mit Wiederholung anschauen: Wie viele Möglichkeiten gibt es, die Zahlen 1 bis 9 anzuordnen? 9! Und wie viele, die zusätzlich mit der Zahl drei beginnen? (9–1)!, also 8! (die erste Zahl ist ja durch die 3 festgelegt). Und wie viele dieser Zahlenanordnungen gibt es, die mit 313 anfangen? (9–3)! = 6! , also 6·5·4·3·2·1 = 720 Möglichkeiten, denn hier sind ja die ersten drei Zahlen festgelegt.

Permutation mit Wiederholung

Eines der vier Bücher, die auf dem Regalbrett stehen sollen, ist ein Lyrikbändchen. Darin findet sich eines meiner Lieblingsgedichte von Ernst Jandl, das von einem Mops mit dem schönen Namen *Otto* handelt. Wie viele Wörter (auch nicht existierende) kann man aus der Buchstabenfolge O-T-T-O konstruieren? Schreiben Sie bitte alle Wörter auf.

Da diese Menge identische Elemente enthält, die nicht unterscheidbar sind (O und T nämlich), handelt es sich hier um eine **Permutation mit Wiederholung**. In unserem Otto-Beispiel handelt es sich um ein *Anagramm*. Ein Anagramm ist eine beliebige Umstellung der Buchstaben eines Wortes, wobei sich die Wortlänge nicht verändern darf. Bei O-T-T-O mit vier Buchstaben handelt es sich um 4-Tupel. Ein *Tupel* ist eine Liste mit endlichen Objekten (Datensatz). Man könnte denken, es gäbe deshalb 4! , also 24 Permutationen. Davon sind allerdings 2! mal 2! , also 2·2 = 4 Permutationen nicht unterscheidbar (T und O kommen jeweils zweimal vor). Deshalb gibt es letztendlich nur sechs Permuationen, ganz einfach errechnet aus: 4! geteilt durch 2!·2!. Für unseren Mops Otto sind das diese Realisationen: OTTO, TTOO, OOTT, TOTO, OTOT und TOOT. Sind bei einer Menge von *n* Elementen eine Menge *k* Elemente identisch, berechnet sich die Anzahl der möglichen Permutationen also folgendermaßen:

▶ **Permutation mit Wiederholung**

$$\frac{n!}{n_1! \cdot n_2! \cdot ... \cdot n_k!}$$

Auch hier ein kleiner Test, bevor wir weitermachen: Wie viele Anagramme kann man aus dem Wort „pfiffig" bilden? Pfiffig: 7-Tupel. Keine neuen Anagramme liefern die Permutationen der zwei *i* und der drei *f* untereinander.

Also: $\dfrac{7!}{2! \cdot 3!} = 420$ Kombinationen.

6.1.2 Kombination

Haben Sie schon einmal Lotto gespielt und einen Tippschein ausgefüllt? Beim Zahlen-
lotto müssen Sie aus einer Menge von 49 Zahlen eine Teilmenge von sechs Zahlen ziehen und dann hoffen, dass es die berühmten „sechs Richtigen" sind. Während Sie also
bei den Permutationen nicht auswählen können, werden bei einer **Kombination** aus
einer Menge von n verschiedenen Elementen k Elemente ausgewählt und dann angeordnet. Auch hier unterscheidet man zusätzlich, ob ein Element in der Anordnung
höchstens einmal auftreten kann (Auswahl ohne Zurücklegen, d.h. **ohne Wiederholung**) oder wieder zurückgelegt werden und damit noch einmal ausgewählt werden
kann (Kombination **mit Wiederholung**). Beim Lotto wird eine gezogene Kugel nicht
mehr in die Trommel zurückgelegt. Ein klassischer Fall einer Kombination ohne Wiederholung. Die Anordnung der Elemente (die Reihenfolge) spielt hier allerdings keine
Rolle. Wenn Sie sich aber nach dem Studium um eine Stelle bewerben und das Glück
haben, in die engere Wahl zu kommen (Auswahl), spielt die Anordnung eine große
Rolle. Dann wird Ihr potentieller Arbeitgeber eine Rangliste erstellen. Der Kandidat auf
Platz 1 hat dabei die besten Chancen, die begehrte Stelle zu erhalten. Rein kombinato-
risch betrachtet handelt es sich also bspw. bei einer Berufungsliste für eine Professorenstelle um nichts anderes als eine Kombination ohne Wiederholung mit Beachtung der
Anordnung, eine sogenannte Variation. Unter dem Oberbegriff „Kombination" werden oft Kombinationen und Variationen zusammengefasst. Schauen wir uns zunächst
die Kombinationen an, bei denen die Anordnung der Elemente keine Rolle spielt.

Kombination ohne Wiederholung

Wie viele Möglichkeiten gibt es, einen Tippschein (genauer: ein Kästchen eines
Tippscheins) auszufüllen? Es sollten 13.983.816 Möglichkeiten sein, und nur eine
einzige Kombination repräsentiert die berühmten „sechs Richtigen". Wie wird das
berechnet?

Werden aus n verschiedenen Elementen k Elemente ohne Wiederholung ausgewählt
und spielt die Anordnung keine Rolle, errechnet sich die Anzahl der Kombinationen
nach der folgenden Formel:

▶   **Kombination ohne Wiederholung**

$$\frac{n!}{k!\,(n-k!)} = \binom{n}{k}$$

⚠   Der Quotient aus den Fakultätsausdrücken entspricht dem sogenannten
Binomialkoeffizienten. Er wird gelesen als „n über k".

Exkurs Rechnen mit Fakultäten und Binomialkoeffizienten

Sie wissen schon, dass folgendes gilt:

$$0! = 1$$
$$1! = 1$$
$$2! = 2 \cdot 1 = 2$$
$$3! = 3 \cdot 2 \cdot 1 = 3$$

$4! = 24$, $5! = 120$ und $6! = 720$. Da die Fakultäten schnell anwachsen (bspw. $10! = 3.628.800$), gibt es eine einfache Rechenhilfe: $6! = 6 \cdot \boxed{5 \cdot 4 \cdot 3 \cdot 2 \cdot 1} = 6 \cdot \boxed{5!}$

Beim Kürzen passiert oft dieser Fehler:

$$FALSCH : \frac{8!}{4!} = 2!$$

$$RICHTIG : \frac{8!}{4!} = \frac{8 \cdot 7 \cdot 6 \cdot 5 \cdot 4!}{4!} = 8 \cdot 7 \cdot 6 \cdot 5$$

Häufiger geht man aber den umgekehrten Weg. Man erweitert, damit Fakultäten entstehen. Wenn Sie ein Produkt $(10 \cdot 9 \cdot 8 \cdot 7 \cdot 6)$ durch $5!$ erweitern, entsteht ein Bruch, dessen Zähler und Nenner aus Fakultäten besteht:

$$\frac{10 \cdot 9 \cdot 8 \cdot 7 \cdot 6 \cdot 5 \cdot 4 \cdot 3 \cdot 2 \cdot 1}{5 \cdot 4 \cdot 3 \cdot 2 \cdot 1} = \frac{10!}{5!}$$

Das erspart Ihnen einiges an Arbeit beim Eintippen in den Taschenrechner.

Auch der Binomialkoeffizient ist nicht so sperrig, wie er vielleicht aussieht. Vielleicht erinnern Sie sich noch an das **Pascalsche Dreieck** aus Ihrer Schulzeit? Es ist sehr nützlich zur Bestimmung eines Binomialkoeffizienten. Es ist nämlich seine geometrische Darstellung. In einem Pascalschen Dreieck erhält man die jeweiligen Zahlen einer Zeile, in dem man die darüber liegenden Zahlen addiert.

$$
\begin{array}{ccccccccc}
 & & & & 1 & & & & \\
 & & & 1 & & 1 & & & \\
 & & 1 & & 2 & & 1 & & \\
 & 1 & & 3 & & 3 & & 1 & \\
1 & & 4 & & 6 & & 4 & & 1 \\
\end{array}
$$

Abb. 6.1: Pascalsches Dreieck

Diesen Sachverhalt beschreibt die Gleichung des Binomialkoeffizienten. Die Variable n ist dabei der Zahlenindex, k entspricht dem Spaltenindex. Die Zählung beginnt bei Null.

$$n = 0 \qquad\qquad\qquad\qquad \binom{0}{0}$$

$$n = 1 \qquad\qquad\qquad \binom{1}{0} \qquad \binom{1}{1}$$

$$n = 2 \qquad\qquad \binom{2}{0} \qquad \binom{2}{1} \qquad \binom{2}{2}$$

$$n = 3 \qquad \binom{3}{0} \qquad \binom{3}{1} \qquad \binom{3}{2} \qquad \binom{3}{3}$$

$$n = 4 \quad \binom{4}{0} \qquad \binom{4}{1} \qquad \binom{4}{2} \qquad \binom{4}{3} \qquad \binom{4}{4}$$

Abb. 6.2: Binomialkoeffizienten

Beim Rechnen mit dem Binomialkoeffizienten helfen zwei Regeln. Die erste erleichtert den Umgang mit einem großen k. Bei der Verkleinerungsregel wird k durch $n-k$ ersetzt.

Es gilt also: $\binom{n}{n-k}$. Aus $\binom{10}{7}$ wird entsprechend: $\binom{10}{3}$.

Bitte überprüfen Sie einmal selbst, dass hier identische Werte herauskommen. Der andere Trick ist ein Erweiterungstrick. Mit ihm wandelt man einen Bruch so um, dass man ihn schneller mit dem Taschenrechner berechnen kann. Auch das verdeutlicht am besten ein Beispiel:

$$\binom{12}{5} = \frac{12 \cdot 11 \cdot 10 \cdot 9 \cdot 8}{5!} = \frac{12 \cdot 11 \cdot 10 \cdot 9 \cdot 8 \cdot 7!}{5! \cdot 7!} = \frac{12!}{5! \cdot 7!}$$

Merken Sie sich bitte als „Eselsbrücke": Zähler 12, Nenner 5, dazu die Differenz 12–5 = 7, alles als Fakultät. Noch zwei Beispiele:

$$\binom{10}{6} = \frac{10!}{6! \cdot 4!} \quad \text{und} \quad \binom{24}{16} = \frac{24!}{16! \cdot 8!}$$

⚠ Achtung! Die untere Zahl (Nenner) darf niemals größer sein als die obere Zahl (Zähler)!

Jetzt können wir auch die Kombination ohne Wiederholung abschließen. Auf einem Lottoschein kann man 49 über 6 Kombinationen ankreuzen, nämlich:

$$\binom{49}{6} = \frac{49 \cdot 48 \cdot 47 \cdot 46 \cdot 45 \cdot 44}{6!} = \frac{49!}{6! \cdot 43!} = 13.983.816$$

Kombination mit Wiederholung

Kombinationen mit Wiederholung sind eine Auswahl mit Zurücklegen. Ein Element kann also wiederholt auftreten. Dabei spielt es aber keine Rolle, ob ein Element a vor einem Element b angeordnet wird oder umgekehrt.

Im Fachsbereichsrat sind drei Sitze zu vergeben, um die sich vier studentische Gruppen bewerben (A, B, C und D). Jede Gruppe tritt mit mindestens drei Kandidaten an. Was können Sie über die möglichen Sitzverteilungen sagen?

Man berechnet diese Kombination nach der folgenden Formel:

▶ **Kombination mit Wiederholung**

$$\frac{(n+k-1)!}{k! \cdot (n-1)!} = \binom{n+k-1}{k}$$

Um die $k = 3$ Sitze konkurrieren $n = 4$ Gruppen. Da auch alle Sitze von nur einer Gruppe erorbert werden können, ist eine wiederholte Auswahl möglich (bspw. AAA). Die Reihenfolge spielt dagegen keine Rolle (ABC ist so gut wie CBA). Eingesetzt in die Formel:

$$\binom{4+3-1}{3} = \binom{6}{3} = 60.$$

Es gibt also 60 mögliche Sitzverteilungen.

6.1.3 Variation

Variationen werden manchmal unter dem Oberbegriff Kombination geführt. Lassen Sie sich davon nicht verwirren. Es gibt sie mit und ohne Wiederholung, also mit oder ohne Zurücklegen. Sie unterscheiden sich von den Kombinationen in einem wesentlichen Punkt: Bei Variationen ist auch die *Reihenfolge* der Ziehung wichtig.

Variationen: Kombination ohne Wiederholung mit Beachtung der Reihenfolge

Auf die Professorenstelle am Institut für Sprachwissenschaft haben sich viele Interessenten beworben. Die Berufungskommission lädt nach Prüfung der eingeschickten Bewerbungsunterlagen fünf der Bewerber zum Hearing ein. Nach den

Vorträgen, Bewerbungsgesprächen und externen Gutachten erstellt sie nach langen Diskussionen eine Berufungsliste, also eine Rangliste für die ersten drei Plätze. Wie viele Berufungslisten sind theoretisch möglich?

▶ **Variation ohne Wiederholung**

$$\frac{n!}{(n-k)!} = \frac{n!}{n \cdot (n-1) \cdot (n-2) \cdot (n-3) \cdot \ldots \cdot (n-k+1)}$$

Man berücksichtigt nicht mehr alle fünf Bewerber, sondern nur noch drei (Auswahl), die man der Liste zuordnet. Die Anordnung beginnt also mit der ersten Position (dem Wunschkandidaten) und endet mit der letzten, der dritten Position. Bei $n = 5$ (Bewerber) und $k = 3$ (die Auswahl), gilt entsprechend:

$$\frac{5!}{(5-3)!} = \frac{5!}{2!} = \frac{5 \cdot 4 \cdot 3 \cdot 2 \cdot 1}{2 \cdot 1} = 5 \cdot 4 \cdot 3 = 60$$

Theoretisch möglich sind also 60 Berufungslisten.

Variationen: Kombination mit Wiederholung mit Beachtung der Reihenfolge

Auch hier gilt: Man wählt einige Elemente (k) aus, wobei hier aber ein Element mehrfach gewählt werden kann. Jetzt spielt auch die Reihenfolge eine Rolle. Ein klassisches Beispiel für eine solche Variation ist das Zahlenschloss an einem Koffer:

Ein Zahlenschloss hat fünf Vorrichtungen zum Einstellen von Ziffern (0-9). Wieviele mögliche Reihenfolgen unter den auswählbaren Elementen gibt es?

Für jede einzelne Zifferneinstellung kann eine Zahl von 0-9 gewählt werden. Es gibt also $n = 10$ mögliche Ziffern. Das Schloss hat fünf Vorrichtungen ($k = 5$). Dabei können auch Ziffern mehrfach vorkommen (Wiederholung), bspw. 12343. Achtung! Es reicht nicht aus, nur die richtige Zahlenkombination zu kennen (Menge der zutreffenden Zahlen). Man muss auch die richtige Reihenfolge wissen, also die Zahlenvariation, denn 12345 ≠ 54321. Die Berechnung ist denkbar einfach:

▶ **Variation mit Wiederholung**

   N^k

N^k, das sind hier also 10^5 Ziffereinstellungen. Sie haben also 100.000 Möglichkeiten, eine Zahlenkombination zu finden.

6.1.4 Zusammenfassung

Tabelle 6.1 fasst noch einmal alle Formeln zusammen:

	Reihenfolge unwichtig		Reihenfolge wichtig
ohne Wiederholung	$n!$ Beispiel: Bücher in Bücherregal anordnen	$\dfrac{n!}{(n-k)! \cdot k!} = \dbinom{n}{k}$ Beispiel: Lotto 6 aus 49	$\dfrac{n!}{(n-k)!}$ Beispiel: Berufungsliste
mit Wiederholung	$\dfrac{n!}{k_1! \cdot k_2! \cdot \dots \cdot k_i!}$ Beispiel: Otto (Anagramm)	$\dfrac{(n+k-1)!}{k! \cdot (n-1)!} = \dbinom{n+k-1}{k}$ Beispiel: Gremienwahl	n^k Beispiel: Zahlenschloss
Name	Permutationen	Kombinationen	Variationen
Elemente	alle	Auswahl (k aus n)	Auswahl (k aus n)

6.2 Permutation, Variation und Kombination – welches Problem wie lösen

 Sie müssen ein kombinatorisches Problem lösen, wissen aber nicht, welches Verfahren Sie einsetzen sollen? Dann könnte Ihnen das folgende Schema weiterhelfen

1) Kann man die Elemente genau einmal anorden?
Ja?   ► Weiter mit 2)
Nein?   ► Weiter mit 3)

2) Sind alle Elemente verschieden?
Ja?   ► Permutation ohne Wiederholung, Problem gelöst.
Nein?   ► Permutation mit Wiederholung, Problem gelöst.

3) Kann man Elemente mehrfach auswählen?

Ja?   ► Weiter mit 5)

Nein?   ► Weiter mit 4)

4) Spielt die Anordnung der Elemente eine Rolle?

Ja?   ► Variation ohne Wiederholung, Problem gelöst.

Nein?   ► Kombination ohne Wiederholung, Problem gelöst.

5) Spielt die Anordnung der Elemente eine Rolle?

Ja?   ► Variation mit Wiederholung, Problem gelöst.

Nein?   ► Kombination mit Wiederholung, Problem gelöst.

6.3   Wahrscheinlichkeit

Bis jetzt haben wir uns mit Daten beschäftigt, die wir durch Experimente, Tests oder auch Befragungen gewonnen haben. Auch Erfahrungswerte gehören dazu. In der Wahrscheinlichkeitsrechnung geht es aber auch darum, auf der Basis bestimmter Kenntnisse Ergebnisse von Experimenten *vorherzusagen*. Die „klassische" Wahrscheinlichkeit ist, ganz anders als bspw. eine Häufigkeit, ein theoretischer Wert. Sie werden aber auch die Bayes-Statistik kennenlernen, mit der man auch beschreiben kann, wie Menschen aus ihren Erfahrungen „lernen".

6.3.1 Grundbegriffe für diskrete Zufallsexperimente

Beginnen wir mit einigen Definitionen. Ein Zufallsexperiment ist ein Experiment, dessen Ausgang nur vom Zufall abhängt. Das klingt vielleicht trivial, ist es aber nicht.

     Überlegen Sie bitte kurz, was alles kein Zufallsexperiment ist.

Zufallsexperimente lassen sich beliebig oft unter gleichen Bedingungen durchführen. Ihre Ausgänge können eindeutig angegeben werden. Man kann aber nicht voraussagen, welcher der möglichen Ausgänge eines Experimentes wirklich eintritt. Ein in die Luft geworfener Stein wird dagegen immer nach einer gewissen Zeit auf den Boden zurückfallen (ein sogenanntes *kausales Experiment*). Ein möglicher Ausgang eines solchen Zufallsexperimentes wird als **Ergebnis** und die Menge aller Ergebnisse als **Ergebnisraum** bezeichnet. Sein Symbol ist der griechische Buchstabe omega (Ω). Jetzt kommt, wenn Sie möchten, gleich Ihr Würfel zum Einsatz. Mit ihm kann man gut Zufallsexperimente beschreiben. Es gibt nämlich keine Gesetzmäßigkeit, die den Ausgang vorhersagen könnte, es sei denn, Sie hätten Ihren Würfel manipuliert. Der Ergebnisraum beim Würfeln sind die Zahlen von eins bis sechs. Es gilt also: $\Omega = \{1, 2, 3, 4, 5, 6\}$. Wenn Sie lieber mit Geld hantieren, können Sie auch eine Münze werfen und aufschreiben, welche Seite der Münze nach oben zeigt. Hier enthält der Ergebnisraum nur zwei Ergebnisse, nämlich Wappen und Zahl: $\Omega = \{W, Z\}$. Jetzt darf gewürfelt werden. Würfeln Sie bitte und notieren Sie in einer Tabelle, wie häufig die einzelnen Ergebnisse auftre-

ten. Wie oft haben Sie also eine 1 gewürfelt, wie oft die Zahl 2, die 3 usw.? Ganz Wacke-
re führen dieses Zufallsexperiment 500 mal durch. Rechnen Sie bitte auch gleich die
relativen Häufigkeiten aus. Sie können natürlich auch mit Excel – oder wie hier geschehen – mit dem Programm R dieses Würfelexperiment simulieren.

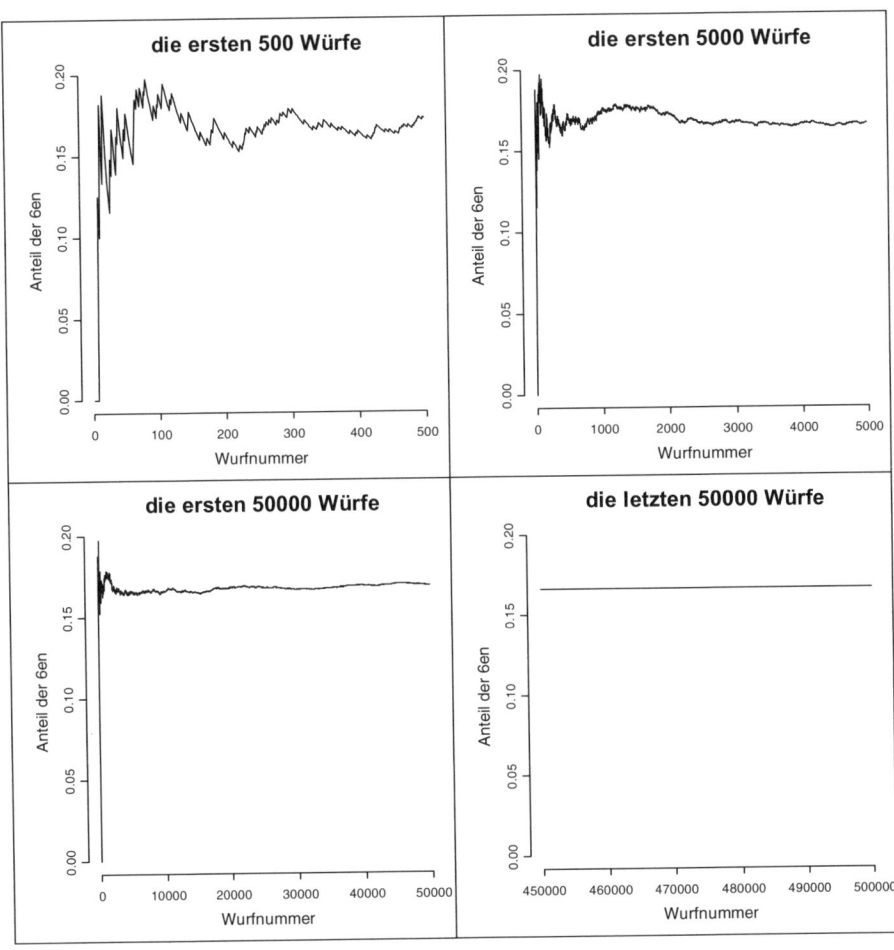

Abb. 6.3: Simulation empirisches Gesetz der großen Zahl

Die Abbildung 6.3 zeigt, wie häufig die Zahl 6 gewürfelt wurde (bei bis zu 500.000
Würfen). Was fällt Ihnen bei den Graphiken auf? Am Anfang schwanken die Werte der
relativen Häufigkeit stark. Je öfter aber gewürfelt wird, desto geringer werden die
Schwankungen und desto mehr gleichen sich die Werte an. Sie nähern sich dem sogenannten **Erwartungswert** an, der theoretischen Wahrscheinlichkeit für dieses Ergebnis.

6.3.2 Statistische und Laplace-Wahrscheinlichkeit

Vergleichen Sie einmal die ersten 50.000 mit den letzten 50.000 Würfen von einer hal-
ben Million Würfen. Auch am Ende treten also nicht plötzlich wieder Schwankungen
auf. Was wäre, wenn Sie nicht nur 500.000 mal, sondern *unendlich* oft würfeln würden?
Hier ist er, der erste Wahrscheinlichkeitsbegriff, den Sie kennenlernen. Er geht auf
Richard von Mises (1883–1953) zurück und beschreibt Wahrscheinlichkeiten als
Grenzwerte relativer Häufigkeiten in unendlich langen Versuchsreihen. Man spricht
auch von *statistischer* oder *frequentistischer* Wahrscheinlichkeit. Ermittelt wird diese
Wahrscheinlichkeit mit k/n. Ein Ereignis tritt also k-mal bei n-Versuchen auf. Je größer
n (je mehr Versuche man durchführt), desto mehr nähert sich die relative Häufigkeit
des Ereignisses k einem festen Wert an. Das nennt man auch das „empirische **Gesetz
der großen Zahl**", das Sie in Abb. 6.3 graphisch abgebildet sehen. Dieses Gesetz hat
schon manchen Roulette-Spieler in den Ruin getrieben, weil es für ein *einzelnes* Ereignis natürlich irrelevant ist. Diese Wahrscheinlichkeit lässt sich erst im Nachhinein (a-
posteriori) ermitteln, wenn man sehr viele Versuche durchgeführt hat. Deshalb wird sie
auch als objektive *A-Posteriori-Wahrscheinlichkeit* bezeichnet.

▶   **Statistische Wahrscheinlichkeit** (probabilitas, *lat.*; *probability*; kurz: p)

Die Wahrscheinlichkeit p (x) des Ereignisses x eines Zufallsexperimentes ist die
Zahl, die man als relative Häufigkeit erwartet, wenn man das Experiment unendlich oft durchführen könnte.

Eine Art Idealfall also. Für unseren Würfel bedeutet das: Die Wahrscheinlichkeit, eine 6
zu würfeln, beträgt 1/6, also 0,16666. Sie sehen diesen Wert als „Linie" in der Abbildung. Ich habe in der Simulation die Zahl 6 gewählt. Wie groß ist die Wahrscheinlichkeit, eine 3 zu werfen? Natürlich auch 1/6. Das ist für manche kontraintuitiv. Die
Wahrscheinlichkeit ist aber für alle Elemente des Ergebnisraumes gleich. Es gilt p (1) =
p (2) = p (3) = p (4) = p (5) = p (6) = 1/6. Kann man allen Ergebnissen die gleiche
Wahrscheinlichkeit zuordnen, nennt man ein solches Zufallsexperiment nach dem
französischen Mathematiker Pierre-Simon Laplace (1749–1827) ein **Laplace-
Experiment**.

Bleiben wir noch beim Würfeln. Wie groß ist die Wahrscheinlichkeit, eine Zahl
größer als 2 zu werfen (Zahl > 2)? Wir betrachten jetzt also nicht mehr alle sechs Zahlen des Würfels, sondern nur noch eine Teilmenge davon, nämlich die Ziffern 3, 4, 5,
und die 6. Eine solche *Teilmenge des Ergebnisraumes* wird als **Ereignis (E)** bezeichnet.
Enthält sie nur ein Element, spricht man von einem **Elementarereignis**. In unserem
Beispiel enthält aber das Ereignis vier Ergebnisse, also: E = {3, 4, 5, 6}. Sie alle können
eintreten, um die Forderung Zahl > 2 zu erfüllen. Wie viele Ergebnisse sind überhaupt
möglich? Sechs, nämlich die Zahlen von 1 bis 6. Alle haben die gleiche Wahrscheinlichkeit. Also kann das Ereignis (Zahl > 2) in vier der sechs Fälle eintreten. Die Wahrscheinlichkeit, eine Zahl größer als zwei zu werfen, beträgt also 4/6. Wir können verallgemeinern, dass für ein Ereignis eines Laplace-Experimentes gilt:

▶ **Laplace-Wahrscheinlichkeit**

P (E) = Anzahl aller für E günstigsten Ergebnisse (Fälle) / Anzahl aller möglichen Ergebnisse (Fälle)

Damit haben Sie einen weiteren Wahrscheinlichkeitsbegriff kennengelernt, die Laplace- oder auch objektive *Prior-Wahrscheinlichkeit*. Für die dritte Wahrscheinlichkeit, die sogenannte *axiomatische Wahrscheinlichkeit*, benötigen wir noch einige Begriffe. Sie kennen sie vielleicht schon aus einer Einführung in die Logik oder in die Semantik: **Disjunktion** (∪) und **Konjunktion** (∩). Es sind Mengenoperatoren, mit denen man zusammengesetzte Ereignisse konstruieren kann. Man kann sie gut in solchen *Venn-Diagrammen* darstellen. Auf den englischen Mathematiker John Venn (1834–1923) geht diese Möglichkeit zurück, Aussagen über Mengen auch graphisch darzustellen. In den Abbildungen sind die beiden Ereignisse mit A und B bezeichnet, damit Sie auch noch eine andere Darstellung kennenlernen:

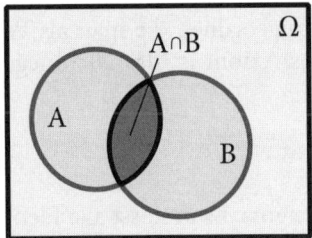 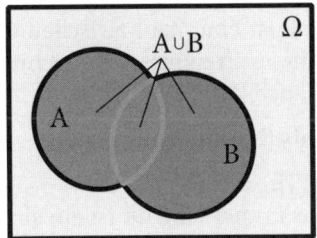

Abb. 6.4 und 6.5: Venn-Diagramme Konjunktion (links) und Disjunktion (rechts)

▶ **Disjunktion** $\left(E_1 \cup E_2\right)$

Das Ereignis E_1 oder E_2 tritt genau dann ein, wenn **mindestens eines** der beiden Ereignisse eintritt („Oder"). Diese Verknüpfung nennt man Vereinigung (*union*).

▶ **Konjunktion** $\left(E_1 \cap E_2\right)$

Das Ereignis E_1 und E_2 tritt genau dann ein, wenn beide Ereignisse zusammen eintreten („Und"). Man sagt auch: E_1 geschnitten mit E_2 (*intersection*).

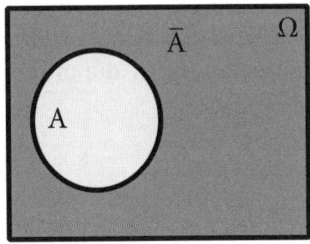 Abb. 6.6.: Zwei Ereignisse, die zueinander gehören, nennt man Ereignis und **Gegenereignis**. Sie sind hier wieder mit A bezeichnet. Da diese Schreibweise mit dem Formel-Editor mühsam ist, finden Sie in Publikationen manchmal auch diese Notation anstelle des Striches: A^C. Mit C wird das Komplement bezeichnet, also das Gegenereignis („Nicht A").

Schauen wir uns dazu ein Beispiel an. Wir nehmen wieder unseren Laplace-Würfel mit $\Omega = \{1,2,3,4,5,6\}$. Als Ereignis A definieren wir die geraden Zahlen: $\{2,4,6\}$. Als Ereignis B nehmen wir die Fälle, in denen eine hohe Augenzahl fällt: $\{4,5,6\}$. Wie sieht A^C aus?: Es sind alle ungeraden Zahlen: $\{1,3,5\}$. Und B^C?: $\{1,2,3\}$. Bilden wir einmal die Vereinigung und den Durchschnitt, also gerade *oder* groß $= \{2,4,5,6\}$ und gerade *und* groß $= \{4,6\}$.

6.3.3 Axiome von Kolmogorov

Anfang der dreißiger Jahre des letzten Jahrhunderts formulierte der russische Mathematiker Andrei N. Kolmogorov (1903–1987) die folgenden Axiome (Grundgesetze) der Wahrscheinlichkeit, aus denen sich weitere Definitionen ableiten lassen. Auf ihn geht auch der dritte Wahrscheinlichkeitsbegriff zurück, den Sie jetzt kennenlernen.

▶ **Wahrscheinlichkeit / Zufälliges Ereignis (Positivitätsaxiom)**

$0 \leq P(E) \leq 1$ für jedes Ereignis E
Jedem Ereignis E ist eine Zahl zwischen 0 und 1 zugeordnet, die man als Wahrscheinlichkeit dieses Ereignisses bezeichnet. Dieses Axiom ist das Nichtnegativitätsaxiom oder auch kurz: Positivität.

▶ **Sicheres Ereignis (Normierungsaxiom)**

$P\{\Omega\} = 1$ oder $P(E) = 1$
Ein Ereignis, das immer eintritt, ist ein sicheres Ereignis. Es umfasst alle Elemente des Wahrscheinlichkeitsraumes Ω. Beim einmaligen Würfeln muss es bspw. eine Zahl von 1 bis 6 sein.

▶ **Summe der Einzelwahrscheinlichkeiten (Additivität)**

Für: $(E_1 \cap E_2) = \{ \ \}$ gilt: $P(E_1 \cup E_2) = P(E_1) + P(E_2)$
Wenn zwei Ereignisse nicht gleichzeitig eintreten können, sie sich also paarweise ausschließen, ist ihr Durchschnitt leer, sie sind unvereinbar. Sie können mit einem Würfel mit einem Wurf nicht gleichzeitig eine Drei und eine Vier würfeln. Die Wahrscheinlichkeit des verknüpften Ereignisses lässt sich als Summe der Einzelereignisse berechnen (Additivitätsaxiom).

▶ **Unmögliches Ereignis**

$P(E) = 0$
Ein unmögliches Ereignis kann nie eintreten. Seine Wahrscheinlichkeit ist gleich Null. Beim Würfeln kann man bspw. keine Zahl würfeln, die kleiner als drei *und* durch vier teilbar ist. Das Ereignis, das nicht realisierbar ist, ist durch die leere Menge $\{ \ \}$ charakterisierbar.

▶ **Gegenereignis**

$P(E) + P(\bar{E}) = P(\Omega) = 1$
Die Wahrscheinlichkeiten von Ereignis und Gegenereignis ergänzen sich zu 1. Lautet das Ereignis „Würfeln einer 3", ist das Gegenereignis entsprechend „keine 3", d.h.: $\{1,2,4,5,6\}$.

▶ **Monotoniegesetz**

$E_1 \subseteq E_2 \Rightarrow P(E_1) \leq P(E_2)$

Wenn ein Ereignis E_1 in E_2 enthalten ist (Teilereignis), muss die Wahrscheinlichkeit für E_2 größer sein als die für E_1.

6.3.4 Mehrstufige Zufallsexperimente und Pfadregeln

Bis jetzt haben wir meistens nur *einzelne* Vorgänge betrachtet. In der Regel hat man es aber mit mehreren Ereignissen zu tun, die nacheinander oder gleichzeitig ablaufen können. Wichtig ist dabei, ob sich diese Vorgänge gegenseitig beeinflussen oder ob sie voneinander unabhängig sind. Können zwei Ereignisse nicht gleichzeitig auftreten, nennt man sie **disjunkt**. Sie schließen einander aus. Sie können bspw. mit einem Wurf nicht gleichzeitig eine 1 und eine 6 würfeln. Jetzt können wir diesen Zusammenhang auch so formulieren: Zwei Ereignisse sind disjunkt, wenn ihre Schnittmenge leer ist. Würde man disjunkte Ereignisse graphisch als Venn-Diagramm dargestellt, hätte man zwei unverbundene Kreise. Nicht-disjunkte Ereignisse haben dagegen eine nicht-leere Schnittmenge. Zwei Ereignisse sind **nicht-disjunkt**, wenn ihre gleichzeitige Auftretenswahrscheinlichkeit größer Null ist. Graphisch lässt sich dieser Zusammenhang als Venn-Diagramm abbilden, wie Sie es von Abb. 6.4 kennen. Die Unterscheidung in disjunkt und nicht-disjunkt spielt eine Rolle, wenn man berechnen möchte, ob ein Ereignis die Auftretenswahrscheinlichkeit eines anderen Ereignisses beeinflussen kann. Disjunkte Ereignisse sind praktisch immer *abhängige* Ereignisse, wenn man den empirisch sinnlosen Fall außen vorlässt, dass p = 0 ist. Angenommen, jemand hat eine ungerade Zahl gewürfelt. Abhängig davon wissen Sie, dass damit die Wahrscheinlichkeit für das Ereignis „Zahl 2" gleich Null ist. Bei den nicht-disjunkten Ereignissen ist die Sache dagegen komplizierter. Sie können sowohl stochastisch abhängig als auch unabhängig sein. Diesen Fall werden wir uns noch genauer anschauen.

Betrachten wir zunächst einmal die Darstellung mehrstufiger Zufallsexperimente, die sich also aus mehreren Ereignissen zusammensetzen. Man kann sie gut in einem sogenannten **Baumdiagramm** darstellen, einer sehr alte Darstellungsform, die schon im 17. Jahrhundert von dem niederländischen Mathematiker, Physiker und Astronom Christian Huygens (1629–1695) verwendet wurde. Der Wahrscheinlichkeitsbaum wächst von oben nach unten wie die Strukturbäume, die Sie aus der Syntax kennen. Vom Start, der Wurzel, gehen jeweils die Äste des Baumes bis zur ersten Stufe ab. Von jedem Ergebnis der ersten Stufe gehen wieder Äste ab usw., abhängig davon, wie viele Stufen das Zufallsexperiment hat. An die Äste werden die jeweiligen Wahrscheinlichkeiten geschrieben, mit der die Ereignisse eintreten können. Die Endknoten ganz unten nennt man die Blätter eines Baumes. Die einzelnen „Wege" im Baum sind seine Pfade, also die jeweiligen Teilstrecken.

Schauen wir uns am besten wieder ein Beispiel an: Wie groß ist die Wahrscheinlichkeit, mit zwei Würfeln eine Augensumme größer als 9 zu werfen? Mögliche Ereignisse sind: [4 und 6], [5 und 5], [5 und 6], [6 und 4], [6 und 5] und [6 und 6]. In 6 von 36 gleich wahrscheinlichen Möglichkeiten ist dies also der Fall. Es gilt: P (E)= 6/36, also 1/6. Das lässt sich als Baumdiagramm darstellen (vgl. Abb. 6.7). Die Pfade, die hier interessieren, sind fett gedruckt. Man kann die Wahrscheinlichkeiten direkt ablesen.

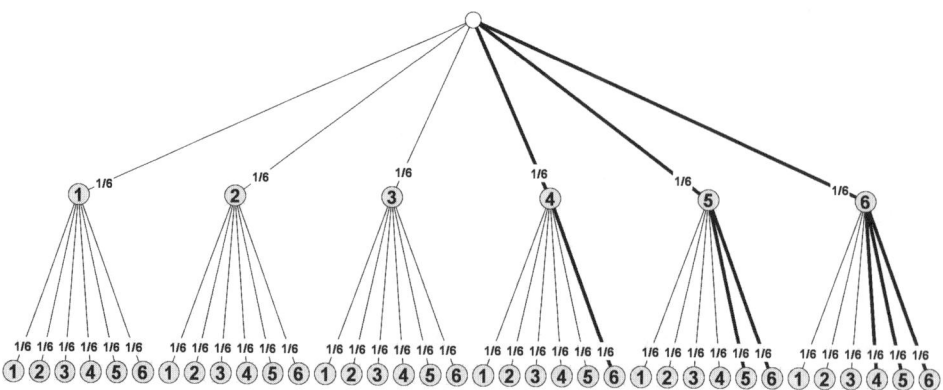

Abb. 6.7: Baumdiagramm für „Augensumme > 9"

Jetzt können wir noch die **Pfadregeln** für ein Baumdiagramm definieren. Die Summenregel kennen Sie aus den Kolmogorov-Axiomen (Additionsgesetz). Die Wahrscheinlichkeit von k Ereignissen, die sich wechselseitig ausschließen, ist gleich der Summe der Einzelwahrscheinlichkeiten dieser Ereignisse (Additionssatz). Die Produktregel (Multiplikationssatz) besagt, dass die Wahrscheinlichkeit eines Ereignisses gleich dem Produkt der Wahrscheinlichkeiten entlang des Pfades ist, der vom Start zum Ereignis führt.

► **Additionssatz (disjunkte Ereignisse)**

$$p\left(E_1 \cup E_2 \cup ... \cup E_k\right) = p(E_1) + p(E_2) + ... + p(E_k)$$

Wahrscheinlichkeit für ein Ereignis = Summe der Wahrscheinlichkeiten aller Pfade (Teilstrecken), die zum Ereignis gehören (~ drittes Axiom von Kolmogorov)

► **Multiplikationssatz (disjunkte Ereignisse)**

$$p\left(E_1 \cap E_2 \cap ... \cap E_k\right) = p(E_1) \cdot p(E_2) \cdot ... \cdot p(E_k)$$

Wahrscheinlichkeit für einen Pfad (Teilstrecke) = Produkt der Wahrscheinlichkeit entlang dieses Pfades.

► **Totalwahrscheinlichkeitsregel**

Die Summe aller Teilwahrscheinlichkeiten an den Endknoten der Pfade ist gleich 1.

Beim Verstehen der Pfadregeln hilft vielleicht auch ein virtueller Gang ins Casino (Beispiel nach Zöfel, 2003). Beim Roulette geht es um 37 Zahlen. Die Null hat keine Farbe, jeweils 18 Zahlen sind rot und schwarz. Bei einem *einzigen* Roulette-Durchgang schließen sie sich aus: Entweder Schwarz *oder* Rot. Wenn Sie allerdings *zwei* Durchgänge hintereinander betrachten, könnte ja durchaus *zweimal* Schwarz oder auch *zweimal* Rot auftreten. Die Kugel hat – anders als ein Mensch – kein Gedächtnis. Wie groß ist dafür die Wahrscheinlichkeit? Für eine einzige rote Zahl ist p = 18/37. Das gilt natürlich auch für eine einzige schwarze Zahl. Die Wahrscheinlichkeit für eine rote *oder* eine schwarze Zahl (also keine 0) beträgt demnach 36/37. Sie ist gleich der Summe der Einzelwahrscheinlichkeiten: 18/37 (rot) *plus* 18/37 (schwarz). Die Wahrscheinlichkeit, dass *zweimal hintereinander* eine rote Zahl fällt, beträgt dagegen 18/37 *mal* 18/37. Die Wahrscheinlichkeit, dass viermal hintereinander eine rote Zahl fällt, ist entsprechend $(18/37)^4$, also 18/37 mal 18/37 mal 18/37 mal 18/37.

Wir haben das Additions- und das Multiplikationstheorem für disjunkte Ereignisse formuliert. Für *nicht-disjunkte* Ereignisse lautet das Additionstheorem:

▶ **Additionssatz (nicht-disjunkte Ereignisse)**

$$p(A \cup B) = p(A) + p(B) - p(A \cap B)$$

Die Wahrscheinlichkeit für die Schnittmenge beider Ereignisse A und B wird hier also wieder subtrahiert, weil sie ansonsten ja doppelt berücksichtigt würde. Um auch das Multiplikationstheorem für nicht-disjunkte Ereignisse formulieren zu können, müssen wir uns zunächst mit dem Begriff der bedingten Wahrscheinlichkeit auseinandersetzen.

6.3.5 Bedingte Wahrscheinlichkeit nach Bayes

Für eine genetische Erkrankung, die u.a. zu einer schweren Sprachstörung führt, liegt ein Test zur Früherkennung vor. Liegt ein Gendefekt vor, liefert der Test mit einer Wahrscheinlichkeit von 0,92 ein positives Testergebnis. Dies wird als **Sensitivität** (*true positive rate, hit*) eines Tests bezeichnet. Liegt *keine* Anomalie vor, liefert der Test mit einer Wahrscheinlichkeit von 0,9 ein negatives Ergebnis. Das ist die sogenannte **Spezifität** (*true negative rate*) des Testverfahrens. Angenommen, dieser Gendefekt tritt bei 1 von 800 Kindern auf. Eine Schwangere lässt sich testen. Das Testergebnis ist positiv. Wie groß ist die Wahrscheinlichkeit, dass das Kind tatsächlich an diesem Gendefekt leidet? Wie ist Ihre Einschätzung? Bitte notieren Sie Ihren Wert.

Die beiden Ereignisse „Krankheit" (A +/–) und „Testergebnis (B +/–)" sind voneinander *abhängig*. Dabei können vier mögliche „Fälle" auftreten:

1. Richtig positiv, also Gendefekt und auch Testergebnis positiv.
2. Falsch negativ, d.h.: Gendefekt, aber Testergebnis negativ.
3. Falsch positiv: Das Kind ist gesund, aber der Test stuft es irrtümlich als krank ein.
4. Richtig negativ: Das Kind ist gesund, und auch das Testergebnis ist negativ.

Eine solche Wahrscheinlichkeit nennt man eine **bedingte Wahrscheinlichkeit**. Sie wird meistens folgendermaßen dargestellt: P(A|B), also mit einem Strich in der Mitte. Gelesen wird sie als die „Wahrscheinlichkeit von A unter der Bedingung von B". Sie ist die Wahrscheinlichkeit für ein Ereignis A unter der Bedingung, dass Ereignis B bereits bekannt (also eingetreten) ist. Eigentlich gilt das für alle Wahrscheinlichkeitsaussagen.

Bei Zufallsexperimenten wird die zweite Bedingung (Experiment wird korrekt durchgeführt) einfach weggelassen. P(B) wird gleich 1 gesetzt. Damit wird aus der eigentlich bedingten Wahrscheinlichkeit P(A|B) die „einfache" Wahrscheinlichkeit P(A), die Sie schon kennen. Die bedingte Wahrscheinlichkeit ist mit dem Namen von Thomas Bayes (1702–1761) verknüpft, einem englischen Geistlichen, der sich auch mit Mathematik beschäftigte. Damit lernen Sie einen weiteren Wahrscheinlichkeitsbegriff kennen.

Berechnen wir einmal die bedingten Wahrscheinlichkeiten in unserem Beispiel. Am besten nutzen wir wieder ein Baumdiagramm.

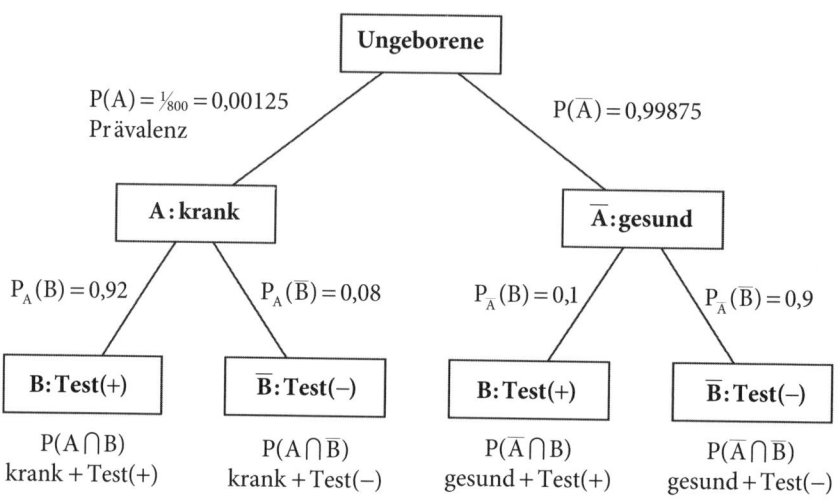

Abb. 6.8: Stufen der bedingten Wahrscheinlichkeit

Die erste Stufe (A: Gendefekt) unterscheidet die Ereignisse „krank" und „gesund". Da eines von 800 Kindern von diesem Defekt betroffen ist, beträgt die Wahrscheinlichkeit 1/800, also 0,00125, dass das Kind an diesem Defekt leidet. Die Wahrscheinlichkeit von Ereignis (krank) und Gegenereignis (nicht krank) muss 1 ergeben (Kolmogorov). Deshalb errechnen wir eine Wahrscheinlichkeit von 0,99875 für das Gegenereignis „gesund". Über 99% der Kinder kommen also gesund zur Welt. In der zweiten Stufe (B) wird das Resultat des Testergebnisses abgebildet. Auch hier tragen die Verzweigungen Wahrscheinlichkeiten, deren Summe den Wert 1 ergibt. Der Test hat eine Sensitivität von 0,92. Die Wahrscheinlichkeit für das Gegenereignis beträgt somit 0,08. Seine Spezifität wird mit 0,9 ausgewiesen, die Wahrscheinlichkeit für den Fall „Test positiv, aber das Kind ist eigentlich gesund" muss entsprechend 0,1 betragen.

Uns interessiert vor allem der Fall, dass der Test einen Gendefekt (pos) anzeigt und das Kind krank (K) ist. Die Berechnung der bedingten Wahrscheinlichkeit p (K|pos) können Sie direkt aus dem Baumdiagramm ablesen. Wir setzen dazu Pfadwahrscheinlichkeiten ins Verhältnis: Die Pfadwahrscheinlichkeit für „krank und als positiv ausgewiesen" mit der Summe der Pfadwahrscheinlichkeiten für die beiden Pfade, die sich auf ein positives Testergebnis beziehen (also „krank und positiv" und „gesund und positiv"):

$$P(K \mid pos) = \frac{P(pos \cap K)}{P(pos)} = \frac{0,92 \cdot 0,00125}{0,00125 \cdot 0,92 + 0,99875 \cdot 0,1} \approx 0,0113$$

Das Testergebnis ist positiv, aber die Wahrscheinlichkeit, dass das Kind *tatsächlich* an diesem Gendefekt leidet, liegt also nur bei 1,13%! Schauen Sie jetzt einmal auf Ihre Notizen: Wie hoch ist Ihre Einschätzung zu Beginn ausgefallen? Ich vermute: sehr viel höher. Ein Großteil der Patientinnen wird also völlig zu Unrecht durch ein solches positives Ergebnis erheblich verunsichert. Möglicherweise fallen auch zusätzliche Kosten durch weitere, vielleicht auch belastende Tests an. Gigerenzer (2004a) zeigt in eigenen Untersuchungen anhand der Screening-Verfahren für Brust- und Darmkrebs, dass auch die Intuition von Ärzten nicht immer zutreffend ist und warnt deshalb vor einer gewissen Zahlenblindheit. Tabelle 6.2 enthält alle berechneten Wahrscheinlichkeiten für unser Beispiel. Auch hier habe ich noch einmal eine andere Notation gewählt, die in Publikationen ebenfalls verwendet wird.

Tabelle 6.2: Vierfelder-Tafel

		Testergebnis		
		B (positiv)	$\overline{B}$ (negativ)	Σ
Gendefekt	A (krank)	$P(A) \cdot P_A(B) =$ $P(A \cap B) =$ $0,00125 \cdot 0,92 =$ $0,00115$	$P(A) \cdot P_A(\overline{B}) =$ $P(A \cap \overline{B}) =$ $0,00125 \cdot 0,08 =$ $0,0001$	$P(A) =$ $0,00125$
	$\overline{A}$ (gesund)	$P(\overline{A}) \cdot P_{\overline{A}}(B) =$ $P(\overline{A} \cap B) =$ $0,99875 \cdot 0,1 =$ $0,099875$	$P(\overline{A}) \cdot P_{\overline{A}}(\overline{B}) =$ $P(\overline{A} \cap \overline{B}) =$ $0,99875 \cdot 0,9 =$ $0,898875$	$P(\overline{A}) =$ $0,99875$
	Σ	$P(B) = 0,101025$	$P(\overline{B}) = 0,898975$	1

Damit kennen Sie auch das fehlende Multiplikationstheorem für zwei abhängige Ereignisse, und wir können das Bayes-Theorem formulieren:

▶ **Multiplikationssatz (nicht-disjunkte Ereignisse)**

$$P(A \cap B) = P(A \mid B) \cdot P(B) \qquad \text{und} \qquad P(A \cap B) = P(B \mid A) \cdot P(A)$$

▶ **Bayes-Theorem**

$$P(A \mid B) = \frac{P(A) \cdot P(B \mid A)}{P(B)} \quad \text{bzw.} \quad P(B \mid A) = \frac{P(B) \cdot P(A \mid B)}{P(A)}$$

Jetzt müssen wir aber auch noch das Ziegenproblem vom Anfang auflösen. Wofür haben Sie sich entschieden? Hoffentlich für das Wechseln, denn das ist die günstigere Variante. Mit Bayes ist die Sache klar: Bei drei Türen gibt es natürlich drei Möglichkeiten: B_1: Auto hinter Tür 1, B_2: Auto hinter Tür 2 und B_3: Auto hinter Tür 3. Gehen wir zunächst von folgendem aus: Alle haben die gleiche Wahrscheinlichkeit, nämlich 1/3. Jetzt wird Tür 3 geöffnet (Ziege!), das ist Ereignis A. Jetzt ist die Frage: Tür 1 oder Tür 2? Anders ausgedrückt: $P(B_1 \mid A)$ oder $P(B_2 \mid A)$? Ist die Wahrscheinlichkeit des zweiten Falles größer, lohnt sich das Wechseln von Tür 1 zu Tür 2. Für die Berechnung müssen wir noch drei bedingte Wahrscheinlichkeiten ermitteln. Erstens $P(A \mid B_1)$: Das Auto steht hinter Tür 1, der Quizmaster öffnet zunächst Tür 3. Natürlich könnte er auch genauso gut die zweite Tür öffnen. Wir gehen hier deshalb von Gleichwahrscheinlichkeit aus und setzen $P(A \mid B_1)$= 0,5. Die zweite gesuchte Wahrscheinlichkeit ist $P(A \mid B_2)$. Tür 1 hat der Spieler gewählt, diese Möglichkeit fällt deshalb heraus. Tür 2 kann auch nicht geöffnet werden, wenn dort das Auto steht. Deshalb ist $P(A \mid B_2)$ in dieser Konstellation = 1. Jetzt fehlt noch $P(A \mid B_3)$. Sie ist Null, denn der Quizmaster öffnet sicher nicht gleich die Tür, hinter der sich das Auto verbirgt. Jetzt können Sie diese Zahlen in die Bayes-Formel einsetzen (nach Behrends, 2008):

$$P(B_1 \mid A) = \frac{P(A \mid B_1) \cdot P(B_1)}{P(A \mid B_1) \cdot P(B_1) + P(A \mid B_2) \cdot P(B_2) + P(A \mid B_3) \cdot P(B_3)}$$

$$P(B_1 \mid A) = \frac{\frac{1}{2} \cdot \frac{1}{3}}{\frac{1}{2} \cdot \frac{1}{3} + 1 \cdot \frac{1}{3} + 0 \cdot \frac{1}{3}} = \frac{1}{3}$$

$$P(B_2 \mid A) = \frac{P(A \mid B_2) \cdot P(B_2)}{P(A \mid B_1) \cdot P(B_1) + P(A \mid B_2) \cdot P(B_2) + P(A \mid B_3) \cdot P(B_3)}$$

$$P(B_2 \mid A) = \frac{1 \cdot \frac{1}{3}}{\frac{1}{2} \cdot \frac{1}{3} + 1 \cdot \frac{1}{3} + 0 \cdot \frac{1}{3}} = \frac{2}{3}$$

Man kann das Problem übrigens auch noch auf eine andere Art und Weise betrachten. Dabei spielt es eine Rolle, ob der Spieler nur als Reaktion auf das Tür-Öffnen wechselt (wie in diesem Beispiel) oder es aber auf jeden Fall beabsichtigt. Der Wahrscheinlichkeitsbegriff von Bayes ist aber noch in einem anderen Zusammenhang wichtig. Sie kennen die Laplace-Wahrscheinlichkeit und den frequentistischen Wahrscheinlichkeitsbegriff (über Häufigkeiten). Bayes kommt dann zum Einsatz, wenn man – anders als bspw. in der Physik – ein Zufallsexperiment nicht beliebig oft durchführen kann. In der Biologie oder auch in der Klimaforschung wird deshalb auch mit Baysianischen Modellen gearbeitet. Mit Bayes kann man auch „Lernprozesse" beschreiben. Angenommen, Theo und Albert wetten, wer von beiden als Institutsorakel besser den Ausgang von Klausuren vorhersagen kann. Sie sind mit einem Wetteinsatz dabei. Da noch keine Klausur geschrieben wurde, also noch keine Daten vorliegen, gehen Sie zunächst einmal von einer Gleichwahrscheinlichkeit aus. In der ersten Stufe des Baumdiagrammes beträgt sie also für Theo und Albert jeweils 0,5. Das ist die sogenannte A-priori-Wahrscheinlichkeit. Die erste Klausur ist geschrieben, die Durchfallerquote ist bekannt. Es zeigt sich: Theo lag in 40% der Fälle richtig, in 60% der Fälle hat er als Orakel versagt. Bei Albert sehen die Zahlen besser aus: 80% zu 20%. Jetzt können Sie rechnen: In 60% aller Fälle lagen bspw. beide richtig, errechnet aus: 0,5 mal 0,8 plus 0,5 mal 0,4. Das ist für ein Orakel sicher noch ausbaufähig. Wer aber orakelt besser, und mit welcher Wahrscheinlichkeit im Kopf gehen Sie bei der nächsten Klausur ins studentische Wettbüro? Jetzt können Sie aufgrund der Erfahrungswerte die A-posteriori Wahrscheinlichkeit für beide Kandidaten berechnen. Sie beträgt jetzt nicht mehr 1/2 wie zu Beginn, sondern 2/3 (Albert) zu 1/3 (Theo), wieder errechnet über die Pfadwahrscheinlichkeiten: 0,5 mal 0,8 geteilt durch 0,6 (für Albert) und 0,5 mal 0,4 geteilt durch 0,6 (für Theo). Aufgrund Ihrer Erfahrung gehen Sie jetzt also von einer anderen Wahrscheinlichkeit aus.

Wir haben ein lebensnahes Beispiel aus der Medizin durchgerechnet, weil es besonders eindrücklich zeigt, wie nötig ein Grundverständnis von bedingten Wahrscheinlichkeiten auch für Alltagsentscheidungen ist. Aber auch in der Computerlinguistik und in der Phonetik spielt die (bedingte) Wahrscheinlichkeit eine große Rolle. Sprachmodelle basieren auf Korpora, die die jeweiligen Sprachen repräsentieren. Die Wahrscheinlichkeit eines Wortes (eines n-gramms) ist seine relative Häufigkeit im Korpus. Mit solchen Sprachmodellen will man bspw. beschreiben, mit welcher Wahrscheinlichkeit eine Wortsequenz in einer Sprache als gültige Sequenz auftauchen kann. Damit kann man auch das „wahrscheinlichste nächste Wort" bestimmen. Die Wahrscheinlichkeit einer Sequenz ist hier das Produkt aus allen Wahrscheinlichkeiten der einzelnen Wörter im *Kontext* ihrer Vorgänger. Auch für die Spracherkennung ist deshalb dieser Ansatz wichtig.

Die bedingte Wahrscheinlichkeit spielt auch eine Rolle bei statistischen Entscheidungen, die auf dem Bayes-Theorem beruhen. Wir werden diesen Ansatz in diesem Buch nicht weiter verfolgen, aber auch mit Bayes kann man eine Hypothese testen. Gesucht wird dann die Wahrscheinlichkeit für Hypothesen unter der Bedingung, dass ein bestimmtes empirisches Ergebnis vorliegt: P(Hypothese(n)|Daten). Darüber kann man nur mutmaßen. Sie werden dagegen diesen Weg genauer kennenlernen: Mit welcher Wahrscheinlichkeit können empirische Daten auftreten unter der Bedingung, dass eine Hypothese richtig ist: P(Daten|Hypothese)? Das kann man schätzen. Wie das funktioniert, schauen wir uns im nächsten Kapitel an.

6.3.6 Zufallsvariablen und ihre Verteilungen

Zufallsvariablen beschreiben Zufallsexperimente. Sie sind Abbildungen, die jedem Ausgang eines Zufallsexperimentes eine reelle Zahl zuordnen. Meistens werden Sie mit einem Großbuchstaben gekennzeichnet, ihre jeweiligen Ausprägungen mit einem Kleinbuchstaben. Ein X steht dann etwa für die Zufallsvariable „Ergebnis eines einmaligen Würfelns" mit den möglichen Ausprägungen $x_1 = 1$ bis $x_6 = 6$. Sie kennen auch schon diese Notation: $\Omega = \{1, 2, 3, 4, 5, 6\}$. Wenn Sie eine Untersuchung mit zufällig ausgewählten Teilnehmern durchführen, ist bspw. auch das Geschlecht eine Zufallsvariable mit dem entsprechenden Ergebnisraum: {männlich, weiblich}. Zufallsvariablen können also die unterschiedlichsten Strukturen aufweisen. Ein wichtiges Unterscheidungsmerkmal für Variablen kennen Sie schon aus dem Kapitel „Versuchsplanung". Es gibt Variablen, die nur endlich viele oder abzählbar unendlich viele Ausprägungen besitzen, wobei sich jedem Element eine natürliche Zahl zuordnen lässt. Solche Variablen nennt man **diskret**. Daneben gibt es aber auch **stetige** Variablen. Ihre Ausprägungen können im Prinzip jeden reellen Zahlenwert annehmen. Das gilt genauso für die Zufallsvariablen:

▶ **Diskrete Zufallsvariable**

Eine diskrete Zufallsvariable X kann nur endlich viele oder abzählbar unendlich viele Werte x annehmen.

▶ **Stetige Zufallsvariable**

Eine stetige Zufallsvariable X kann in einem bestimmten Bereich jeden reellen Zahlenwert annehmen.

Für diskrete Zufallsvariablen gilt: Auch wenn es sehr viele, unterschiedliche Zufallsvariablen gibt, kann man doch viele stochastische Situationen mit einigen, wenigen „Typen" von Zufallsvariablen gut beschreiben. Und man kann für jede Ausprägung x einer Zufallsvariablen X_i mit einer Wahrscheinlichkeitsfunktion die Wahrscheinlichkeit (f (x_i)) angeben, mit der sie auftreten kann. In unserem Würfelbeispiel liegt sie bei 1/6.

6.3.7 Funktionen: Wahrscheinlichkeit, Dichte und Verteilungen

Eine Wahrscheinlichkeitsfunktion (*probability function*) gibt die Wahrscheinlichkeit an, mit der jeder mögliche x_i-Wert einer **diskreten Zufallsvariablen** auftritt. Sie ordnet also als Funktion (f) jedem möglichen x_i-Wert, also jedem Element, eine bestimmte Wahrscheinlichkeit P zu. Wenn Sie würfeln (Zufallsexperiment), beträgt die Wahrscheinlichkeit, als Ereignis eine Sechs zu würfeln (Ω = {6}, ein Sechstel, also 16,67%. Etwas formaler dargestellt:

$$F(x_i) = P(X = x_i) = p_i \qquad\qquad F(6) = P(X = 6) = \tfrac{1}{6} = 0{,}1667$$

Sie können eine solche Wahrscheinlichkeitsfunktion in Form eines Stabdiagrammes (als „Punkt") darstellen.

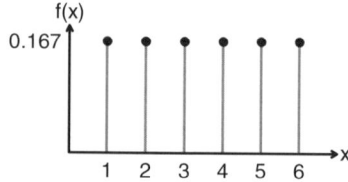

Abb. 6.9: Wahrscheinlichkeitsfunktion

Die Summe aller Einzelwahrscheinlichkeiten ergibt immer den Wert 1 (Kolmogorov-Axiome).

$$\sum_{i=1}^{k} f(x_i) = \sum_{i=1}^{k} p_i = 1$$

Die Wahrscheinlichkeitsfunktion ordnet also jedem Wert der diskreten Zufallsvariablen seine Wahrscheinlichkeit zu. Es gibt aber auch noch eine **Verteilungsfunktion** (*distribution function*). Sie ordnet jedem Wert die Summe aller Wahrscheinlichkeiten *bis zu diesem Wert* zu:

$$F(x) = P(X \leq x)$$

Wie groß ist etwa die Wahrscheinlichkeit, mit zwei Würfeln *maximal* die Augensumme 4 zu erzielen, also $P(X \leq 4)$? Die Verteilungsfunktion gibt also die Wahrscheinlichkeit an, dass eine Zufallsvariable X *höchstens* den Wert x annimmt. Sie gibt eine Art Schranke vor und ist bei einer diskreten Zufallsvariable die Summe der Wahrscheinlichkeiten aller Werte x_i für X, die *unter* diese vorgegebene Schranke fallen. Man addiert also alle Werte von X, die unterhalb dieser Schranke liegen:

$$F(x) = P(X \leq x) = \sum_{x_i \leq x} f(x_i)$$

Diskrete Zufallsvariablen können endlich viele Werte annehmen. Sie können deshalb die Wahrscheinlichkeit für das Auftreten *einzelner Ereignisse* berechnen. Bei **stetigen Zufallsvariablen** ist das aber nicht möglich. Diese können unendlich viele Werte annehmen. Zwar kann man solche kontinuierlichen Variablen nicht beliebig genau messen und gibt deshalb nur wenige Nachkommastellen an, aber theoretisch haben wir es mit *unendlichen* Dezimalbrüchen zu tun.

Die Wahrscheinlichkeit von *einzelnen* Werten einer stetigen Zufallsvariablen ist gleich Null: $P(X = \text{exakter Wert}) = 0$. Das bedeutet übrigens nicht, dass dieses Ereignis nicht eintreten kann. Wenn Sie einem bestimmten Wert in einem Bereich eine Wahrscheinlichkeit zuweisen wollen, die größer als Null ist, müsste jeder andere Wert in diesem Bereich ja auch diese Wahrscheinlichkeit annehmen können. Es gibt aber überabzählbar unendlich viele Werte. Die Summe dieser Wahrscheinlichkeiten wäre deshalb ebenfalls unendlich und somit größer 1 – ein Widerspruch zu den Kolmogorov-Axiomen. Wie geht man deshalb bei kontinuierlichen Variablen vor?

Bei einer stetigen Zufallsvariable können Sie die Wahrscheinlichkeit für Ereignisse berechnen, die sich in einem bestimmten *Intervall* befinden. Bei den stetigen Zufallsvariablen tritt deshalb an die Stelle der Wahrscheinlichkeits*funktion* die Wahrscheinlichkeits*dichte*. Eine solche **Dichtefunktion** (*density function*) gibt die Wahrscheinlichkeit an, dass eine stetige Zufallsvariable einen Wert *zwischen a und b* annimmt, bspw. wie lange Eltern auf das erste Wort ihres Spösslings ab der Geburt warten müssen. Auch sie ordnet jedem der unendlich vielen Werte x einen Funktionswert $f(x) \geq 0$ zu. Sie ist das *Integral* der Dichtefunktion f zwischen den Intervallgrenzen a und b:

$$P(a \leq X \leq b) = \int_a^b f(x)dx$$

Die Dichtefunktion wird graphisch als Kurve dargestellt, und es ist hier natürlich eine *Fläche*, die auf 1 normiert ist, nämlich die Fläche zwischen der x-Achse und der Kurve der Dichtefunktion.

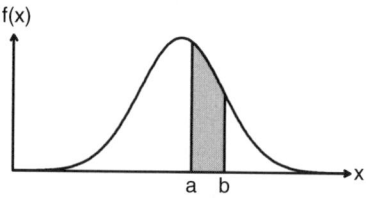

Abb. 6.10: Dichtefunktion

Die Wahrscheinlichkeit eines Intervalls lässt sich als Fläche unter dieser Kurve berechnen.

$$\int_{-\infty}^{+\infty} f(x)dx = 1$$

⚠ Wer sich nicht mehr an seinen Schulunterricht erinnert: Man liest diesen Ausdruck als „das Integral von f zwischen den Grenzen a und b". Auch das Integral ist wie das Summenzeichen eine verkürzte Schreibweise. Keine Angst, Sie müssen die Fläche nicht berechnen können. Da viele Varianten der Wahrscheinlichkeitsdichte immer wieder vorkommen (die berühmteste ist die glockenförmige Normalverteilung), existieren Tabellen, in denen man die Werte für die Fläche unter der Kurve direkt ablesen kann. Wer will, kann schon einmal einen kurzen Blick auf die Tabellen im Anhang des Buches werfen.

Die *Verteilungsfunktion* einer stetigen Zufallsvariablen ist die Integralfunktion der Dichtefunktion. Deshalb ersetzen wir das Summenzeichen durch das Integralzeichen und interpretieren die Fäche, die der Graph einschließt, als Wahrscheinlichkeitsmaß:

$$F(x) = P(X \leq x) = \int_{-\infty}^{x} f(t)dt$$

6.3.8 Verteilungsmodelle

Man kann sehr viele stochastische Situationen mit einigen wenigen Verteilungsmodellen beschreiben. Das gilt für empirische, beobachtete Verteilungen (Ihre Daten), vor allem aber für die Verteilungen von Kennwerten, die man aus den empirischen Daten ableiten kann. Bei den Verteilungsmodellen wird zwischen diskreten und stetigen Verteilungen unterschieden. Wichtige **diskrete Verteilungen** sind die **Binomialverteilung**, die **Multinomialverteilung**, die **Poisson-Verteilung** und die **hypergeometrische Verteilung**. Die wichtigste **stetige Verteilung** ist die **Normalverteilung**, aus der wiederum weitere stetige Verteilungen abgeleitet werden können. Hier sind vor allem die χ^2-**Verteilung**, die **F-Verteilung** und die **t-Verteilung** zu nennen. Wir kommen auf einige dieser Verteilungen zurück, wenn wir uns mit den verschiedenen Signifikanztests und damit mit konkreten Fragestellungen beschäftigen. Es wird Sie sicher nicht überraschen, dass bspw. einem sogenannten t-Test auch eine t-Verteilung als Wahrscheinlichkeitsverteilung zugeordnet ist. Hier können aus Platzgründen nicht alle Verteilungsmodelle dargestellt und mathematisch hergeleitet werden. Sie werden die Binomialverteilung als Beispiel für eine diskrete, die Normalverteilung als die wichtigste stetige Verteilung in „Kurzform" kennenlernen. Die Verteilungsmodelle sind sehr voraussetzungsvoll. Nicht alles ist für den Statistikeinsteiger sofort nachvollziehbar. Sie sollten aber begreifen, dass man Funktionen bestimmen kann, die dann die Grundlage für das Hypothesen-Testen bilden, das uns ja eigentlich interessiert. Denken Sie bitte beim Lesen an die Begriffe Wahrscheinlichkeitsfunktion (bzw. Dichtefunktion) und Wahrscheinlichkeitsverteilung. Am Ende des Kapitels finden Sie Hinweise für eine vertiefende Lektüre auch zu diesem Abschnitt.

Diskrete Verteilungen: Bernoulli-Experimente und die Binomialverteilung

Abb. 6.11

Wie kommt man zu einer solchen Verteilung? Ein berühmtes Zufallsexperiment geht auf den englischen Naturforscher Francis Galton (1822–1911) zurück. Er entwickelte eine spezielle Anordnung, um statistische Fragen bei der Vererbung zu untersuchen, die Sie hier links abgebildet sehen (Abb. 6.10; Modell von Christian Schirm, aus Wikipedia). Beim sogenannten **Galton-Brett** treffen von oben fallende Kugeln auf eingebaute Stifte, die hier als Dreiecke dargestellt sind. Diesen Hindernissen müssen die Kugeln zufällig nach rechts oder nach links ausweichen. Im unten angebrachten Auffangkasten für die Kugeln entsteht eine typische, glockenförmige Verteilung. Das Galton-Brett ist ein schönes Beispiel für ein mehrstufiges Zufallsexperiment: Fallen einer Kugel mit zwei Ergebnissen (Kugel fällt jeweils nach rechts oder nach links). Wenn das Brett ganz gerade steht, sind beide Möglichkeiten gleichwahrscheinlich. Wenn man es schräg aufstellt, kommt es entsprechend zu einer Verschiebung nach rechts oder nach links.

▶ **Bernoulli: Experiment und Variable**

Ein Zufallsexperiment mit genau zwei Ergebnissen, das n-mal unabhängig voneinander und unter denselben Bedingungen durchgeführt wird, ist ein Bernoulli-Experiment, benannt nach dem Schweizer Mathematiker Jakob Bernoulli (1655–1705). Bernoullivariable: Eine Zufallsvariable, die nur die Werte 0 und 1 annehmen kann.

Im abgebildeten Galton-Brett muss jede Kugel die „Entscheidung rechts oder links"
sechs mal treffen, also $n = 6$ (es gibt sechs Dreiecke als jeweiliges Hindernis). Anstelle
der Kugeln können Sie bspw. auch an die Ereignisse „Wappen oder Zahl" oder vielleicht „Akademiker und Nicht-Akademiker" denken. Am besten stellt man sich die
Ergebnismenge eines Bernoulli-Experimentes als $\Omega = \{$Treffer, Niete$\}$ mit der jeweiligen Wahrscheinlichkeitsverteilung vor für P (Treffer) = p und für P (Niete) = q = 1–p.
Was Sie im jeweiligen Fall als Treffer und was als Niete definieren, ist Ihre Entscheidung. Die Zufallsvariable X nimmt dann entsprechend die folgenden Werte an: Für die
Niete den Wert 0, also: X (Niete) = 0 mit P (X = 0) = 1–p. Für den Treffer entsprechend: X (Treffer) = 1 mit P (X = 1) = p. Führen Sie ein Bernoulli-Experiment n-mal
durch und sind die jeweiligen Teilexperimente voneinander unabhängig, spricht man
von einer *Bernoulli-Kette der Länge n* mit der Ergebnismenge $\Omega_n = \{$Treffer, Niete$\}^n$.
Die Wahrscheinlichkeitsverteilung einer Bernoulli-Kette der Länge n heißt **Binomialverteilung,** *nicht* binominal. *Binomius* (lat.) bedeutet „zweinamig" und bezieht sich auf
die beiden möglichen Ergebnisse. Die Wahrscheinlichkeiten dieser Verteilung können
Sie mit dem Pascalschen Dreieck ermitteln. Wie groß ist die Wahrscheinlichkeit, mit
einer Münze bei viermal Werfen ($n = 4$) zweimal eine Zahl zu erhalten ($k =$2)? Schauen
Sie einmal bei Abb. 6.1 nach. Im Dreieck kann man die Zeilen (n) und die schrägen
Spalten (k) abzählen, wobei man jeweils bei 0 anfängt. In unserem Beispiel lesen wir
also den Wert 6 ab (fünfte Zeile, dritter Wert). Das enspricht dem Binomialkoeffizienten „4 über 2", den Sie in Abb. 6.2 ablesen können. Rechnen Sie einmal nach: Die Zahl
der möglichen Fälle ermitteln Sie über $2^n = 2^4 = 16$. Die Wahrscheinlichkeit beträgt also
6/16 = 0,375. Jetzt schlagen Sie bitte in der Tabelle J zur Binomialverteilung im Anhang
bei p = 0,50, $n = 4$ und $k = 2$ den entsprechenden Wert nach: f(k) = 0,375. Jetzt haben
Sie schon einen ersten Eindruck, was es mit den Tabellen im Anhang auf sich hat.

Wenn Sie von den zwei Ereignissen der Binomialverteilung auf Zufallsexperimente
mit mehr als zwei Ergebnissen verallgemeinern, erhalten Sie eine **Multinomialverteilung**. Zur Gruppe der diskreten Verteilungen gehört auch die **Poisson-
Verteilung**. Man nennt sie auch die „Verteilung seltener Ereignisse" (Bortz, 2005). Sie
ersetzt bei einem großen n und einem kleinen p die Binomialverteilung. Ein klassisches
Beispiel: Bei einer großen Anzahl von Versicherungsverträgen kommt es nur zu wenigen Schadensfällen, die reguliert werden müssen. Stellt man sich das Ganze als Urnen-
modell vor, also als ein Gefäß mit Kugeln, die gezogen werden, teilen die Binomial-
und die Poisson-Verteilung eine Eigenschaft. In beiden Fällen werden die gezogenen
Kugeln wieder zurückgelegt, die Anzahl der Möglichkeiten ist unbegrenzt. Bei der
hypergeometrischenVerteilung dagegen werden die Kugeln nach der Ziehung nicht
wieder zurückgelegt, die Anzahl der Möglichkeiten ist somit begrenzt. Damit verändert
sich natürlich nach jeder Ziehung die Wahrscheinlichkeit für die Ziehung der nächsten
Kugel. In der Sprachwissenschaft können Sie diese Verteilungen als Modelle vor allem
in der *quantitativen Linguistik* finden. Diese Forschungsrichtung möchte Verteilungs-
gesetze (vor allem in Texten) aufdecken. Dazu gehören bspw. das Gesetz der Verteilung
von Silben-, Morph-, Wort- und Satzlängen oder auch das Gesetz der Verteilung
rhythmischer Einheiten.

Stetige Wahrscheinlichkeitsverteilungen

Vielleicht erinnern sich einige noch an den alten 10 Mark-Schein? Auf ihm war die wichtigste *stetige* Verteilung abgebildet: die **Normalverteilung** zusammen mit einem Bild des Mathematikers Carl Friedrich Gauß (1777–1855). Er entdeckte (gemeinsam mit Laplace und de Moivre), dass sich viele statistische Probleme mit dieser Dichtefunktion, der nach ihm benannten Gaus'schen Glockenkurve beschreiben lassen. Schauen Sie noch einmal auf das Galton-Brett und die dazugehörige Binomial-Verteilung. Was passiert, wenn man *sehr viele* Kugeln durch dieses Brett fallen lässt? Bei einem großen n geht die Binomial-Verteilung in eine Normalverteilung über. Die Buchtipps am Ende dieses Kapitels enthalten auch Hinweise auf Java-Applets, mit denen Sie diesen Zusammenhang einmal selbst ausprobieren können.

Normalverteilungen haben typische Eigenschaften, die sie sehr interessant machen: Sie sind symmetrisch und glockenförmig. Sie nähern sich asymptotisch der x-Achse, werden also „breiter". Modal, Median und Erwartungswert (μ, das ist hier der Mittelwert in der *Population*, davon später mehr) fallen in einem Punkt zusammen. Etwa 2/3 der gesamten Fläche liegen zwischen den sogenannten Wendepunkten. Bei diesen Wendepunkten handelt es sich um diejenigen Stellen, an denen sich die Krümmung verändert (nämlich von nach außen gekrümmt zu nach innen gekrümmt). Normalverteilungen können je nach Erwartungswert und Streuung unterschiedlich aussehen. An der Symmetrie und dem glockenförmigen Verlauf ändert sich dadurch nichts. Sie werden aber mit zunehmender Streuung flacher. Die beiden Parameter μ und σ (Mittelwert und Streuung in der Population) definieren also jede Normalverteilung. Die Normalverteilung ist nicht nur deshalb wichtig, weil sie oft vorkommt (also als empirische, beobachtete Verteilung). Viele der gängigen Signifikanztests setzen eine Normalverteilung voraus. Ist ein Merkmal nicht normalverteilt, muss man, wie Sie noch sehen werden, andere Verfahren wählen. Damit werden wir uns noch im Kapitel „Auf signifikante Unterschiede testen" genauer beschäftigen. Die Normalverteilung ist aber auch ein Verteilungsmodell für Stichprobenkennwerte. Man braucht ein solches Modell, wenn man berechnen möchte, wie hoch das Fehlerrisiko ist, wenn man sich im Rahmen eines Tests für oder gegen eine Hypothese entscheidet. Und auch beim Schließen von der Stichprobe auf die Grundgesamtheit spielt sie eine Rolle (Intervallschätzen). Auch davon im nächsten Kapitel mehr.

Eine Normalverteilung mit einem Erwartungswert von $\mu = 0$ und $\sigma = 1$ wird als **Standardnormalverteilung** bezeichnet. Die beiden griechischen Buchstaben μ und σ bezeichnen hier den Mittelwert und die Streuung in der *Population* und nicht in der Stichprobe. Sie wissen schon, dass man durch eine z-Transformation Normalverteilungen standardisieren kann (vgl. Kapitel „Deskriptive Statistik"). Damit können Sie beliebige Normalverteilungen vergleichbar machen. Auch für die Standardnormalverteilung finden Sie die Flächenanteile im Anhang (Tabelle A).

Aus der Standardnormalverteilung kann man verschiedene stetige Wahrscheinlichkeitsverteilungen ableiten, die für das Testen von Hypothesen notwendig sind. Sie werden an dieser Stelle nicht ausführlich besprochen, weil es hier zunächst um die Klassifikation (diskret/stetig) geht. Man versteht die Funktion dieser Verteilungen auch besser, wenn man sie mit dem zugeordneten Signifikanztest anhand eines Beispieldatensatzes kennenlernt. Dazu gehört die χ^2-**Verteilung** (sprich: „Chi-Quadrat"; Tabelle B). Ihre

Dichtefunktion ist die Grundlage für den verteilungsfreien χ^2-Test. Mit diesem Signifikanztest können Sie überprüfen, ob sich Häufigkeiten überzufällig voneinander unterscheiden. Sie erhalten eine χ^2-verteilte Zufallsvariable, indem Sie eine standardnormalverteilte Zufallsvariable *(z)* quadrieren (daher auch der Name). Die nächste wichtige Verteilung, die sogenannte **F-Verteilung** (Tabelle D), ist der Quotient zweier χ^2-verteilter Variablen. Er spiegelt das Varianzverhältnis dieser Variablen wider. Mit dieser Verteilung kann man testen, ob sich zwei Varianzen unterscheiden. Die Familie der **t-Verteilungen** (Tabelle C) ist symmetrisch und eingipflig. t-Verteilungen sind allerdings schmalgipfliger als die Standardnormalverteilung. Auch die t-Verteilung besteht aus einem Quotienten: Im Zähler steht eine standardnormalverteilte Zufallsgröße X und im Nenner eine davon unabhängige χ^2-verteilte Zufallsvariable Y, die durch die Freiheitsgrade dividiert wird. Was es mit den Freiheitsgraden auf sich hat, werden Sie im nächsten Kapitel lernen. Die t-Verteilung benötigen Sie für den t-Test, mit dem Sie auf Unterschiede in der zentralen Tendenz (Mittelwerte) testen können. Alle diese Verfahren werden wir in Kapitel 9 ausführlich besprechen.

 Statistikprogrammpakete rechnen Ihnen übrigens (vorgeblich) die exakten Flächenanteile für die gängigen Verteilungswerte aus, obwohl sie nicht immer mit exakten Tests arbeiten. Sie müssen diese Werte dann nicht in Tabellen nachschlagen. Sie sollten aber wissen, was die Tabellen eigentlich darstellen und wie man die jeweiligen Werte richtig abliest. Deshalb werden wir das auch üben.

Sie können jetzt auf verschiedene Art und Weise kombinatorische Probleme lösen, haben unterschiedliche Wahrscheinlichkeitsbegriffe kennengelernt (Laplace, frequentistisch (Häufigkeiten) und Bayes) und kennen die Axiome von Kolmogorov. Auf ein Baumdiagramm können Sie die Pfadregeln anwenden. Sie wissen, dass es diskrete und stetige Zufallsvariablen gibt und kennen verschiedene Wahrscheinlichkeitsfunktionen und -verteilungen. Das ist schon eine sehr gute Basis für das Testen von Hypothesen. Jetzt können wir uns auf den Weg machen, den man ohne diese Grundlagen nicht wirklich gehen kann – auf den Weg von der Stichprobe zur Grundgesamtheit.

Kombinatorik: Permutation, Kombination und Variation (mit Beispielen)
Grundbegriffe: Zufallsexperiment, Ergebnis, Ergebnisraum; Ereignis, Elementarereignis und Gegenereignis; Disjunktion und Konjunktion
Gesetz der großen Zahl
Kolmogorov-Axiome
Baumdiagramm und Pfadregeln
Wahrscheinlichkeit: Laplace, frequentistische und bedingte (Bayes)
Wahrscheinlichkeits- und Dichtefunktionen, Verteilungsfunktionen
Diskrete und stetige Verteilungsmodelle
Eigenschaften der Normalverteilung, Standardnormalverteilung

Büchter & Henn (2007) führen sehr umfassend in die verschiedenen Verteilungsmodelle ein. Wer sich für die Bayes-Statistik interessiert, dem empfehle ich Held & Sabanés Bové (2008) oder auch Leonard & Hsu (2010). Über das Ziegenproblem kann man bei Behrends (2008) und vor allem bei von Randow (2009) nachlesen. Die verschiedenen Wahrscheinlichkeitsfunktionen und -verteilungen sollte man am besten interaktiv erfahren. Im Web finden Sie eine Vielzahl von Seiten mit Applets. Dort können Sie bspw. ausprobieren, wie sich verschiedene Dichte- und Verteilungsfunktionen in Abhängigkeit von Erwartungswert und Streuung verändern. Sie können dort auch einmal Kugeln durch ein Galton-Brett fallen lassen oder die Türen beim Ziegenproblem öffnen:

- [http://www.wiso.uni-koeln.de/statistik_lernmaterial/Kurs-Neue-Statistik/content/MOD_100238/html/comp_100637.html] unter „Medien"
- [http://onlinestatbook.com/stat_sim/index.html]
- [http://haftendorn.uni-lueneburg.de/mathe-lehramt.htm?show=http://haftendorn.uni-lueneburg.de/stochastik/stochastik.htm] unter „Verteilungen, Simulationen"
- [http://www.jgiesen.de/Quiz/Ziegenproblem/Ziegen.html]

1. Wie viele Möglichkeiten hat Jogi Löw, bei der EM 2012 seine Mannschaft aufzustellen, wenn: a) Jeder der 11 Spieler auf jeder der Positionen spielen kann? b) Neuer als Torwart feststeht, sonst aber jeder Spieler auf jeder Position spielen kann? c) Wie viele Mannschaftsaufstellungen sind möglich, wenn von den 11 Spielern nur 2 im Tor, nur 2 in der Abwehr, 3 im Mittelfeld und 5 Spieler im Angriff eingesetzt werden können?

2. Bei einer Semesterparty wird über unglaubliche Zufälle orakelt („Wir sind alle Teil einer Verschwörung!"). Sie wollen mit Ihren Statistikkenntnissen punkten und wetten um einen Kasten Bier, dass mindestens einer der 30 Partygäste am selben Tag wie Sie Geburtstag hat. Welches Risiko gehen Sie mit dieser Wette ein? Ein Tipp: Denken Sie bei der Lösung an Ereignis und Gegenereignis. Wer hat also an einem anderen Tag als Sie Geburtstag?

3. Das Alphabet besteht bekanntlich aus 26 Buchstaben. Wie viele Wörter (auch nicht existierende) sind möglich, die mit vier Buchstaben gebildet werden?

4. Mit einer Studie wurde die Wirksamkeit eines neuen sprachtherapeutischen Verfahrens überprüft. Hier sind die Ergebnisse (als absolute Häufigkeiten): Therapie erhalten und sprachliche Verbesserung: 6312; keine Therapie erhalten und sprachliche Verbesserung: 312; Therapie erhalten und keine sprachliche Verbesserung:

87 und schließlich: keine Therapie erhalten und keine sprachliche Verbesserung:
4390. a) Stellen Sie die relativen Häufigkeiten als 4-Felder-Tafel dar. Wer mag:
Zeichnen Sie dazu auch noch das entsprechende Baumdiagramm. b) Wie groß ist
die Wahrscheinlichkeit, dass sich die sprachlichen Fähigkeiten durch die Therapie
verbessern?

5.   Wie viele Anagramme kann man aus dem Wort „MISSISSIPPI" bilden?

6. $p(B) = .35$. Berechnen Sie, wie groß die Wahrscheinlichkeit für das Gegenereignis
     ist, also $p(B)^c$?

7   Von der Stichprobe zur Grundgesamtheit

Lernziele Stichprobe und Grundgesamtheit; Stichprobenarten (Ziehung); Abhängige und unabhängige Stichproben; Stichprobenkennwerteverteilung; Parameterschätzungen, Konfidenzintervalle

2011 haben Wahlumfragen Hochkonjunktur. Wir nehmen deshalb einmal ausnahmsweise kein Beispiel aus der Linguistik, sondern schauen dafür den Demoskopen in die Kochtöpfe. Zunächst wurden 1.000, dann noch einmal 2.000 Personen danach befragt, ob Sie den amtierenden Landrat wiederwählen wollen. 400 der Befragten haben diese Frage bejaht. Wie stehen die Chancen des Landrates, wiedergewählt zu werden? Was können Sie mit mindestens 95%iger Sicherheit über die Wählerquote aussagen?

7.1   Stichprobe und Grundgesamtheit

Die Teilnehmer Ihrer Untersuchung (oder wie hier: Befragung) bilden die **Stichprobe**. Sie ist in der Regel nur eine kleine *Teilmenge* aus der Gesamtmenge aller *möglichen* Teilnehmer bzw. Beobachtungseinheiten, der sogenannten **Grundgesamtheit** oder auch **Population**.

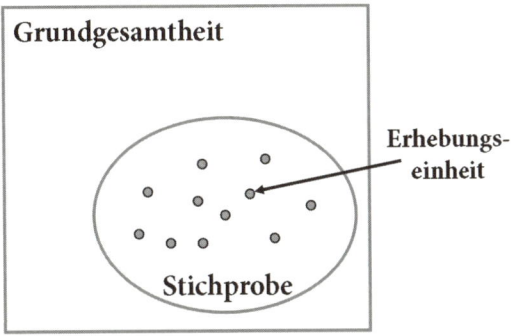

Abb. 7.1: Stichprobe und Grundgesamtheit

▶ **Population**

   Gesamtmenge aller Beobachtungseinheiten, über die man etwas aussagen möchte.

▶ **Stichprobe**

   Ausschnitt der Population (*n* Objekte).

Vollerhebungen (also etwa *alle* Wahlberechtigten oder *alle* Muttersprachler einer Sprache) sind sehr selten. Sie scheitern aus prinzipiellen, finanziellen oder auch aus organisatorischen Gründen. Stichproben sind dagegen der Regelfall. Eigentlich ist man aber an der Grundgesamtheit aller Merkmalsträger interessiert. Man möchte „verallgemeinern", also bspw. etwas über die Leseleistung von sechsjährigen Kindern aussagen, obwohl man „nur" 30 Kinder dieser Altersklasse mit einem Lesetest untersucht hat. Deshalb reicht es nicht aus, die Stichprobe mit den Methoden der beschreibenden Statistik zu analysieren, obwohl dies ein unverzichtbarer Schritt ist. Man muss einen Weg finden, von der Stichprobe Rückschlüsse auf die Populationsverhältnisse ziehen zu können. Genau darum geht es bei der **Inferenzstatistik**, also der *schließenden* Statistik, die man auch als *analytische* oder *beurteilende* Statistik bezeichnet. Man schließt von einem Stichprobenergebnis auf die Populationsparameter.

▶   **Aufgaben der Inferenzstatistik**

   Schätzung unbekannter Parameter der Grundgesamtheit
   Prüfung von Hypothesen über diese Parameter

7.2   Repräsentativität

Wie gut Ihre Untersuchung gelungen ist, hängt auch davon ab, wie gut die Probanden Ihrer Stichprobe die Population *repräsentieren*. Kaum eine demoskopische Umfrage kommt ohne den Zusatz „repräsentativ" aus, obwohl Repräsentativität kein statistischer Fachbegriff ist. Eine repräsentative Stichprobe muss in ihrer Zusammensetzung der Population möglichst nahekommen. Trifft dies für nahezu alle der untersuchten Merkmale zu, ist die Stichprobe *global repräsentativ*. Meistens aber muss man sich damit begnügen, dass die Stichprobe *merkmalsspezifisch repräsentativ* ist. Sie entspricht dann in ihrer Zusammensetzung nur hinsichtlich einiger weniger, aber relevanter Merkmale der Populationszusammensetzung.

⚠   Die Repräsentativität steigt nicht mit dem Stichprobenumfang. Eine große Stichprobe ist also nicht automatisch repräsentativer als eine kleine. Ist ein Fehler bei der Stichprobenziehung aufgetreten, wiederholt sich der Fehler bei einer großen Stichprobe sogar entsprechend oft.

7.3   Stichprobenarten

Bei Stichproben geht es um die Auswahl von Elementen (Probanden, Objekte). Sie werden deshalb vor allem danach klassifiziert, ob man die Auswahlwahrscheinlichkeiten kennt oder ob sie unbekannt oder unkontrollierbar sind. Im ersten Fall nennt man sie **probabilistisch** und schreibt ihnen eine höhere Aussagekraft zu. In diese Gruppe gehören u.a. die Zufallsstichprobe, die geschichtete Stichprobe oder auch die Klumpenstichprobe.

   Sie können eine Auswahl vollständig dem **Zufall** überlassen (*random sample*). Er entscheidet dann für Sie, welches Untersuchungsobjekt zur Stichprobe gehört und sorgt für die größtmögliche (globale) Repräsentativität. Die Auswahlwahrscheinlichkeit muss in diesem Fall für alle Objekte gleich groß sein. Alle Objekte müssen also die gleiche Chance haben, in die Stichprobe aufgenommen zu werden. Leider müssen Sie dazu auch jedes Untersuchungsobjekt der Population kennen. Es muss Ihnen also eine *vollständige* Liste der Population vorliegen. Das ist aber sehr selten der Fall. Und selbst wenn Sie eine solche Stichprobe gezogen haben, kann es passieren, dass einzelne Probanden Ihrer Liste dann die Mitarbeit an Ihrer Untersuchung verweigern.

Bei einer **geschichteten Stichprobe** (*stratified sample*) entspricht häufig der prozentuale Anteil der Merkmale in der Stichprobe dem Anteil der Merkmale in der Population (proportional geschichtete Stichprobe). Sind in der Population bspw. 30% der Probanden weiblich und 70% männlich, muss dies dann entsprechend auch für Ihre Stichprobe gelten. Die einzelnen Schichten sollten in sich möglichst homogen sein, sich aber voneinander deutlich unterscheiden. Generell gilt bei einer geschichteten Stichprobe: Sie bilden Teilpopulationen (das sind die Schichten) und entnehmen aus jeder dieser Schichten eine Zufallsstichprobe. Sie können dabei auch mehrere Variablen heranziehen. Dann würde neben dem Geschlecht vielleicht auch noch das Alter oder der Erwerbszeitpunkt einer Sprache eine Rolle spielen. Nicht alle Variablen lassen sich allerdings gut schichten, und manchmal fehlen auch die dafür benötigten statistischen Angaben über die Verteilung in der Population.

Bei der **Klumpenstichprobe** (*cluster sample*) muss sich die Population aus vielen Teilpopulationen oder natürlichen Gruppen (Klumpen oder Cluster) zusammensetzen. Aus ihnen wird dann eine zufällige Auswahl von Gruppen *vollständig* erhoben. Das könnten bspw. sprachgestörte Patienten von Abteilungen verschiedener Rehakliniken oder alle Schüler mehrerer zufällig ausgewählter Schulklassen sein. Hier muss man nur über eine Liste der in der Population enthaltenen Klumpen verfügen. Es ist nicht nötig, auch die einzelnen Untersuchungsobjekte der Cluster zu kennen. Jeder Klumpen sollte die Population vergleichbar gut repräsentieren. Die einzelnen Klumpen müssen sich also möglichst ähnlich sein. *Innerhalb* eines Clusters aber sollten sie dagegen heterogen sein, sich also deutlich voneinander unterscheiden. Auch das unterscheidet eine Klumpen- von einer geschichteten Stichprobe.

Zur zweiten Gruppe, den **nicht-probabilistischen Stichproben**, werden u.a. die Quotenstichprobe und die Ad-hoc-Stichprobe gezählt. Bei der **Quotenstichprobe** muss lediglich eine bestimmte Quote erfüllt werden. Bei einer Befragung etwa können Sie als Interviewer Ihre Teilnehmer auswählen, müssen aber darauf achten, dabei bestimmte Vorgaben zu erfüllen (drei Frauen, vier Abiturienten, acht Muttersprachler des Englischen usw.).

Die **Ad-hoc-Stichprobe** ist eine Gelegenheits- oder Anfallsstichprobe. Hier werden einfach die Objekte oder Personen ausgewählt, die gerade zur Verfügung stehen, also „anfallen". Man befragt bspw. zufällig gerade in die Seminarbibliothek kommende Kommilitonen oder verpflichtet Familienmitglieder und Freunde zur Teilnahme an einem Experiment. Ad-hoc-Stichproben sind keine Zufallsstichproben! Achten Sie einmal beim Lesen von Artikeln darauf, wie viele der publizierten sprachwissenschaftlichen Untersuchungen aus Bequemlichkeit einfach mit Studenten durchgeführt wurden. Über die Aussagekraft solcher Untersuchungen lässt sich streiten.

In der qualitativen Forschung (*Grounded Theory*) werden die Fälle durch die Methode des ***Theoretical Sampling*** ausgewählt. Man führt dazu mit einigen wenigen Teilnehmern zunächst Basisinterviews und sucht dann im Laufe des Forschungsprozesses nach weiteren Fällen, durch die man die bisherigen Ergebnisse modifizieren oder relativieren kann. Die Resultate sollen umso besser werden, je mehr Variation die auf diese Art und Weise zusammengestellte Stichprobe enthält.

 Auch wenn Ihre Stichprobe keine Zufallsstichprobe ist, können Sie Ihre Daten mit den Methoden der schließenden Statistik auswerten.

7.4 Abhängige und unabhängige Stichproben

Sie kennen jetzt die wichtigsten Stichprobenarten. Wir haben sie danach klassifiziert, wie man die Objekte auswählt. Es gibt aber noch eine andere, wichtige Klassifikationsmöglichkeit für Stichproben. Sie spielt später eine Rolle bei der Wahl des richtigen Signifikanztests. Stichproben können abhängig oder unabhängig sein. Bei **unabhängigen Stichproben** (*unpaired samples*) haben die in Stichprobe 1 aufgenommenen Objekte keinen Einfluss auf die Auswahl der Objekte in Stichprobe 2. Die beiden Stichproben sind unverbunden, sie sind unabhängig voneinander erhoben worden.

Abhängige Stichproben (*paired samples*) dagegen entstehen meistens, wenn Gruppen *parallelisiert* wurden (*matched samples*) oder wenn dieselben Versuchspersonen unter beiden Bedingungen untersucht werden (*Messwiederholung*; vgl. Kapitel „Versuchsplanung"). Klare Fälle wären bspw.: Um den Einfluss sozialer Faktoren auf die Sprache zu untersuchen, testet man auch den Ehepartner oder das Geschwisterkind. Oder man untersucht einen Patienten vor und nach einer Therapie oder überprüft die Einstellung einer Person zu einer Sprache vor und nach einem längeren Sprachkontakt.

Bei allen Fällen handelt es sich um verbundene Stichproben. Die Objekte dieser Stichproben sind paarweise einander zugeordnet. In diesem Fall beeinflusst die Varianz der ersten Stichprobe die Varianz von Stichprobe 2. Deshalb gibt es jeweils eigene Verfahren für unabhängige und für abhängige Stichproben.

 Das Konzept ist leicht zu verstehen. Die Frage, ob in der *eigenen* Untersuchung abhängige oder unabhängige Fragestellungen behandelt werden, ist dagegen erfahrungsgemäß nicht immer leicht zu beantworten. Sie muss aber richtig beantwortet werden. Eine Stichprobe kann auch bei einer Fragestellung abhängig, bei einer anderen aber unabhängig sein.

7.5 Stichprobenkennwerte und Parameter

Sie wissen bereits aus der deskriptiven Statistik, dass Sie Ihre Stichprobe(n) mit bestimmten Parametern, den **Stichprobenkennwerten**, charakterisieren können, bspw. mit dem Mittelwert (als Maß der zentralen Tendenz) oder mit der Streuung (als Kennzahl für die Dispersion). Auch Populationen werden statistisch mit sogenannten **Populationsparametern** beschrieben (kurz: Parameter). Ihre Ausprägungen sind aber nicht bekannt. Ausnahme: Man hat tatsächlich *alle* Objekte der Population untersucht. Dann kennt man natürlich auch die Populationsparameter. Normalerweise werden sie aber durch die statistischen Stichprobenkennwerte *geschätzt*, die man mit einem Experiment, einem Test oder einer Befragung gewonnen hat. Man kann alle Parameter, die eine Population beschreiben, mittels Stichproben schätzen (also Modus, Median und Mittelwert; Spannweite und Standardabweichung; Regressions- und Korrelationskoeffizienten etc.).

▶ **Populationsparameter**
Werte für die Beschreibung der Verteilung einer Zufallsvariablen.

Um Stichprobenkennwerte und Populationsparameter auseinanderhalten zu können, werden für die Stichprobenkennwerte zumeist lateinische, für die Parameter der Population griechische Buchstaben verwendet. Tabelle 7.1 fasst die wichtigsten Stichprobenkennwerte und ihre entsprechenden Populationsparameter zusammen.

Tabelle 7.1: Stichprobenkennwerte und Populationsparameter

	Punktschätzer (Stichprobe)	Parameter (Grundgesamtheit)
Mittelwert	$\bar{x}$	μ
Relative Häufigkeit	p	π
Varianz	s^2	σ^2 bzw. $\hat{\sigma}^2$
Chi-quadrat	χ^2_{emp}	χ^2
Differenz (beispielsweise von zwei Mittelwerten)	d	δ
Korrelationskoeffizient	r	ρ

⚠ Die Parameter beziehen sich also auf die *Zufallsvariablen*, die einer bestimmten Verteilung folgen, also bspw. der Normalverteilung. Man spricht deshalb *vereinfachend*, aber nicht ganz korrekt, von den „Parametern der Grundgesamtheit" oder schlicht bspw. von einer „normalverteilten Grundgesamtheit".

7.6 Stichprobenkennwerte-Verteilung

Wenn Sie für eine Stichprobe (Ihre Daten) bspw. einen Mittelwert ($\bar{x}$) berechnen, möchten Sie wissen, wie gut dieser Stichprobenkennwert den leider unbekannten Populationsparameter schätzt. Es ist der wahre oder tatsächliche Mittelwert, nämlich der Mittelwert der *Population* (μ), der Sie eigentlich interessiert. Es ist wichtig, diesen Weg von der Stichprobe zur Grundgesamtheit zu verstehen. Dabei kann Ihnen ein kleines Gedankenexperiment helfen. Kurz gesagt: Der Mittelwert von *vielen* Stichprobenmittelwerten ist eine gute Annäherung für den Populationsmittelwert. Angenommen, wir ziehen aus einer Population sehr viele, theoretisch: *unendlich viele* Zufallsstichproben. Für jede dieser Stichproben berechnen wir einen Stichprobenkennwert. In unserem

Gedankenexperiment nehmen wir den Mittelwert, aber es könnte auch ein anderer
Kennwert gewählt werden. Obwohl die Stichproben alle gleich groß sind, unterscheiden sich natürlich die errechneten Mittelwerte von Stichprobe zu Stichprobe. Aus allen
Mittelwerten ergibt sich eine Verteilung, die sogenannte **Stichprobenkennwerteverteilung** (*sampling distribution*). Da wir Zufallsstichproben gezogen haben, haben wir eine
Zufallsvariable $\overline{X}$, die aus den Mittelwerten $\overline{x}_1, \overline{x}_2, \dots \overline{x}_N$ aus N Stichproben mit jeweils
dem Stichprobenumfang *n* besteht.

Auch diese Stichprobenkennwerteverteilung hat natürlich eine Streuung bzw. eine
Standardabweichung. Sie haben sie schon im Kapitel „Deskriptive Statistik" kennengelernt. Es ist der **Standardfehler** (*standard error*, SE). In unserem Gedankenexperiment
ist es der Standardfehler des Mittelwertes. Der Standardfehler des Mittelwertes sagt
Ihnen, wie gut ein *einzelner* Stichprobenmittelwert den unbekannten Populationsparameter μ schätzt. Je geringer die Streuung bzw. die Standardabweichung der Stichprobenkennwerteverteilung ausfällt, desto genauer schätzt natürlich ein einzelner Stichprobenkennwert den gesuchten Populationsparameter. Je stärker nämlich das
untersuchte Merkmal in der Population streut, desto unterschiedlicher werden auch
die einzelnen Stichprobenergebnisse ausfallen und desto größer wird damit auch die
Streuung der Stichprobenmittelwerte. Aber auch der Stichprobenumfang spielt wie
immer in der Statistik eine Rolle. Je mehr Objekte Sie betrachten, je größer also der
Stichprobenumfang ist, desto genauer ist die Schätzung des Populationsparameters μ
durch einen Stichprobenmittelwert und desto kleiner ist entsprechend der Standardfehler.

Schauen wir noch einmal auf die Mittelwerte der vielen Stichproben in unserem
Gedankenexperiment: Bei einigen Fällen wird der Stichprobenmittelwert rechts vom
Populationsmittelwert gezogen werden. Es gibt also mehr Fälle in diesen Stichproben,
die größer sind als der Populationsmittelwert als solche, die kleiner sind. Bei einigen
Fällen wird der Stichprobenmittelwert links vom Populationsmittelwert liegen. Be-
rechnet man jetzt den *Durchschnittswert aller dieser Stichprobenmittelwerte*, wird er
nahe am Populationsmittelwert liegen. Dabei gilt: Je mehr Stichproben, desto näher.
Bei einer Vollerhebung bestünden unsere Stichproben aus der gesamten Population.
Dann wäre natürlich der Stichprobenmittelwert mit dem Populationsmittelwert identisch.

Jetzt können Sie besser verstehen, warum es sehr hilfreich ist, die Parameter der
Normalverteilung zu kennen. Man kann damit auf der Basis eines errechneten Stich-
probenmittelwertes die Wahrscheinlichkeit schätzen, mit der sich der eigentlich interessierende Populationsmittelwert in einem bestimmten Bereich befindet. Die Mittelwerte der Stichproben liegen normalverteilt um den Populationsmittelwert herum. Das
heißt: 68% (2/3) der Fälle der Population befinden sich in einem Bereich von *einer*
Standardabweichung vom Populationsmittelwert. Die Chancen stehen deshalb 2/3 zu
1/3, einen Fall zu erwischen, der innerhalb dieses Bereiches liegt, wenn man eine Zufallsstichprobe zieht. Der Mittelwert der Stichprobenmittelwerte ist deshalb eine gute
Annäherung an den Mittelwert der Population (Kennedy, 1993).

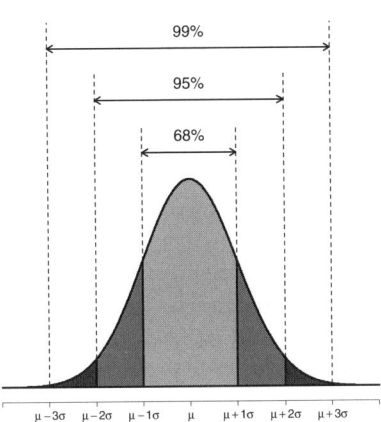

Abb. 7.2: Standardnormalverteilung mit Standardabweichungen

Während die Mehrheit (68%) der zufällig ausgewählten Fälle in der Stichprobenverteilung im Bereich von nur einer Standardabweichung vom Populationsmittelwert liegt (also μ +/– 1σ) gilt dies für die Populationsverteilung nicht. Die Populationsverteilung ist größer als die Stichprobenverteilung, weil sie ja *alle* Werte der Fälle (auch die ganz extremen) einschließen muss. Extrem bedeutet hier: mehr als drei Standardabweichungen vom Populationsmittelwert entfernt. Jemand hat bspw. wirklich herausragende Sprachfähigkeiten oder sehr extreme Einstellungen gegenüber sprachlichen Minderheiten. Es gibt aber nicht nur solche extremen Merkmalsausbildungen. Es gibt auch Menschen, die grundsätzlich nicht an einer Untersuchung teilnehmen möchten. Sie alle gehören aber zur Population, über die Sie eine Aussage machen möchten. Stichprobenvarianzen *unterschätzen* also die wahre Varianz (in der Population). Sie sind im Durchschnitt kleiner als die Populationsvarianz. Man benötigt deshalb für die Schätzung einen Korrekturfaktor. Er ist Ihnen schon im Kapitel „Deskriptive Statistik" begegnet (▶ Varianz). Wir besprechend ihn gleich noch einmal etwas ausführlicher.

7.7   Zentraler Grenzwertsatz – die Rolle der Stichprobengröße

Zur Stichprobenkennwerte-Verteilung gehört auch der zentrale Grenzwertsatz. Er beschreibt eine mathematische Gesetzmäßigkeit, die mit der Stichprobengröße zusammenhängt. Zieht man theoretisch unendlich viele Stichproben des Umfangs n aus einer Population, geht die Verteilung mit wachsendem Stichprobenumfang ($n \geq 30$) in eine *Normalverteilung* über (**zentraler Grenzwertsatz**). Ab einer Stichprobengröße von 30 Objekten können Sie also von den Eigenschaften der Normalverteilung profitieren, die wir besprochen haben. Das wird auch noch eine Rolle bei der Wahl eines statistischen Verfahrens spielen. Auch die Schätzung der Populationsparameter wird mit steigender Stichprobengröße immer genauer. Das ist das **empirische Gesetz der großen Zahlen**. Sie haben diesen Zusammenhang schon im Kapitel „Kombinatorik und Wahrscheinlichkeit" kennengelernt.

7.8 Punkt- und Intervallschätzung

Der Parameter der Grundgesamtheit ist also der eigentlich interessierende, aber leider unbekannte Wert. Ihn gilt es zu schätzen. Wie kommt man zu diesem Parameterwert? Verwendet man dazu nur ein *einzelnes* Stichprobenergebnis, nennt man dieses Ergebnis einen **Punktschätzer** des unbekannten Parameters. Das ist, als ob man auf einer weißen Landkarte, auf der man den Parameter sucht, einen einzigen Punkt markiert. Der Nachteil ist Ihnen wahrscheinlich schon aufgefallen: Punktschätzungen schwanken stark von Zufallsstichprobe zu Zufallsstichprobe. Der Stichprobenmittelwert ($\bar{x}$) ist bspw. ein Punktschätzer für den Mittelwert (μ) in der Grundgesamtheit. Man hofft natürlich, dass dieser Punktschätzer möglichst in der Nähe des gesuchten Parameters liegt. Man kann aber nicht sagen, um welchen Betrag dieser Schätzwert (*estimate*) vom Parameter abweicht. Deshalb wird meistens eine Punktschätzung durch eine **Intervallschätzung** ergänzt. Man kann auf der Basis der Stichprobenergebnisse um den Punktschätzer herum ein Intervall bestimmen, das mit einer gewissen vorgegebenen Wahrscheinlichkeit den unbekannten Parameter enthält, ihn also überdeckt. Man steckt quasi einen *Bereich* auf einer weißen Landkarte ab, in dem man den Parameter vermutet. Das ist die Idee der Intervallschätzung. Der Vorteil: Man kann hier eine Wahrscheinlichkeit für die Genauigkeit der Schätzung angeben. Diese Überdeckungswahrscheinlichkeit wird mit 1–α angegeben. Alpha bezeichnet also die Wahrscheinlichkeit, dass der gesuchte Parameter *nicht* von dem angegebenen Intervall überdeckt wird. Ein solches Intervall wird auch als **Konfidenzintervall** (confidere, *lat.*: vertrauen) bezeichnet.

▶ **Punktschätzung**

  Schätzung eines unbekannten Populationsparameters mittels eines einzelnen Stichprobenkennwertes (Schätzwert).

▶ **Intervallschätzung**

  Schätzung eines unbekannten Populationsparameters durch einen Wertebereich (Konfidenzintervall) auf der Basis der Stichprobenwerte.

▶ **Konfidenzintervall (Vertrauensbereich)**

  Gibt die Wahrscheinlichkeit an, mit der ein links und rechts um einen Schätzwert liegendes Intervall die unbekannte Ereigniswahrscheinlichkeit p überdeckt. Achtung: Keine Wahrscheinlichkeitsaussage über den tatsächlichen Wert in der Population, nur eine Wahrscheinlichkeitsaussage über das Intervall!

7.8.1 Konfidenzintervalle

Mit Konfidenzintervallen (Δ_{krit}) kann man Angaben über die Genauigkeit der Schätzung der entsprechenden Populationsparameter machen. Man erstellt dazu eine Stichprobenverteilung und ermittelt, welche Werte zwischen den mittleren 90%, 95% bzw. 99% der Fläche dieser Stichprobenverteilung liegen. Bei weniger als 90% wäre die Genauigkeit nicht groß genug. Als Verteilung wird dazu meistens, wie Sie gleich sehen werden, eine standardisierte z- oder bei einer kleineren Stichprobengröße eine t-Verteilung genommen. Jetzt können wir auch die Frage vom Anfang nach dem möglichen Ausgang der Landratswahl klären. An ihr lässt sich gut die Idee der Konfidenzintervalle verdeutlichen.

Konfidenzintervall für Anteile

An der ersten Befragung haben 1.000 Personen teilgenommen. Als Zufallsvariable nehmen wir den Anteil der Personen, die angeben, den alten Landrat erneut wählen zu wollen. Bei n = 1.000 kann diese Variable also einen Wert zwischen 0 (keiner wählt den Landrat) und 1000 (alle wählen ihn) annehmen. Denken Sie bitte kurz nach: Um welche Art von Variable handelt es sich hier? Da die Variable nur zwei Ausprägungen annehmen kann (wählen oder nicht wählen), ist sie eine *binomialverteilte* Zufallsvariable. Da die Stichprobe aber sehr groß ist, greift der zentrale Grenzwertsatz. Man kann die Binomialverteilung durch die Normalverteilung annähern, was die Sache erheblich vereinfacht. Von den 1.000 Befragten geben nur 400 an, den Landrat wählen zu wollen. Den Schätzwert können Sie schon berechnen (vgl. Kapitel „Kombinatorik und Wahrscheinlichkeit"). Er beträgt 400/1000 = 0,4. Um ihn herum legen wir jetzt die Intervalle (Δ_{krit}):

▶ **Konfidenzintervall für Populationsanteile**

$$\Delta_{krit(1-\alpha)} = p \pm z_{\alpha/2} \cdot \sqrt{\frac{p \cdot (1-p)}{n}}$$

$$\Delta_{krit(95\%)} = p \pm 1,96 \cdot \sqrt{\frac{p \cdot (1-p)}{n}} \qquad \Delta_{krit(99\%)} = p \pm 2,58 \cdot \sqrt{\frac{p \cdot (1-p)}{n}}$$

Setzen wir einmal die Ergebnisse der Befragung in beide Formeln ein, also n = 1000 und p = 0,4.

$$\Delta_{krit(95\%)} = 0,4 \pm 1,96 \cdot \sqrt{\frac{0,4 \cdot (1-0,4)}{1000}} = 0,4303 \quad \text{und} \quad 0,3697$$

$$\Delta_{krit(99\%)} = 0,4 \pm 2,58 \cdot \sqrt{\frac{0,4 \cdot (1-0,4)}{1000}} = 0,4399 \quad \text{und} \quad 0,3601$$

Wir können demnach mit 95%-Wahrscheinlichkeit davon ausgehen, dass *mindestens* 0,3697, also 36,97% den Landrat wählen werden, *höchstens* aber 0,4303, also 43,03%. Der wahre Wert, das Wahlergebnis, das wir suchen, liegt innerhalb dieser Intervallgrenzen. Die Werte verändern sich auf 36,01% und 43,99%, wenn wir die Wahrscheinlichkeit auf 99% setzen. Wie kommt man auf die in der Formel enthaltenen Werte +/- 1,96 bzw. +/- 2,58? Es sind die z-Werte der Standardnormalverteilung. Wir möchten bestimmen, wie groß das Intervall ist, in dem sich ein bestimmter Anteil aller Werte befindet. Dazu benötigt man die z-Werte, die an *beiden* Enden der Standardnormalverteilung jeweils 2,5% bzw. 0,5% der Fläche abschneiden, damit eine Restfläche von 95% bzw. 99% bleibt (deshalb z/α). Ein Blick in die Tabelle (A) im Anhang zeigt Ihnen, dass dies bei den Werten –1,96 und +1,96 und –2,58 und +2,58 der Fall ist. Gesucht wird also der Flächenanteil 0,9750 (bei 2,5%). Sie finden ihn beim z-Wert 1,9 (erste Spalte der Tabelle A) und dann in der Spalte 0,06 (das sind die jeweils zweiten Dezimalstellen des z-Wertes), also in der achten Spalte der Tabelle bei Zeile 1,9. Bei 0,5% wäre es der Flächenanteil von 0,9951 (erste Spalte 2,5 und dann entsprechend Spalte 0,08). Keine Sorge, wenn Sie mit dem Ablesen solcher Werte noch Probleme haben. Wir werden uns mit dem „Kappen" von solchen Flächenanteilen noch genauer beschäftigen und es noch an vielen Beispielen üben. Wichtig ist hier zunächst nur, den Unterschied zwischen einer Punkt- und einer Intervallschätzung zu verstehen.

Konfidenzintervall für Mittelwerte

Nicht nur für Anteile, auch für Mittelwerte lassen sich Konfidenzintervalle bestimmen. Sie haben den Mittelwert und die Varianz/Standardabweichung einer Stichprobe errechnet und wollen jetzt das Konfidenzintervall (Δ_{krit}) bestimmen. Mit dem AM schätzen Sie den Populationsmittelwert, mit der Stichprobenvarianz die Populationsvarianz. Damit können Sie auch den Standardfehler des Mittelwertes berechnen. Ist Ihr Stichprobenmittelwert normalverteilt, wird der Populationsmittelwert zwischen dem geschätzten Mittelwert plus bzw. minus 1,96 mal dem Standardfehler des geschätzen Mittelwertes liegen (95%-Konfidenzintervall). Auf dem 99%-Niveau liegt er entsprechen im Intervall plus/minus 2,58 mal dem Standardfehler. Haben Sie also eine größere Stichprobe ($n > 30$) gezogen, können Sie mit den z-Werten der Standardnormalverteilung rechnen.

▶ **Konfidenzintervall für Mittelwerte (n > 30)**

$$\Delta_{krit(1-\alpha)} = \bar{x} \pm z_{\alpha/2} \cdot \sqrt{\frac{\hat{\sigma}^2}{n}}$$

$$\Delta_{krit(95\%)} = \bar{x} \pm 1{,}96 \cdot \sqrt{\frac{\hat{\sigma}^2}{n}} = 39 \pm 1{,}96 \cdot 2{,}049 = 39 \pm 4{,}017$$

$$\Delta_{krit(99\%)} = \bar{x} \pm 2{,}58 \cdot \sqrt{\frac{\hat{\sigma}^2}{n}} = 39 \pm 2{,}58 \cdot 2{,}049 = 39 \pm 5{,}287$$

Bei einer kleineren Stichprobe (n < 30) müssen Sie diese Werte durch die entsprechenden t-Werte der t-Verteilung ersetzen (Tabelle C im Anhang). Hier muss man noch auf die Freiheitsgrade achten.

▶ **Konfidenzintervall für Mittelwerte (n < 30)**

$$\Delta_{krit(1-\alpha)} = \bar{x} \pm t_{(\alpha/2;df)} \cdot \sqrt{\frac{\hat{\sigma}^2}{n}}$$

Für das 95%ige Konfidenzintervall suchen wir in der t-Tabelle (Tabelle C im Anhang) denjenigen Wert, der bei $n–1$ Freiheitsgraden von der t-Verteilung an beiden Seiten 2,5% abschneidet. Beim 99%igen Intervall muss der Wert entsprechend wieder an beiden Seiten 0,5% kappen. Angenommen, Sie haben n = 10 Probanden untersucht und auf der Basis Ihrer Stichprobe die folgenden Werte errechnet: $\bar{x}$ = 39 und $\hat{\sigma}^2$ = 42. Damit können wir den Standardfehler schätzen: $\hat{\sigma}^2_{\bar{x}}$:

$$\hat{\sigma}^2_{\bar{x}} = \frac{\hat{\sigma}}{\sqrt{n}} = \sqrt{\frac{\hat{\sigma}^2}{n}} = \sqrt{\frac{42}{10}} = 2,049$$

Das Konfidenzintervall für den Mittelwert μ wird mithilfe der t-Verteilung bestimmt mit hier $n–1$, also 10–1 = 9 Freiheitsgraden. In der t-Tabelle lesen wir die entsprechenden Werte für α = 0,05 und α = 0,01 bei df = 9 Freiheitsgraden ab: 2,262 (Flächenanteil: 0,975) und 3,250 (Flächenanteil: 0,995). Diese setzen wir noch in die Rechenvorschrift ein:

$$\Delta_{krit(95\%)} = \bar{x} \pm t_{(2,5\%;df=9)} \cdot \sqrt{\frac{\hat{\sigma}^2}{n}} = 39 \pm 2,262 \cdot 2,049 = 39 \pm 4,635$$

$$\Delta_{krit(99\%)} = \bar{x} \pm t_{(0,5\%;df=9)} \cdot \sqrt{\frac{\hat{\sigma}^2}{n}} = 39 \pm 3,250 \cdot 2,049 = 39 \pm 6,660$$

Wir können also mit 95%-Sicherheit behaupten, dass das Intervall von 39 +/– 4,635 den wahren Mittelwert überdeckt. Es gibt noch eine Reihe von weiteren Konfidenzintervallen, bspw. für Mittelwert*unterschiede* zwischen abhängigen und unabhängigen Gruppen oder für die Standardabweichung, die wir hier leider aus Platzgründen nicht besprechen können. Interessierte verweise ich auf die Literaturempfehlungen am Ende des Kapitels.

7.8.2 Kriterien der Parameterschätzung

Man kann also mit statistischen Kennwerten nicht nur beschreiben, wie sich Merkmale in einer Stichprobe verteilen, sondern mit ihnen auch Populationsparameter schätzen. Welcher Stichprobenkennwert ist aber ein brauchbarer Schätzer für welchen Parameter? Sie kennen jetzt das arithmetische Mittel als Schätzer für den Mittelwert in der Grundgesamtheit. Was ist aber mit den anderen Maßen der zentralen Tendenz wie dem Modus und dem Median? Sind sie auch gute Schätzer? Die folgenden Kriterien, die ein guter Schätzer erfüllen muss, gehen auf R.A. Fisher zurück: **Erwartungstreue, Konsistenz, Effizienz und Suffizienz.**

Entspricht das arithmetische Mittel der Kennwerteverteilung dem Populationsparameter, schätzt ein statistischer Kennwert den Parameter **erwartungstreu** (also unverzerrt). Man zieht also wie in unserem Gedankenexperiment k zufällige Stichproben aus der Population und bestimmt den Mittelwert aller k-Werte. Ist dieser theoretische Mittelwert mit dem Populationsparameter identisch, schätzt der Stichprobenkennwert k den Parameter erwartungstreu. Vereinfacht formuliert: „Im Durchschnitt aller möglichen Stichproben" würde also das „richtige" Ergebnis herauskommen. Der Mittelwert von Mittelwerten „rutscht quasi immer in die Mitte". Das arithmetische Mittel einer Zufallsstichprobe schätzt μ erwartungstreu. Der Parameter wird also weder systematisch über- noch unterschätzt. Die Abweichung der Erwartungswerte von μ ist Null. Solche Abweichungen nennt man eine *Verzerrung* oder *bias*. Auch die relative Häufigkeit ist eine erwartungstreue Schätzung von π. Auch diesen Kennwert haben Sie beim Landratswahl-Beispiel kennengelernt. Die Stichprobenvarianz s^2 fällt dagegen heraus. Sie schätzt, wie Sie schon wissen, $σ^2$ nicht erwartungstreu, sondern *unterschätzt* den wahren Wert. Um trotzdem eine erwartungstreue Schätzung zu erhalten, muss man diese *bias* korrigieren. Man dividiert deshalb die berechnete Quadratsumme nicht durch n (wie bei der Berechnung der Stichprobenvarianz), sondern durch $n-1$ und erhält dadurch eine erwartungstreue Schätzung der entsprechenden Populationsvarianz (vgl. Kapitel „Deskriptive Statistik" ▸ Varianz).

⚠️   Eine erwartungstreue Schätzung von $σ^2$ wird mit „Sigma Dach Quadrat", also mit $\hat{σ}^2$ symbolisiert.

Nähert sich der statistische Kennwert, mit dem man schätzen möchte, mit steigendem Stichprobenumfang immer mehr dem Parameter an, ist er ein **konsistenter** Schätzwert. Dieses Kriterium erfüllen die wichtigsten statistischen Kennwerte ($\bar{x}$, s^2, s und P als Schätzwerte von μ, $σ^2$, σ und π). Die **Effizienz** beschreibt, wie *genau* ein Parameter geschätzt werden kann. Je größer die Varianz der Stichprobenkennwerteverteilung, desto geringer ist die Effizienz des Schätzwertes. Wenn Sie bspw. μ schätzen wollen, könnten Sie dazu sowohl das AM als auch den Median verwenden (hinsichtlich Erwartungstreue und Konsistenz). Das arithmetische Mittel schätzt allerdings den Populationsparameter μ effizienter als der Medianwert. **Suffizient**, also erschöpfend, ist der Schätzer, der alle in den Daten der Stichprobe enthaltenen Informationen berücksichtigt. Mit der Berechnung eines weiteren Kennwertes würde man also keine zusätzliche Information gewinnen. Das arithmetische Mittel ist im Vergleich zum Median erschöpfender, weil es Intervallskalen-, der Median aber nur ordinale Information berücksichtigt.

7.8.3   Methoden der Parameterschätzung

Es gibt verschiedene Methoden, einen Schätzwert zu finden. Wir können sie hier aus Platzgründen nicht alle besprechen. Sie sollten aber zumindest einige Begriffe kennen, damit Sie sich – falls nötig – selbständig in die weiterführende Literatur einlesen können. Sie kennen schon aus dem zweiten Kapitel das deduktive und das induktive Vorgehen. Wenn Sie eine Population mit einem Parameter beschreiben (bspw. mit π für einen Anteil wie beim Wahlbeispiel), können Sie daraus ableiten, mit welcher Wahrscheinlichkeit sich gegenseitig ausschließende Stichprobenergebnisse auftreten können. Die Summe dieser Wahrscheinlichkeiten ergibt den Wert 1. Das ist der deduktive Ansatz. Es geht aber auch umgekehrt, also induktiv. Man kann auch anhand eines Stichprobenergebnisses schätzen, wie plausibel (*likely*) es ist, dass verschiedene Populationsparameter für dieses Ergebnis infrage kommen. Diese Plausibilität wird als *Likelihood* bezeichnet. Sie sollten sie nicht mit der oben genannten Wahrscheinlichkeit (*probability*) verwechseln. Mit der **Maximum-Likelihood-Methode**, die auf R.A. Fisher zurückgeht, können Sie unter allen möglichen den Parameter mit der *höchsten Plausibilität* ermitteln, daher auch der Name. Dieses Vorgehen ersetzt bzw. ergänzt zunehmend die deduktive Methode. Interessierte verweise ich auf die Literaturempfehlungen am Ende des Kapitels.

7.9   Freiheitsgrade

Bevor wir uns mit den einzelnen Signifikanztests beschäftigen können, müssen wir noch einen Begriff klären, der schon erwähnt wurde und der vielen Statistikeinsteigern Probleme bereitet. Die Rede ist von den sogenannten **Freiheitsgraden** (*FG; degrees of freedom, df*).

Angenommen, Ihre Stichprobe umfasst nur vier Fälle. Gemessen haben Sie die Leistung in einem Sprachtest (Punktwert). Sie errechnen für diese Gruppe einen Mittelwert von 25 (durchschnittliche Testleistung). Die Summe muss hier $4 \cdot 25$, also 100 sein. Wie die einzelnen Werte ausfallen, ist nicht festgelegt, entscheidend ist nur, dass wir auf eine Summe von 100 kommen müssen. Ansonsten kämen wir ja bei einer Fallzahl von vier nicht auf einen Mittelwert von 25. Legen wir jetzt einfach einmal drei Werte fest: 25, 30 und 19. Das sind die Punktwerte von drei Probanden. Was bedeutet das jetzt für den fehlenden vierten Wert? $25 + 30 + 19 = 74$. Und $100-74 = 26$. Der letzte, fehlende Fall kann nur noch den Wert 26 annehmen, denn er muss die Differenz zu 100 ausgleichen. Wir haben also eine *freie Wahl* bei drei Fällen, sind aber beim vierten eingeschränkt. Wenn unsere ersten drei Werte 12, 66 und 8 lauten, muss der vierte Fall entsprechend den Wert 14 annehmen. Man berechnet diese Freiheitsgrade, indem man den Fall, den man nicht mehr frei wählen kann, von der Gesamtzahl der möglichen Fälle abzieht. In unseren Beispielen also $4-1 = 3$. Wir schreiben dem Mittelwert der Stichprobe also drei Freiheitsgrade zu. Allgemein festgelegt: $n-1$.

Sie wissen schon, dass die Stichprobengröße und die Streuung zusammenhängen. Je kleiner Ihre Stichprobe ist, desto stärker werden die Mittelwerte streuen. Ein einziger Extremwert kann in einer sehr kleinen Stichprobe den Mittelwert erheblich verzerren. Rechnen Sie die Standardabweichung für eine kleine Stichprobe, müssen Sie deshalb die Standardabweichung der Stichprobenmittelwerte nicht durch die Zahl der Fälle in der Stichprobe (n), sondern durch $n-1$ teilen. Sie verkleinern also den Nenner, vergrößern damit das Ergebnis und erweitern den Bereich, in dem sich der Populationsmittelwert wahrscheinlich befindet. Sie lassen also einen etwas größeren Bereich von Werten für den Populationsmittelwert zu, weil Sie wissen, dass Sie bei einer kleinen Stichprobe vom Mittelwert in die Irre geführt werden können (Kennedy, 1993). Bei großen Stichproben unterscheidet sich die Quadratwurzel aus n nicht mehr entscheidend von der Quadratwurzel aus $n-1$. Vergleichen Sie einmal jeweils die Quadratwurzeln von 6 und 6–1 = 5 mit den Quadratwurzeln von 6000 und 6000–1 = 5999: 2,449/2,236 und 77,459/77,453. Im ersten Fall beträgt die Differenz 0,213, im zweiten aber nur 0,006.

7.10 Stichprobenumfänge

Wenn Sie eine Untersuchung planen, müssen Sie auch über den Stichprobenumfang nachdenken. Wie viele Probanden sollen an einem Experiment oder einer Befragung teilnehmen? Wie viele Elemente soll das zu untersuchende Korpus enthalten? Wahrscheinlich denken Sie dabei zuerst an Ihre finanziellen Möglichkeiten und an die zeitlichen Rahmenbedingungen. Die erforderliche Größe der Stichprobe hängt aber auch davon ab, wie *genau* Sie *schätzen* wollen. Ihre Schätzung des Populationsparameters wird mit steigendem Stichprobenumfang immer genauer. Leider wird Ihre Untersuchung damit aber auch gleichzeitig aufwändiger und teurer. Die Statistik hat Möglichkeiten entwickelt, die Schätzungen von Parametern zu verbessern. Man zieht dazu nicht mehr nur eine einfache Zufallsstichprobe, sondern wählt eine mehrstufige, geschichtete oder eine Klumpenstichprobe. Eine wichtige Informationsquelle sind aber auch das eigene Vorwissen bzw. die eigenen Erwartungen hinsichtlich des Ergebnisses (Bayes-Statistik und Likelihoods). Interessierte verweise ich auf die Literaturempfehlungen am Ende des Kapitels.

Sie kennen jetzt den Unterschied zwischen Stichprobe und Grundgesamtheit und können die wichtigsten Stichprobenarten klassifizieren. Sie wissen, was eine Stichprobenkennwerteverteilung ist und welche Rolle der Stichprobenumfang für verschiedene Parameter spielt. Und Sie kennen den Unterschied zwischen Punkt- und Intervallschätzung und wissen um die Bedeutung von Konfidenzintervallen. Damit sind die Arbeiten am „Fundament" fast abgeschlossen. Es fehlt aber noch ein wichtiger Abschnitt: das Formulieren und Testen von Hypothesen. Bevor wir uns also endgültig in die Praxis des Hypothesen-Testens stürzen können, müssen wir uns noch mit einem nicht ganz unproblematischen Konzept beschäftigen: der Signifikanz.

Stichprobe und Grundgesamtheit, Repräsentativität

Stichprobenarten: Zufalls-, Klumpen und geschichtete Stichprobe; Quoten- und Ad-hoch-Stichprobe

Abhängige und unabhängige Stichprobe

Stichprobenkennwerte und Populationsparameter

Stichprobenkennwerteverteilung und zentraler Grenzwertsatz

Punkt- und Intervallschätzung, Konfidenzintervalle

Kriterien und Methoden der Parameterschätzung

Wer sich genauer mit den verschiedenen Stichprobenarten und der Präzisierung von Parameterschätzungen beschäftigen möchte, findet in Bortz und Döring (2006) weitergehende Informationen. Sie behandeln auch den Aspekt „optimale Stichprobenumfänge bestimmen". Eine gute Einführung in die Berechnung von weiteren Konfidenzintervallen ist Sedlmeier/Renkewitz (2008, Kapitel 11). Alternative Methoden der statistischen Inferenz (Likelihood und Bayes) thematisieren Albert (2007), Held & Sabanés Bové (2008) und Leonard & Hsu (2010).

1. Welcher Zusammenhang besteht zwischen der Randomisierung und der Repräsentativität?

2. Werner möchte für ein Experiment Versuchspersonen gewinnen. Er bittet deshalb zwölf, vor der Mensa zufällig vorbeikommende Studenten um eine Teilnahme und hat Glück: Alle machen mit. Seine Probanden verteilt er nach dem Zufallsprinzip auf die vier experimentellen Bedingungen seines Experiments. Beurteilen Sie Werners Vorgehen.

3. Welche Vorteile und welche Nachteile bringt ein großer Stichprobenumfang? Wie verändern sich bei der Wahlumfrage die Konfidenzintervalle, wenn man 2.000 Personen befragt hätte?

4. Wovon hängt die Größe des Standardfehlers des Mittelwertes ab?

5. Was unterscheidet eine Punkt- von einer Intervallschätzung?

6. An Kurts Untersuchung zum mentalen Lexikon haben 27 Probanden teilgenommen. Im Mittel haben seine Teilnehmer 35 Punkte bei einem Benenntest erreicht, bei einer Standardabweichung von 5 Punkten. Bestimmen Sie das Konfidenzintervall (95%) für μ, den wahren Wert in der Population.

8 Statistische Hypothesen formulieren und testen

Lernziele Null- und Alternativhypothese formulieren; ein- und zweiseitig testen; Logik und Ablauf von Signifikanztests; Fehler erster und zweiter Art; Alpha-Inflation und Korrektur; Effektgröße; Konzept „Signifikanz"

Lucy hat ein Experiment zur Verarbeitung von Pluralmorphemen im Deutschen durchgeführt ($n = 148$ Untersuchungseinheiten). Ein Ergebnis ihrer Studie: Es gibt einen signifikanten Unterschied in der Verarbeitung (p = 0,48). Zur Sicherheit lässt Lucy ihre Berechnungen von einem Kommilitonen überprüfen. Dabei stellt sich heraus, dass der Unterschied doch nicht signifikant ist. Der p-Wert liegt nach der Korrektur bei p = 0,52, also über dem festgelegten $\alpha = 0,05$. Was soll Lucy jetzt machen? Wie würden Sie sich in dieser Situation verhalten?

Mit Hypothesen haben wir uns schon einmal ganz am Anfang im Kapitel „Linguistik als empirische Wissenschaft" beschäftigt. Aber erst jetzt wissen Sie genug über Wahrscheinlichkeit und Verteilungen, um sich dem eigentlichen Kerngeschäft widmen zu können: dem Hypothesen testen. Sie können mit Hypothesen auf Zusammenhänge oder auf Unterschiede zwischen zwei oder mehreren Merkmalen bzw. Populationen testen. Sie können aber auch überprüfen, wie sich die Ausprägungen von Variablen im Laufe eines festgelegten Zeitraumes verändern (etwa im Spracherwerb oder während einer Sprachtherapie). Auch der Ablauf einer wissenschaftlichen Untersuchung ist Ihnen jetzt vertraut (vgl. Kapitel 4). Sie wissen, dass Sie nach der Operationalisierung eine sogenannte *statistische Hypothese* formulieren müssen. Jetzt kommt der Moment der Wahrheit: Sie müssen ein statistisches Verfahren auswählen. Tests zur statistischen Überprüfung von Hypothesen werden als **Signifikanztests** bezeichnet. In der Methodikberatung hat es einmal ein Student mit seiner Frage auf den Punkt gebracht: „Alles Zufall, oder was?" Etwas methodischer formuliert: Sind die beobachteten Abweichungen vom erwarteten Wert ein Zufallsprodukt? Wie funktioniert ein solcher Signifikanztest?

8.1 Null- und Alternativhypothese

Formal gesehen geht es bei einem Signifikanztest um zwei Hypothesen, die sich gegenseitig ausschließen: um die **Nullhypothese (H_0)** und um die **Alternativhypothese (H_1)**. Dieses binäre Konzept ist Teil eines Mischmodells, das in der Methodenlehre häufig verwendet wird. Es geht zum Teil auf die beiden Statistiker Jerzy Neyman (1894–1981) und Egon Pearson (1895–1980) zurück, die es in den 30er Jahren des letzten Jahrhunderts entwickelt haben. Der andere Teil wird R.A. Fisher zugeschrieben, der schon mehrfach erwähnt wurde. Ihre Forschungshypothese ist in der Regel die Alternativhypothese, die Sie gegen die Nullhypothese „antreten" lassen. Wenn Sie aber bspw. vermuten, dass sich zwei Gruppen *nicht* voneinander unterscheiden, entspricht Ihre Forschungshypothese der Nullhypothese. Wie auch immer Ihre Annahmen aussehen: Die Nullhypothese muss eine faire Chance haben. Die Alternativhypothese muss also auch wirklich scheitern können.

Angenommen, Sie haben zwei Gruppen untersucht, also zwei Stichproben gezogen. Sie interessieren sich dafür, ob sich die Leseleistung durch eine neue Methode verändert hat. Ihr erster (deskriptiver) Schritt: Sie berechnen die durchschnittliche Leseleistung für die beiden Gruppen, also etwa den Mittelwert und die Streuung. Dann prüfen Sie auf Signifikanz, bspw. mit dem t-Test. Wie das genau geht, schauen wir uns im nächsten Kapitel an. Wichtig ist zunächst einmal nur, die zugrunde liegende Logik der Signifikanztests zu verstehen. Sie erinnern sich hoffentlich noch an den Unterschied zwischen Stichprobenkennwerten und Populationsparametern aus dem letzten Kapitel. Wir interessieren uns ab jetzt für Populationen, denn wir wollen ja verallgemeinern. Entsprechend sieht unser statistisches Hypothesenpaar aus:

H_0: $\mu_1 = \mu_2$ (Nullhypothese)
H_1: $\mu_1 \neq \mu_2$ (Alternativhypothese)

Zwischen den Mittelwertsparametern μ_1 und μ_2 der Populationen, aus denen die Stichproben stammen, besteht kein Unterschied (=), das ist die Nullhypothese. „Übersetzt": Die neue Methode hat also keinen Effekt. Oder sie unterscheiden sich (≠), das bezeichnen wir als Alternativhypothese. „Inhaltlich": Es gibt *irgendeinen* Effekt auf die Leseleistung. Das gilt genauso, wenn Sie nach Zusammenhängen zwischen Merkmalen suchen. Dazu berechnen Sie Zusammenhangsmaße, sogenannte Korrelationskoeffizienten, von denen wir uns einige im Kapitel „Auf signifikante Zusammenhänge testen" noch genauer anschauen werden. Wenn Sie bspw. den Korrelationskoeffizienten ρ (das ist das altgriechische *rho*) berechnen, formulieren Sie auch hier entsprechend:

H_0: ρ (rho) = 0   (Nullhypothese)
H_1: ρ (rho) ≠ 0   (Alternativhypothese)

Die Korrelation rho zwischen den Merkmalen in der untersuchten Population, aus der die Stichprobe stammt, ist also gleich oder ungleich Null. Für zeitliche Veränderungen zwischen zwei Messzeitpunkten t_1 und t_2 lassen sich analog die Nullhypothese ($\mu_1 = \mu_2$) und die Alternativhypothese ($\mu_1 \neq \mu_2$) formulieren. Die Nullhypothese behauptet dann, dass sich ein Merkmal nicht verändert. Bei einem Patienten unter Sprachtherapie hat sich also bspw. das Benennen nach einer vierwöchigen Therapie nicht signifikant verbessert, aber sich eben auch nicht verschlechtert. Die Alternativhypothese geht dagegen von einer Veränderung aus. Über die *Richtung* dieser Veränderung macht sie in dieser Form allerdings keine Angabe. Sie ist ungerichtet.

8.2   Gerichtete oder ungerichtete Hypothesen

Hypothesen können aber nicht nur ungerichtet, sondern auch gerichtet sein. Sie machen dann Angaben über die **Richtung** eines Zusammenhangs, eines Unterschiedes oder einer Veränderung. Zusammenhänge können positiv oder negativ sein. Sie vermuten, dass eine Therapie hilfreich ist (positive Richtung)? Dann formulieren Sie die Alternativhypothese entsprechend: H_1: ρ (rho) > 0. Oder wenn Sie Mittelwerte miteinander vergleichen wollen: H_1: $\mu_1 > \mu_2$ oder H_1: $\mu_1 < \mu_2$. Bei gerichteten Unterschiedshypothesen behaupten Sie mit einer gerichteten Hypothese nicht nur, dass sich zwei Gruppen unterscheiden, also nicht aus einer Population stammen. Sie vermuten darüber hinaus auch, welche Gruppe besser bzw. schlechter abschneidet, mehr oder weniger Zeit benötigt, usw. Gerichtete Hypothesen sind deshalb informativer als ungerichtete.

Gehen wir noch einen Schritt weiter. Gerichtete Unterschiedshypothesen geben zwar die Richtung des Unterschieds an, über seine *Größe* machen sie aber keine Angaben. Das gilt genauso für die Größe des Zusammenhangs oder einer Veränderung. Solche gerichteten Hypothesen werden als unspezifisch bezeichnet. **Spezifische,** gerichtete Hypothesen dagegen spezifizieren auch diesen Betrag. Sie haben bspw. die folgende Form: H_1: $\mu_1 > \mu_2 + x$ oder auch H_1: $\rho > x$. Mit diesen Hypothesen vermutet man, dass der Paramater μ_1 mindestens um den *Betrag x* über dem Parameter μ_2 liegt oder eine Korrelation einen bestimmten Wert nicht unterschreiten darf. Daraus lässt sich die Effektstärke errechnen. Wofür könnte das x stehen? Die Teilnehmer eines Vokabeltests müssten bspw. mindestens um 10 Wörter über der entsprechenden Testleistung der Vergleichsgruppe liegen. Oder eine Korrelation muss eine bestimmte Stärke haben, etwa $\rho = 0{,}5$. Ob man eine gerichtete oder eine ungerichtete Hypothese untersucht, hat Auswirkungen auf den Signifikanztest.

8.3   Die Logik von Signifikanztests

Nicht ohne Grund haben Sie sich mit der Wahrscheinlichkeit beschäftigt. Ein Signifikanztest ermittelt nämlich die Wahrscheinlichkeit, mit der das empirische Ergebnis Ihrer Untersuchung (oder ein noch extremer von der Nullhypothese (H_0) abweichender Wert) auftreten kann, *falls die H_0 in der Population gilt.* Dieser Zusatz ist sehr wichtig. Diese Wahrscheinlichkeit ist eine *Überschreitungswahrscheinlichkeit.* Wird nämlich diese Schranke, also dieser Wert, überschritten, wird die Nullhypothese verworfen. Man prüft also mit einem Signifikanztest nicht, welche der beiden Hypothesen (H_0 und H_1) eher mit den Daten „zu vereinbaren" ist, wie viele Statistik-Einsteiger glauben. Man testet nur, wie gut und mit welcher Wahrscheinlichkeit die Daten mit der *Nullhypothese* zu vereinbaren sind. Diese Wahrscheinlichkeit wird auch als **Irrtumswahrscheinlichkeit** bezeichnet. Leider wird dieser Begriff oft missverstanden:

▶ **Irrtumswahrscheinlichkeit α**

Die bei einem Signifikanztest ermittelte (bedingte) Wahrscheinlichkeit, dass ein solches Ergebnis zustandekommt, *wenn in der Population die Nullhypothese gilt.* **NICHT:** Wahrscheinlichkeit für die Gültigkeit der Nullhypothese.

Ein nicht-signifikantes Ergebnis bedeutet also *nicht*, dass damit die *Nullhypothese richtig* ist! Das verdeutlicht auch der **Ablauf eines Signifikanztests** (nach Hussy & Jain, 2002). Nullhypothese und Alternativhypothese bilden ein Gegensatzpaar. Ein Signifikanztest geht von der Nullhypothese aus. Man vermutet, dass die Nullhypothese in der

Population zutrifft. Auf dieser Basis konstruiert man eine Stichprobenkennwerteverteilung. Sie gibt an, mit welcher Wahrscheinlichkeit alle möglichen Stichprobenergebnisse
auftreten können. Innerhalb dieser Verteilung muss man jetzt Bereiche definieren.
Trifft die Nullhypothese zu, müsste in diesen Bereich mit einer gewissen Wahrscheinlichkeit der Stichprobenkennwert fallen. Diese Wahrscheinlichkeit muss angegeben
werden. Man legt also das Signifikanzniveau fest, bspw. auf 1%, 5% oder einen anderen
Wert, den man für angemessen hält. Die Höhe orientiert sich auch an der untersuchten
Fragestellung. Als nächstes wird der Kennwert einer zufälligen Stichprobe aus der Population ermittelt, also vielleicht ein Mittelwert. Dieses Stichprobenergebnis vergleicht
man mit der Stichprobenkennwerteverteilung. Ein Ergebnis ist nicht signifikant, wenn
es in den Bereich der wahrscheinlichen Werte fällt. Es weicht dann also nicht-
signifikant von den Werten ab, die man unter der Nullhypothese auch erwarten kann.
Die Abweichung ist zu klein und ist vielleicht durch die Zusammensetzung der Stichprobe entstanden. Ein signifikantes Ergebnis dagegen weicht stark vom erwarteten
Wert ab. Man kann diese Abweichung auch nicht mehr mit dem Zufall bei der Auswahl der Stichprobe erklären.

Anstelle mit eigens konstruierten Stichprobenkennwerteverteilungen arbeitet man
in der Praxis, wie Sie schon wissen, meistens mit sogenannten Prüfverteilungen, die als
Tabellen vorliegen (vgl. Kapitel „Kombinatorik und Wahrscheinlichkeit"). Sie finden
diese Tabellen im Anhang dokumentiert. Ihr Vorteil: Man kann sie für verschiedene
Fragestellungen immer wieder verwenden. Die Logik ändert sich aber dadurch nicht.
Auch bei diesen Verteilungen werden bestimmte Bereiche definiert, nämlich wahr-
scheinliche und unwahrscheinliche. Dann schaut man, in welchen Bereich der berechnete Kennwert (bspw. der Mittelwert) fällt. Erhält man ein signifikantes Ergebnis, lehnt
man die Nullhypothese ab und nimmt die Alternativhypothese an. Man erklärt das
Ergebnis also nicht damit, dass man vielleicht eine sehr untypische Stichprobe untersucht hat. Bei einem nicht-signifikanten Ergebnis behält man dagegen die Nullhypothese bei. Beachten Sie bitte, dass man mit der Irrtumswahrscheinlichkeit α eine Grenze
(die besagte Schranke) bezeichnet, die der Wissenschaftler *vorher* festlegt. Der p-Wert,
die Überschreitungswahrscheinlichkeit, ist dagegen ein empirisches Ergebnis. Dieser
Wert liegt also erst nach der Berechnung Ihrer Daten vor.

8.4   Einseitige und zweiseitige Fragestellung

Sie wissen jetzt, wie Sie gerichtete und ungerichtete Hypothesen formulieren müssen
und wie ein Signifikanztest funktioniert. Jetzt können wir uns als nächstes damit beschäftigen, wie man ein- und zweiseitig testet. Haben Sie eine **gerichtete Hypothese**
formuliert (Frauen verarbeiten Wörter schneller als Männer), überprüfen Sie die Nullhypothese mit einem **einseitigen Test**. Ist Ihre Alternativhypothese **ungerichtet** (Männer und Frauen unterscheiden sich in der Geschwindigkeit der Wortverarbeitung)
testen Sie **zweiseitig**. Gerichtet/ungerichtet bezieht sich also auf die Hypothese, einsei-
tig/zweiseitig auf den Signifikanztest, genauer: auf den **Ablehnungsbereich** am Ende
einer Verteilung. Jetzt verstehen Sie auch, warum wir uns mit Wahrscheinlichkeitsdichte und den Verteilungsfunktionen beschäftigt haben. Der Ablehnungsbereich einer
Verteilung ist in den Abbildungen 8.1 und 8.2 grau eingefärbt. Dabei handelt es sich

bspw. um die extremsten 5% der Verteilung. Der Wert, der diese 5% abschneidet, wird als *kritischer Wert* bezeichnet. Er markiert den Ablehnungsbereich (in den Abbildungen ist es der eingezeichnete Strich bei α/2 bzw. α).

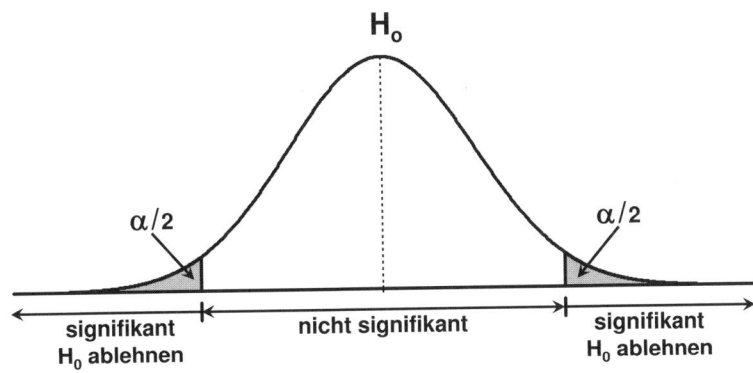

Abb. 8.1: Signifikanztest nach Fisher (zweiseitiger Test)

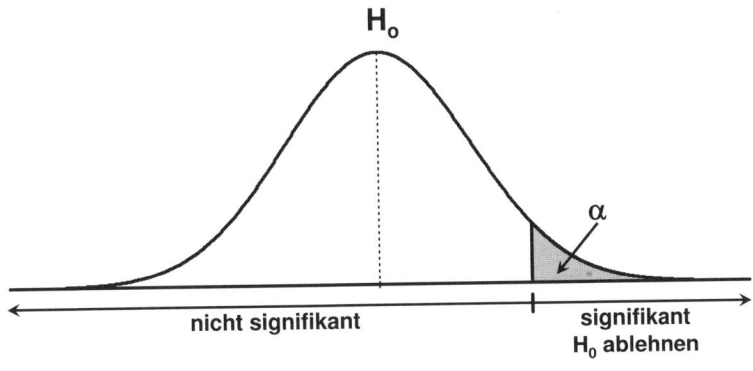

Abb. 8.2: Signifikanztest nach Fisher (einseitiger Test)

Bei einem zweiseitigen Test verteilt sich der Ablehnungsbereich der Nullhypothese zu jeweils gleichen Teilen auf die beiden Enden der Verteilung, deshalb α/2. Hier wissen Sie ja nicht, in welche Richtung der Effekt wirkt. Deshalb schneiden Sie an *beiden* Enden der Verteilung einen bestimmten Flächenanteil ab (α/2). Bei einer von Ihnen festgelegten Irrtumswahrscheinlichkeit von α = 0,05 (also 5%) entsprechend jeweils 0,025 (2,5%) auf jeder Seite. Möchten Sie auf einem 1%-Niveau testen, sind es entsprechend 0,5% der Fläche auf jeder Seite der Verteilung, die Sie „kappen". Die Werte in diesen Bereichen haben also eine Auftretenswahrscheinlichkeit *unter der Bedingung der Nullhypothese*, die kleiner oder gleich 2,5% (bzw. 0,5%) ist. Bei einem einseitigen Test liegt der Ablehnungsbereich der H_0 dagegen nur an *einem* Ende der Verteilung (entweder links oder rechts). Hier vermuten Sie ja die Richtung des Effekts (Männer > Frauen oder Männer < Frauen). Für beide Varianten gilt: Fällt die Prüfgröße, also der Wert, den Sie für Ihre Stichprobe ermittelt haben, in diesen grauen Bereich, müssen Sie die Nullhypothese ablehnen. α ist also ein Flächenanteil unter der Populationsverteilung. Er entspricht einer vorher von Ihnen festgelegten Größe (bspw. 5%).

8.5   Testfehler erster und zweiter Art

Man prüft also mit einem Signifikanztest, ob die Ergebnisse innerhalb gewisser Grenzen mit den „idealen", also erwarteten Ergebnissen, übereinstimmen. Weichen die Ergebnisse deutlich von den vorhergesagten ab, spricht man von einem signifikanten Unterschied und lehnt die Nullhypothese ab. Erhält man dagegen keine signifikanten Unterschiede zur H_0, behält man die Nullhypothese bei. Beides kann aber falsch sein, (Irren ist menschlich!, vgl. Kapitel 2), wie Tabelle 8.1 zeigt:

Tabelle 8.1: Fehler 1. und 2. Art

Entscheidung	„Wirklicher" Zustand	
	H_0 trifft zu	H_0 trifft nicht zu
H_0 wird abgelehnt	Fehler 1. Art (Alpha-Fehler)	Richtige Entscheidung
H_0 wird beibehalten	Richtige Entscheidung	Fehler 2. Art (Beta-Fehler)

Man kann eine Nullhypothese also fälschlicherweise ablehnen, obwohl sie eigentlich beibehalten werden müsste. Das ist der sogenannte **α-Fehler**. Oder man behält sie bei, obwohl man sie eigentlich verwerfen sollte (**β-Fehler**). Die Wahrscheinlichkeit, einen Fehler erster Art (α-Fehler) zu begehen, ist gleich der Irrtumswahrscheinlichkeit α, die Sie schon kennen. Für diesen Fehler legen Sie also selbst eine Art Schranke fest. Wenn Sie einen t-Test rechnen (vgl. Kapitel 9) und bspw. eine Signifikanzgrenze von α = 0,05 vorgeben, müssen Sie bei einem erzielten p- Wert von p = 0,06 also Ihre Nullhypothese beibehalten, da dieser Wert *über* Ihrer Grenze liegt. Es könnte allerdings sein, dass Sie dies fälschlicherweise tun, da Ihre festgelegte Signifikanzgrenze nur knapp überschritten wird. Haben Sie aber einen p-Wert von p = 0,8 erzielt, ist die Wahrscheinlichkeit aufgrund der großen Abweichung wesentlich geringer, einen solchen Fehler zu begehen. Das Beta-Risiko (β-Fehler), der Fehler zweiter Art, ist die Wahrscheinlichkeit, dass ein bestehender Unterschied *nicht* erkannt wird. Die Nullhypothese wird also beibehalten, obwohl eigentlich die Alternativhypothese angenommen werden müsste. Das Beta-Risiko ist von mehreren Größen abhängig. Hier sind einige:

a)   Von der relativen Größe des Effekts (bspw. von der Größe von Mittelwertsunterschieden oder der Höhe der Korrelationen). Je größer dieser Effekt, desto kleiner wird Beta.

b)   Vom Alpha-Risiko: Beta sinkt entsprechend bei einem höheren Wert von Alpha.

c)   Vom Stichprobenumfang: Beta sinkt mit zunehmender Stichprobengröße.

Die Wahrscheinlichkeit, dass man bei *zutreffender* Alternativhypothese ein signifikantes Ergebnis erhält und dann auch die richtige Entscheidung trifft (also die Alternativhypothese auch annimmt) wird als **Teststärke** (*power*) des Signifikanztests bezeichnet. Sie wird mit dem griechischen Buchstaben ε (epsilon) gekennzeichnet und ist das Komplement zum Beta-Risiko, also $\varepsilon = 1-\beta$. Beta gibt ja an, mit welcher Wahrscheinlichkeit die eigentlich richtige Alternativhypothese fälschlicherweise *abgelehnt* wird.

Manchmal wird der Fehler erster Art auch als *Konsumentenrisiko*, der Fehler zweiter Art als *Produzentenrisiko* bezeichnet. Warum? Angenommen, ein Pharmaunternehmen bringt ein neues Medikament auf den Markt. Die klinischen Studien haben eine signifikante Wirksamkeit, bspw. einen schnelleren Heilungserfolg, nachgewiesen. Trifft dies aber eigentlich nicht zu, trägt in diesem Fall der Konsument des Medikaments das Risiko des fälschlicherweise erkannten Unterschiedes. Werden dagegen keine signifikanten Verbesserungen nachgewiesen, obwohl das Medikament eigentlich besser wirkt, geht das Risiko des fälschlicherweise nicht erkannten Unterschiedes zu Lasten des Pharmaunternehmens, also des Produzenten. Man sollte als Wissenschaftler bei jeder Fragestellung abwägen, welcher Fehler als gravierender einzustufen ist.

8.6 Alpha-Inflation

Statistikprogrammpakete sind ein Segen. Sie verführen allerdings auch dazu, in kurzer Zeit und mit geringem Aufwand sehr viele Tests rechnen zu lassen. Vielleicht hängen die betrachteten Variablen ja doch irgendwie zusammen? Aus dem Kapitel „Kombinatorik und Wahrscheinlichkeit" wissen Sie, dass Sie bei 20 untersuchten Variablen bereits auf 20 mal 19/2 = 190 Zusammenhänge testen können. Bei 30 sind es schon 435, bei 50 dann 1225. Eine Hypothese bezüglich der einzelnen Zusammenhänge hat man dazu natürlich vorab nicht formuliert. Ein solches hypothesenfreies (wie manche auch spotten: „hirnfreies") „Alles-mit allem-Testen" widerspricht der Handlungslogik von Signifikanztests. Selbst wenn Sie *nachträglich* eine Hypothese formulieren würden, hätte diese ja keine Chance, innerhalb des Testkonzeptes widerlegt zu werden. Auch deshalb gilt:

 Hypothesen werden **immer vor** einem Signifikanztest aufgestellt. Es sollten (theoriegeleitet) nur wenige Hypothesen getestet werden.

Das Testen von sehr vielen Hypothesen ist nur unter bestimmten Bedingungen zulässig, nämlich in Kombination mit einer erklärenden Theorie oder als erster Schritt in ein neu zu erkundendes Forschungsfeld (vgl. Kapitel 12). Damit kann man relevante Fragestellungen herausfiltern und diese wenigen Hypothesen später auf „klassische" Art und Weise testen. Manchmal lässt es sich aber nicht vermeiden, eine „globale" Hypothese mit mehreren, aber insgesamt wenigen Signifikanztests zu überprüfen. Dabei entsteht das Problem der sogenannten **α-Fehler-Kumulierung**. Die Gefahr, mindestens einen α-Fehler zu begehen, wächst nämlich mit der Anzahl der gerechneten Signifikanztests. Diese Kumulierung müssen Sie korrigieren. Dafür gibt es verschiedene Möglichkeiten. Ich stelle Ihnen hier eine Korrekturmöglichkeit vor, die sogenannte **Bonferroni-Korrektur**. Sie setzt das inflationierte α so herab, dass es wieder dem nominellen

α entspricht. Alpha wird dabei durch die Anzahl der Tests dividiert. Das verdeutlicht
am besten ein Beispiel: Sie möchten eine globale Hypothese auf dem 5%-Niveau testen
und müssen dazu drei einzelne Tests rechnen. Dann müssen Sie also α durch 3 teilen:
5% / 3 = 0,0167. Das bedeutet, dass für *jeden* der drei Tests statt 5% jetzt eine Fehler-
wahrscheinlichkeit von 1,7% angenommen wird. Nur wenn *alle* Tests auf diesem Niveau signifikant sind, ist auch die globale Hypothese signifikant. Die Bonferroni-
Korrektur gilt allerdings als konservativ. Die Nullhypothese wird also zu oft beibehalten.

8.7   Effektgröße

Das Ergebnis eines Signifikanztests verrät Ihnen, ob Sie einen gefundenen Unterschied
oder einen Zusammenhang nur mit Zufallseinflüssen erklären können. Wie groß oder
bedeutungsvoll dieser Unterschied oder dieser Zusammenhang ist, wissen Sie damit
allerdings nicht. Aber auch dafür gibt es ein Maß: die **Effektgröße**. Signifikanz und
Effektgröße sind einerseits voneinander unabhängig. Sie können in Ihrer Untersuchung einen relativ großen Effekt ermitteln, der aber nicht signifikant wird, oder aber
einen kleinen, aber dennoch signifikanten Effekt nachweisen. Anderseits hängen Signifikanz und Effektgröße auf eine gewisse Art und Weise zusammen. Unter gleichen
Bedingungen wird nämlich ein Effekt umso wahrscheinlicher signifikant, je größer er
ist.

   Anders als die Signifikanz, sind Effektgrößen unabhängig vom Stichprobenumfang.
Man kann dieses Maß deshalb dazu verwenden, Untersuchungen miteinander zu vergleichen. Große Effekte sind in der Linguistik leider eher die Ausnahme. Bei Untersuchungen, die nicht im Labor stattfinden, sollten Sie deshalb eher kleine Effektgrößen
erwarten. Hier gibt es viele Störeinflüsse, die den eigentlichen Effekt überlagern können
(vgl. Kapitel „Versuchsplanung"). Das gilt auch, wenn Sie sich in ein neues Forschungsfeld wagen und nicht von den Erfahrungen und Ergebnissen Ihrer Vorgänger
bei der Planung Ihrer Untersuchung profitieren können.

   Die Berechnung von Effektgrößen spielt vor allem bei Untersuchungen mit größeren Stichproben eine Rolle. Dann wird bspw. ein Unterschied allein aufgrund des
Stichprobenumfangs als signifikant ausgewiesen, obwohl er vielleicht inhaltlich nicht
bedeutsam ist. Nur bei großen Stichprobenumfängen kann man allerdings davon ausgehen, dass die Effektgröße, die man aus seinen Daten berechnet hat, auch die Effektgröße in der Population schätzt. Betrachten Sie nur eine kleine Stichprobe und weisen
einen signifikanten Unterschied nach, können Sie davon ausgehen, dass auch die Effektgröße in Ihrer Stichprobe groß ist. Der Unterschied bspw. muss also groß sein. Sie
wissen aber schon, dass die Schätzung eines Parameters umso ungenauer wird, je größer die Stichprobe ist. Bei einer kleinen Stichprobe wird die berechnete Effektgröße
deshalb leider nur ungenau den Populationswert schätzen. Liegt kein signifikanter
Unterschied vor, hilft Ihnen auch die Berechnung der Effektgröße nicht weiter. Ihr
Ergebnis könnte ein reines Zufallsprodukt sein. In diesem Fall können Sie nur noch
berechnen, wie groß die Wahrscheinlichkeit ist, dass unter den gegebenen Bedingungen ein bestimmter Effekt überhaupt hätte signifikant werden können.

8.8   Das Neyman-Pearson-Modell der Hypothesentestung

Bis jetzt lautete die Empfehlung: Formuliere eine Forschungshypothese und „übersetze" sie in eine statistische Hypothese. Lege das Signifikanzniveau α fest (bspw. α = 0,05). Ziehe die Stichprobe. Ermittle die Prüfgröße und den kritischen Wert. Liegt die Überschreitungswahrscheinlichkeit p unter dem vorher festgelegten α-Fehler, lehne die Nullhypothese ab. Dieses Vorgehen geht auf Sir Ronald Aylmer Fisher (1890–1962) zurück und wurde aus mehreren Gründen modifiziert. Was passiert bspw., wenn man kein signifikantes Ergebnis hat? Was sagt uns die Signifikanz eigentlich über die praktische Bedeutsamkeit? Und was ist eigentlich mit der Alternativhypothese, die in Fishers Ansatz nicht vorkommt? Das Modell von Jerzy Neyman und Egon S. Pearson versucht, diese Aspekte auch zu berücksichtigen (Abb. 8.3):

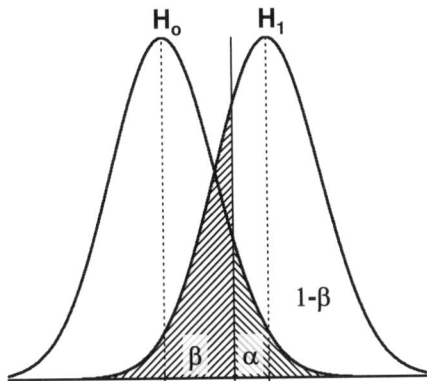

Abb. 8.3: Binäres Entscheidungskonzept nach Neyman und Pearson

Wie Sie sehen, enthält diese Modell die Null- *und* die Alternativhypothese. Der Wissenschaftler muss sich also jetzt entscheiden (für die eine oder gegen die andere) und ist dadurch gezwungen, im Vorfeld seine Annahmen zu begründen, indem er eine Alternativhypothese formuliert. Neben dem Alpha-Fehler ist hier auch der β-Fehler eingetragen. Man muss in diesem Ansatz abwägen, was für die eigene Fragestellung wichtiger ist („Kosten-Nutzen-Analyse"). Der durchgezogene Strich symbolisiert eine Art „nicht-mathematische Handlungsanweisung". Rechts von ihm, also bei Signifikanz, lautet die Empfehlung: „Pro Alternativhypothese", links von ihm: „Pro Nullhypothese". Entscheidend ist aber, die notwendige Stichprobengröße entsprechend im Vorfeld zu planen. Im Konzept von Neyman und Pearson sind die vier betrachteten Größen (α, β, n (Stichprobenumfang) und ε (der Effekt) voneinander abhängig. Liegen drei dieser Werte fest, ist damit natürlich auch der vierte festgelegt. Das nutzt man in der Statistik für eine sogenannte *A-Priori-Poweranalyse*: Sind α, β und ε gegeben, kann man damit n, also den sogenannten *optimalen Stichprobenumfang* für eine Untersuchung bestimmen.

8.9   Was bedeutet Signifikanz?

Nicht nur Statistik-Einsteiger orientieren sich stark an der Signifikanz. In Kapitel 4 habe ich Sie schon auf die *publication bias* hingewiesen. Ein statistisch signifikantes Ergebnis hat größere Chancen, publiziert zu werden. Das ist aus mehreren Gründen problematisch: Ein signifikantes Testergebnis bedeutet lediglich, dass *bei dieser untersuchten Stichprobe* ein Widerspruch zur H_0 aufgetreten ist. Dieses Ergebnis könnte bei einer anderen Stichprobe auch ganz anders ausfallen. Es ist nur eine Entscheidung auf der Basis einer höheren *Plausibilität* (Bortz, 2005). Auch hängen Signifikanz und Stichprobenumfang eng zusammen. Je größer die Stichprobe, desto eher wird ein Test signifikant – auch deshalb ist Signifikanz für sich genommen noch kein Qualitätsmerkmal. Man muss nur entsprechend viele Untersuchungseinheiten erheben. Und: Sie können einen hochsignifikanten Unterschied oder Zusammenhang finden, der aber so klein ausfällt, dass er praktisch bedeutungslos ist. Signifikanz und *Relevanz/Bedeutsamkeit* sind verschiedene Konzepte. Achten Sie deshalb bitte nicht nur auf Signifikanz, sondern vor allem auf die inhaltliche, also praktische Bedeutsamkeit Ihrer Ergebnisse. Verwechseln Sie bitte auch nicht Signifikanz mit Wahrheit. Wir werden auf diese Probleme ganz am Ende des Buches noch einmal zurückkommen, wenn Sie viele Signifikanztests kennengelernt haben.

     Was würden Sie also Lucy jetzt raten? Sie sollte die Effektgröße und auf jeden Fall das Konfidenzintervall berechnen. Und Sie sollte beachten, dass der (praktisch bedeutsame) Unterschied zwischen den beiden p-Werten nicht besonders groß ist.

Null- und Alternativhypothese

Einseitiges und zweiseitiges Testen

Logik und Ablauf von Signifikanztests

Fehler erster und zweiter Art

Alpha-Inflation und Korrektur

Teststärke / Effektgröße

Konzept „Signifikanz"

Eine weiterführende Darstellung ist Kline (2004). Eine kritische Auseinandersetzung mit dem Signifikanzbegriff und der gängigen Praxis finden Sie in Cohen (1994) und in Gigerenzer (2004b). Wer mehr über die verschiedenen Effektgrößen wissen möchte und sich für die Berechnung von optimalen Stichprobenumfängen interessiert, kann in Bortz und Döring (2006), Cohen (1988) oder Eid *et al.* (2010) nachlesen. Wie man es vermeidet, Signifikanztests falsch zu interpretieren, zeigt anschaulich Stelzl (1982).

1.   Was unterscheidet p und α?
2.   Wie verändert sich ß, wenn der Stichprobenumfang zunimmt?
3.   Warum verraten p-Werte nichts über die Größe eines Effekts?
4.   Was können Sie tun, um den α- und den β-Fehler zu minimieren?
5.   Wie hängen der Fehler 1. Art und der Fehler 2. Art zusammen?
6.   Wovon hängt die Power eines Tests ab?

9   Auf signifikante Unterschiede testen – Teil I

Lernziele Unterschiede zwischen parametrischen und verteilungsfreien Verfahren kennen; Signifikanztests klassifizieren und sinnvoll auswählen: Chi-Quadrat-Familie, U-Test nach Mann und Whitney, Wilcoxon-Test, t-Test (abhängig/unabhängig)

Hat sich die Sprache eines Patienten durch die sprachtherapeutische Behandlung verbessert? Machen Kinder nach einem Rechtschreibtraining weniger Fehler? Welche von vier Lehrmethoden ist am erfolgreichsten in der Fremdsprachendidaktik? Produzieren Männer mehr Versprecher als Frauen? Enthält ein übersetzter Text mehr Wörter als das Original? Kommen Wörter in einem Text in allen Funktionen gleich häufig vor? Verwenden Fremdsprachenlerner (L2-Lerner) unterschiedliche Strategien in Abhängigkeit von der Struktur ihrer Muttersprache (L1)? Haben Linguisten andere Intuitionen aufgrund ihres sprachlichen Wissens als die nicht-fachlichen Muttersprachler? Werden Dialekte unterschiedlich wertgeschätzt? Was ist entscheidend für die Lexikonentwicklung eines Kindes? Die Bezugsperson (Mutter/Vater), wie viel mit dem Kind gesprochen wird (Umfang), oder wirkt vielleicht beides zusammen? Das sind alles Beispiele für Fragestellungen, die Sie mit den Verfahren aus diesem und dem nächsten Kapitel (Kapitel 10) bearbeiten können.

Was interessiert *Sie* besonders? Schreiben Sie bitte drei Fragestellungen auf, die Sie gerne einmal untersuchen würden, und formulieren Sie dazu die Null- und die Alternativhypothese. Dabei spielt es keine Rolle, ob Sie eine solche Untersuchung auch mit Ihren augenblicklichen Möglichkeiten realisieren könnten. In der Gruppe: Sammeln Sie die Fragestellungen, die man in der nahen Zukunft unbedingt untersuchen sollte und formulieren Sie dazu jeweils die Null- und die Alternativhypothesen.

9.1   Parametrische und verteilungsfreie Statistik

Mit der analytischen Statistik wird besonders oft auf Unterschiede und auf Zusammenhänge getestet. Dafür wurden viele statistische Verfahren entwickelt, von denen die gängigsten auch in Statistikprogrammpaketen wie SPSS oder R integriert sind. Man kann diese Verfahren zunächst einmal nach ihren Voraussetzungen als **parametrisch** oder **verteilungsfrei** klassifizieren. Zu den parametrischen Verfahren gehören bspw. der t-Test, die Varianzanalyse und die Produkt-Moment-Korrelation. Beispiele für verteilungsfreie Verfahren sind der Chi-Quadrat-Test, der Wilcoxon- und der U-Test, die Spearman-Rangkorrelation, die Rangvarianzanalyse von Friedman und der H-Test. Sie werden alle diese Verfahren noch kennenlernen. Die Anwendungsbedingungen bestimmen mit, welches Verfahren man wann einsetzen darf und sollte. Bevor wir uns deshalb mit den einzelnen Signifikanztests beschäftigen können, müssen wir zunächst einmal auf die *Voraussetzungen* statistischer Verfahren schauen. Sie gelten für beide Bedingungen: für das Testen auf Unterschiede wie für das Testen auf Zusammenhänge, das wir im übernächsten Kapitel (Kapitel 11) besprechen.

9.2   Parametrisch oder verteilungsfrei testen?

Bei der Beantwortung dieser Frage spielen verschiedene Aspekte eine Rolle: das Messniveau Ihrer Variablen, der Umfang Ihrer Stichprobe(n), die mathematisch-statistischen Voraussetzungen der Signifikanztests und auch ihre Robustheit.

Messniveau

Aus dem Kapitel „Deskriptive Statistik" wissen Sie schon, wie wichtig das Skalenniveau ist. Generell wird empfohlen, parametrische Verfahren (wie bspw. der Vergleich zweier Stichprobenmittelwerte mit dem t-Test) nur auf Datensätze mit einem kardinalen Messniveau (also intervall- oder verhältnisskaliert) anzuwenden. Warum? Sie erinnern sich sicher, dass die Differenz zweier Mittelwerte für ordinale Daten nicht interpretierbar ist, auch wenn der t-Test an sich ein sehr robustes Verfahren ist. Nominal- und ordinalskalierte Daten sollten Sie also besser mit verteilungsfreien Verfahren auswerten. Das gilt auch für solche kardinalskalierten Datensätze, die die mathematisch-statistischen Voraussetzungen für parametrische Tests nicht erfüllen.

Mathematisch-statistische Voraussetzungen

Damit nämlich eine statistische Entscheidung korrekt ausfällt und aussagekräftig ist, müssen bestimmte mathematisch-statistische Voraussetzungen erfüllt sein. Es sind Anforderungen an die *Form der Populationsverteilungen* und deren *Parameter*. Das gilt für alle Signifikanztests, in geringerem Umfang allerdings für die nicht-parametrischen. Daher auch der Name „verteilungsfrei" oder „verteilungsunabhängig". Solche Tests machen in der Regel weniger Vorgaben über die genaue Form der Verteilung und gelten deshalb als voraussetzungsärmer.

Die meisten parametrischen, also verteilungsgebundenen Verfahren setzen eine **Normalverteilung** der zu prüfenden Kennwerte des untersuchten Merkmals voraus. Ihre Vorteile haben Sie bereits kennengelernt. Als *Richtwert* wird in der Statistik meistens eine Stichprobengröße von $n > 30$ genannt. Ab diesem Wert soll man auf die Wirksamkeit des zentralen Grenzwerttheorems bauen können. Dann verteilen sich die Kennwerte in einer Population normal. Bei einem Umfang von $n < 30$ spricht man von einer kleinen Stichprobe. Wenn Sie die Populationscharakteristika nicht exakt kennen und nur wenige Daten erhoben haben, sind im Zweifelsfall verteilungsfreie Verfahren die bessere Wahl. Einige Verfahren sind allerdings schon bei einer Stichprobengröße von $n < 30$ annähernd „normalverteilt". Die Zahl ist nur ein Richtwert, sie ist keine magische Grenze. Am besten, man schaut sich deshalb für jedes Verfahren die genauen Voraussetzungen an.

Wenn Sie den Methodikteil von publizierten Untersuchungen lesen, werden Sie allerdings feststellen können, dass auch bei kleineren Stichproben oft parametrisch getestet wird. Dafür gibt es zwei Gründe: Parametrische Verfahren werden viel häufiger in der Ausbildung vermittelt, weil sie einem Paradigma folgen. Einige plädieren aber auch dafür, dass man schon ab einem sehr viel kleineren Stichprobenumfang parametrisch testen könne, wenn es das Skalenniveau der Variablen zulässt. Sie halten die gängigen Verfahren also für robust genug.

Es gibt neben dem Kriterium der Normalverteilung auch noch eine weitere, wichtige Voraussetzung: Wenn Sie zwei Stichproben miteinander vergleichen wollen, müssen diese **varianzhomogen** (bzw. **homomer** (formgleich) bei nicht-parametrischen Verfahren) sein. Es muss sich also um Verteilungen des gleichen Typs handeln. Wie man bspw. auf Varianzhomogenität prüft, werden Sie beim t-Test lernen.

⚠ In der Regel ist unbekannt, wie ein Merkmal in der Grundgesamtheit verteilt ist. Man muss die Populationscharakteristika des untersuchten Merkmals aus den Stichprobendaten schätzen. Es gibt spezielle Verfahren, mit denen Sie überprüfen können, ob die geschätzten Charakteristika den Anforderungen parametrischer Tests genügen (bspw. der Kolmogorov-Smirnov-Test, der Bartlett-Test oder der Levene-Test). Mit ihnen können Sie auf Normalverteilung bzw. auf Varianzhomogenität testen. Ich stelle im Buch aus praktischen Erwägungen nur den F-Test dar. Bei kleinen Stichproben stellt sich das Problem nicht, hier sollte man verteilungsfrei testen. Bei größeren Stichproben kommen in der Regel Programmpakete zum Einsatz. SPSS prüft bspw. automatisch auf Varianzhomogenität (mit dem Levene-Test), wenn Sie den t-Test aufrufen. Und es enthält (genauso wie R) eine Reihe von Möglichkeiten, um auf Normalverteilung zu testen (bspw. den Kolmogorov-Smirnov-Anpassungstest). Achtung: Wenn Sie hier Signifikanz erreichen, weicht Ihre Verteilung signifikant von der Normalverteilung ab (d.h.: keine Normalverteilung), oder Sie müssen von ungleichen Varianzen ausgehen!

Robustheit und Effizienz

Als **robust** gilt ein Test, wenn er *unempfindlich* gegenüber den genannten Voraussetzungsverletzungen bzw. ungewöhnlichen Eigenschaften der Stichproben ist. Auch bei einer Verletzung der Voraussetzungen sollten also nur unwesentlich mehr Fehlentscheidungen auftreten. Man überprüft dies, indem man bspw. aus gleichverteilten Zufallszahlen sehr viele Stichproben zieht (> 1000). Dann kann man die Anzahl der richtigen und der falschen Entscheidungen mit den erwarteten Werten (wenn also alle Voraussetzungen erfüllt wären) vergleichen. Viele der parametrischen Verfahren, die mit den gängigen Prüfverteilungen (bspw. t oder F) arbeiten, haben sich in solchen Tests als sehr robust erwiesen. Allerdings ändert sich dieses Bild, wenn mehr als eine Voraussetzung verletzt wird. Auch deshalb sollte man nicht einfach blind parametrische Verfahren einsetzen. Erfüllt ein Datensatz die Voraussetzungen eines parametrischen Tests *perfekt*, benötigt man für einen Signifikanznachweis eine größere Stichprobe, wenn man auf diesen Datensatz einen vergleichbaren verteilungsfreien Test anwendet. Man muss in diesem Fall also mehr Probanden untersuchen, damit bei einem verteilungsfreien Test ein empirischer Unterschied auch als signifikant ausgewiesen wird. Auch das verleitet leider zum großflächigen Einsatz von parametrischen Verfahren. Im umgekehrten Fall kann der Einsatz eines parametrischen Tests aber nicht nur unangemessen sein. Seine Teststärke fällt dann sogar geringer aus als die des verteilungsfreien „Gegenstückes".

⚠ **Vorteile und Nachteile verteilungsfreier Verfahren (im Vergleich mit parametrischen Verfahren):**

(+): Bei kleinen Stichproben immer zu verwenden (auf das ausgewählte Verfahren achten!)
Voraussetzungsärmer
Bei nominal- und ordinalskalierten Variablen immer zu verwenden
Einfacher zu rechnen
(–): Weniger effizient bei kardinalskalierten Daten, wenn man ansonsten parametrisch testen könnte
Nicht für alle Fragestellungen verfügbar
Man benötigt für exakte Tests eigene Signifikanztabellen

9.3 Nominaldaten: Die Chi-Quadrat-Familie – Analyse von Häufigkeiten

Wird eine Fremdsprache bevorzugt gewählt? Interessieren sich weniger Studentinnen für Computerlinguistik als Studenten? Kommt ein Wort in einem Korpus in allen seinen Funktionen gleich häufig vor? Machen Fremdsprachenschüler nach einem Training weniger Fehler? Ist ein Merkmal normalverteilt?

Immer, wenn Sie das Auftreten von **Häufigkeitsunterschieden** von einzelnen Merkmalen oder auch Merkmalskombinationen analysieren wollen, sind Sie bei der Chi-Quadrat-Familie gut aufgehoben. Man bezeichnet vereinfachend Verfahren zur Analyse von Häufigkeiten als χ^2-Methoden (sprich: „chi" nach dem 22. Buchstaben des altgriechischen Alphabets), weil fast alle dieser ermittelten Prüfstatistiken χ^2-verteilt sind. Sie können diese Verfahren auch bei ordinal- oder intervallskalierten Variablen einsetzen, allerdings geht dabei natürlich Information verloren, wie Sie bereits aus dem Abschnitt über die Skalenniveaus wissen.

Man überprüft mit diesen Tests, ob eine empirisch beobachtete Häufigkeitsverteilung nur zufällig oder systematisch von einer theoretisch erwarteten Häufigkeitsverteilung (unter der H_0) abweicht. Chi-Quadrat-Tests werden zu Unrecht unterschätzt. Sie sind in gewisser Weise „Allrounder". Man kann sie als Anpassungs- oder Verteilungstest einsetzen, also überprüfen, ob die Daten auf eine bestimmte Art und Weise verteilt sind (**Test auf Anpassung**, *Goodness-of fit*). Mit ihnen lässt sich auch testen, ob zwei oder mehr Stichproben aus einer homogenen Grundgesamtheit stammen (**Test auf Homogenität**). Sie können aber auch prüfen, ob zwei Merkmale stochastisch unabhängig sind (**Test auf Unabhängigkeit**). Stimmen die beobachteten Häufigkeiten ($f_{(b)}$) der einzelnen Zellen mit den erwarteten Häufigkeiten ($f_{(e)}$) überein, gelten die Variablen als unabhängig. Der Test prüft damit auch auf Zusammenhänge. Solche Tests werden anhand sogenannter *Kontingenztafeln* oder auch *Kreuztabellen* berechnet.

Chi-Quadrat-Tests lassen sich danach klassifizieren, wie oft man untersucht (nur einmalig oder mehrmalig), wie viele Merkmale man betrachtet (1, 2 oder *m* Merkmale) und wie oft die Merkmale gestuft sind (nur zwei- oder mehrfach). Wir können nicht alle Verfahren dieser großen Familie besprechen und beschränken uns deshalb auf drei

Mitglieder, die häufiger vorkommen: den *Vierfelder-Chi-Quadrat-Test* als klassischen Fall einer Kreuztabelle, den *McNemar-Test* als Beispiel für eine zweimalige Untersuchung (abhängige Stichprobe) und den einfachen *eindimensionalen χ^2-Test*, mit dem wir einsteigen wollen. Für alle drei Tests gilt: Man vergleicht die empirisch beobachteten Häufigkeiten mit den erwarteten Häufigkeiten. Aus den Abweichungen wird die Prüfgröße χ^2 berechnet. Ihr empirischer Wert muss noch an der χ^2-Verteilung auf Signifikanz getestet werden.

⚠️ Für solche Zielsetzungen existieren auch sogenannte *exakte Tests*. Sie ermitteln exakt die Überschreitungswahrscheinlichkeit p. Allerdings sind sie bei größeren Stichprobenumfängen sehr aufwändig zu rechnen. Deshalb werden sie dann meistens durch einen einfacher durchzuführenden χ^2-Test ersetzt. Beachten Sie bitte, dass der Chi-Quadrat-Test ein *approximativer Test* ist. Approximativ („annähernd") bedeutet, dass er die exakte Überschreitungswahrscheinlichkeit immer genauer schätzt, je größer der Stichprobenumfang wird. Ab einem Stichprobenumfang $n > 10$ (erwartete Häufigkeiten) können Sie den χ^2-Test einsetzen, wenn seine sonstigen Voraussetzungen erfüllt sind. Darunter sollten Sie besser einen exakten Test rechnen. Sie finden in Bortz und Lienert (2008) – einer gut verständlichen Einführung in die Analyse kleiner Stichproben – viele Beispielrechnungen mit exakten Tests. Auch Daten, die man mit sehr kleinen Stichproben gewonnenen hat (von bspw. nur acht Probanden), kann man also inferenzstatistisch auswerten. Schauen wir uns den ersten χ^2-Test an:

9.3.1 Mehrfelder χ^2-Test (eindimensional)

- Klassifikation: Verteilungsfrei
- Ziel: Analyse von Häufigkeiten
- Voraussetzung: Jede Beobachtung ist eindeutig nur einem Merkmal/einer Merkmalskombination zugeordnet. Für die erwartete Häufigkeit gilt: e > 5 bei mindestens 80% der Felder. Für die verbleibenden 20% genügt: e > 1.
- Nullhypothese: $\pi_1 = \pi_2 = \dots$
- Prüfgröße/Verteilung: χ^2
- Achtung: Omnibus-Test und nur auf Rohdaten anwenden (also keine Prozente o.Ä.)!
- Alternative bei Verletzungen: Exakter Multinomialtest

Mit diesem Test vergleichen Sie die Häufigkeiten von k Kategorien eines nominalskalierten Merkmals. In unserem Beispiel ist es die gewählte Pflichtfremdsprache, die ein studentischer Jahrgang im Rahmen eines Bachelor-Studiums wählen muss.

? Katharina forscht darüber, ob Sprachen unterschiedlich wertgeschätzt werden. Sie hat dazu Kommilitonen nach ihren Einstellungen zu bestimmten Sprachen befragt. Zusätzlich möchte sie wissen, ob die im Fachbereich „Neuere Philologien" angebotenen Fremdsprachen unterschiedlich häufig gewählt werden, um auch Informationen aus anderen Datenquellen gewinnen zu können. Wir schauen uns nur einen Teil ihrer Daten an *(n = 400 Angaben zur Kursteilnahme)*, damit wir leichter rechnen können. Die Anzahl der Kategorien (der Sprachen) ist hier vier (*k* = 4).

Tabelle 9.1: Häufigkeiten

1 Spanisch	2 Chinesisch	3 Tagalog	4 Schwedisch		
230	70	70	30	Σ	400

Man ermittelt die Prüfgröße mit folgender Formel:

$$\chi^2_{emp} = \sum_{j=1}^{k} \frac{(H\ddot{a}ufigkeit_{beobachtet\,(j)} - H\ddot{a}ufigkeit_{erwartet\,(j)})^2}{H\ddot{a}ufigkeit_{erwartet\,(j)}}$$

In etwas formalerer Schreibweise:

▶ **Prüfgröße χ^2-Anpassungstest**

$$\chi^2_{emp} = \sum_{j=1}^{k} \frac{(f_{b(j)} - f_{e(j)})^2}{f_{e(j)}}$$

Für die Berechnung benötigt man also nur die beobachteten und die erwarteten Häufigkeiten. Die beobachteten Häufigkeiten liegen vor. Wie erhält man die Werte für die erwarteten Häufigkeiten? Sie werden aus den Stichprobenwerten geschätzt. Dabei kommen wieder Ihre Kenntnisse der Wahrscheinlichkeitsrechnung zum Einsatz. Die Wahrscheinlichkeit ist in unserem Beispiel für alle Kategorien gleich groß (Gleichverteilung der vier Kategorien). Sie beträgt also bei vier Kategorien ¼. Bei $n = 400$ Werten erwarten wir also, dass die Häufigkeit in jedem Feld 100 beträgt. Es gilt also:

$$f_{e(j)} = p_j \cdot n$$

Dabei ist n die Gesamtzahl der beobachteten Fälle und p_j die Wahrscheinlichkeit für die Kategorie j unter Gültigkeit der H_0. In unserem Beispiel also ¼ (= 0,25) mal 400 = 100. Tragen wir einmal alle Werte in die Tabelle 9.2 ein. Der empirische χ^2-Wert ist die Summe der letzten Spalte: $\chi^2_{emp} = 236$. Jetzt fehlt noch die Angabe der dazugehörigen Freiheitsgrade. Da die Summe der beobachteten bzw. der erwarteten Werte n ergeben muss, können bei einem gegebenen n nur $n{-}1$ Summanden frei variieren. Das haben wir bereits im Kapitel 7 besprochen („Freiheitsgrade"). Der χ^2-Wert hat deshalb bei k Kategorien $k{-}1$ Freiheitsgrade. In unserem Beispiel also: df oder $FG = k{-}1 = 4{-}1 = 3$. Die Anzahl der Freiheitsgrade brauchen Sie, wenn Sie in der Tabelle der χ^2-Verteilung den kritischen χ^2-Wert ablesen wollen. Diesen kritischen Wert muss der errechnete empirische Wert erreichen oder überschreiten, wenn die H_0 abgelehnt und stattdessen die H_1 angenommen werden soll. Der χ^2-Test testet zweiseitig. Ausnahme: Es gibt nur einen Freiheitsgrad, dann kann man ihn auch einseitig interpretieren. Er prüft, ob etwas überzufällig zu häufig (wie bspw. die Sprache Spanisch) oder überzufällig zu selten aufgetreten ist. Diese Abweichungen der empirischen Häufigkeiten unter den von H_0

erwarteten Verteilungen sind dann auf einem festgelegten Signifikanzniveau signifikant, wenn gilt: $\chi^2_{emp} > \chi^2_{krit}$.

Tabelle 9.2 Berechnung χ^2_{emp}

j	$f_{b(j)}$	$f_{e(j)}$	$f_{b(j)} - f_{e(j)}$	$\left(f_{b(j)} - f_{e(j)}\right)^2$	$\dfrac{\left(f_{b(j)} - f_{e(j)}\right)^2}{f_{e(j)}}$
1	230	100	130	16900	169
2	70	100	-30	900	9
3	70	100	-30	900	9
4	30	100	-70	4900	49
				Σ	236

Katharina legt das Signifikanzniveau fest auf $\alpha = 0,05$. Lesen wir einmal den kritischen Wert ab. Schauen Sie sich bitte die Tabelle χ^2-Verteilung im Anhang an (Tabelle B): In der ersten Spalte stehen die Freiheitsgrade. Dort geht man zum Wert $df = 3$. In den weiteren Spalten sind die kritischen Werte für verschiedene Signifikanzniveaus aufgeführt. Da Katharina eine Irrtumswahrscheinlichkeit von $\alpha = 0,05$ festgelegt hat, suchen wir den Wert bei $df = 3$ und $p = 0,05$. Es ist der Wert 7,815: $\chi^2_{emp} = 236 > \chi^2_{krit} = 7,815$. Katharina verwirft deshalb die Nullhypothese und nimmt die Alternativhypothese an. In ihrer Arbeit stellt sie dieses Ergebnis folgendermaßen dar: Die Sprachen werden überzufällig unterschiedlich oft gewählt (χ^2 (3, $n = 400$) = 236, p < .001). Man gibt also auch die Anzahl der Freiheitsgrade und den Umfang der Stichprobe an. Katharinas Wert ist auch auf einem Signifikanzniveau von $\alpha = 0,001$ signifikant. Überprüfen Sie das bitte selbst durch einen Blick in die Tabelle mit den kritischen χ^2-Werten. Hätte Katharina ihre Daten mit einem Statistikprogramm ausgewertet, würde der letzte Schritt wegfallen. Das Programm gibt einen p-Wert aus, den Katharina nur noch mit ihrem festgelegten Signifikanzniveau vergleichen muss. Man muss also keine kritischen Werte in einer Tabelle herausssuchen.

⚠ Dieser Test wird sehr häufig eingesetzt (bspw. in der Korpuslinguistik), weil man mit ihm auch die Verteilung von sprachlichen Kategorien überprüfen kann. Leider passiert dabei auch manchmal dieser Fehler: Katharina ist glücklich über ihr signifikantes Ergebnis. Dann schaut sie sich noch einmal die Rohdaten an. Katharina formuliert: „Von allen Sprachen wird Spanisch signifikant am häufigsten gewählt." Falsch! Dieser Chi-Quadrat-Test ist ein sogenannter **Omnibus** oder auch **Global-Test**. Er überprüft, ob die beobachtete Verteilung global, also ‚als Ganzes', von einer erwarteten Verteilung abweicht und liefert damit wichtige Hinweise. Er überpüft aber in dieser Form keine *gerichteten* Hypothesen (bspw.: Spanisch > Tagalog). Dazu müssen Sie spezifische Einzelvergleiche rechnen, die allerdings auch nicht unproblematisch sind (zum Vorgehen: Eid et al., 2010).

Yates Korrektur

Katharinas Stichprobe umfasste 400 Teilnehmer. Wenn allerdings die Gesamtsumme der Häufigkeiten $n < 40$ ist, muss man eine Korrektur vornehmen. Es ist die sogenannte **Kontinuitätskorrektur nach Yates**. Sie führt zu einer eher *konservativen* Entscheidung, d.h. zugunsten der Nullhypothese, denn sie verkleinert den empirischen χ^2-Wert, der ja größer als der kritische Wert ausfallen muss. Die Kontinuitätskorrektur ist eine Stetigkeitskorrektur. Man benötigt sie, weil die χ^2-Verteilung ja eine stetige Verteilung ist (vgl. Kapitel 6), die beobachteten Häufigkeiten aber ganze Zahlen, also diskret sind. Man verwendet dazu die folgende Formel:

$$\chi^2_{korr} = \sum_{i=1}^{k} \frac{(|b_i - e_i| - 0{,}5)^2}{e_i}$$

Ablauf (zum Einprägen)

- Voraussetzungen prüfen
- Hypothesen formulieren
- Signifikanzniveau festlegen (bspw. $\alpha = 0{,}05$)
- Notwendige Größen berechnen: Erwartete und beobachtete Häufigkeiten, Freiheitsgrade
- Prüfgröße berechnen und kritischen Wert in Tabelle nachschlagen
- Bei $\chi^2_{empirisch} > \chi^2_{kritisch}$ gilt die H_1; bei $\chi^2_{empirisch} < \chi^2_{kritisch}$ gilt die H_0
- Eventuell: Einzelvergleiche rechnen

9.3.2   Kreuztabellen (Vierfelder-χ^2-Test)

Mit Kreuztabellen (*crosstabulations*) können Sie die Häufigkeiten von zwei nominalskalierten Merkmalen darstellen, die aber mehrfach gestuft sein können.

- Klassifikation: Verteilungsfrei
- Ziel: Test auf signifikante Unterschiede bzw. Zusammenhang (ein kategoriales Merkmal, zwei *unabhängige* Stichproben)
- Voraussetzung: Jede Beobachtung ist eindeutig nur einem Merkmal/einer Merkmalskombination zugeordnet. Für die erwartete Häufigkeit gilt: $e > 5$ bei mindestens 80% der Felder. Für die verbleibenden 20% genügt: $e > 1$.
- Nullhypothese: Beide Stichproben stammen aus einer Grundgesamtheit, die beobachteten Anteile unterscheiden sich nur zufällig (Unterschied): $\pi_1 = \pi_2$
- Prüfgröße/Verteilung: χ^2
- Achtung: Omnibus-Test und nur auf Rohdaten anwenden (keine Prozente o.Ä.)!
- Alternative bei Verletzung: exakter Test von Fisher und Yates

?   Reni vermutet, dass Frauen sprachbewusster sind als Männer und sich deshalb schneller bei einem Wohnortwechsel an eine veränderte sprachliche Situation anpassen. Sie sollen demnach einen neuen Dialekt schneller annehmen. Reni hat dazu 100 Personen (Männer und Frauen) *einmalig* befragt und getestet, die mindestens ein Jahr der neuen sprachlichen Situation ausgesetzt waren. Die Ergebnisse ihrer Befragung für die beiden nominalskalierten Merkmale Geschlecht (Mann/Frau) und Dialekt (alter Dialekt/neuer Dialekt) zeigt Tabelle 9.3 auf der linken Seite.

Tabelle 9.3: Beobachtete Häufigkeiten   Tabelle 9.4: Erwartete Häufigkeiten

	Alter Dialekt	Neuer Dialekt	Σ		Alter Dialekt	Neuer Dialekt	Σ
Frauen	10 (a)	40 (b)	50	Frauen	20 (a)	30 (b)	50
Männer	30 (c)	20 (d)	50	Männer	20 (c)	30 (d)	50
Σ	40	60	100	Σ	40	60	100

Mit einem zweidimensionalen χ^2-Test prüfen Sie die Abweichungen der beobachteten von den erwarteten Häufigkeiten zweier Merkmale auf Signifikanz. Dabei können die beiden Merkmale zweifach gestuft sein, wie in diesem Beispiel Geschlecht (männlich/weiblich) und Dialekt (beibehalten/angepasst). Die daraus resultierenden vier Felder geben dem Verfahren seinen Namen: **Vierfelder-χ^2-Test (2 x 2)**. Die Merkmale können aber auch mehrfach gestuft sein. Solche Verfahren bezeichnet man dann als $k \cdot l$ χ^2-Test. Sie betrachten dann ein Merkmal mit k Kategorien und eines mit l Kategorien. Hätte Reni nach der Einstellung zu einem Sprachwechsel gefragt und dabei drei Antwortkategorien vorgegeben (bspw.: dafür, dafür unter bestimmten Bedingungen, dagegen) wäre das Merkmal k dreifach gestuft. Das Vorgehen ist in beiden Fällen gleich:

H_0: Die beiden Merkmale sind unabhängig und hängen nicht miteinander zusammen.
H_1: Die k Stichproben verteilen sich nicht wie erwartet auf die l-Ausprägungen eines nominalskalierten Merkmals. Sie können Sie auch als Zusammenhangshypothese formulieren: Die beiden nominalskalierten Merkmale sind voneinander abhängig, sie hängen zusammen.

In der Tabelle 9.3 auf der linken Seite hat Reni die beobachteten Häufigkeiten dargestellt. An den Rändern stehen die *Zeilen- und Randsummen*. Die Gesamtsumme n ergibt sich natürlich aus: a+b+c+d, also: 10+40+30+20 = 100. Wie bei der χ^2- Familie üblich, müssen wir diese beobachteten mit den erwarteten Häufigkeiten vergleichen. Dabei sind wieder die erwarteten Häufigkeiten diejenigen, die man auf der Basis der Daten (bei gegebenen Zeilen- und Spaltensummen) bei Gleichverteilung erwarten würde. Die Anzahl der Zeilen wird mit *k* bezeichnet, die der Spalten mit *l*. Die beobachtete Häufigkeit in der *i*-ten Zeile und der *j*-ten Spalte wird als f(b)$_{ij}$ dargestellt, die erwartete Häufigkeit entsprechend als f(e)$_{ij}$. Die erwartete Häufigkeit berechnet man als Produkt der Zeilen- und Spaltensumme, dividiert durch die Gesamtsumme, wenn Sie die Werte aus Ihren Daten schätzen:

$$f_{e_{ij}} = \frac{Zeilensumme \cdot Spaltensumme}{Gesamtsumme} \quad (i = 1, \dots k;\ j = 1, \dots l)$$

Für Renis Datensatz also: 50 · 40/100 = 20 und 50 · 60/100 = 30. Bei einer Spaltensumme von 40 müssten also jeweils 20 Männer und 20 Frauen den Heimatdialekt behalten, wenn sich Männer und Frauen nicht unterscheiden sollen (Gleichwahrscheinlichkeit). Diese erwarteten Häufigkeiten trägt Reni in eine zweite Tabelle ein (Tabelle 9.4). Wenn die Wahrscheinlichkeiten nicht wie üblich aus den Daten geschätzt werden, sondern von der Nullhypothese vorgegeben werden (p$_{ij}$), berechnet man die erwarteten Häufigkeiten folgendermaßen:

$$f_{e_{ij}} = p_{ij} \cdot n$$

Jetzt brauchen wir nur noch die Freiheitsgrade. Bei Schätzung aus den Daten gilt:

$$df = (k-1) \cdot (l-1)$$

Sind die Wahrscheinlichkeiten von der Nullhypothese vorgegeben, gilt:

$$df = k \cdot l - 1$$

Für die Prüfgröße eines Mehrfelder-Tests müssen wir zunächst für jedes Feld, also für jede *Zelle*, das **standardisierte Residuum** berechnen. Man muss dazu die *Abweichungen* (beobachtet–erwartet) ermitteln, diese sogenannten *Residuen* quadrieren und durch die erwarteten Häufigkeiten für diese Zelle teilen (also standardisieren). Alle standardisierten Residuen werden dann wieder zur Prüfgröße χ^2_{emp} aufsummiert.

► **Prüfgröße χ^2-Vierfeldertest**

$$\chi^2 = \sum_{i=1}^{k} \sum_{j=1}^{l} \frac{\left(f_{b_{ij}} - f_{e_{ij}}\right)^2}{f_{e_{ij}}}$$

Wenn wir Renis Datensatz in die Formel einsetzen, errechnen wir einen empirischen χ^2-Wert = 16,666. Die Zahl der Freiheitsgrade errechnet sich aus (2-1)·(2-1) = 1.

$$\chi^2 = \frac{(10-20)^2}{20} + \frac{(40-30)^2}{30} + \frac{(30-20)^2}{20} + \frac{(20-30)^2}{30}$$
$$\chi^2 = 5 + 3,33 + 3,33 + 5 = 16,666$$

Mit dieser Rechenvorschrift können Sie auch einen *Mehrfelder-χ^2-Test* rechnen. Das wäre bspw. der Fall, wenn Reni drei Kategorien betrachtet hätte. Da Reni aber nur vier Felder berechnen muss, kann man bei einem **Vierfelder-Test** auf diese Formel zurückgreifen, mit der sich leichter rechnen lässt:

▶ **Vierfelder-Test**

$$\chi^2 = \frac{(a \cdot d - b \cdot c)^2 \cdot n}{(a+b) \cdot (c+d) \cdot (a+c) \cdot (b+d)}$$

$$\chi^2 = \frac{(10 \cdot 20 - 40 \cdot 30)^2 \cdot 100}{(10+40) \cdot (30+20) \cdot (10+30) \cdot (40+20)}$$

$$\chi^2 = \frac{(200-1200)^2 \cdot 100}{(10+40) \cdot (30+20) \cdot (10+30) \cdot 40+20} = 16,66$$

Wie beim eindimensionalen χ^2-Test wird auch hier der empirische Wert mit einem kritischen Wert verglichen. Der kritische Wert unter der Nullhypothese bei einem Signifikanzniveau $\alpha = 0,05$ lautet $\chi^2_{(krit)} = 3,841$. Um ihn zu finden, müssen Sie wieder in der Tabelle der χ^2-Verteilung den Wert ablesen, der bei *df* = 1 und α = 0,05 aufgelistet ist. Da der hier berechnete Wert größer als der abgelesene kritische Wert ist, lehnt Reni die Nullhypothese ab. Es gibt also einen signifkanten Unterschied.

⚠️ Ein Problem ist Ihnen vielleicht schon aufgefallen. Durch die Quadrierung geht die Information aus den Vorzeichen (die Richtung des Unterschiedes) verloren. Man muss deshalb immer auch noch einmal auf die Verteilung der Daten schauen, ob die beobachtete Abweichung auch der inhaltlichen Hypothese entspricht oder nicht. Bei nur *einem* Freiheitsgrad wie hier (und nur dann!), darf man das Ergebnis gerichtet interpretieren. Frauen sind also eher bereit, den Dialekt zu wechseln.

Relatives Risiko und Chancen-Verhältnis (Odds Ratio)

Vierfelder-Tafeln sind noch in einem anderen Zusammenhang interessant. Man kann mit ihnen auch die Abhängigkeit einer sogenannten Risikovariablen von einer zweiten (ursächlichen) Variablen untersuchen. Das dazugehörige Effektstärkemaß nennt man **Odds ratio** (Chancenverhältnis oder auch Kreuzprodukt). Reni könnte damit bspw. angeben, wie groß die „Chance" (*odds*) ist, dass sich eine Frau der neuen sprachlichen Situation anpasst. Dazu müssen wir zuerst die *Inzidenzrate* berechnen, also die Zeilenprozentwerte der Vierfeldertafel. Für die Männer beträgt sie 30/(30+20) = 0,6. Für die Frauen errechnen wir diesen Wert: 10/(10+40) = 0,2. Damit können wir das **relative Risiko** berechnen. Es ist der Quotient aus den beiden Inzidenzraten, also: 0,6/0,2 = 3. Der höhere Wert sollte immer im Zähler stehen. In formaler Schreibweise: a mal (c+d) geteilt durch c mal (a+b). In Renis Beispiel: 10 mal (30+20) geteilt durch 30 mal (10+40) = 500/1500. Den größeren Wert wählt man immer als Zähler: 1500/500 = 3.

Frauen haben also ein dreifach erhöhtes Risiko, ihren alten Dialekt aufzugeben. Das *Odds ratio*, also das Chancenverhältnis, ist der Quotient aus a mal d und b mal c. Für Renis Daten errechnen wir ein Kreuzprodukt von 10 mal 20 geteilt durch 40 mal 30 = 200/1200. Wir setzen wieder den größeren Wert als Zähler ein: 1200/200 = 6. Die Wahrscheinlichkeit, den Dialekt zu wechseln, ist unter der Bedingung „weiblich" 6 mal so hoch wie unter der Bedingung „männlich". Relatives Risiko und *Odds Ratio* spielen in der Epidemiologie eine Rolle, wenn es darum geht, Risikofaktoren für Erkrankungen zu ermitteln. In der Klinischen Linguistik oder in der Didaktik kann man auf diese Weise auch die Erfolgs- und Misserfolgsquoten von zwei Sprachtherapien bzw. von zwei Lehrmethoden miteinander ins Verhältnis setzen.

Ablauf (zum Einprägen)

- Voraussetzungen prüfen
- Hypothesen formulieren
- Signifikanzniveau festlegen (bspw. $\alpha = 0{,}05$)
- Notwendige Größen berechnen: Beobachtete und erwartete Häufigkeiten, Freiheitsgrade
- Prüfgröße χ^2 berechnen und kritischen Wert in Tabelle nachschlagen
- Bei $\chi^2_{empirisch} > \chi^2_{kritisch}$ gilt die H_1; bei $\chi^2_{empirisch} < \chi^2_{kritisch}$ gilt die H_0

Goodness-of-fit-χ^2-Test (χ^2-Anpassungstest)

Diesen Test möchte ich Ihnen nicht ausführlich darstellen. Er überprüft, ob sich eine empirische Verteilung, also eine beobachtete Häufigkeit, einer theoretischen Verteilung anpasst. Sie wissen schon, dass viele Signifikanztests eine Normalverteilung der Merkmale voraussetzen. Ob diese Voraussetzung erfüllt ist, können Sie bspw. mit dem Goodness-of-fit-Test überprüfen. Er gehört zwar zur Chi-Quadrat-Familie, weicht aber von den bisher vorgestellten Verfahren ab:

⚠ Achtung! Hier gilt ausnahmsweise, dass das gemessene Merkmal *metrisch* sein muss! Die Freiheitsgrade betragen $df = k{-}3$. Die H_0 lautet: Die Messwerte sind normalverteilt. Sie möchten diese H_0 beibehalten!

9.3.3   Kreuztabelle McNemar-χ^2-Test (für abhängige Stichproben)

- Klassifikation: Verteilungsfrei
- Ziel: Vergleich von Häufigkeitsverteilungen von zwei *abhängigen* Stichproben
- Voraussetzungen: zufällige Auswahl der Probanden (bzw. der Untersuchungseinheiten), eindeutige und vollständige Zuordnung in das Vierfelder-Schema, erwartete Häufigkeiten $e_b = e_c > 5$
- Nullhypothese: Veränderungen sind zufällig ($\pi_b = \pi_c$)
- Prüfgröße/Verteilung: χ^2
- Alternative: Bei einer kleinen Stichprobe ($n \leq 20$) besser exakten Test wählen (Binomialtest)

Den McNemar-Test nennt man auch den *Vierfelder-Symmetrie-Test*. Er ist ein Test für *abhängige* Stichproben. Man kann mit ihm untersuchen, ob sich die Häufigkeiten eines dichotomen Merkmals, das man an *zwei* Zeitpunkten gemessen hat, signifikant verändern (*significance of change*). Die Nullhypothese besagt, dass die Veränderungen zufällig sind.

?   Bruno macht ein dreimonatiges Praktikum in einer neurologischen Rehaklinik. Ihm ist aufgefallen, dass manche Patienten ihre sprachlichen Fähigkeiten nicht richtig einschätzen können. Einige sind schwer beeinträchtigt, nehmen es aber nicht wahr. Andere schätzen den Therapieerfolg anders als die Therapeuten ein. Insgesamt hat Bruno 44 Patienten, die sprachtherapeutisch behandelt wurden, zu Beginn und nach Abschluss der Therapie um eine Einschätzung der eigenen sprachlichen Fähigkeiten gebeten. Damit auch schwerer beeinträchtigte Probanden teilnehmen konnten, hat Bruno nur zwei Bewertungskategorien vorgegeben, mit denen die Kommunikationsmöglichkeiten beschrieben werden sollten: „gut" und „schlecht". Er vermutet, dass die meisten Patienten eine positive Veränderung wahrnehmen und möchte diese Hypothese auf einem 1%-Niveau testen.

Für jeden Patienten hat Bruno zwei Angaben erhoben (abhängige Stichproben). Interessant sind die Häufigkeiten der Felder b und c. Sie gehen in die Berechnung dieser χ^2-Prüfgröße ein. Die Nullhypothese geht davon aus, dass die Veränderungen zufällig sind. Es gibt also genauso viele Veränderungen von Plus nach Minus wie in die andere Richtung. Es müssten deshalb in den Feldern b und c gleich viele Fälle sein (symmetrische Häufigkeitsverteilung).

$$f_{e(b)} = f_{e(c)} = \frac{b+c}{2}$$

Je mehr b und c von ihrem Durchschnitt ((b+c)/2) abweichen, desto mehr spricht für die Gültigkeit der Nullhypothese. Bruno hat folgende Daten erhoben, die er in eine Vierfelder-Tafel (Tabelle 9.5.) einträgt.

Tabelle 9.5: McNemar-Vierfeldertafel

		nachher	
		+	−
vorher	+	8 a | b	4
	−	c | d 24	12

Auch beim McNemar-Test wird die beobachtete mit der erwarteten Häufigkeit verglichen. Man kann in diesem Fall die Formel algebraisch vereinfachen (χ^2-**Test von McNemar**):

▶ **McNemar-χ^2-Test**

$$\chi^2 = \frac{(b-c)^2}{b+c} \qquad \text{mit } df = 1$$

Setzen wir einmal Brunos Daten in diese Formel ein:

$$\chi^2 = \frac{(4-24)^2}{4+24} = 14{,}285$$

Der empirische χ^2-Wert beträgt also 14,285. Auch für diese χ^2-Variante gibt es die Ihnen schon bekannte Kontinuitätskorrektur. Sie sollten sie verwenden, wenn b+c < 30 ist. Das ist hier der Fall:

$$\chi^2 = \frac{(|b-c|-0{,}5)^2}{b+c} \qquad \chi^2 = \frac{(|4-24|-0{,}5)^2}{4+24} = 13{,}580$$

Der korrigierte χ^2-Wert fällt also etwas niedriger aus. Um auf Signifikanz zu testen, vergleichen wir ihn mit dem kritischen Wert bei einem Freiheitsgrad. Bei nur einem Freiheitsgrad kann Bruno einseitig testen. Der kritische Wert in Tafel B bei $Fg = 1$ und $\alpha = 0{,}01$ lautet 5,41. Dieser Wert ist deutlich kleiner als Brunos empirischer χ^2-Wert (13,580). Bruno kann also seine Hypothese als bestätigt ansehen.

Ablauf (zum Einprägen)

- Voraussetzungen prüfen
- Hypothesen formulieren
- Signifikanzniveau festlegen (bspw. $\alpha = 0{,}05$)
- Notwendige Größe berechnen: χ^2, eventuell korrigiert
- Kritischen Wert in Tabelle nachschlagen
- Bei $\chi^2_{\text{empirisch}} > \chi^2_{\text{kritisch}}$ gilt H_1; bei $\chi^2_{\text{empirisch}} < \chi^2_{\text{kritisch}}$ gilt H_0

9.4   Ordinaldaten: U-Test nach Mann-Whitney und Wilcoxon-Test

In diesem Abschnitt geht es um verteilungsfreie Testverfahren, die Sie anwenden können, wenn Sie Ihre Daten auf dem nächsthöheren Niveau gemessen haben, sie also mindestens **ordinalskaliert** sind. Sie können damit auch intervallskalierte Variablen betrachten, nehmen dabei aber den bekannten Informationsverlust inkauf. Wir untersuchen mit diesen beiden Tests, ob sich zwei **unabhängige (U-Test)** oder zwei **abhängige (Wilcoxon-Test)** Stichproben hinsichtlich ihrer zentralen Tendenz voneinander unterscheiden. Dabei ist wichtig, dass Sie für alle Teilnehmer *beider Stichproben* Rangordnungen angeben können. Diese beiden Verfahren werden häufig eingesetzt. Sie sind aber natürlich nicht die einzigen Verfahren zur Analyse von Rangdaten. Zu dieser Gruppe gehören bspw. auch Tests für Einzelvergleiche bei mehreren Stichproben und die sogenannten Trendtests. Eine umfassende Darstellung finden Sie bei Bortz et al. (2008) und bei Bortz & Lienert (2008). Wir betrachten hier nur Tests für *zwei Stichproben*. Beginnen wir mit dem U-Test, der von Henry Mann und Donald Whitney entwickelt wurde.

9.4.1   U-Test

- Klassifikation: Verteilungsfrei; (parametrisches „Gegenstück": t-Test (unabhängig))
- Ziel: Vergleich von zwei unabhängigen Stichproben hinsichtlich ihrer zentralen Tendenz (Median)
- Voraussetzung: Rangordnungen für alle Individuen
- Nullhypothese: Kein Unterschied im durchschnittlichen Rang der Individuen beider Stichproben; $Md_1 = Md_2$
- Prüfgröße/Verteilung: U
- Achtung: Verbundene Ränge, Kontinuitätskorrektur
- Alternative: Mediantest

? Reto schreibt seine Abschlussarbeit über die Struktur des Lexikons. Er möchte untersuchen, ob Wörter besser behalten werden, wenn man sie inhaltlich gruppieren kann. Für sein Experiment kann er $n = 22$ Probanden als Teilnehmer gewinnen. Diese teilt er per Zufall den beiden Bedingungen zu. Beide Gruppen müssen, nachdem sie die Wörter vom Tonband gehört haben, so viele Wörter wie möglich wiedergeben. Die Experimentalgruppe (EG) erhält allerdings zusätzlich kurz vor dem Hören den Hinweis, dass sich die Wörter vier Oberbegriffen zuordnen lassen (Möbel, Fortbewegungsmittel, Obst und Bekleidung). Die Kontrollgruppe (KG) erhält diesen Hinweis nicht. Für die Auswertung entwickelt Reto ein Punktesystem, das die richtigen Antworten bewertet, aber auch falsch positive Antworten berücksichtigt.

Um den verteilungsfreien U-Test direkt mit seinem parametrischen „Gegenstück", dem t-Test (unabhängig), vergleichen zu können (vgl. Kap. 9.5.1), verwenden wir Retos Datensatz für beide Verfahren.

Stichprobe 1 ($n_1 = 11$)   22, 22, 29, 30, 32, 30, 21, 29, 28, 29, 25

Stichprobe 2 ($n_2 = 11$)   21, 25, 20, 22, 20, 22, 20, 23, 25, 29, 23

Beim U-Test arbeitet man mit Rangplätzen. Wir müssen also den jeweiligen Werten einen Rangplatz zuweisen, wobei der *kleinste Wert auf Platz 1* gesetzt wird. Dazu werfen wir zunächst beide Stichproben in einen Topf und bilden eine *gemeinsame* Rangreihe. Wir ordnen also die Werte aller Teilnehmer der Reihe nach an. Das schlechteste Ergebnis ist der Wert 20. Er kommt insgesamt dreimal vor. Da sich drei Probanden diesen ersten Rangplatz teilen, müssen wir ihn mitteln. Die infrage kommenden Rangplätze 1, 2 und 3 werden deshalb aufgeteilt: 1+2+3/3 = 2. Den ersten drei Werten weisen wird deshalb nicht den Rang 1, sondern jeweils den Rang 2 zu. Auch der nächste Wert kommt mehrfach vor (nämlich 2 mal 21). Wir müssen also auch hier die nächsten

Rangplätze in der Reihe, nämlich Rangplatz 4 und 5, wieder mitteln und ordnen dem Wert 21 jeweils den Rangplatz 4,5 zu (4+5/2). Der nächste Wert (22 Wörter) kommt in der Reihe sogar viermal vor. Welche Rangplätze muss man hier eintragen? 7,5, denn man muss die nächsten Rangplätze, also 6, 7, 8 und 9 addieren und durch ihre Anzahl (also 4) teilen. Man weist also jedem der vier Probanden den Rangplatz 7,5 zu und arbeitet die Liste auf diese Weise weiter ab. Jetzt ist die Tabelle vollständig, und man kann mit dem Taschenrechner die Prüfgröße U bestimmen. Dazu muss man zunächst für beide Stichproben *getrennt* die jeweilige Rangsumme bilden, indem man die Werte aufsummiert.

Tabelle 9.6: Rangplätze

	Wert	Rang	Stichprobe 1	Stichprobe 2
1	20	$=(1+2+3)/3=2$ → 2		2
2	20	2		2
3	20	2		2
4	21	$=(4+5)/2=4,5$ → 4,5	4,5	
5	21	4,5		4,5
6	22	7,5		7,5
7	22	$=(6+7+8+9)/4=7,5$ → 7,5		7,5
8	22	7,5	7,5	
9	22	7,5	7,5	
10	23	$=(10+11)/2=10,5$ → 10,5		10,5
11	23	10,5		10,5
12	25	13		13
13	25	$=(12+13+14)/3=13$ → 13	13	
14	25	13		13
15	28	$=(15+16)/2=15,5$ → 15,5	15,5	
16	28	15,5		15,5
17	29	18	18	
18	29	$=(17+18+19)/3=18$ → 18	18	
19	29	18	18	
20	30	$=(20+21)/2=20,5$ → 20,5	20,5	
21	30	20,5	20,5	
22	32	22	22	
		Rangsummen	165,00	88,00
		mittlerer Ränge	15,00	8,00

Haben Sie unterschiedlich große Stichproben erhoben, erhält die kleinere die Nummer n_1 und die größere Stichprobe die Nummer n_2. Es gilt natürlich: $n = n_1 + n_2$. Retos Stichproben sind gleich groß. Wir nehmen die Experimentalgruppe als n_1, die Kontrollgruppe als n_2. Bevor man weiterrechnet, sollte man überprüfen, ob sich vielleicht ein Fehler eingeschlichen hat. Das geht sehr einfach über die folgende Formel.

In Retos Datensatz ist:

$$n_1 = 11 \qquad n_2 = 11 \qquad R_1 = 165 \qquad R_2 = 88$$

$$R_1 + R_2 = \frac{n \cdot (n+1)}{2} \qquad 165 + 88 = \frac{22 \cdot 23}{2}$$

Eingesetzt ergibt sich für beide Seiten der gleiche Wert (253). Jetzt kann man die Prüfgröße U ermitteln:

▶ **Berechnung Prüfgröße U-Test**

$$U_1 = R_1 - \frac{n_1 \cdot (n_1 + 1)}{2} \qquad U_1 = 165 - \frac{11 \cdot 12}{2} = 99$$

$$U_2 = R_2 - \frac{n_2 \cdot (n_2 + 1)}{2} \qquad U_2 = 88 - \frac{11 \cdot 12}{2} = 22$$

Auch hier gibt es wieder einen kleinen Trick, mit dem man überprüfen kann, ob bis jetzt alles stimmt:

$$U_1 + U_2 = n_1 \cdot n_2 \qquad 99 + 22 = 11 \cdot 11$$

Für den Signifikanztest nimmt man den *kleineren* der beiden U-Werte:

U = **Minimum** (U_1, U_2) = 22.

In der U-Tabelle im Anhang (Tabelle E) suchen wir den kritischen Wert heraus. Wir lesen bei $n_1 = 11$ und $n_2 = 11$ und p = 0,05 den Wert 30 ab. Der empirische U-Wert muss *kleiner* sein als dieser abgelesene kritische U-Wert. Da U_{emp} 22 < $U_{krit(95)}$ 30 ist, muss Reto die Nullhypothese verwerfen und darf die Alternativhypothese annehmen. Die beiden experimentellen Bedingungen unterscheiden sich also signifikant voneinander. Die zusätzliche Information hat die Verarbeitung verbessert.

Jetzt gilt es nur noch zwei Dinge zu beachten. Sie betreffen den **Stichprobenumfang** und die verbundenen Ränge. Die Tafel, mit der Sie die kritischen U-Werte ablesen können, ist begrenzt. Sie listet nur die Werte bis zu einem bestimmten Stichprobenumfang auf. Ist ein Stichprobenumfang größer als 20 ($n_2 > 20$), können Sie davon profitieren, dass sich die Verteilung der U-Werte schnell einer Normalverteilung annähert. Dann rechnen Sie die Prüfgröße U in einen z-Wert um:

$$z = \frac{U - \dfrac{n_1 \cdot n_2}{2}}{\sqrt{\dfrac{n_1 \cdot n_2 \cdot (n_1 + n_2 + 1)}{12}}} \qquad z = \frac{22 - \dfrac{11 \cdot 11}{2}}{\sqrt{\dfrac{11 \cdot 11 \cdot 23}{12}}} = \frac{-38,5}{\sqrt{231,9166}} = \frac{-38,5}{15,2288} = -2,528$$

Man zieht also vom ermittelten U-Wert den Erwartungwert ab [$n_1 \cdot n_2/2$] und dividiert ihn durch den Standardfehler[$n_1 \cdot n_2 \cdot (n_1+n_2+1)/12$]. Beim Wert $z = -2{,}52$ lesen wir einen p-Wert $= 0{,}0059$ ($1-0{,}9941$) ab. Auch dieser Wert ist signifikant. Das zweite Problem betrifft Retos Datensatz. Viele seiner Teilnehmer haben ein gleiches Testergebnis erzielt. In seinem Datensatz gibt es deshalb viele **verbundene Ränge**. Reto muss deshalb mit einer Formel rechnen, die eine Korrektur für diese Rangbindungen enthält. Zunächst muss man dazu ermitteln, wie viele Werte wie oft mehrfach vorkommen.

Tabelle 9.7: Verbundene Rangplätze

m_1	20	3 x
m_2	21	2 x
m_3	22	4 x
m_4	23	2 x
m_5	25	3 x
m_6	28	2 x
m_7	29	3 x
m_8	30	2 x

Es kommen übrigens nicht immer so viele Rangbindungen vor. Ich habe den Datensatz bewusst so konstruiert, dass Sie mit ihm üben können, gemittelte Rangplätze zu vergeben. Die Formel zur Berechnung von z enthält ein **Korrekturglied C** für verbundene Ränge im Nenner. Als m bezeichnen wir die Anzahl der Kategorien. In Retos Fall ist also $m = 8$. T_i ist die Häufigkeit mit der der i-te mehrfach vorkommende Wert auftritt. In jeweils drei Fällen kommt ein Wert dreimal vor, in vier Fällen zweimal und in einem Fall viermal:

$$\sum_{j=1}^{8}(t_j^3 - t_j) = 3\cdot(3^3-3) + 4\cdot(2^3-2) + (4^3-4) = 72+24+60 = 156$$

$$z = \frac{U - \dfrac{n_1 \cdot n_2}{2}}{\sqrt{\dfrac{n_1 \cdot n_2}{12\cdot n\cdot(n-1)}\cdot\left(n^3 - n - \sum_{j=1}^{m}(t_j^3 - t_j)\right)}}$$

$$z = \frac{22 - \dfrac{11\cdot 11}{2}}{\sqrt{\dfrac{11\cdot 11}{12\cdot 22\cdot 21}\cdot(22^3 - 22 - 156)}} = \frac{-38{,}5}{\sqrt{228{,}5108}} = \frac{-38{,}5}{15{,}116} = -2{,}5469$$

Auch diesen korrigierten Wert von $-2{,}5469$ weist die z-Tabelle als signifikanten Wert aus. Wem die obige Formel zu sperrig ist, kann auch diese Korrekturformel verwenden:

$$\sigma_{U_{corr}} = \sqrt{\frac{n_1 \cdot n_2}{n \cdot (n-1)} \cdot \left(\frac{n^3 - n}{12} - c\right)}$$

Das in der Formel enthaltene Korrekurglied C wird mit dieser Formel berechnet:

$$c = \sum_{j=1}^{m} \left(\frac{t_j^3 - t_j}{12}\right) = 13 \text{ (nämlich 156/12)}$$

$$\sigma_{U_{corr}} = \sqrt{\frac{11 \cdot 11}{22 \cdot (22-1)} \cdot \left(\frac{10648 - 22}{12} - 13\right)} = 15,1164$$

Um den z-Wert der Standardnormalverteilung zu erhalten, müssen wir die folgende Gleichung verwenden:

$$z = \frac{U - \mu_u}{\sigma_u} = \frac{U - \left(\frac{n_1 \cdot n_2}{2}\right)}{\sigma_u} = \frac{22 - \left(\frac{11 \cdot 11}{2}\right)}{15,1164} = -2,546$$

⚠ Die beiden Varianten stammen übrigens aus unterschiedlichen Publikationen (Zöfel, 2003 und Bortz & Lienert, 2008). Wenn Sie sich selbst ein Verfahren aneignen, das nicht in diesem Buch enthalten ist, kann es durchaus sein, dass Sie auf unterschiedliche Rechenanweisungen stoßen. Auch deshalb ist es wichtig, mit Formeln umgehen zu können. Man muss lernen, sie „lesen" zu können. Nur dann kann man verstehen, welcher Lösungsansatz in einer Publikation vorgeschlagen wird. Und man kann überprüfen, mit welcher Formel ein Statistikprogrammpaket rechnet.

In beiden Fällen ändert sich allerdings nichts an der Signifikanz von Retos Daten. Der einseitige Test ist signifikant bei z > 1,65 (α = 0,05) bzw. bei z >2,33 für α = 0,01. Testet man zweiseitig muss der Wert außerhalb des Intervalls von +/- 1,96 (bei α = 0,05) bzw. +/-2,58 (bei α = 0,01) liegen. Reto muss also die Nullhypothese verwerfen und kann davon ausgehen, dass die Vorgabe eines Oberbegriffes die Behaltensleistung signifikant verbessert hat. Retos Stichproben sind gleich groß. Bei *deutlich* unterschiedlich großen Stichprobenumfängen wird empfohlen, mit einer Kontinuitätskorrektur zu arbeiten oder auf einen anderen Test, den Median-Test, auszuweichen (vgl. Bortz & Lienert, 2008).

Ablauf (zum Einprägen)

- Voraussetzungen prüfen (Hypothesen formulieren
- Signifikanzniveau festlegen (bspw. α = 0,05)
- Notwendige Größen berechnen: Rangreihe bilden, Rangplätze vergeben und Rangsummen berechnen

- Prüfgröße U ermitteln und kritischen Wert in Tabelle nachschlagen, falls nötig, in einen z-Wert transformieren. Bei vielen verbundenen Rängen: Korrekturformel benutzen
- Bei $U_{empirisch} < U_{kritisch}$ gilt H_1; bei $U_{empirisch} > U_{kritisch}$ gilt H_0

9.4.2   Wilcoxon-Test

- Klassifikation: Verteilungsfrei; (parametrisches „Gegenstück": t-Test (abhängig))
- Ziel: Vergleich von zwei abhängigen Stichproben hinsichtlich ihrer zentralen Tendenz (Median)
- Voraussetzung: Rangordnungen möglich, Differenzen bilden Unterschiede reliabel ab
- Nullhypothese: Kein Unterschied in den Rangsummen (positiv/negativ) bzw. $Md_1 = Md_2$
- Prüfgröße/Verteilung: T
- Achtung: Verbundene Ränge, Kontinuitätskorrektur
- Alternative: Vorzeichentest

Dieser Test wird oft eingesetzt, wenn man einen Probanden zu *zwei* unterschiedlichen Zeitpunkten untersucht hat. Er ist aber nicht nur für solche Messreihen geeignet, sondern ist auch eine Möglichkeit, wenn Sie mit Blockplänen gearbeitet haben (vgl. Kapitel „Versuchsplanung"). Er vergleicht zwei *abhängige* Stichproben hinsichtlich ihrer zentralen Tendenz (Median) und ist somit das Pendant zum parametrischen t-Test für abhängige Stichproben. Als verteilunsgfreier Test setzt er allerdings keine Normalverteilung voraus. Man kann ihn gut per Hand rechnen, er ist aber auch in Auswertungsprogrammen wie SPSS und R enthalten.

?   Simone hat im Rahmen ihrer Abschlussarbeit ein kleines Trainingsprogramm für aphasische Patienten entwickelt. Ihren sprachgestörten Probanden fällt es nach einer Hirnschädigung schwer, Objekte zu benennen. Haben sich die Symptome dieser Benennstörung nach einer vierwöchigen Übungsphase durch den Einsatz ihres Therapieprogrammes verändert? Simone führt den Benenntest erneut durch und lässt wieder die Objekte benennen. Sie errechnet einen Median von 31 vor der Therapie. Nach der Übungsphase liegt er bei 39,5. Ist dieser Unterschied auf einem 5%-Niveau signifikant?

Für jeden Patienten liegt ein Wertepaar vor: die Benennleistung vor und nach der Therapie. Simone listet sie in einer Tabelle auf und ermittelt für jeden Wert die Differenz d und die absolute Differenz |d|. Damit vermeidet sie es, mit negativen Vorzeichen rechnen zu müssen. Jetzt werden wieder Rangplätze vergeben. Dabei erhält die *kleinste Differenz* den Rangplatz 1. Nulldifferenzen, also gleiche Werte vor und nach der Therapie, werden nicht berücksichtigt. Liegen viele solcher Nulldifferenzen vor, spricht das bereits für die Gültigkeit von H_0. Bei gleichen Werten werden wieder geteilte Rangplätze vergeben. Das kennen Sie schon vom U-Test. Simone vermerkt noch in zwei Spalten, ob es sich um positive (d > 0) oder negative Differenzen (d < 0) handelt. In der Tabelle bezeichnen wir sie auch als T_1 und T_2. Je deutlicher sich diese Werte voneinander unterscheiden, umso unwahrscheinlicher ist die H_0.

Tabelle 9.8: Datensatz zum Wilcoxon-Test

vor der Therapie	nach der Therapie	d	|d|	Rang	Rang d>0	Rang d<0
30	42	12	12	10	10	
18	16	-2	2	1		1
27	42	15	15	11	11	
22	54	32	32	13	13	
30	30	0				
32	36	4	4	3	3	
45	39	-6	6	6,5		6,5
43	48	5	5	4,5	4,5	
23	29	6	6	6,5	6,5	
16	32	16	16	12	12	
54	59	5	5	4,5	4,5	
38	30	-8	8	9		9
40	47	7	7	8	8	
37	40	3	3	2	23	
				Summe	74,5 (T_1)	16,5 (T_2)

Die nächsten Rechenschritte sind sehr einfach, vorausgesetzt, man hat sorgfältig gearbeitet. Im Datensatz ist eine Nulldifferenz enthalten. Es gibt verschiedene Möglichkeiten, mit einem solchen Fall umzugehen (vgl. Bortz & Lienert, 2008). Wir eliminieren diesen Fall und betrachten somit nur noch $n = 13$ Wertepaare. Bevor man die Prüfgröße T bestimmt, kann man leicht überprüfen, ob sich bei der Vergabe der Rangplätze ein Flüchtigkeitsfehler eingeschlichen hat. Man setzt die entsprechenden Werte in diese Formel ein:

$$T_1 + T_2 = \frac{n \cdot (n+1)}{2} \qquad\qquad 74,5 + 16,5 = \frac{13 \cdot 14}{2}$$

Simone hat alles richtig gerechnet, der Wert auf beiden Seiten ist gleich (nämlich 91). Als **Prüfgröße T** des Wilcoxon-Tests wählen wir den *kleineren* der beiden T-Werte:

$$T = Minimum\ (T_1, T_2) = 16,5$$

Ist er *kleiner oder gleich einem kritischen Wert*, kann Simone von einem signifikanten Ergebnis ausgehen. Die *H_0 wird verworfen.* Tabelle F im Anhang weist bei einem $n = 13$ und einem Signifikanzniveau von $\alpha = 0,05$ den kritischen Wert 17 aus. Simone kann also davon ausgehen, dass ihr therapeutischer Ansatz eine positive Wirkung hatte, auch wenn der Wert nur knapp unter der kritischen Marke bleibt. Die Tabelle enthält allerdings nur kritische Werte für Stichproben bis $n = 25$. Bei größeren Stichprobenumfängen geht die T-Werte-Verteilung in eine Normalverteilung über. Dann können Sie die

Signifikanzprüfung anhand der Normalverteilungstabelle vornehmen. Um einen T-Wert in einen z-Wert transformieren zu können, müssen Sie die Streuung der T-Werte berechnen. Die Formel für den Standardfehler des T-Wertes lautet:

$$z = \frac{\frac{n \cdot (n+1)}{4} - T}{\sqrt{\frac{n \cdot (n+1) \cdot (2 \cdot n + 1)}{24}}} \qquad z = \frac{\frac{13 \cdot 14}{4} - 16,5}{\sqrt{\frac{13 \cdot 14 \cdot 27}{24}}} = 2,0266$$

In der z-Tabelle finden Sie zu diesem Wert (2,0266) einen Wert von p = 0,02. Wenn Sie viele *verbundene Ränge* haben, müssen Sie wieder – wie beim U-Test – eine **Korrekturformel** verwenden.

$$z = \frac{\frac{n \cdot (n+1)}{4} - T}{\sqrt{\frac{n \cdot (n+1) \cdot (2n+1)}{24} - \frac{1}{48} \cdot \sum_{i=1}^{m} (t_i^3 - t_i)}}$$

($m = 2$: Rangplatz 4,5 kommt 2 × vor, ebenso Rangplatz 6,5 (2×))

$$\sum_{i=1}^{2} (t_i^3 - t_i) = (2^3 - 2) + (2^3 - 2) = 12$$

$$z = \frac{\frac{13 \cdot 14}{4} - 16,5}{\sqrt{\frac{13 \cdot 14 \cdot 27}{24} - \frac{12}{48}}} = 2,0279$$

An der Interpretation ändert die vorgenommene Korrektur in diesem Fall allerdings nichts.

Ablauf (zum Einprägen)

- Voraussetzungen prüfen
- Hypothesen formulieren
- Signifikanzniveau festlegen (bspw. $\alpha = 0,05$)
- Notwendige Größen berechnen: Differenzen und Rangreihe bilden, Rangsummen berechnen
- Prüfgröße T ermitteln und kritischen Wert in Tabelle nachschlagen, eventuell z-Wert berechnen und bei vielen verbundenen Rängen Korrektur vornehmen
- Bei $T_{empirisch} < T_{kritisch}$ gilt H_1; bei $T_{empirisch} > T_{kritisch}$ gilt H_0

9.5   Metrische Daten: t-Test (unabhängig und abhängig)

Vom t-Test ist schon mehrfach die Rede gewesen. Der **t-Test** und die dazugehörige t-Verteilung gehen auf William Sealy Gosset (1876–1937) zurück, der für eine Brauerei arbeitete und ihn unter dem Pseudonym „Student" veröffentlichen musste. Sein Chef hatte angeblich schlechte Erfahrungen mit dem Forschergeist seiner Mitarbeiter machen müssen. Sie finden dieses Verfahren deshalb auch unter dem Namen „*Student-t-Test*". Diesen parametrischen Test können Sie einsetzen, wenn Sie wissen möchten, ob sich zwei beobachtete Stichprobenmittelwerte signifikant voneinander unterscheiden. Es gibt ihn für unabhängige und für abhängige Stichproben. Starten wir mit dem t-Test für unabhängige Stichproben:

9.5.1   t-Test (für unabhängige Stichproben)

- Klassifikation: Parametrisch
- Ziel: Vergleich von Mittelwerten von zwei unabhängigen Stichproben
- Voraussetzung: Normalverteilung, Varianzhomogenität, kardinale Daten
- Nullhypothese: H_0: $\mu_1 = \mu_2$ bzw. H_0: $\mu_1 - \mu_2 = 0$ (ungerichtet) oder $\mu_1 \geq \mu_2$ bzw. $\mu_1 - \mu_2 \geq 0$ oder $\mu_1 \leq \mu_2$ bzw. $\mu_1 - \mu_2 \leq 0$ (gerichtet)
- Prüfgröße/Verteilung: t
- Alternative bei Verletzung der Voraussetzungen: Welch-Test oder U-Test

Dieser t-Test vergleicht, ob sich zwei *unabhängige* Stichproben hinsichtlich ihrer Mittelwerte voneinander unterscheiden. Mit ihm überprüfen Sie die Nullhypothese, dass die beiden Stichproben aus Populationen mit identischen Parametern stammen:

H_1: $\mu_1 \neq \mu_2$ (ungerichtet); H_1: $\mu_1 - \mu_2 >$ (oder $<$) 0 (gerichtet)
H_0: $\mu_1 = \mu_2$

?   Wir nehmen noch einmal Retos Datensatz, um den t-Test mit dem U-Test vergleichen zu können. Zur Erinnerung: Reto schreibt seine Abschlussarbeit über die Struktur des Lexikons. Er möchte untersuchen, ob Wörter besser behalten werden, wenn man sie inhaltlich gruppieren kann. Seine $n = 22$ Probanden teilt er per Zufall den beiden Bedingungen zu. Beide Gruppen müssen, nachdem sie die Wörter vom Tonband gehört haben, so viele Wörter wie möglich wiedergeben. Die Experimentalgruppe erhält allerdings zusätzlich kurz vor dem Hören den Hinweis, dass sich die Wörter vier Oberbegriffen zuordnen lassen (Möbel, Fortbewegungsmittel, Obst und Bekleidung). Die Kontrollgruppe erhält diesen Hinweis nicht. Für die Auswertung entwickelt Reto ein Punktesystem, das die richtigen Antworten bewertet, aber auch falsch-positive Antworten berücksichtigt. Retos Datenreihe (Punktwerte):

Experimentalgruppe ($n_1 = 11$):   22, 22, 29, 30, 32, 30, 21, 29, 28, 29, 25
Kontrollgruppe ($n_2 = 11$):   21, 25, 20, 22, 20, 22, 20, 23, 25, 28, 23

Darf Reto bei einem Risiko von 5 % behaupten, dass die zusätzliche Instruktion die besseren Leistungen der Experimentalgruppe bewirkt hat?

Sie dürfen den t-Test nur rechnen, wenn die folgenden Voraussetzungen erfüllt sind: Da hier Mittelwerte miteinander verglichen werden, kommen nur *kardinale* Daten infrage. Die Grundgesamtheiten, aus denen Ihre beiden Stichproben stammen, müssen außerdem *normalverteilt* und die Varianzen *homogen* sein. Reto hat ein Punktesystem entwickelt und stuft seine Daten als intervallskaliert ein. Auch die zweite Bedingung, die Normalverteilung, ist erfüllt. Der dafür benötigte Kolmogorov-Smirnov-Anpassungstest weist einen nicht-signifikanten Wert aus. Retos Daten weichen also nicht-signifikant von der Normalverteilung ab. Diesen Test können wir hier nicht besprechen. Eine Darstellung finden Sie bspw. in Bortz (2005). Was verbirgt sich hinter der dritten Bedingung, der **Varianzhomogenität**? Sie kennen dieses Kriterium schon: Zwei Gruppen wurden mit unterschiedlichen Methoden unterrichtet. Sie haben in einem abschließenden Sprachtest folgende Werte erzielt: Gruppe 1: 1-1-1-5-5-5. Gruppe 2: 3-3-2-4-3-3. Sind also beide Methoden gleich gut? Gruppe 1 zerfällt in sehr gute und sehr schlechte Studenten. In Gruppe 2 bewegen sich alle auf einem mittleren Leistungsniveau (kleine Streuung). Methode 1 polarisiert also, Methode 2 nivelliert eher. Für beide Gruppen errechnen wir aber ein arithmetisches Mittel von 3. Deshalb sollten Sie zu jedem Mittelwert auch die Streuung angeben. Und deshalb ist es notwendig, vorher zu überprüfen, ob sich die Varianzen der beiden Stichproben signifikant voneinander unterscheiden. Mit ihnen schätzen wir ja die Varianzen in der Grundgesamtheit.

Wie geht man beim t-Test vor? Man wertet die Daten natürlich zunächst *deskriptiv* aus. Man schaut sich die Verteilung an, bestimmt die Mittelwerte ($\bar{x}_1 = 27,000$ / $\bar{x}_2 = 22,636$) und berechnet die Stichprobenvarianz und die Standardabweichungen ($s^2_1 = 64,540$; $s_1 = 2,422$ und $s_2^2 = 13,272$ und $s_2 = 3,643$). Die Populationsvarianz und die Standardabweichung in der Population sind unbekannt. Sie müssen auf der Basis der Stichprobenwerte geschätzt werden. Zur Erinnerung: Man muss dazu die quadrierten Abweichungen nicht durch n teilen (wie bei der Stichprobenvarianz), sondern durch $n-1$. Damit haben wir fast alles zusammen, was wir zur Berechnung der Prüfgröße t benötigen:

$$\bar{x}_1 = \tfrac{297}{11} = 27,000 \qquad \hat{\sigma}_1 = 3,820 \qquad n_1 = 11$$

$$\bar{x}_2 = \tfrac{249}{11} = 22,636 \qquad \hat{\sigma}_2 = 2,540 \qquad n_2 = 11$$

Der nächste Schritt: Es muss geprüft werden, ob **Varianzhomogenität** oder Varianzheterogenität vorliegt. Das Ergebnis bestimmt, mit welcher Formel man weiterrechnet. Es gibt verschiedene Möglichkeiten, auf Varianzhomogenität zu testen. Das Statistikprogramm SPSS setzt dazu bspw. den sogenannten *Levene-Test* ein. Wir nutzen den einfacher mit der Hand zu rechnenden **F-Test** (für Varianzhomogenität). Man berechnet die **Prüfgröße F** mit der folgenden Formel. *Major* ist dabei immer der größere, *minor* der kleinere Wert:

$$F = \frac{\hat{\sigma}^2_{major}}{\hat{\sigma}^2_{minor}} \qquad F = \frac{3,820^2}{2,540^2} = \frac{14,592}{6,452} = 2,261$$

Diese Prüfgröße ist F-verteilt mit diesen Freiheitsgraden: $df = (n_{major}-1, n_{minor}-1)$. In Retos Datensatz mit jeweils elf Probanden ist also $df = (10, 10)$. In der F-Verteilung, die Sie auch im Anhang finden (Tabelle D), liest man bei $df_1 = 10$ und $df_2 = 10$ den entsprechenden kritischen Wert ab. Für $\alpha = 0{,}05$ ist es der Wert 2,98, bei $\alpha = 0{,}01$ der Wert 4,85. Retos empirischer F-Wert ist *kleiner* als der kritische Wert. Bei diesem *nicht-signifikanten Wert* kann Reto kann deshalb von Varianzhomogenität ausgehen. Bei vorliegender Varianzhomogenität wird die **Prüfgröße t** nach folgender Formel berechnet. Bei kleineren Stichproben (wie hier) ist sie t-verteilt mit $n_1 + n_2 - 2$ Freiheitsgraden. Innerhalb der *beiden* Gruppen können ja jeweils nur $n-1$ Werte frei variieren, die anderen sind festgelegt.

▶   **t-Test für unabhängige Stichproben (gleiche unbekannte Varianzen)**

$$t = \frac{\overline{x}_1 - \overline{x}_2}{\hat{\sigma}_{(\overline{x}_1 - \overline{x}_2)}} \qquad\qquad df = n_1 + n_2 - 2$$

Schauen wir uns die Formel genauer an: Im Zähler steht die Differenz der Mittelwerte, im Nenner der Standardfehler der Differenz der Mittelwerte. Wie berechnet man den Nenner? Haben Sie außer den Mittelwerten noch keine Kennwerte berechnet, verwenden Sie diese Formel, um den Standardfehler der Differenz zu schätzen.

$$\hat{\sigma}_{(\overline{x}_1 - \overline{x}_2)} = \sqrt{\frac{\sum_{i=1}^{n_1} (x_{i1} - \overline{x}_1)^2 + \sum_{i=1}^{n_2} (x_{i2} - \overline{x}_2)^2}{(n_1 - 1) + (n_2 - 1)}} \cdot \sqrt{\frac{1}{n_1} + \frac{1}{n_2}}$$

Wenn Sie bereits die beiden Populationsvarianzen $\hat{\sigma}^2$ ermittelt haben, geht es schneller mit dieser Formel:

$$\hat{\sigma}_{(\overline{x}_1 - \overline{x}_2)} = \sqrt{\frac{(n_1 - 1) \cdot \hat{\sigma}_1 + (n_2 - 1) \cdot \hat{\sigma}_2}{(n_1 - 1) + (n_2 - 1)}} \cdot \sqrt{\frac{1}{n_1} + \frac{1}{n_2}}$$

Setzen wir einmal Retos Daten ein:

$$\hat{\sigma}_{(\overline{x}_1 - \overline{x}_2)} = \sqrt{\frac{64{,}54 + 146}{(11-1) + (11-1)}} \cdot \sqrt{\frac{1}{11} + \frac{1}{11}} = 1{,}383$$

Jetzt können wir t berechnen:

$$t = \frac{27{,}000 - 22{,}636}{1{,}383} = 3{,}1554$$

Eingesetzt in die Formel für die Prüfgröße *t* ergibt sich der Wert 3,155. Wir müssen ihn mit dem kritischen Wert der t-Verteilung bei $\alpha = 0{,}05$ und $df = 20$ vergleichen. Bei zweiseitiger Testung, also bei einer ungerichteten H_1: $t_{(0,975, 20)}$ = 2,0860. Hier werden ja auf jeder Seite 2,5% der Fläche abgeschnitten. Bei einer gerichteten Hypothese, wie in Retos Fall, müsste der empirische-Wert größer sein als der kritische Wert bei 0,950 (5% der Fläche): 1,725. Da dies der Fall ist, darf Reto behaupten, dass sich durch den zusätzlichen Hinweis die Leistung der Experimentalgruppe signifikant erhöht hat. Die Mittelwerte unterscheiden sich statistisch bedeutsam: t (20) = 3,155, einseitig, signifikant oder auch: t = 3,155, df = 20, p < 0,01, denn Retos empirischer Wert ist auch auf diesem Niveau signifikant, wie Ihnen ein Blick in die Tabelle verrät.

Bei Varianzheterogenität (*ungleiche* unbekannte Varianzen) können Sie diese Formel verwenden (**Welch-Formel**):

▶ **t-Test für unabhängige Stichproben (ungleiche unbekannte Varianzen)**

$$t = \frac{|\bar{x}_1 - \bar{x}_2|}{\sqrt{\frac{\hat{\sigma}_1^{\,2}}{n_1} + \frac{\hat{\sigma}_2^{\,2}}{n_2}}} \qquad df = \frac{n_1 + n_2 - 2}{2}$$

Ablauf (zum Einprägen)

- Voraussetzungen prüfen
- Hypothesen formulieren
- Signifikanzniveau festlegen (bspw. α = 0,05)
- Notwendige Größen berechnen: Mittelwerte und geschätzte Varianz für beide Stichproben, Standardfehler
- Prüfgröße t berechnen und kritischen Wert in Tabelle nachschlagen
- Bei $|t_{empirisch}| > |t_{kritisch}|$ gilt H_1; bei $|t_{empirisch}| < |t_{kritisch}|$ gilt H_0

9.5.2   t-Test (für abhängige Stichproben)

- Klassifikation: Parametrisch
- Ziel: Vergleich von Mittelwerten von zwei *abhängigen* Stichproben
- Voraussetzung: Normalverteilung, kardinale Daten, abhängige Stichproben (innerhalb), aber keine Abhängigkeit zwischen den Messwertpaaren
- Nullhypothese: H_0: $\mu_1 = \mu_2$ oder H_0: $\mu_{Differenz}$ = 0 (ungerichtet); H_0: $\mu_1 \geq \mu_2$ bzw. $\mu_{Differenz} \geq 0$ oder $\mu 1 \leq \mu 2$ bzw. $\mu_{Differenz} \leq 0$ (gerichtet)
- Prüfgröße/Verteilung: t
- Alternative: Bei Verletzung der Voraussetzungen: Wilcoxon-Test

Der **t-Test für abhängige Stichproben** ist das parametrische „Gegenstück" zum Wilcoxon-Test (vgl. Kap. 9.4.2). Mit ihm überprüfen Sie, ob sich die Mittelwerte von zwei *abhängigen* Stichproben unterscheiden. Den Kennwert, mit dem Sie testen wollen, können Sie dabei auf zwei Wegen gewinnen. Im ersten Fall berechnen Sie für jede

Stichprobe zunächst den Mittelwert und dann die Differenz dieser Mittelwerte. Im zweiten Fall berechnen Sie für jedes Messwertpaar die Differenz und bilden dann über alle diese Wertepaare den Mittelwert. Auf beiden Wegen kommen Sie zum gleichen Ergebnis. Mit dem t-Test für abhängige Stichproben können Sie wie beim t-Test für unabhängige Stichproben ungerichtete und gerichtete Hypothesen testen. Um den t-Test für abhängige Stichproben mit dem Wilcoxon-Test vergleichen zu können, nehmen wir noch einmal Simones Datensatz. Zur Erinnerung: Simone möchte überprüfen, ob ihr Therapieprogramm die Benennleistung von sprachgestörten Patienten verbessert. Dazu hat sie die Patienten einmal vor Therapiebeginn und dann noch einmal nach Abschluss der Therapie untersucht. Unterscheiden sich die Mittelwerte $\overline{x}_1$ (vor der Therapie: 32,6) und $\overline{x}_2$ (nach der Therapie: 38,9) signifikant voneinander?

Tabelle 9.9: Simones Datensatz

vor der Therapie	nach der Therapie	d	d^2
30	42	12	144
18	16	-2	4
27	42	15	225
22	54	32	1024
30	30	0	
32	36	1	1
45	39	-15	225
43	48	5	25
23	29	6	36
16	32	16	256
54	59	5	25
38	30	-8	64
40	47	7	49
37	40	3	9
$\Sigma = 455$	$\Sigma = 544$	$\Sigma = 89$	$\Sigma = 1913$

Wie berechnet man in diesem Fall die Prüfgröße t?

▶   **t-Test für abhängige Stichproben**

$$t = \frac{\overline{x}_d}{\hat{\sigma}_{\overline{x}_d}}$$

Man ermittelt zunächst die jeweiligen Differenzen und quadriert sie (vgl. Tabelle 9.9).

$$\sum_{i=1}^{n} d_i = 89 \qquad \sum_{i=1}^{n} d_i^2 = 1913 \qquad n = 14$$

Sieht man einmal von eventuellen Rundungsfehlern ab, ist natürlich der Mittelwert der Differenzen gleich der Differenz der Mittelwerte. Überprüfen Sie das bitte einmal für

dieses Beispiel. Auch damit kann man überprüfen, ob man richtig gerechnet hat. Wir
berechnen den Mittelwert aller Differenzen:

$$\overline{x}_d = \frac{1}{n} \cdot \sum_{i=1}^{n} d_i = \frac{89}{14} = 6{,}3571$$

Im Mittel haben sich also die Leistungen aller Patienten um den Wert 6,3571 verbessert. Als nächstes schätzen wir die uns unbekannte Streuung bzw. die Standardabweichung der Differenzen anhand der Stichprobendifferenzen:

$$\hat{\sigma}_d = \sqrt{\frac{\sum_{i=1}^{n} d_i^2 - \frac{1}{n}\left(\sum_{i=1}^{n} d_i\right)^2}{n-1}} = \sqrt{\frac{1913 - \frac{89^2}{14}}{13}} = 10{,}1799$$

Für die Berechnung benötigen wir jetzt nur noch die Streuung bzw. den Standardfehler. Sie kennen ja bereits den Standardfehler des arithmetischen Mittels. Beim t-Test für
unabhängige Stichproben haben wir die Verteilung der Differenzen von Mittelwerten
betrachtet. Beim t-Test für abhängige Stichproben betrachten wir jetzt die Verteilung
der *Mittelwerte von Differenzen*. Die Formel zur Berechnung der Mittelwerte von Differenzen lautet entsprechend:

$$\hat{\sigma}_{\overline{x}_d} = \frac{\hat{\sigma}_d}{\sqrt{n}} = \frac{10{,}1799}{\sqrt{14}} = 2{,}7207$$

Jetzt kann man die **Prüfgröße *t*** berechnen, die mit *df = n–*1 t-verteilt ist.

$$t = \frac{\overline{x}_d}{\hat{\sigma}_{\overline{x}_d}} = \frac{6{,}3571}{2{,}7207} = 2{,}3365$$

Man muss also noch den empirisch ermittelten t-Wert von 2,3365 bei 14–1= 13 Freiheitsgraden mit dem entsprechenden kritischen Wert in der Tafel vergleichen. Testet
man zweiseitig bei $\alpha = 0{,}05$, wird das Intervall gesucht zwischen t $_{(13,\,2,5\%)}$ und t $_{(13,\,97,5\%)}$:
+/–2,160. Der empirische t-Wert liegt also außerhalb dieser Grenzen. Er ist größer. Der
Unterschied der mittleren Werte in der Benennleistung ist also als signifikant nachgewiesen. Beim zweiseitigen Testen geht man ja davon aus, dass es einen Unterschied
gibt. Über die Richtung wird aber keine Aussage gemacht. Simone ist aber davon aus-
gegangen, dass ihr Therapieprogramm auf jeden Fall positiv wirkt und keine negativen
Folgen hat. Aus der zweiseitigen wird deshalb eine einseitige Testung. Der empirische
Wert muss dann größer sein als der kritische Wert, der auf *einer Seite* 5% der Fläche
abschneidet: 1,771. Das ist hier der Fall, und auch die Richtung des Unterschiedes
stimmt. Nach der Therapie erzielen die Patienten bessere Werte. In Simones Fall gilt
also: *t* (13) = 2,3365, p < 0,05). In allgemeiner Form werden die Ergebnisse von t-Tests
folgendermaßen dargestellt: (*t* = xx, *df* = xx, p < x.xx) oder als auch *t* (xx) = xx, p <
x.xx).

Ablauf (zum Einprägen)

- Voraussetzungen prüfen
- Hypothesen formulieren
- Signifikanzniveau festlegen
- Notwendige Größen berechnen: Mittelwerte und geschätzte Varianz für beide Stichproben, Standardfehler
- Prüfgröße t berechnen und kritischen Wert in Tabelle nachschlagen
- Bei $|t_{empirisch}| > t|_{kritisch}|$ gilt H_1; bei $|t_{empirisch}| < t|_{kritisch}|$ gilt H_0

Sie haben jetzt eine ganze Reihe von Möglichkeiten kennengelernt, um auf signifikante Unterschiede zu testen (Häufigkeiten und Maße der zentralen Tendenz). Sind die Voraussetzungen von parametrischen Verfahren nicht erfüllt, können Sie jetzt auch verschiedene verteilungsfreie Verfahren einsetzen. Das Problem: Wir haben bisher meistens nur die Werte von *zwei* Stichproben miteinander verglichen. Sehr oft hat man aber *mehr als zwei* experimentelle Bedingungen eingesetzt bzw. mehrere Gruppen betrachtet. Wie man in diesem Fall auf signifikante Unterschiede testet, zeigt das nächste Kapitel.

Unterschied zwischen parametrischen und verteilungsfreien Verfahren (Vorteile und Nachteile)

Chi-Quadrat-Test (eindimensional)

Vierfelder-Chi-Quadrat-Test

McNemar-Test

Wilcoxon-Test

U-Test nach Mann-Whitney

t-Test (unabhängig und abhängig)

Sie finden viele nicht-parametrische Verfahren in Bortz et al. (2008) und in Bortz & Lienert (2008). Eid et al. (2010) und Sedlmeier & Renkewitz (2008) geben weitergehende Informationen zu den parametrischen Signifikanztests (bspw. zu Effektstärken).

1. Schauen Sie bitte noch einmal auf Katharinas Datensatz. Katharina überlegt, ob die Entscheidungen der Studenten vielleicht in den übrigen Fachbereichen der Universität, deren Studienordnungen Fremdsprachenkenntnisse verlangen, anders ausfallen. Zum Glück gibt es eine Statistik über das gemeinsame Lehrangebot für alle diese Fachbereiche. Sie besorgt sich die Daten aus der gesamten Universität: Spanisch = 670; Chinesisch = 103; Tagalog = 79 und Schwedisch = 20. N = 872. Verteilen sich die Präferenzen für die einzelnen Sprachen signifikant anders als in Katharinas Fachbereich?

2. Heidi vermutet, dass Kinder von einem zusätzlichen Schreibtraining profitieren. Teilgenommen haben insgesamt 40 Kinder, die sie nach der Trainingsphase alle testen kann. Ausgezählt hat sie die Anzahl der Fehler für die Experimental- und die Kontrollgruppe (AV). Als Verfahren wählt Heidi einen einseitigen t-Test, nachdem sie auf Varianzhomogenität und Normalverteilung getestet hat. Die Mittelwerte der beiden Gruppen unterscheiden sich auch signifikant. Heidis Problem: Die Kinder *ohne* zusätzliches Training haben besser abgeschnitten. Heidi entscheidet sich dafür, jetzt doch besser nur zweiseitig zu testen. Diskutieren Sie Heidis Vorgehen.

3. Sie haben ausgezählt, wie oft verschiedene Pluralaffixe in einem Text vorkommen. Mit welchem Test werten Sie Ihre Daten aus?

4. Welcher Fehler kann passieren, wenn man mit einer Vierfelder-Tafel eine gerichtete Hypothese testet?

5. Sie wollen mit einem Satzexperiment untersuchen, ob sich die Verarbeitungszeiten (gemessen in Millisekunden) systematisch verändern, wenn man die Wortstellung im Mittelfeld von Testsätzen verändert. Sie können acht Probanden als Teilnehmer gewinnen. Mit welchem Verfahren werten Sie Ihre Daten aus?

6. Warum muss man einen F-Test rechnen, bevor man einen t-Test für unabhängige Stichproben rechnen darf?

10 Auf signifikante Unterschiede testen – Teil II: Varianzanalysen

Lernziele Primär-, Sekundär- und Fehlervarianz; MAX-KON-MIN-Prinzip; einfaktorielle Varianzanalyse: zwei-, also mehrfaktorielle Varianzanalyse; Varianzanalyse mit Messwiederholung (Idee); Kruskal-Wallis-H-Test; Friedman-Rangvarianzanalyse

Sie haben intervallskalierte, normalverteilte und varianzhomogene Daten erhoben. Jetzt möchten Sie überprüfen, ob sich Ihre drei untersuchten Stichproben hinsichtlich Ihrer zentralen Tendenz (Mittelwerte) signifikant voneinander unterscheiden. Mit welchem Verfahren werten Sie Ihre Daten aus? Ihre Antwort lautet vermutlich: mit dem Student t-Test. Auch mit der komplexeren Varianzanalyse (VA) vergleichen Sie die Mittelwerte von Stichproben. Warum aber ist der t-Test in diesem Fall die schlechtere Wahl? Haben Sie eine Idee?

Mit dem t-Test können Sie immer nur *zwei* Stichprobenmittelwerte miteinander vergleichen. Bei mehreren Fragestellungen müssten Sie also entsprechend viele Vergleiche rechnen. Die Zahl der Paare errechnet sich nach n mal $(n–1)/2$. Wenn Sie aber mehrere t-Tests durchführen müssen, droht die Ihnen bereits bekannte *Alpha-Inflation*. Möchten Sie bspw. wie hier drei Mittelwerte auf einem Signifikanzniveau von $\alpha = 0,05$ überprüfen, müssen Sie drei t-Tests rechnen $[3·(3–1)/2]$. Bei fünf Mittelwerten sind es schon zehn Einzelvergleiche. Damit steigt auch die Wahrscheinlichkeit, einen α-Fehler zu begehen, drastisch an. Um diese Alpha-Kumulierung ausgleichen zu können, liegt bei einem festgelegten $\alpha = 0,05$ das Signifikanzniveau für *jeden einzelnen* der drei Tests bei $0,05/3 = 0,01$, also bei 1% anstelle von 5%. Die einzelnen Tests sind auch nicht voneinander unabhängig. Kennen Sie bei drei Stichproben die Mittelwertsdifferenzen von zweien der Paare, kennen Sie auch die Differenz der Mittelwerte des dritten Paares. Auch damit steigt das Risiko des Alpha-Fehlers an. Die Resultate der einzelnen t-Tests können außerdem widersprüchlich sein. Angenommen, alle Paarvergleiche bis auf einen einzigen haben keinen Unterschied ergeben. Nur dieser eine Paarvergleich weist einen signifikanten Unterschied nach. Wie interpretiert man dann ein solches Ergebnis? Es gibt aber nicht nur Argumente *gegen* den Einsatz des t-Tests bei drei oder mehr Stichproben. Die Varianzanalyse als strukturprüfendes Verfahren hat auch noch einige *Vorteile* zu bieten.

Varianzanalysen können sehr gut an Versuchspläne angepasst werden. Deshalb werden sie sehr häufig eingesetzt, um (linguistische) Experimente auszuwerten. Achten Sie einmal darauf, wie oft Sie auf Artikel stoßen, in denen der Begriff ANOVA (für *Analysis of Variance*) auftaucht. Einen weiteren Vorteil der Varianzanalysen kennen Sie schon aus dem Kapitel „Versuchsplanung". Mit Varianzanalysen können Sie *gleichzeitig* die Effekte mehrerer unabhängiger Variablen auf die AV prüfen und auf *Wechselwirkungen* zwischen den UV testen. So lässt sich auch untersuchen, ob sich die Wirkungen mehrerer unabhängiger Variablen auf die AV verstärken, sich gegenseitig abschwächen oder vielleicht sogar aufheben. Bei der Varianzanalyse werden die (kategorialen) UV oft auch als **Faktoren,** die einzelnen Ausprägungen der UV (die Versuchsbedingungen) als **Faktorstufen** oder **Treatments** bezeichnet. Die Klassifikation der Varianzanalyse ist Ihnen vertraut: Je nachdem, wie viele Faktoren das Design enthält, spricht man bei nur einem Faktor von einer **einfaktoriellen,** bei mehreren von einer **mehr- oder multifaktoriellen** Varianzanalyse. Betrachtet man mehrere AV, rechnet man eine **multivariate** Varianzanalyse.

Der Name Varianzanalyse ist dagegen für den Statistikeinsteiger zunächst etwas irreführend. Analyse bedeutet, dass hier die Varianz auf eine festgelegte Art und Weise in einzelne Komponenten zerlegt wird. Dabei werden aber keine Varianzen miteinander verglichen, sondern bei den **parametrischen Varianzanalysen** die Mittelwerte von zwei oder mehreren Stichproben. Damit ist auch das Skalenniveau der AV festgelegt. Parametrische VA eignen sich nur für intervall- oder verhältnisskalierte Daten, die UV können dagegen auch nominal oder ordinalskaliert sein. Sind auch die UV verhältnisskaliert, wird aus der ANOVA übrigens eine ANCOVA, eine Kovarianzanalyse (*Analysis of Covariance*). Die Vorgehensweise ist aber nicht unterschiedlich. Aber auch Ordinaldaten (AV) lassen sich mit einer Varianzanalyse auswerten. Sie werden mit dem **H-Test** und der **Friedman-VA** zwei prominente Beispiele einer **verteilungsfreien Varianzanalyse** kennenlernen. Hier werden keine Mittelwerte miteinander verglichen, sondern die mittleren Rangplätze. Bevor wir uns mit den parametrischen Varianzanalysen beschäftigen, gehen wir aber noch einmal kurz zur beschreibenden Statistik und zur Versuchsplanung zurück.

10.1 Varianzzerlegung: Versuchsplanung

Wenn Sie als Experimentator ein Experiment mit verschiedenen Versuchsbedingungen (UV) durchführen, hoffen Sie natürlich darauf, dass sich diese unterschiedlichen Bedingungen auch systematisch und sichtbar in den Messwerten (AV) niederschlagen. Die verschiedenen Faktorstufen sollen also eine unterscheidbare Wirkung auf die AV haben. Es gibt aber nicht nur diese, vom Versuchsleiter „gewünschte" *Variation zwischen den Gruppen*, also den experimentellen Bedingungen. Auch *innerhalb einer Gruppe* können sehr unterschiedliche Werte gemessen werden, obwohl hier doch alle Probanden der gleichen experimentellen Situation ausgesetzt waren. Wie kommen diese Unterschiede zustande? Zum einen spielen natürlich individuelle Eigenschaften Ihrer Versuchspersonen eine Rolle. Menschen unterscheiden sich in ihren Begabungen, Einstellungen, Motivationen usw. Auch die situativen Bedingungen (Temperatur, Geräuschpegel, etc.) und Ihr Verhalten als Versuchsleiter kommen als mögliche Ursache für die unterschiedlichen Ergebnisse infrage. Schließlich spielen immer auch Messfehler und Kollege Zufall eine Rolle. Deshalb zerlegt man in der Versuchsplanung die gesamte Varianz der Messwertreihe, die sogenannte **Gesamtvarianz,** in drei verschiedene Komponenten: in die Primär-, in die Sekundär- und in die Fehlervarianz.

▶   **Primärvarianz**

Systematische Veränderung der abhängigen Messwerte, die allein auf die Manipulation der UV (experimentelle Bedingungen) zurückzuführen ist.

▶ **Sekundärvarianz**

Systematische Veränderung der abhängigen Messwerte, die auf die Wirkung von Störvariablen zurückzuführen ist, aber nicht auf die Wirkung der UV.

▶ **Fehlervarianz**

Unsystematische Variabilität der AV. Nicht auf die Manipulation der UV oder den Einfluss von bekannten SV zurückzuführen.

Jetzt können wir auch das Kapitel „Versuchsplanung" mit dem **Max-Kon-Min-Prinzip** (Kerlinger, 1973) abschließen. Es fordert von Ihnen als Experimentator:

▶ **Max-Kon-Min-Prinzip**

Maximiere die Primärvarianz!
Kontrolliere die Sekundärvarianz!
Minimiere die Fehlervarianz!

10.2 Varianzzerlegung: Modell und Ablauf

Die Grundidee, also die Varianzzerlegung, übernehmen wir aus der Versuchsplanung, modifizieren sie allerdings in einem Punkt. Sekundär- und Fehlervarianz fassen wir aus zwei Gründen zu einer Varianz zusammen. Für die Versuchsplanung spielt es eine große Rolle, ob ich einen unerwünschten Einfluss kontrollieren kann oder nicht. Für den nachfolgenden Rechenvorgang ist es unerheblich. Zudem gibt es zu den Varianzanalysen zwei verschiedene Zugänge. Die „klassische" VA geht auf den englischen Statistiker Sir R. A. Fisher zurück, der 1925 die ersten varianzanalytischen Methoden beschrieb. Ihm verdanken wir übrigens auch die Ihnen bereits bekannte F-Verteilung. Varianzanalysen kann man aber auch als Spezialfall eines bestimmten mathematischen Modells auffassen, dem sogenannten *Allgemeinen Linearen Modell*, kurz ALM. Diese Modellgleichung fasst eine Reihe statistischer Analyseverfahren zusammen, zu der nicht nur die Varianzanalyse gehört. Allen gemeinsam ist, dass man versucht, die Variation einer AV (einer Kriteriumsvariablen) durch eine Anzahl von unabhängigen Variablen (Prädiktorvariablen) zu erklären. Mit „erklären" ist allerdings keine inhaltlich-kausale Begründung gemeint. Erklären bedeutet hier „vorhersagen". Je stärker Prädiktoren und Kriterium zusammenhängen, desto größer ist der Anteil der Variation des Kriteriums, den man auf die Variation der Prädiktoren zurückführen kann. Das „linear" im Namen verrät Ihnen, dass sich in einem solchen Modell die angenommenen Effekte additiv verknüpfen.

▶ **Systematische Varianz** (auch: Primärvarianz, Treatmentvarianz, Effektvarianz, „zwischen den Gruppen")

Die Anteile an der Gesamtvarianz, die auf die systematische Wirkung der UV und auf ihre Wechselwirkungen zurückzuführen sind.

▶ **Fehlervarianz** (auch: Sekundärvarianz, „innerhalb der Gruppen")

Alle Varianzanteile, die nicht auf die UV und deren Wechselwirkungen zurück gehen. Einfluß von SV und Messfehlern, Zufallseinflüsse.

Um zu verstehen, was Varianzzerlegung bedeutet, schauen wir uns den einfachsten Fall einer Varianzanalyse an: eine einfaktorielle Varianzanalyse. Mit ihr überprüfen Sie, ob die Varianz *zwischen* den Gruppen größer ist als die Varianz *innerhalb* der Gruppen. Dazu brauchen wir zunächst einige neue Begriffe. In der Literatur hat sich leider keine einheitliche Terminologie durchgesetzt. Ich verwende im Text deshalb alle Varianten, damit Sie mit den unterschiedlichen Begriffen vertraut werden.

Die Summe der quadrierten Abweichungen wird als **Quadratsumme** (QS, *sum of squares* (SS)) bezeichnet, oft auch als **Summe der Abweichungsquadrate** (SAQ). Welchen Begriff Sie auch wählen, der Rechenvorgang ist gleich: Sie errechnen den Gesamtmittelwert ($\overline{G}$), notieren dann für jeden einzelnen Probanden, wie sehr seine Merkmalsausprägung der einzelnen Variablen (x_{mi}) von diesem Mittelwert abweicht, quadrieren diese Abweichungen (wegen eventueller negativer Werte) und addieren Sie zu einer Summe auf:

▶ **Quadratsumme (QS$_{Total}$)**

$$\sum_{m=1}^{n}\sum_{i=1}^{p}\left(x_{mi}-\overline{G}\right)^2 \qquad \text{mit } df_{Total} = p \cdot (n-1)$$

Diese Gesamtabweichung wird jetzt in zwei Teile zerlegt. Der eine Teil ist die „erklärte" Abweichung, also die Summe der quadrierten Abweichungen *zwischen* den Faktorstufen, die auf Ihre experimentelle Manipulation zurückgeht (SAQ$_{Effekt}$ oder auch QS$_{Treatment}$). Der andere Teil ist die „unerklärte" Abweichung, also die Summe der quadrierten Abweichungen *innerhalb* der Faktorstufen, die auf Unterschiede zwischen den Probanden, unbekannte Einflussgrößen, Messfehler etc. zurückzuführen ist (SAQ$_{Fehler}$ oder auch QS$_{Fehler}$). Beachten Sie bitte, dass die SAQ$_{Effekt}$ die Variabilität der Mittelwerte widerspiegelt, die SAQ$_{Fehler}$ sich aber auf die Variabilität der Messwerte bezieht. Die Quadratsummen werden natürlich immer größer, je mehr Beobachtungswerte in die Berechnung eingehen

Die Nullhypothese besagt, dass es keine *systematische* Variation gibt, sowohl bei der QS$_{Effekt}$ als auch bei der QS$_{Fehler}$. Um sie überprüfen zu können, müssen wir die Populationsvarianz auf der Basis der Stichprobenwerte schätzen. Dafür verwendet man bei der Varianzanalyse als Maß für die Streuung die *mittleren* quadratischen Abweichungen (MQ; *mean squares, (MS)*). Es sind die Abweichungen der individuellen Messwerte von ihrem jeweiligen Gruppenmittelwert (nicht erklärbar) und die Abweichungen der Gruppenmittelwerte vom Gesamtmittel (erklärbar), jeweils geteilt durch die Anzahl der Freiheitsgrade.

▶ **Mittlere quadratische Abweichung**

$$\hat{\sigma}^2 = \frac{QS_{Total}}{df_{Total}}$$

Schauen wir einmal auf alle Größen, die wir in der Varianzanalyse berechnen müssen:

Tabelle 10.1: Zu berechnende Größen

Variabilität	MQ / $\hat{\sigma}^2$	df
Gesamte Variabilität (SAQ/QS$_{Total}$)	Mittlere quadratische Abweichung ($\hat{\sigma}^2{}_{Total}$)	$n-1$
Variabilität zwischen den Faktorstufen(SAQ/ QS$_{Zwischen, Treatment oder Effekt}$)	Mittlere quadratische Abweichung zwischen den Faktorstufen ($\hat{\sigma}^2{}_{Treatment oder Effekt}$)	$k-1$ (k = Anzahl der Faktorstufen)
Variabilität innerhalb der Faktorstufen (SAQ/ QS$_{Innerhalb oder Fehler}$)	Mittlere quadratische Abweichung innerhalb der Faktorstufen ($\hat{\sigma}^2{}_{Fehler}$)	$k \cdot (n-1)$

⚠ Es gilt: SAQ_{Total} = $SAQ_{Effekt} + SAQ_{Fehler}$
Es gilt: MQ_{Total} ≠ $MQ_{Effekt} + MQ_{Fehler}$

Dabei ist die Varianz innerhalb der Gruppen ein guter Schätzer für die Varianz in der Grundgesamtheit ($\hat{\sigma}^2$). Die Varianz zwischen den Gruppen aber ist nur dann ein guter Schätzwert, wenn es keinen Einfluss des Faktors gibt. Gilt die Nullhypothese, werden die MQ_{Effekt} und die MQ_{Fehler} ungefähr gleich groß ausfallen. Ist aber die MQ_{Effekt} wesentlich größer, spricht das gegen die Nullhypothese. Dann wird in dieser mittleren Quadratsumme nicht nur Fehlervarianz enthalten sein, sondern eben auch noch ein gewisser Anteil an zusätzlicher *systematischer* Varianz. Dann hat der untersuchte Faktor einen Einfluss auf die abhängige Variable. In diesem Fall unterscheiden sich also die Schätzungen. Die Gruppen stammen aus unterschiedlichen Grundgesamtheiten. Um zu testen, ob die MQ_{Effekt} signifikant größer ist als die MQ_{Fehler}, setzt man deshalb diese beiden mittleren Quadratsummen ins Verhältnis. Die dazugehörige Prüfverteilung ist die F-Verteilung mit den jeweiligen Freiheitsgraden für den Zähler ($k-1$) und den Nenner ($k\cdot(n-1)$).

$$F = \frac{MQ_{Effekt}}{MQ_{Fehler}} \qquad df = k-1,\ k \cdot (n-1)$$

Ist der empirische F-Wert *größer* als der in der Tabelle der F-Verteilung abgelesene kritische Wert, wird die Nullhypothese verworfen. Sie kennen jetzt die zu berechnenden Größen und die notwendigen Schritte einer Varianzanalyse. Schauen wir uns dazu ein Beispiel an (modifiziert nach Bortz, 2005):

10.3 Einfaktorielle Varianzanalyse

? Hannes unterrichtet Deutsch für Migranten. Er möchte wissen, welche Lehrmethode am besten geeignet ist, in kurzer Zeit gute Deutschkenntnisse zu vermitteln. Er wählt die vier gängigsten Lehrmethoden aus und testet den Lernerfolg mit einem einheitlichen Test, der für richtige Anworten Punkte vergibt (AV). Aus allen Teilnehmern zieht er eine Stichprobe (jeweils fünf Anfänger) und teilt sie den unterschiedlichen Lehrmethoden zu. Insgesamt nehmen also 20 Personen teil. Mit einer einfaktoriellen Varianzanalyse soll jetzt die Wirksamkeit der Trainingsprogramme untersucht werden.

Der Faktor Lehrmethode liegt in $k = 4$ Faktorstufen vor, das sind hier die einzelnen experimentellen Bedingungen, also die Lehrmethoden A, B, C und D. Normalerweise sind die Stichproben natürlich viel größer, aber so lässt es sich schneller rechnen. Es geht ja hier darum, die Idee des Verfahrens zu verstehen. Das Rechnen der ANOVA übernimmt üblicherweise ein maschineller Rechenknecht. Hannes berechnet zunächst für jede einzelne Faktorstufe das arithmetische Mittel (AM). Die Lehrmethode C hat danach am schlechtesten abgeschnitten. Die Teilnehmer dieser Gruppe haben den niedrigsten Punktwert beim Abschlusstest erzielt (AM = 2).

Tabelle 10.2: Rohdaten und Mittelwerte

Lehrmethode	A	B	C	D
	6	3	2	5
	8	5	1	1
	7	2	3	4
	6	5	3	1
	8	5	1	4
Summe pro Faktor	**35**	**20**	**10**	**15**
AM der jeweiligen Gruppen	**7**	**4**	**2**	**3**

Als nächstes berechnet Hannes den Gesamtmittelwert (35+20+10+15 = 80/20 = 4) und die quadrierten Abweichungen von diesem Gesamtmittelwert für jede Faktorstufe. Also bspw. für die erste Person, die mit Lehrmethode A unterrichtet wurde: $(6–4)^2 = 4$, für die dritte Person in Bedingung C: $(3–4)^2 = 1$. Das ergibt in tabellarischer Form die folgenden Werte:

Tabelle 10.3: Quadratsummen

Lehrmethode	A	B	C	D
	4	1	4	1
	16	1	9	9
	9	4	1	0
	4	1	1	9
	16	1	9	0
Summe QS	**49**	**8**	**24**	**19**

Damit lässt sich leicht die totale Quadratsumme (QS_{Total}) ermitteln: 49 + 8 + 24 + 19 = 100. Diese Quadratsumme müssen wir durch die Anzahl der Freiheitsgrade teilen, um die Varianz $\hat{\sigma}^2{}_{Total}$ ermitteln zu können, also durch $n-1$ (bei 20 Teilnehmern: 20–1 = 19). Die Gesamtvarianz beträgt demnach 100/19 = 5,263.

10.3.1   Treatment- oder Effektquadratsumme

Hannes kann jetzt ermitteln, wie groß der Einfluss der verschiedenen Lehrmethoden ist. Würden die Testergebnisse *ausschließlich* von den unterschiedlichen Lehrmethoden beeinflusst, dürften sich die Testleistungen der Teilnehmer, die mit der gleichen Methode unterrichtet wurden, nicht unterscheiden. Ihre Testwerte wären also identisch. In diesem Fall hätten also bspw. *alle* Teilnehmer der Gruppe A den Testwert 7 oder der Gruppe C den Testwert 2 erzielen müssen. Ein Blick auf die Tabelle 10.2 verrät, dass dies nicht der Fall ist. Hier gab es also noch andere Einflüsse, die wir später noch ermitteln müssen. Der Schätzer ist der Mittelwert der Testleistung einer Gruppe. Der Gruppenmittelwert, bspw. der Gruppe A, beträgt 7, die quadrierte Differenz zum Gesamtmittelwert $(7-4)^2 = 9$. Gruppe B hat einen durchschnittlichen Punktwert von 3 erzielt, als quadrierte Abweichung vom Gesamtmittelwert erhält man den Wert 1 [$(3-4)^2$]. In Tabelle 10.4 sind einmal alle individuellen Testergebnisse durch die quadrierten Abweichungen vom jeweiligen Gruppenmittelwert ersetzt.

▶   **Quadratsumme Effekt (QS_{Effekt})**

$$\sum_i n \cdot \left(\overline{A_i} - \overline{G_i} \right)^2$$

Um die Treatmentquadratsumme $SAQ_{Zwischen}$ ($QS_{Treatment}$) zu erhalten, muss man also von den jeweiligen Gruppenmittelwerten das Gesamtmittel abziehen, quadrieren und mit der Anzahl der Versuchspersonen (n) multiplizieren: $(7-4)^2$ mal 5 plus $(4-4)^2$ mal 5 plus $(2-4)^2$ mal 5 plus $(3-4)^2$ mal 5 = 70. Das Ergebnis zeigt auch die Tabelle 10.4:

Tabelle 10.4: Effekt-Quadratsummen

Lehrmethode	A	B	C	D
	9	0	4	1
	9	0	4	1
	9	0	4	1
	9	0	4	1
	9	0	4	1
Summe QS$_{Effekt}$	**45**	**0**	**20**	**5**

Addiert man entsprechend 45 + 0 + 20 + 5, erhält man den Wert 70, den man wieder durch die Anzahl der Freiheitsgrade teilen muss. Die Freiheitsgrade werden berechnet nach $k-1$, also vier Faktorstufen minus 1 = 3. $\hat{\sigma}^2{}_{Treatment} = QS_{Treatment}/df_{Treatment} = 70/3 = 23,333$.

10.3.2   Fehlervarianz

Jeder Experimentator hofft darauf, dass der systematische Anteil an der Gesamtvarianz möglichst groß ausfällt. Dazu muss man wissen, in welchem Ausmass Störvariablen die Treatmenteffekte überlagern. Man benötigt also ein Maß für die Größe der Fehlervarianz. Was wäre, wenn die Störvariablen keinen Einfluss auf die AV hätten? Dann müssten alle Probanden eines Treatments (einer Lehrmethode) beim Abschluss-Test auch gleich abschneiden. Gibt es aber Unterschiede in den Testergebnissen, also *innerhalb* der einzelnen Gruppen, kann dies nur auf den Einfluss von Störvariablen zurückgeführt werden. Diesen Einfluss berechnen wir, in dem wir von den indiviudellen Messwerten den jeweiligen Gruppenmittelwert abziehen, diese Abweichungen wieder quadrieren und über alle Gruppen aufsummieren.

▶   **Quadratsumme Fehler (QS$_{Fehler}$)**

$$\sum_i \sum_m \left(x_{mi} - \overline{A}_i\right)^2$$

Warum nehmen wir die Gruppenmittelwerte? Wie wir eben gerade gesehen haben, sind sie der beste Indikator für die Wirkungsweise der vier verschiedenen Lehrmethoden.

Tabelle 10.5: Fehler-Quadratsummen

Lehrmethode	A	B	C	D
	1	1	0	4
	1	1	1	4
	0	4	1	1
	1	1	1	4
	1	1	1	1
Summe QS$_{Fehler}$	**4**	**8**	**4**	**14**

Für unsere vier Lehrmethoden ergibt sich also eine QS$_{Fehler}$ von 30, errechnet aus: 4 + 8 + 4 + 14. Auf dieser Basis schätzen wir die Fehlervarianz ($\hat{\sigma}^2_{Fehler}$). Dafür benötigen wir wieder die Anzahl der Freiheitsgrade. Sie wird ermittelt nach: $k \cdot (n-1)$. Jede Lehrmethode wurde mit fünf Probanden getestet. Bei fünf Summanden pro Gruppe ergeben sich $n-1 = 4$ Probanden mal vier Faktorstufen (die vier Lehrmethoden), also 16 Freiheitsgrade, denn die Summe der Abweichungswerte innerhalb einer Gruppe muss ja Null ergeben. $\hat{\sigma}^2_{Fehler} = QS_{Fehler}/df_{Fehler} = 30/16 = 1{,}875$.

Sie können übrigens leicht überprüfen, ob sich in Ihre Berechnung ein Fehler eingeschlichen hat. Fehler- und Treatmentquadratsumme ergeben zusammen die totale Quadratsumme. In unserem Beispieldatensatz: 100 = 70 + 30. Auch die Freiheitsgrade (*df*) der Varianzen addieren sich.

▶ $QS_{Total} = QS_{Treatment} + QS_{Fehler}$

▶ $df_{Gesamtvarianz} = df_{Treatmentvarianz} + df_{Fehlervarianz}$

10.3.3   F-Test: Überprüfung der Nullhypothese

Jetzt müssen wir auch noch klären, ob die Mittelwertsunterschiede auch tatsächliche Unterschiede zwischen den Lehrmethoden widerspiegeln. Sie könnten ja auch rein zufällig zustande gekommen sein. Wir prüfen also auf Signifikanz. Denken Sie noch einmal an die Logik der Varianzanalyse: Die Nullhypothese geht davon aus, dass sich die Mittelwerte in den verschiedenen Bedingungen (hier also den Lehrmethoden) in der Population nicht unterscheiden. Die beiden unabhängig voneinander geschätzten Populationsvarianzen $\hat{\sigma}^2_{Innerhalb}$ und $\hat{\sigma}^2_{Zwischen}$ unterscheiden sich also nicht, sie schätzen das Gleiche. Gilt aber die Alternativhypothese, müssen sich die Stichprobenmittelwerte auf die unterschiedlichen Bedingungen zurückführen lassen, also auf die verschiedenen Lehrmethoden. Dann wird der Erwartungswert der mittleren $QS_{Zwischen}$ größer sein als der Erwartungswert der mittleren $QS_{Innerhalb}$. Daraus wird die Prüfgröße für den F-Test. Sie ist nichts anderes als der Quotient aus $MSQ_{Zwischen}$ und $MSQ_{Innerhalb}$ oder anders bezeichnet: aus $\hat{\sigma}^2_{Treatment}$ und $\hat{\sigma}^2_{Fehler}$

$$F = \frac{MQS_{Zwischen}}{MQSI_{Innerhalb}} \qquad\qquad F = \frac{23,33}{1,883} = 12,41$$

Die Prüfgröße ist F-verteilt. Sie finden auch die Flächenanteile der F-Verteilung im Tabellenanhang (D). Diese Verteilung wird durch zwei Parameter bestimmt. Zum einen durch die Zählerfreiheitsgrade (df_1), zum anderen durch die Nennerfreiheitsgrade (df_2). Wir brauchen also die jeweiligen Freiheitsgrade für $MSQ_{Zwischen}$ und $MSQ_{Innerhalb}$:

$MSQ_{Zwischen}$: $df_1 = df_{Zwischen}\ = k-1 = 4-3 = 3$
$MSQ_{Innerhalb}$: $df_2 = df_{Innerhalb}\ = n-k = 20-4 = 16$

Bei einem gegebenen Signifikanzniveau α muss der **empirische F-Wert größer** sein als der kritische F-Wert, um die **Nullhypothese verwerfen** zu können. Wir lesen bei α = 0,05 in der F-Verteilung einen kritischen Wert von 3,24 bei (df 3; 16) ab, bei α = 0,01 von 5,29. Da der empirische Wert (F = 12,41) größer ist als der kritische Wert, kann Hannes davon ausgehen, dass sich die vier Lehrmethoden signifikant voneinander unterscheiden.

10.3.4   Varianzaufklärung

Dass sich die totale QS additiv aus der Treatment- und der Fehlerquadratsumme zusammensetzt, kann man auch nutzen, um ein Maß für die Varianzaufklärung zu berechnen: das **Eta-Quadrat (η^2)**. Es wird mit dieser Formel berechnet:

$$\eta^2 = \frac{SAQ_{Zwischen}}{SAQ_{Total}} \qquad\qquad \eta^2 = \frac{70}{100} = 0,7$$

Hannes kann also 70% der Varianz aufklären. Allerdings liegt die „wahre" Varianzaufklärung (in der Population) niedriger, als sie dieses deskriptive Maß ausweist.

10.3.5   Einzelvergleiche und Konstraste

Die Varianzanalyse ist ein globaler Test. Bei einem signifikanten F-Wert weiß man bis jetzt nur, dass sich die Mittelwerte in *irgendeiner Weise* signifikant unterscheiden (H_1: $\mu_A \neq \mu_B \neq \mu_C \neq \mu_D$ (mit mindestens einer Ungleiche-Relation)). Dafür könnte auch ein einzelner Mittelwert als Ausreißer verantwortlich sein, der zu einem signifikanten F-Wert geführt hat, während sich alle anderen Mittelwerte nicht signifikant voneinander unterscheiden. Ob zwischen den *einzelnen* Treatmentstufen signifikante Unterschiede bestehen, muss man deshalb im Anschluss über Einzelvergleiche herausfinden. Es gibt eine Fülle von Verfahren zur Berechnung von Einzelvergleichen, sogenannte **post-hoc-Tests**, mit denen Sie berechnen können, zwischen welchen der einzelnen Treatmentstufen signifikante Unterschiede bestehen. Da parametrische Varianzanalysen in der Regel nicht mit der Hand gerechnet werden, verzichte ich hier auf die Darstellung der Rechenvorschrift. Das Statistikprogrammpaket SPSS bspw. bietet Ihnen eine Vielzahl solcher Tests an. Der bekannteste ist der *Scheffé-Test*. Sie sollten ihn natürlich nur durchführen, wenn der (globale) F-Test Signifikanz ausweist. Er gilt allerdings als ein konservativer Test. Es kann also vorkommen, dass trotz globaler F-Test-Signifikanz kein einziger Einzelvergleich als signifikant ausgewiesen wird. Die post-hoc-Tests kommen also zum Einsatz, wenn Sie vorher keine Vermutung bezüglich der Unterschiede haben und deshalb alle möglichen Vergleiche rechnen müssen. Vielleicht haben Sie aber auch schon im Vorfeld *gezielte* Unterschiedshypothesen formuliert. Hannes hätte dann bspw. festlegen müssen, welche Lehrmethode vermutlich die beste, die zweitbeste etc. ist. In diesem Fall können Sie Ihre *spezifischen* Hypothesen bezüglich der Gruppenunterschiede mit sogenannten **a-priori-Kontrasten** testen. Am Namen sehen Sie, dass Sie diese Hypothesen auch wirklich formulieren müssen, *bevor* Sie testen. Wie man wann am besten vorgeht, lässt sich leider nicht verallgemeinern. Posthoc-Tests gelten als weniger teststark. Sie haben aber den Vorteil, dass Sie hier wirklich alle möglichen Mittelwerte miteinander vergleichen können. Achten Sie dabei aber auch auf die Alpha-Fehler-Inflation.

10.3.6   Darstellung

In der Forschungsliteratur werden die Ergebnisse einer Varianzanalyse manchmal auch tabellarisch dargestellt. Dabei wird zwischen den Quellen der Variation unterschieden (zwischen/innerhalb). In den Spalten finden Sie die Angaben zu Quadratsummen, Freiheitsgraden und dem F-Wert. Manchmal werden auch noch zusätzliche Angaben zu den mittleren Quadratsummen und der Varianz gemacht. Die zwei Sterne (**) hinter dem F-Wert zeigen an, dass dieser empirische F-Wert größer ist als der kritische F-Wert, und zwar auf dem 1%-Niveau. So sieht die Ergebnistabelle für unseren Datensatz aus:

Tabelle 10.6: Darstellung

Quelle	QS	df	MQ bzw. $\hat{\sigma}^2$	F
Lehrmethoden	70	3	23,333	12,41**
Fehler	30	16	1,875	
Total	100	19	5,263	

Sehr viel häufiger wird Ihnen aber aus Platzgründen diese Notation begegnen:

$F(3; 16) = 12{,}41$; $p = 0{,}000$; manchmal noch $\eta^2 = 0{,}70$.

Hinter dem „F =" verbirgt sich also der errechnete F-Wert. In Klammern angegeben sind die Zähler- und Nennerfreiheitsgrade, getrennt durch ein Semikolon. Dazu wird die Wahrscheinlichkeit für diesen oder jeden größeren p-Wert unter der Nullhypothese angegeben, und zwar als exakter p-Wert. Die ANOVA wird nämlich meistens mit Hilfe eines Statistikprogrammes berechnet, das vorgeblich exakte p-Werte ausgibt. Zusätzlich wird manchmal auch noch der Schätzer der Effektgröße beziffert. *Grafisch* begegnen Ihnen die Ergebnisse einer ANOVA sehr oft als Säulendiagramm mit sogenannten Fehlerbalken. Fehlerbalken sind begrenzte Linien ober- und unterhalb der Säulengrenze (ähnlich den Whiskers bei den Box-Plots). Sie vermitteln Ihnen einen Eindruck über die Streuung und repräsentieren entweder den Standardfehler des Mittelwertes oder sein Konfidenzintervall. Was genau in einer Untersuchung von den Autoren gewählt wurde, muss man manchmal erst durch genaues Lesen herausfinden.

Ablauf zum Einprägen

- Mittelwerte bestimmen
- QS_{Total} und $\hat{\sigma}^2_{Total}$ bestimmen
- $QS_{Treatment}$ und $\hat{\sigma}^2_{Treatment}$ bestimmen
- QS_{Fehler} und $\hat{\sigma}^2_{Fehler}$ bestimmen
- Auf Signifkanz prüfen (F-Test)
- Bei globaler Signifikanz: Einzelvergleiche bzw. Kontraste rechnen

10.4 Zweifaktorielle Varianzanalyse

Auch bei einer mehrfaktoriellen Varianzanalyse wird die Gesamtvariabilität zerlegt in die Ihnen bekannten QS_{Fehler} (also innerhalb) und QS_{Effekt} (zwischen). Bei einer zweifaktoriellen Varianzanalyse wird aber die Primärvarianz noch weiter aufgeteilt. Wir betrachten jetzt ja nicht nur **zwei** Faktoren A und B (ihre **Haupteffekte**), sondern auch ihre Interaktion, also A x B, den **Interaktionseffekt**. Hier wirken also A und B gemeinsam auf die AV.

? Als kleines Demonstrationsbeispiel für eine mehrfaktorielle ANOVA nehmen wir noch einmal die Fragestellung von Hannes, verändern das Design der Untersuchung aber in einigen Punkten. Wir betrachten nicht mehr alle vier Lehrmethoden, sondern nur noch die ersten beiden, um uns das Rechnen zu erleichtern. Dafür wollen wir uns anschauen, ob neben der Lehrmethode (Variable B) vielleicht auch noch das Alter der Teilnehmer (Variable A) eine Rolle für den Lernerfolg spielt. Das Alter repräsentieren wir als *Dummy-Variable* mit den beiden Kategorien 1 (jünger als 20 Jahre) und 2 (älter als 20 Jahre). Wir betrachten auch nur noch drei Probanden pro Zelle, damit wir leichter rechnen können. Mit einer derart kleinen Zellenbesetzung kann man normalerweise keine Varianzanalyse rechnen.

Weitere Voraussetzungen in *diesem* Modell: Mindestens Intervallskalenniveau, Normalverteilung, Varianzhomogenität und vergleichbar besetzte Zellen (Anzahl der Probanden pro Zelle). Schauen wir uns die 2 x 2-Matrix an (Abbildung 10.7), die Sie aus dem Kapitel „Versuchsplanung" kennen. Eine mehrfaktorielle Varianzanalyse unterscheidet sich nicht prinzipiell in der Vorgehensweise. Als Erstes berechnen wir neben dem Gesamtmittelwert (hier mit zwei Sternchen gekennzeichnet) die jeweiligen Zeilen- und Spaltenmittelwerte. Sie finden diese Kennwerte in den Rändern der Tabelle 10.7. Sie sind ein guter Indikator für einen ersten Eindruck, ob Haupteffekte vorliegen.

Tabelle 10.7: Daten

		Faktor B (Lehrmethode)		
		b1 (Lehrmethode1)	b2 (Lehrmethode2)	
Faktor A (Alter)	a1 (≤20 Jahre)	10 12 $\bar{x}_{11}=12$ 14	21 29 $\bar{x}_{12}=21$ 22	$\bar{x}_{1*}=16,5$
	a2 (>20 Jahre)	15 15 $\bar{x}_{21}=16$ 18	16 15 $\bar{x}_{22}=16,67$ 19	$\bar{x}_{2*}=16,34$
		$\bar{x}_{*1}=14$	$\bar{x}_{*2}=18,84$	$\bar{x}_{**}=16,42$

Für den Faktor Alter müssen wir den Mittelwert der Testleistung *aller* jüngeren Teilnehmer mit dem Mittelwert *aller* Älteren vergleichen, also die beiden Zeilen a1 und a2. Das heißt, wir mitteln über den Faktor Lehrmethode hinweg. Seine Ausprägungen spielen in diesem Fall keine Rolle. Wir berücksichtigen also nur den Effekt des Alters, ohne die Lehrmethode als Einflussgröße zu beachten. Deshalb erhält dieser Mittelwert auch ein Sternchen als Markierung, was hier eben nicht Signifikanz anzeigen soll. Das gilt natürlich dann genauso für die zweite Variable. Schauen Sie auf die Tabellenwerte: Es gibt einen Unterschied, der allerdings nicht besonders groß ausfällt. Das lässt einen allenfalls schwachen Haupteffekt vermuten. Die jüngeren Teilnehmer haben im direkten Vergleich geringfügig besser abgeschnitten (16,5 > 16,43). Auch die Stichprobenergebnisse der zweiten Variablen lassen einen Haupteffekt vermuten, der allerdings stärker ausfallen dürfte. Lehrmethode 2 scheint generell effektiver zu sein (18,84 > 14), gemittelt über den Faktor Alter hinweg. Bis jetzt haben wir uns mit den „Rändern" der Tabelle beschäftigt. Jetzt überprüfen wir noch auf Interaktionseffekte. Dazu schauen wir auf die einzelnen vier Zellen, also auf „Mitte" der Tabelle. Wir vergleichen den Effekt der Lehrmethoden bei Jüngeren mit ihrem Effekt bei Älteren. Finden wir hier keinen Unterschied, besteht auch keine Interaktion. Schauen wir wieder auf die Gruppenmittelwerte: Die Lehrmethode b1 ist bei den älteren Teilnehmern erfolgreicher gewesen als bei den jüngeren (16 > 12). Bei der Lehrmethode b2 ist es umgekehrt. Mit ihr haben die jüngeren Teilnehmer bessere Eregbnisse erzielt (21 > 16,67). Wir sollten also überprüfen, ob ein Interaktionseffekt vorliegt.

Mit der zweifaktoriellen Varianzanalyse können Sie jetzt testen, ob diese Effekte auch in den Populationen bestehen. Sie müssen entsprechend *drei* Nullhypothesen formulieren. Die jeweiligen H_0 für die beiden Haupteffekte entsprechen denen bei einer einfaktoriellen Analyse: Die Populationsmittelwerte sind auf allen Faktorstufen gleich. Die beiden Lehrmethoden und die beiden Altersgruppen unterscheiden sich also nicht ($\mu_{1\cdot} = \mu_{2\cdot}$ und $\mu_{\cdot 1} = \mu_{\cdot 2}$). Neu ist die H_0 für den Interaktionseffekt: $\mu_{11} - \mu_{12} = \mu_{21} - \mu_{22}$. Der Faktor Lehrmethode hat also in beiden Populationen (Jüngere und Ältere) den gleichen Effekt.

Die Idee der Varianzzerlegung kennen Sie schon von der einfaktoriellen Varianzanalyse. Die gesamte Abweichung (Gesamtvarianz) setzt sich zusammen aus der systematischen, also erklärbaren, und der unsystematischen Abweichung (Fehler). Die Abweichung eines Messwertes von seinem Gruppenmittelwert ist die Fehlervariation („innerhalb"). Die Abweichung des Gruppenmittelwertes vom Gesamtmittelwert ist dagegen ein Ausdruck der systematischen Variation („zwischen"). Sie zeigt einen Effekt der UV an. Der Unterschied zur einfaktoriellen ANOVA: Wir können diese systematische Variation weiter zerlegen in: Effekt Faktor A + Effekt Faktor B + Interaktionseffekt (A mal B). Entprechend gilt:

▶ **Varianzzerlegung zweifaktorielle Varianzanalyse**

$$QS_{Total} = QS_{Effekt} + QS_{Fehler} = QS_A + QS_B + QS_{AxB} + QS_{Fehler}$$

Aus Platzgründen verzichte ich hier weitgehend auf die Darstellung der Formeln. Wir rechnen stattdessen gleich unser Beispiel durch. Als erstes berechnen wir wieder die totale Quadratsumme. Sie spiegelt die Variation aller Messwerte wider. Diesen Schritt kennen Sie von der einfaktoriellen Varianzanalyse: Man berechnet den Gesamtmittelwert und ermittelt dann für jeden einzelnen Messwert die Abweichung von diesem Gesamtmittelwert, quadriert jeweils diese Abweichungen und summiert sie alle auf:

$$\begin{aligned} QS_{Total} &= (10-16,42)^2 + (12-16,42)^2 + (14-16,42)^2 + (15-16,42)^2 + (15-16,42)^2 + \\ &\quad (18-16,42)^2 + (21-16,42)^2 + (20-16,42)^2 + (22-16,42)^2 + (16-16,42)^2 + \\ &\quad (15-16,42)^2 + (19-16,42)^2 = \\ &= 41,22 + 19,54 + 5,86 + 2,02 + 2,02 + 2,50 + 20,98 + 12,82 + 31,14 + 0,18 + 2,02 + 6,66 = 146,96 \end{aligned}$$

In unserem Beispiel ist QS_{Total} = 146,96. Wenn Sie das Beispiel nachrechnen, kommen Sie vielleicht auf einen leicht abweichenden Wert, der durch die Addition von Rundungsfehlern entsteht. Das gilt auch, wenn Sie einen maschinellen Rechenknecht als Hilfe benutzen. Wichtig ist hier vor allem, die zugrunde liegenden Schritte nachzuvollziehen. Auch der zweite Schritt ist Ihnen bereits vertraut: Wir müssen die Freiheitsgrade ermitteln, um als nächstes die mittlere Quadratsumme berechnen zu können. Bei der zweifaktoriellen Varianzanalyse gilt: df_{Total} = (n·p·q)–1, wobei p und q die Anzahl der beiden Faktorstufen A und B bezeichnen und *n* den Umfang der Stichprobe (Vpn pro Gruppe) angibt. In unserem Fall also: (3·2·2)–1=11. Vereinfacht gilt: N (alle Teilnehmer)–1. Auch mit dieser vereinfachten Formel kommen wir auf einen Wert von 12–1 = 11. Jetzt können wir die mittlere Quadratsumme berechnen, indem wir die totale Quadratsumme durch die Freiheitsgrade dividieren. Damit schätzen wir die totale Varianz in der Population.

$$MQ_{Total} = \frac{146,96}{11} = 13,36 \qquad\qquad \hat{\sigma}^2{}_{Total} = 13,36$$

Bei der einfaktoriellen Varianzanalyse haben wir dann als nächstes $QS_{Treatment}$ bestimmt. Auch bei der zweifaktoriellen VA spiegelt diese Quadratsumme die Unterschiedlichkeit aller Messwerte wider. Hier allerdings werden sie nicht nur der Wirkung der verschiedenen Stufen der UV zugeschrieben, sondern eben auch der Interaktion der beteiligten Variablen. Wir berechnen $QS_{Zwischen}$, indem wir jeweils die Abweichungen der einzelnen Gruppenmittelwerte (also der einzelnen Zellen) vom Gesamtmittelwert ermitteln, diese Abweichungen wieder quadrieren, mit der Anzahl der Probanden pro Zelle multiplizieren und dann alle Werte aufsummieren. Beachten Sie bitte, dass in unserem Beispiel (also diesem Modell) alle Zellen *gleich häufig*, nämlich mit drei Probanden, besetzt sind:

$$QS_{Effekt} = 3 \cdot ((12-16,42)^2 + (16-16,42)^2 + (21-16,42)^2 + (16,67-16,42)^2) =$$
$$= 3 \cdot (19,54 + 0,18 + 20,98 + 0,06) = 3 \cdot 40,76 = 122,28$$

Die Anzahl der Freiheitsgrade berechnet sich nach (p·q)–1, also: (2·2)–1 = 3. Wir verlieren also wieder einen Freiheitsgrad, weil der Gesamtmittelwert ja gegeben ist. Jetzt berechnen wir wieder die mittlere $QS_{Zwischen}$ (122,28/3): $\hat{\sigma}^2{}_{Treatment}$ = 40,76.
In dieser QS_{Effekt} stecken bis jetzt beide Haupteffekte plus die Wechselwirkung. Wir müssen also diese Quadratsumme noch weiter zerlegen. Schauen wir als Erstes auf die beiden Haupteffekte A und B. Wir möchten den Anteil an der Gesamtvarianz ermitteln, der ausschließlich auf jeweils *einen* der beiden Faktoren zurückgeht. Den anderen müssen wir „herausmitteln". Wir berechnen dazu die Streuung der Mittelwerte, die durch Faktor A verursacht wird und berücksichtigen dabei noch die Anzahl der Teilnehmer (*n*). Wir betrachten also anstelle der Messwerte den jeweiligen Spaltenmittelwert. Die Abweichung dieser Spaltenmittelwerte vom Gesamtmittelwert wird wieder quadriert und aufsummiert.

$$QS_A = n \cdot q \sum_{i=1}^{p} \left(\overline{A_i} - \overline{G} \right)^2 \qquad QS_B = n \cdot p \sum_{j=1}^{q} \left(\overline{B_j} - \overline{G} \right)^2$$

In den Formeln beschreibt q die Anzahl der Stufen des Faktors B. n ist in beiden Bedingungen die Anzahl der Messwerte in jeder Bedingung. Was steckt hinter dem p in der zweiten Formel? Es ist die die Anzahl der Stufen des anderen Faktors A, die in die Berechnung des Mittelwertes eingehen. Sie betrachten also auf jeder Stufe des Faktors A n mal q Versuchspersonen, für Faktor B entsprechend n mal p. Die Haupteffekte der beiden Faktoren A und B beziehen sich also auf die Zellenmittelwerte eines Faktors über die Stufen des jeweils anderen Faktors hinweg. Man spricht in diesem Fall auch von den *unbedingten Effekten* eines Faktors, weil sie nicht von der Ausprägung auf den jeweils anderen Faktor abhängen.

$$QS_A = 2 \cdot 3 \cdot \left((16,5 - 16,42)^2 + (16,34 - 16,42)^2 \right) = 6 \cdot (0,0064 + 0,0064) = 0,0768$$

$$QS_B = 2 \cdot 3 \cdot \left((14 - 16,42)^2 + (18,84 - 16,42)^2 \right) = 6 \cdot (5,8564 + 5,8564) = 70,2764$$

Die Ermittlung der Freiheitsgrade ist einfach: Bei den p Stufen des ersten Faktors sind p-1 Stufen frei wählbar, bei den q Stufen des zweiten Faktors entsprechend q-1. In beiden Fällen also: 2-1=1. Damit können wir die mittleren Abweichungsquadrate ermitteln:

$$MQ_A = \frac{0,0768}{1} \qquad\qquad \hat{\sigma}^2_A = 0,0768$$

$$MQ_B = \frac{70,2768}{1} \qquad\qquad \hat{\sigma}^2_B = 70,2768$$

Die dritte Komponente ist die Fehlervarianz. Die Berechnung von $QS_{Innerhalb}$ kennen Sie schon von der einfaktoriellen Varianzanalyse: Wir berechnen die Differenz zwischen den einzelnen Messwerten und ihrem Gruppenmittelwert, quadrieren die Abweichungen und addieren sie auf:

$$QS_{Fehler} = (10 - 12)^2 + (12 - 12)^2 + (14 - 12)^2 + (15 - 16)^2 + (15 - 16)^2 + (18 - 16)^2 +$$
$$(21 - 21)^2 + (20 - 21)^2 + (22 - 21)^2 + (16 - 16,67)^2 + (15 - 16,67)^2 + (19 - 16,67)^2 =$$
$$= 4 + 0 + 4 + 1 + 1 + 4 + 0 + 1 + 1 + 0,45 + 2,79 + 5,43 = 24,67$$

Die Freiheitsgrade berechnen wir nach: $df = p \cdot q \cdot (n-1) = 2 \cdot 2 \cdot (3-1) = 8$

$$MQ_{Fehler} = \frac{24,67}{8} \qquad\qquad \hat{\sigma}^2_{Fehler} = 3,08$$

Aus Platzgründen gehen wir jetzt den einfachen Weg und nutzen die Tatsache, dass sich die einzelnen Quadratsummen additiv zur totalen QS zusammensetzen. Damit können wir QS_{AxB} leicht ermitteln:

$$QS_{A\times B} = QS_{Total} - QS_A - QS_B - QS_{Fehler}$$

$$QS_{A\times B} = 146,96 - 0,08 - 70,28 - 24,67 = 51,93$$

Zwei Fälle sind also möglich. Fall 1: Die Abweichungen der Gruppenmittelwerte vom Gesamtmittelwert können *alleine* auf die Haupteffekte zurückgeführt werden. Fall 2: Die Haupteffekte als alleinige Erklärung reichen nicht mehr aus. Die beiden Faktoren wirken gemeinsam (Interaktion), zu den Haupteffekten kommt also ein Interaktionseffekt hinzu. Dieser Effekt wird aber nicht in allen Zellen gleich stark ausfallen. Je größer er aber im Vergleich zur QS_Fehler ausfällt, desto bedeutsamer ist er.

Von der einfaktoriellen Varianzanalyse kennen Sie auch bereits den nächsten Schritt: Wir prüfen mit dem **F-Test auf Signifikanz**. Fällt die Varianz, die auf einen Effekt zurückgeht, also größer aus als die Varianz, die den interindividuellen Unterschieden oder Messfehlern zuzuschreiben ist? In unserem Beispiel müssen wir drei F-Tests rechnen, die in Tabelle 10.8 zusammengefasst werden. Ist der empirische F-Wert größer oder gleich einem kritischen Wert (abgelesen bei α, df_1 und df_2), muss die Nullhypothese abgelehnt werden. Weil die Zellenbesetzung in unserem Beispiel sehr klein ist, verzichte ich hier darauf, die drei F-Tests anhand des Beispieldatensatzes zu rechnen. Die Berechnung sollte aber keine große Hürde mehr für Sie darstellen.

Tabelle 10.8: Berechnung der Größen

Quelle	QS	df	MQ	F-Wert	p
Faktor A	QS_A	$p-1$	$\hat{\sigma}^2_A = \dfrac{QS_A}{p-1}$	$\dfrac{\hat{\sigma}^2_A}{\hat{\sigma}^2_{Fehler}}$	p_A
Faktor B	QS_B	$q-1$	$\hat{\sigma}^2_B = \dfrac{QS_B}{q-1}$	$\dfrac{\hat{\sigma}^2_B}{\hat{\sigma}^2_{Fehler}}$	p_B
Faktor AxB	QS_AxB	$(p-1)\cdot(q-1)$	$\hat{\sigma}^2_{AxB} = \dfrac{QS_{AxB}}{(p-1)\cdot(q-1)}$	$\dfrac{\hat{\sigma}^2_{AxB}}{\hat{\sigma}^2_{Fehler}}$	p_{AxB}
Fehler	QS_Fehler	$p\cdot q\cdot(n-1)$	$\hat{\sigma}^2_{Fehler} = \dfrac{QS_{Fehler}}{p\cdot q\cdot(n-1)}$		
Gesamt	QS_Total	$N-1$			

Auch die **Darstellung** der Ergebnisse einer zwei- (bzw. mehr-) faktoriellen VA unterscheidet sich nicht grundlegend von der einfaktoriellen. Man gibt nur zusätzlich bei der Varianzquelle die Interaktion mit den entsprechenden Werten (QS, df, F und p) an. Auch bei der **Effektstärke** können wir jetzt drei Effektstärken berechnen: Alter (QS_Alter/QS_total), Lehrmethode (QS_Lehrmethode/QS_Total) und Interaktion (QS_Interaktion/QS_Total). Bei der zwei-, also mehrfaktoriellen Varianzanalyse gibt es aber noch weitere Möglichkeiten. Wir schauen uns dazu nur eine Variante an, das sogenannte **partielle** η^2_P. In seine Berechnung geht nicht die gesamte Variation ein, sondern nur ein Teil davon, nämlich der Teil, den man nicht durch die anderen Effekte erklären kann. In unserem Beispiel würde sich also η^2_P für die Lehrmethode berechnen nach: $QS_{Lehrmethode}/QS_{Lehrmethode} + QS_{Fehler}$.

Zwei wichtige Unterschiede zur einfaktoriellen Varianzanalyse sollen noch kurz angesprochen werden. Sie betreffen die Interpretation der Interaktionen, also der Wechselwirkungen, und die Unterscheidung in sogenannte feste und zufällige Effekte. Bei einem *signifikanten* Interaktionseffekt stellt sich die natürlich Frage, wie man diesen Effekt interpretieren sollte. Dabei werden drei Arten von **Interaktionen** unterschieden: **Ordinale, disordinale und hybride**. In Publikationen werden die Zellenmittelwerte oft als Liniendiagramm visualisiert (Interaktionsdiagramm). Auf der y-Achse ist die AV aufgetragen. In unserem Beispiel würde hier also das Ergebnis im Abschlusstest dargestellt werden. Auf der x-Achse sind jeweils die Stufen einer UV eingetragen (das wäre in unserem Beispiel das Alter mit a1 und a2 oder die Lehrmethode mit den Stufen b1 und b2). Die Linien sind die Verbindungen zwischen den jeweiligen Mittelwerten. Achtung: Solchen Interaktionsdiagrammen können Sie nicht entnehmen, ob die Effekte auch signifikant sind! Sie ersetzen nicht den Signifikanztest (F-Test). Die folgenden Interaktionsdiagramme sind nicht auf unser Beispiel bezogen. Die eingezeichneten Rangplätze dienen nur der Anschaulichkeit, Sie werden sie in Publikationen normalerweise nicht finden. Der höhere Mittelwert bekommt den ersten Rangplatz, der im Vergleich dazu niedrigere den zweiten Rangplatz zugewiesen (nach Bühner & Ziegler, 2009).

Abbildung 10.1 zeigt die beiden Teile (a und b) einer ordinalen Interaktion. Schauen Sie auf die Linienzüge in beiden Abbildungen: Sie sind immer monoton fallend oder monoton steigend, haben also den gleichen Trend. Die Linien verlaufen aber nicht parallel und überkreuzen sich auch nicht. Sind hier beide Haupteffekte signifikant, können Sie diese trotz Interaktion inhaltlich interpretieren. Sie dürfen über die Stufen des anderen Faktors hinweg verallgemeinern. Die jeweils andere UV spielt also bei der Ausprägung des Effekts keine Rolle.

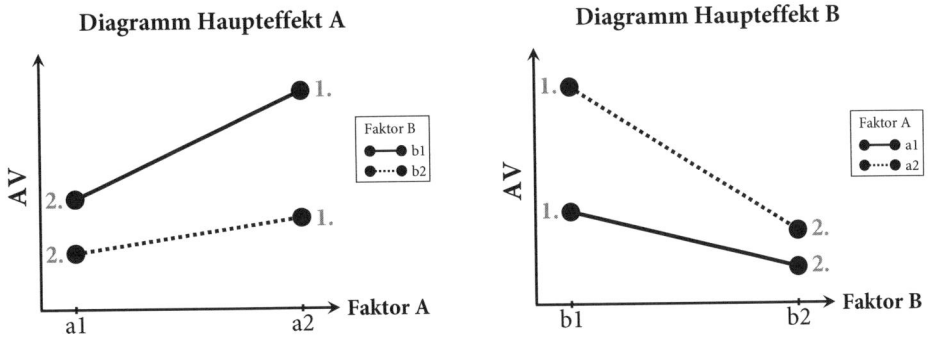

Abb. 10.1 a und b: Ordinale Interaktion

Abbildung 10.2 (a und b) zeigt eine disordinale Interaktion. Hier überkreuzen sich in beiden Diagrammen die Linienzüge, was aber nicht immer der Fall sein muss. Entscheidend ist: Der eine Linienzug steigt jeweils an, der andere fällt ab, die „Rangplätze" sind also in beiden Diagrammen vertauscht. Die Graphen verlaufen nicht gleichläufig, sondern gegeneinander. In diesem Fall kann man über keinen der Haupteffekte eine globale Aussage unabhängig von den Stufen des anderen Faktors treffen (bspw. die Mittelwerte von a1 sind *immer* größer oder kleiner als die von a2).

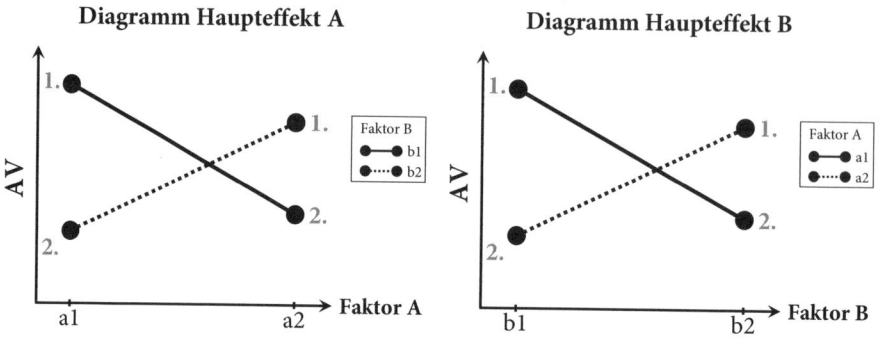

Abb. 10.2 a und b: Disordinale Interaktion

Abb. 10.3 (a und b) zeigt schließlich eine hybride oder semiordinale Interaktion. Sie ist eine Art Zwischenform zwischen ordinaler und disordinaler Interaktion, daher auch der Name.

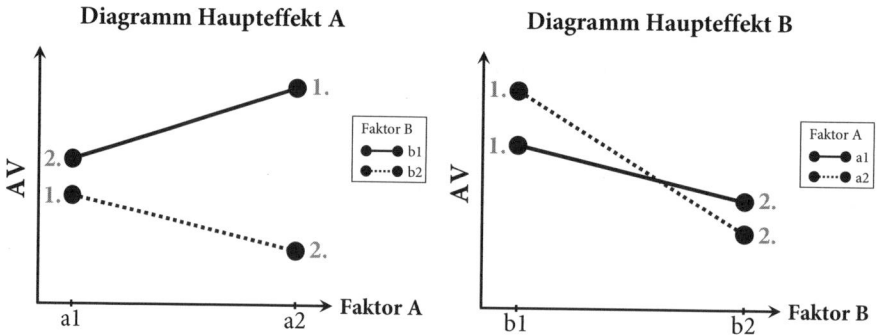

Abb. 10.3 a und b: Hybride Interaktion

Wie Sie sehen, haben die Graphen nur in *einem* der Diagramme (Faktor B) einen gleichläufigen Verlauf. Die Probanden der Stufe b1 haben immer besser abgeschnitten, unabhängig von a1 und a2. Nur hier lässt sich der Haupteffekt inhaltlich interpretieren.

Auch auf den zweiten wichtigen Unterschied, den Unterschied zwischen festen und zufälligen Effekten, kann leider nur kurz eingegangen werden. Varianzanalysen lassen sich auch danach klassifizieren, ob man bei den UV von festen oder von zufälligen Effekten ausgeht. Haben Sie in Ihrem Design alle denkbar möglichen Stufen der unabhängigen Variablen realisiert, spricht man von einem **festen Effekt** (*fixed effect*). Ein klassisches Beispiel ist die UV Geschlecht: Es gibt nur Frauen und Männer. Nehmen also an Ihrer Untersuchung Männer und Frauen teil, haben Sie auch alle möglichen

Stufen umgesetzt. Von einem fixen Effekt wird aber auch dann gesprochen, wenn Sie nicht alle denkbaren Stufen realisiert haben, Sie aber nicht auf die anderen Stufen schließen wollen, weil es für Ihr zugrundegelegtes Modell (Ihre theoretischen Annahmen) nicht erforderlich ist. Bei den **zufälligen Effekten** (*random effect*) enthält Ihr Design nicht alle möglichen Stufen der UV, sondern nur eine Zufallsauswahl. Ein typisches Beispiel: Einige zufällig ausgewählte Methodikseminare aus der Population (Methodikseminare aller Unis oder aller Fachbereiche einer Uni). Für ein zweifaktorielles Design bedeutet dies, dass es drei Varianten gibt: Vollständiger faktorieller Versuchsplan mit zwei festen Effekten (*fixed model*), mit zwei zufälligen Effekten (*random model*) und schließlich eine Kombination aus beiden Effekten (ein fester, ein zufälliger Effekt, *mixed model*). Schauen Sie noch einmal auf die Tabelle 10.7. Wir haben bei der Berechnung der Mittelwerte von Faktor B über die Stufen von Faktor A gemittelt (und umgekehrt), d.h.: wir haben den Effekt von Faktor A auf Null gesetzt. Deshalb können wir ja die Mittelwertsunterschiede zwischen b1 und b2 über die Stufen des Faktors A hinweg verallgemeinern und behaupten, dass die Unterschiede unabhängig von Faktor A sind. Dieses Bild verändert sich natürlich, wenn eine mögliche Stufe nicht umgesetzt wird. Es hat Auswirkungen auf die Berechnung der F-Tests, genauer auf den Nenner des Quotienten. Bei festen Effekten ist die Prüfvarianz die Fehlervarianz (wie in unserem Beispiel gerechnet). Die Effekte im Modell mit zufälligen oder kombinierten Effekten müssen dagegen anders geschätzt werden. In der weiterführenden Literatur am Ende des Kapitels können Sie die unterschiedlichen Vorgehensweisen bei Bedarf nachlesen.

10.5 Einfaktorielle Varianzanalyse mit Messwiederholung

Aus Platzgründen können wir uns abschließend nur die zugrundeliegende Idee dieses Verfahrens anschauen. Eine einfaktorielle **Varianzanalyse mit Messwiederholung** ist eine Erweiterung des t-Tests für abhängige Stichproben. Mit ihr kann man bspw. überprüfen, ob sich die Leistung eines Patienten durch ein Therapieprogramm im Laufe der Zeit verbessert hat (Klinische Linguistik) oder wie ein- und dieselbe Person mit unterschiedlichen Varietäten umgeht (Soziolinguistik). Dabei werden jetzt aber *mehr als zwei Messzeitpunkte* berücksichtigt. Es gibt viele Gemeinsamkeiten mit der einfaktoriellen Varianzanalyse ohne Messwiederholung: Die Nullhypothese lautet auch hier, dass die jeweiligen Mittelwerte aus derselben Population stammen. Die H_1 geht davon aus, dass mindestens zwei μ verschieden sind. Alle Quadratsummen addieren sich wieder zur totalen Quadratsumme, und die Signifikanzprüfung läuft auch über den F-Test. Die gängige Effektgröße für den Messwiederholungsfaktor ist auch hier das partielle η^2, das Sie schon kennengelernt haben. Es gibt aber neben diesen Gemeinsamkeiten auch eine Reihe von Unterschieden zur einfaktoriellen Varianzanalyse ohne Messwiederholung. Zunächst wird auch hier die totale Quadratsumme zerlegt in die QS$_{Zwischen}$ und in die QS$_{Innerhalb}$. Die QS$_{Zwischen}$ wird aber dann nicht weiter analysiert. Die Unterschiede *zwischen* den Personen fallen aus der weiteren Betrachtung heraus. Von Interesse ist hier nur noch die Varianz *innerhalb* einer Person. Diese QS$_{Innerhalb}$ spiegelt die Unterschiede innerhalb der Versuchspersonen über die Messzeitpunkte hinweg wider. Sie wird jetzt weiter zerlegt: In die Fehlervarianz oder auch Residualvarianz, die auf zufällige Messfehler zurückgeht. Und in die Treatmentvarianz, die die Unterschiede repräsentiert, die bspw. auf das Wirken der Therapie zurückzuführen sind. Diese Streuung zwischen den Faktorstufen gibt also an, wie sehr sich die Messwerte aufgrund der therapeutischen Maßnahme verändert haben. Wenn Sie eine solche ANOVA mit *repeated measures* rechnen wollen, muss Ihre AV mindestens intervallskaliert und normalverteilt sein. Sehr wichtig: Sie müssen Ihre Daten auch *vollständig* erhoben haben (Messzeitpunkte, Bedingungen). Fehlt Ihnen eine Angabe, wird der betroffene Proband bzw. Fall aus der Berechnung ausgeschlossen. Das kann Ihren Stichprobenumfang drastisch verringern. Zusätzlich muss noch die Zirkularitäts- oder **Sphärizitätsbedingung** (*sphericity*) erfüllt sein. Die Varianz der Differenzwerte Ihres Designs muss über alle Gruppen hinweg also gleich sein. Das ist in etwa vergleichbar mit der Varianzhomogenität, die Sie schon kennen. Eine Verletzung dieser Bedingung führt zu verfälschten Werten beim F-Test und erfordert eine Korrektur der Freiheitsgrade, die diesen F-Wert entsprechend erhöht.

Sie haben jetzt zumindest einen ersten Eindruck von den vielfältigen Analysemöglichkeiten bekommen, die Ihnen parametrische Varianzanalysen bieten können. Für viele Probleme (wie bspw. für die oft auftretenden ungleichen Zellenbesetzungen) sind eigene Modelle entwickelt worden. Wer sich für diese mächtigen Verfahren interessiert, sollte die Literaturempfehlungen am Ende des Kapitels nutzen.

10.6 Verteilungsfreie Varianzanalyse

Parametrische Varianzanalysen setzen eine Normalverteilung, Varianzhomogenität und eine metrische AV voraus. Sind diese Voraussetzungen nicht erfüllt, können Sie die einfaktorielle Varianzanalyse durch den **H-Test**, die sogenannte Rangvarianzanalyse, ersetzen. Der H-Test wurde von W.H. Kruskal und W.A. Wallis 1952 publiziert und wird deshalb manchmal auch schlicht als Kruskal-Wallis-Test bezeichnet. Mit ihm können Sie *mehr als zwei unabhängige Stichproben* hinsichtlich ihrer zentralen Tendenz (Mediane) miteinander vergleichen. Die Nullhypothese geht davon aus, dass alle Stichproben die gleiche zentrale Tendenz aufweisen. Die Stichproben stammen also aus Populationen mit identischen Medianwerten. Gilt dagegen die H_1, unterscheiden sich mindestens zwei Medianwerte voneinander. Auch für abhängige Stichproben ist eine Varianzanalyse entwickelt worden: der **Friedman-Test**. Der H-Test wird als Erweiterung des U-Tests, der Friedman-Test als Weiterentwicklung des Wilcoxon-Tests angesehen. Deshalb sind Ihnen bereits viele der Rechenschritte vertraut. Ich stelle die beiden verteilungsfreien Rangvarianzanalysen deshalb nicht ausführlich vor. Wer mit einem einzelnen Rechenschritt Probleme hat, sollte noch einmal zurückblättern und beim U- bzw. beim Wilcoxon-Test nachlesen. Beginnen wir mit dem H-Test:

10.6.1   Kruskal-Wallis-H-Test

Sie müssen hier zunächst alle Stichproben vereinigen und dann wie beim U-Test allen Messwerten in aufsteigender Reihenfolge Rangplätze zuweisen. Den Rangplatz 1 bekommt der *kleinste* Wert zugewiesen. Verbundene Ränge werden wieder gemittelt. Durch Einsetzen der Rangsummen in die Formel lässt sich die Prüfgröße H berechnen, die χ^2 verteilt ist. Um auf Signifikanz zu testen, wird der ermittelte empirische Wert wieder mit dem kritischen Wert verglichen. Für Sie ist eigentlich nur der nächste Schritt Neuland, die sich anschließenden Einzelvergleiche. Am besten, wir steigen wieder mit einem Beispiel ein:

? Norbert interessiert sich dafür, wie gut Sprecher ihre eigenen schriftsprachlichen Fähigkeiten einschätzen können und welche Faktoren dabei eine Rolle spielen. Insgesamt haben 18 Teilnehmer seiner Untersuchung zunächst mithilfe einer Skala eine solche Einschätzung abgegeben. Norbert hat anschließend die Lese- und Schreibkompetenz der Teilnehmer mit einem Test untersucht. Wir betrachten hier nur die Daten aus der Selbsteinschätzung. Als Gruppierungsvariable wählt Norbert das Bildungsniveau. Er stuft diese Variable dreifach: Hauptschule, Mittlere Reife und Abitur. Er vermutet, dass mit zunehmendem Bildungsniveau auch die Selbsteinschätzung positiver ausfällt. Vielleicht fällt aber der Unterschied zwischen Mittlerer Reife undAbitur nicht so groß aus?

Tabelle 10.9: Rohdaten und Rangplätze

Wert	Rang		Wert	Rang		Wert	Rang	
5	$\frac{6+7+8+9}{4} =$	7,5	7	$\frac{12+13}{2} =$	12,5	9	$\frac{17+18}{2} =$	17,5
4	$\frac{3+4+5}{3} =$	4	5	$\frac{6+7+8+9}{4} =$	7,5	8	$\frac{14+15+16}{3} =$	15
3		2	4	$\frac{3+4+5}{3} =$	4	7	$\frac{12+13}{2} =$	12,5
5	$\frac{6+7+8+9}{4} =$	7,5	6	$\frac{10+11}{2} =$	10,5	8	$\frac{14+15+16}{3} =$	15
2		1	8	$\frac{14+15+16}{3} =$	15	9	$\frac{17+18}{2} =$	17,5
6	$\frac{10+11}{2} =$	10,5				4	$\frac{3+4+5}{3} =$	4
						5	$\frac{6+7+8+9}{4} =$	7,5
	Σ	32,5		Σ	49,5		Σ	89

Tabelle 10.9 zeigt die Einschätzungen der Probanden und die dazugehörigen Rangplätze. Wir betrachten $k = 3$ Stichproben mit den jeweiligen Stichprobenumfängen n_1 (Hauptschule) = 6 (erste Spalte), n_2 (Mittlere Reife) = 5 (zweite Spalte) und n_3 (Abitur) = 7 (dritte Spalte). Bevor man weiterrechnet, sollte man wieder überprüfen, ob die Rangsummen richtig ermittelt wurden. Die Gesamtsumme beträgt $32,5 + 49,5 + 89 = 171$. Diesen Wert erhalten wir auch mit dieser Kontrollformel:

$$\frac{n \cdot (n+1)}{2} = \frac{18 \cdot 19}{2} = 171$$

Wir dürfen also weiterrechnen. Jetzt kann man die Werte in die Formel zur Berechnung der Prüfgröße H einsetzen:

▶ **H-Test**

$$H = \frac{12}{n \cdot (n+1)} \cdot \sum_{i=1}^{k} \frac{\tau_i^2}{n_i} - 3 \cdot (n+1) \quad , \quad df = k-1$$

$$H = \frac{12}{18 \cdot 19} \cdot \left(\frac{32,5^2}{6} + \frac{49,5^2}{5} + \frac{89^2}{7} \right) - 3 \cdot 19 = 6,0759 , \qquad df = 3-1=2$$

Der empirisch ermittelte χ^2-Wert ist größer als der bei $df = 2$ und $\alpha = 0,05$ in der χ^2-Tabelle abgelesene kritische Wert: $\chi_{emp}^2 = 6,0759 > \chi_{krit}^2 = 5,991$.

Korrektur für geteilte Rangplätze

Wie beim U-Test wurde auch für den H-Test eine korrigierte Formel entwickelt. Sie müssen sie dann verwenden, wenn Werte mehrfach auftreten und Sie deshalb Rangplätze teilen müssen. Die folgenden sechs Kategorien ($m = 6$) kommen mehrfach vor: Wert 4 und Wert 8 jeweils dreimal, Wert 5 jeweils viermal und die Werte 6, 7 und 9 jeweils zweimal:

$$(3^2 - 3) + (4^3 - 4) + (2^3 - 2) + (2^3 - 2) + (3^3 - 3) + (2^3 - 2) = 24 + 60 + 6 + 6 + 24 + 6 = 126$$

Das Korrekturglied c errechnet sich nach:

$$c = 1 - \frac{\sum_{i=1}^{m} (t_i^3 - t_{i)}}{n^3 - n} \qquad\qquad c = 1 - \frac{126}{18^3 - 18} = 1 - 0,022 = 0,978$$

▶ **Korrekturformel H-Test**

$$H_{korr} = \frac{H}{c} = \frac{6,0759}{0,978} = 6,213$$

Auch der korrigierte Wert ist größer als der kritische Wert. Norbert muss die Nullhypothese verwerfen. Hauptschüler, Schüler mit mittlerer Reife und Abiturienten unterscheiden sich in ihrer Einschätzung.

⚠ Achtung! Auch der H-Test ist ein **Globaltest**. Ein signifikantes Ergebnis bedeutet nur, dass die Nullhypothese nicht zutrifft, also mindestens eine Population eine andere zentrale Tendenz aufweist – mehr nicht! Wollen Sie auch die Unterschiede zwischen *einzelnen* Populationen untersuchen, müssen Sie, wie Sie es von der parametrischen Varianzanalyse kennen, Einzelvergleiche rechnen. Ich stelle Ihnen hier nur eine Möglichkeit vor. Der paarweise Vergleich nach Schaich und Hamerle. Weitere Möglichkeiten finden Sie in Bortz et al. (2008).

Einzelvergleiche

Für die Berechnung der Einzelvergleiche benötigen wir diese Formel. Achtung: Hinter dem H_n in der ersten Wurzel verbirgt sich die Anzahl der *Konstellationen*, die Sie in der entsprechenden Tafel für den H-Test ablesen können, und nicht der Umfang, wie sonst üblich.

$$\Delta_{\overline{R}(krit)} = \sqrt{H_{(n_j, k, \alpha)}} \cdot \sqrt{\frac{n \cdot (n+1)}{12}} \cdot \sqrt{\frac{1}{n_j} + \frac{1}{n_{j'}}}$$

Setzen wir einmal die Werte von Norberts Datensatz ein: $\alpha = 0{,}05$, $k = 3 - 1 = 2$ und $n = 18$. Da diese Konstellation nicht in der Tafel für den H-Test enthalten ist (Tabelle G), nutzen wir stattdessen die χ^2-Verteilung und lesen den entsprechenden Wert bei $\alpha = 0{,}05$ und $df = 2$ ab: 5,991. Als mittlere Rangplätze ermitteln wir:

$$R_1 = 32{,}5 \qquad n_1 = 6 \qquad \overline{R}_1 = 5{,}417$$
$$R_2 = 49{,}5 \qquad n_2 = 5 \qquad \overline{R}_2 = 9{,}9$$
$$R_3 = 89 \qquad n_3 = 7 \qquad \overline{R}_3 = 12{,}714$$

Bei drei Gruppen können wir drei Einzelvergleiche rechnen, nämlich:

$$| \overline{R}_1 - \overline{R}_2 | = | 5{,}417 - 9{,}900 | = 4{,}482$$
$$| \overline{R}_1 - \overline{R}_3 | = | 5{,}417 - 12{,}714 | = 7{,}297$$
$$| \overline{R}_2 - \overline{R}_3 | = | 9{,}900 - 12{,}714 | = 2{,}814$$

Jetzt muss man diese ermittelten Werte mit den kritischen Werten vergleichen. Die kritischen Werte berechnet man, indem man in diese Formel die Werte der jeweiligen Gruppen einsetzt:

$$\Delta_{\overline{R}(krit)}^{1,2} = \sqrt{5{,}991} \cdot \sqrt{\frac{18 \cdot 19}{12}} \cdot \sqrt{\frac{1}{6} + \frac{1}{5}} = \sqrt{\frac{5{,}991 \cdot 18 \cdot 19 \cdot 11}{12 \cdot 30}} = 7{,}912$$

$$\Delta_{\overline{R}(krit)}^{1,3} = \sqrt{5{,}991} \cdot \sqrt{\frac{18 \cdot 19}{12}} \cdot \sqrt{\frac{1}{6} + \frac{1}{7}} = \sqrt{\frac{5{,}991 \cdot 18 \cdot 19 \cdot 13}{12 \cdot 42}} = 7{,}270$$

$$\Delta_{\overline{R}(krit)}^{2,3} = \sqrt{5{,}991} \cdot \sqrt{\frac{18 \cdot 19}{12}} \cdot \sqrt{\frac{1}{5} + \frac{1}{7}} = \sqrt{\frac{5{,}991 \cdot 18 \cdot 19 \cdot 12}{12 \cdot 35}} = 7{,}651$$

Als letzter Schritt bleibt noch der Vergleich der auf diese Weise ermittelten kritischen Werte mit den Differenzen:

$$|\overline{R}_1 - \overline{R}_2| = 4{,}482 < 7{,}912 \ \text{n.s.}$$

$$|\overline{R}_1 - \overline{R}_3| = 7{,}297 > 7{,}270 \ *$$

$$|\overline{R}_2 - \overline{R}_3| = 2{,}814 < 7{,}651 \ \text{n.s.}$$

Nur der Vergleich der ersten mit der dritten Gruppe ist auf dem 5%-Niveau signifikant, da nur hier der empirische Wert größer als der kritische Wert ausfällt. Hauptschüler und Gymnasiasten unterscheiden sich also signifikant in ihrer Selbsteinschätzung, Realschüler und Gymnasiasten dagegen nicht.

10.6.2   Friedman-Test

Auch der Friedman-Test ist eine Rangvarianzanalyse, allerdings für *abhängige* Stichproben. Er wurde nach seinem Entwickler Milton Friedman (1912–2006) benannt und ist das verteilungsfreie „Gegenstück" zur parametrischen Varianzanalyse mit Messwiederholung oder zu Blockplänen. Mit dieser Rangvarianzanalyse können Sie die Frage beantworten: Unterscheiden sich *k abhängige* Stichproben hinsichtlich ihrer zentralen Tendenz (Median) oder nicht?

?   Für die vierwöchigen „Internationalen Frankfurter Sommerkurse" hat Petra ein neues Phonetik-Modul entwickelt. Führt das neue Programm zu einer signifikanten Verbesserung der Aussprache der Teilnehmer? Oder unterscheiden sich die Messwerte der Stichproben, die an vier Zeitpunkten gemessen wurden, nicht in der Grundgesamtheit?

Wir schauen uns nur einen kleinen Teil von Petras Daten an und berücksichtigen deshalb nur fünf Teilnehmer. Ihre Aussprache wurde wöchentlich getestet und mit einem Punktesystem bewertet. Petras Daten liegen tabellarisch vor.

⚠   Wichtig: Der Datensatz *muss komplett* sein! In unserem Beispiel: für *jeden* der Teilnehmer liegen auch vier Messwerte vor.

Tabelle 10.10: Rohdaten

Teilnehmer	1. Woche	2. Woche	3. Woche	4. Woche
1	8	10	17	18
2	10	11	11	14
3	11	10	15	17
4	12	12	14	18
5	9	13	16	17

Für jeden Probanden (Zeile) ermittelt Petra eine Rangreihe. Den ersten Rangplatz bekommt der *kleinste* der vier Werte zugewiesen. Gleiche Ränge, wie sie bei den Teilnehmern 2 und 4 aufgetreten sind, werden wieder gemittelt. Die Werte werden danach spaltenweise aufsummiert. Bei $k = 4$ Stichproben, den wöchentlichen Ergebnissen, erhält man hier entsprechend vier Rangsummen (T_1 bis T_4):

Tabelle 10.11: Rangplätze

Teil-nehmer	1. Woche	2. Woche	3. Woche	4. Woche
1	1	2	3	4
2	1	$\frac{2+3}{2} = 2,5$	$\frac{2+3}{2} = 2,5$	4
3	2	1	3	4
4	$\frac{1+2}{2} = 1,5$	$\frac{1+2}{2} = 1,5$	3	4
5	1	2	3	4
Σ	6,5	9	14,5	20
$\overline{R}$	1,3	1,8	2,9	4

Schauen wir auf die Werte: $k = 4$ (vier Messzeitpunkte), $n = 5$ (Teilnehmer) und $T_1 = 6,5$ $T_2 = 9$ $T_3 = 14,5$ $T_4 = 20$ (das sind unsere vier Rangsummen).

Addieren wir diese Rangsummen auf, ergibt sich ein Wert von 50: $T_1 + T_2 + T_3 + T_4 = 6,5 + 9 + 14,5 + 20 = 50$. Auch hier gibt es wieder eine Kontrollmög-

lichkeit: $\sum_{i=1}^{k} T_i = \frac{n \cdot k \cdot (k+1)}{2} = \frac{5 \cdot 4 \cdot (4+1)}{2} = \frac{100}{2} = 50$

Wir können also beruhigt weiterrechnen (gleicher Wert: 50) und setzen die Rangsummen in die Formel des Friedman-Tests ein:

▶ **Friedman-Test**

$$\chi^2 = \frac{12}{n \cdot k \cdot (k+1)} \cdot \sum_{i=1}^{k} T_i^2 - 3 \cdot n \cdot (k+1)$$

$$\chi^2 = \frac{12}{5 \cdot 4 \cdot (4+1)} \cdot (6,5^2 + 9^2 + 14,5^2 + 20^2) - 3 \cdot 5 \cdot (4+1) = 13,02$$

$$df = k - 1 \qquad df = 4 - 1 = 3$$

Auch für den Friedman-Test gibt es eine **korrigierte Prüfgröße**, die bei verbundenen Rangplätzen zum Einsatz kommt. In Petras Datensatz kommen nur vier Werte mehrfach vor: je zweimal die Werte 1,5 und 2,5. Diese beiden verbundenen Ränge gehen mit dem Wert 12 in die korrigierte Formel ein:

m = Anzahl der verbundenen Ränge = 2: $2 \times 2,5$ und $2 \times 1,5$: $(2^3 - 2) + (2^3 - 2) = 12$

$$\chi^2_{korr} = \frac{\chi^2}{1 - \frac{1}{n \cdot k \cdot (k^2 - 1)} \cdot \sum_{i=1}^{m} (t_i^3 - t_i)}$$

$$\chi^2_{korr} = \frac{13,02}{1 - \frac{1}{5 \cdot 4 \cdot (4^2 - 1)} \cdot 12} = 13,563$$

Der korrigierte empirische χ^2-Wert ist mit 13,56 größer als der kritische Wert in der entsprechenden χ^2-Tafel bei $df = 3$, also bei drei Freiheitsgraden, nämlich 11,345 ($\alpha = 0,01$). Die Nullhypothese muss zugunsten der H_1 verworfen werden. Petra darf also behaupten, dass ihr Trainingsprogramm zu einer signifikanten Verbesserung der Aussprache geführt hat. Auch beim Friedman-Test können Sie nach einem (globalen) signifikanten Ergebnis **Einzelvergleiche** durchführen. Wo *genau* besteht ein signifikanter Unterschied? Sie müssen dazu zunächst die kritische Differenz berechnen. Den in der Formel enthaltenen χ^2-Ausdruck lesen Sie aus der χ^2-Tabelle ab, hier bei $df = 3$ und $\alpha = 0,05$: 7,815. Sie können natürlich auch ein anderes Signifikanzniveau wählen.

$$\Delta_{\bar{R}(krit)} = \sqrt{\chi^2_{r(k,n,\alpha)}} \cdot \sqrt{\frac{k \cdot (k+1)}{6 \cdot n}} \qquad \Delta_{\bar{R}(krit)} = \sqrt{7,815} \cdot \sqrt{\frac{4 \cdot 5}{6 \cdot 5}} = 2,28$$

Dann werden wieder paarweise die berechneten Rangdurchschnitte der Stichproben miteinander verglichen. Bei Signifikanz muss ihre Differenz größer sein als die kritische Differenz: $|\bar{R}_i - \bar{R}_j| \geq \Delta_{\bar{R}(krit)}$. Setzen wir einmal Petras Daten ein. Zur Erinnerung, die berechneten mittleren Rangsummen: $\bar{R}_1 = 1,3$; $\bar{R}_2 = 1,8$; $\bar{R}_3 = 2,9$; $\bar{R}_4 = 4$:

$$|\bar{R}_1 - \bar{R}_2| = |1,3 - 1,8| = 0,5 \qquad |\bar{R}_1 - \bar{R}_3| = |1,3 - 2,9| = 1,6$$

$$|\bar{R}_1 - \bar{R}_4| = |1,3 - 4| = 2,7 \ (*) \qquad |\bar{R}_2 - \bar{R}_3| = |1,8 - 2,9| = 1,1$$

$$|\bar{R}_2 - \bar{R}_4| = |1,8 - 4| = 2,2 \ (*) \qquad |\bar{R}_3 - \bar{R}_4| = |2,9 - 4| = 1,1$$

Danach unterscheiden sich nur jeweils zwei Messzeitpunkte voneinander: 1 und 4 und 2 und 4 (knapp). Bei allen anderen Paarvergleichen gilt die H_0. Petras Programm wirkt also nicht sofort. Es braucht seine Zeit, um einen signifikanten Effekt zeigen zu können. Erst, wenn man das Testergebnis der ersten mit dem der letzten Woche vergleicht, ist ein signifikanter Unterscheid nachweisbar. Auch die Tabelle zum Friedman-Test ist übrigens im Anhang enthalten (Tabelle H). Sie sollten sie benutzen, wenn Ihr Stichprobenumfang und die Anzahl der Kategorien in der Tabelle repräsentiert sind. Ist dies nicht der Fall, wählen Sie die Tabelle der χ^2-Verteilung (Tabelle B).

Mit den beiden nicht-parametrischen Rangvarianzanalysen schließen wir das zweigeteilte Kapitel „Auf signifikante Unterschiede testen" ab. Sie können jetzt sowohl parametrisch als auch verteilungsfrei auf signifikante Unterschiede testen, und das auch bei mehr als zwei Stichproben. Aber nicht nur Unterschiede sind interessant. Manchmal möchte man auch wissen, ob es zwischen zwei (oder mehr) Variablen einen Zusammenhang gibt. Im nächsten Kapitel lernen Sie deshalb die wichtigsten Verfahren kennen, mit denen man bei linguistischen Fragestellungen auf signifikante Zusammenhänge testen kann: die Korrelation und die Regression.

Varianzzerlegung: Versuchsplanung und Max-Kon-Min-Prinzip

Einfaktorielle Varianzanalyse: Rechengang

Mehrfaktorielle Varianzanalyse: Rechengang

Einzelvergleiche und Kontraste

Interpretation von Interaktionseffekten

Varianzanalyse mit Messwiederholung: Idee

Kruskal-Wallis-H-Test (mit Einzelvergleichen)

Friedman-Rangvarianzanalyse (mit Einzelvergleichen)

Varianzanalysen werden sehr häufig gerechnet und sind deshalb Bestandteil vieler Statistikbücher, bspw. Bühner & Ziegler (2009) oder Eid et al. (2010). Rietveld & van Hout (2010) haben ein kleines Lehrbuch vorgelegt, das sich auf Varianzanalysen speziell in der Sprachforschung konzentriert. Hussy & Jain (2002) richtet sich zwar an Psychologen, vermittelt aber einen Eindruck, wie die ANOVA auf bestimmte Versuchspläne abgestimmt werden kann. Eine umfassende, aber nicht immer leicht zu lesende Darstellung bietet auch Bortz (2005). Sie finden dort auch eine Vielzahl von post-hoc-Tests (Einzelvergleiche) dargestellt. Tabachnick & Fidell (2007) ist geeignet, wenn Sie sich mit komplexeren Varianzanalysen beschäftigen wollen. Hier können Sie verschiedene Modelle kennenlernen.

1. Welche Hypothesen kann man mit einer Varianzanalyse testen? Worüber macht sie keine Aussagen?

2. In einem dreifaktoriellen Versuchsplan werden bei Prüfung aller Haupt- und Interaktionseffekte wie viele Signifikanztests gerechnet? Schreiben Sie bitte alle auf (A x B etc.).

3. Was sagt Ihnen ein F-Wert = 1 bzw. > 1?

4. Wann gilt, dass der t-Test für unabhängige Stichproben vergleichbar mit einer einfaktoriellen ANOVA ist?

5. Sie haben intervallskalierte Daten mit einer großen Stichprobe erhoben. Was spricht dagegen, einen Kruskal-Wallis-Test zu rechnen?

6. Wie prüfen Sie auf Signifikanz beim Friedman-Test?

11 Auf signifikante Zusammenhänge testen

Lernziele Kreuzproduktsumme, Kovarianz und Korrelation; Produkt-Moment-Korrelation und Partialkorrelation; Spearman Rangkorrelation und Rangkorrelation von Kendall; Vierfelderkorrelationskoeffizient Phi, Kontingenzkoeffizient C und Cramérs V; einfache Regression und multiple Regression (Idee)

Aus dem Kapitel „Deskriptive Statistik" kennen Sie schon die sogenannten Streudiagramme zur Darstellung von Zusammenhängen. Schauen Sie bitte einmal auf die unten abgebildeten Punktwolken in den Streudiagrammen. Welche Schlüsse ziehen Sie aus diesen Daten?

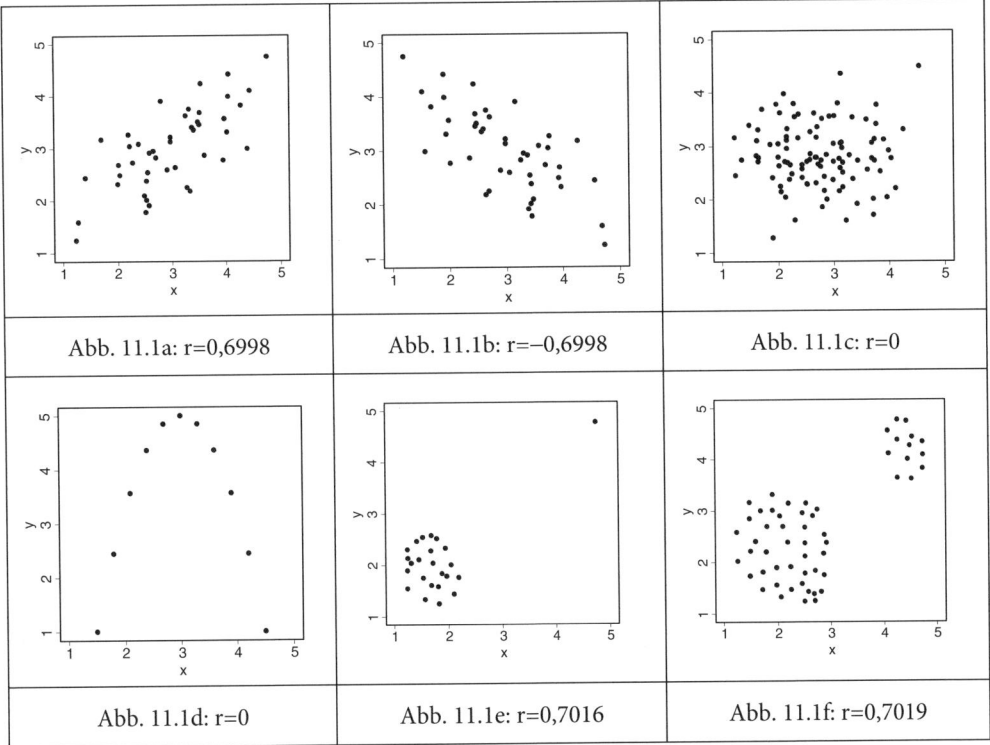

Abb. 11.1a: r=0,6998   Abb. 11.1b: r=−0,6998   Abb. 11.1c: r=0

Abb. 11.1d: r=0   Abb. 11.1e: r=0,7016   Abb. 11.1f: r=0,7019

Abb. 11.1: Streudiagramme

11.1 Kreuzproduktsumme, Kovarianz und Korrelation

Nicht nur Unterschiede, auch Zusammenhänge sind für Linguisten interessant. Gibt es einen Zusammenhang zwischen der Leistung eines Kindes in einem Sprachtest (x) und der gemessenen Intelligenz (y)? Hängt die Verarbeitungsgeschwindigkeit beim Lesen (x) mit der morphologischen Komplexität der getesteten Wörter (y) zusammen? Oder vielleicht auch: Besteht eine Beziehung zwischen der sozialen Herkunft eines Menschen (x) und der syntaktischen Komplexität seiner sprachlichen Äußerungen (y)?

Wie kann man überprüfen, ob ein solcher Zusammenhang vorliegt? Die zugrunde-liegende Idee ist einfach: Für jeden Probanden (in der Sprache der Methodiker: für jede Untersuchungseinheit i) erhalten Sie ein Wertepaar der beiden untersuchten Variablen x_i und y_i. Ein Kind kann in dem erwähnten Sprachtest unterdurchschnittlich, aber im Intelligenztest überdurchschnittlich gut abschneiden oder auch umgekehrt. Es könnten aber auch *beide* Werte überdurchschnittlich oder unterdurchschnittlich ausfallen. Sollte das Kind in beiden Tests ein Ergebnis erzielt haben, das deutlich über dem Durchschnitt liegt, ergibt sich ein hohes und auch positives Abweichungsprodukt ($x \cdot y$). Es wird entsprechend kleiner, wenn das Kind nur geringfügig besser abschneidet. Die Summe der Abweichungsprodukte ($x \cdot y$) und ihr Mittelwert für alle Probanden (Untersuchungseinheiten) sagt deshalb etwas darüber aus, wie sehr die beiden Mess-wertreihen x und y variieren bzw. **kovariieren**. Die Summe der Abweichungsprodukte nennt man auch **Kreuzproduktsumme (KPS)**.

Um sie zu berechnen, bildet man die Abweichungen aller Einzelwerte x und y vom Mittelwert der Variablen X und Y, multipliziert diese Werte (für jeden Probanden) und addiert die multiplizierten Werte zur Kreuzproduktsumme auf.

▶ **Kreuzproduktsumme (KPS)**

Summe der Abweichungsprodukte

$$KPS_{xy} = \sum_{i=1}^{n}(x_i - \overline{x}) \cdot (y_i - \overline{y})$$

Gibt es viele Probanden, die in *beiden* Variablen entweder über- oder unterdurch-schnittliche Werte erzielt haben, wird die Kreuzproduktsumme positiv. Je mehr positi-ve Produkte in diese Summe eingehen, desto größer wird sie. Haben dagegen viele in der einen Variablen unterdurchschnittlich, in der anderen aber überdurchschnittlich abgeschnitten (oder umgekehrt), wird diese Summe negativ ausfallen. Halten sich posi-tive und negative Produkte in etwa die Waage, wird die KPS um den Wert 0 herum schwanken. Die Kreuzproduktsumme hängt natürlich von der Anzahl der Probanden (der Merkmalsträger, also n) und von der Streuung der beiden Variablen x und y ab. Deshalb errechnet man das *mittlere* Produkt der Abweichungswerte vom Mittelwert. Man teilt die Kreuzproduktsumme also durch n und erhält dadurch das *mittlere Kreuz-produkt*, die sogenannte **Kovarianz**.

▶ **Kovarianz** (Mittleres Kreuzprodukt; unstandardisiert)

$$s_{xy} = \frac{1}{n} \cdot \sum_{i=1}^{n} (x_i - \overline{x}) \cdot (y_i - \overline{y})$$

Kommt häufig ein überdurchschnittlicher Wert der Variablen *x* mit einem überdurchschnittlichen Wert der Variablen *y* vor und ein unterdurchschnittlicher Wert *x* entsprechend mit einem unterdurchschnittlichen Wert der Variablen *y*, liegt eine *positive Kovarianz* vor. Ist Wert *x* häufig überdurchschnittlich (bzw. unterdurchschnittlich), aber Wert *y* häufig unterdurchschnittlich (bzw. überdurchschnittlich), kovariieren die Variablenwerte auch systematisch, allerdings in „gegenläufiger Richtung". Dann spricht man von einer *negativen Kovarianz*. Keine Kovarianz liegt vor, wenn bei überdurchschnittlichen Abweichungen der Variablen *x* sowohl über- als auch unterdurchschnittliche Abweichungen der Variablen *y* vorliegen (und natürlich umgekehrt). Ein hohes positives Abweichungsprodukt wird vielleicht durch drei kleinere negative „neutralisiert".

Sie können mit der Kovarianz Stichproben mit unterschiedlichem Umfang miteinander vergleichen, vorausgesetzt, Sie haben in beiden Stichproben die *gleiche Maßeinheit* beim Messen eingesetzt. Jetzt ist es nur noch ein kleiner Schritt bis zur Korrelation. Sie wissen schon aus dem Kapitel „Deskriptive Statistik", dass bei der Varianz größere Abweichungen überproportional gewichtet werden. Ausreißerwerte sind also ein Problem. Das gilt auch für die Kovarianz. Auch sie wird überproportional größer, je weiter die Messwerte vom Mittelwert entfernt sind. Wie die Kreuzproduktsumme hängt sie von der Streuung der beiden Merkmale und der verwendeten Maßeinheit ab, also wie man die untersuchten Variablen quantifiziert hat. Misst man die Körpergröße in Millimetern und das Gewicht in Gramm erhält man eine andere Kovarianz als mit den Maßeinheiten Zentimetern und Kilogramm (Eid et al., 2010). Sie können auf diese Weise nicht Untersuchungen miteinander vergleichen, die bspw. Sprache und Intelligenz unterschiedlich gemessen haben. Man braucht also ein Maß für den Zusammenhang, bei dem der verwendete Maßstab keine Rolle spielt. Sie kennen die Lösung des Problems. Sie können alle Variablen in einen *einheitlichen Maßstab* umformen, also transformieren. Seine Maßeinheit ist die *Standardabweichung*. Die gesuchte Transformation ist eine *z-Transformation*. Die Kovarianz zweier *standardisierter* Variablen nennt man **Produkt-Moment-Korrelation**. Um sie zu erhalten, muss man also die Varianz durch das Produkt der Standardabweichungen teilen. Wir werden dazu gleich ein Beispiel durchrechnen.

▶ **Korrelation**

Kovarianz der z-transformierten Variablen (durchschnittliches Produkt korrespondierender z-Werte); standardisiert

Die parametrische Produkt-Moment-Korrelation, mit der Sie auf einen *linearen* Zusammenhang testen, ist sicher die bekannteste Korrelation. Sie wird am häufigsten gerechnet. Wenn von Korrelation die Rede ist, ist deshalb in der Regel dieser Koeffizient gemeint. Aber auch für Häufigkeits- und Rangdaten sind Zusammenhangsmaße entwickelt worden, von denen Sie einige kennen sollten. Die damit verbundene Einteilung in parametrische und verteilungsfreie Verfahren ist Ihnen bereits vertraut. Haben Sie zwei Merkmale erhoben, können Sie also prüfen, ob und wie stark diese Merkmale zusammenhängen und ob dieser Zusammenhang signifkant ist. Die Korrelationen lassen sich entsprechend klassifizieren:

- Korrelation zweier *nominalskalierter* Merkmale (*atoner* Zusammenhang)
- Korrelation zweier *ordinalskalierter* Merkmale (*monotoner* Zusammenhang)
- Korrelation zweier *kardinalskalierter* Merkmale (*linearer* Zusammenhang)

Allen gemeinsam ist: Korrelationen spiegeln den Zusammenhang zwischen Merkmalen (oder Variablen) wider. Die Ausprägung eines Merkmals korrespondiert also mit der Ausprägung eines anderen Merkmals. Die *Stärke* dieses Zusammenhangs kann man berechnen und mit einer Maßzahl beschreiben, dem **Korrelationskoeffizienten**. Sein Buchstabe ist das kleine *r* für Regression, weil diese beiden Verfahren, wie Sie noch sehen werden, eng miteinander verknüpft sind. Für fast alle hier vorgestellten Korrelationskoeffizienten gilt per Konvention:

$$-1 \leq r \leq +1$$

Ihre Werte liegen also zwischen minus 1 und plus 1. Die Stärke des Zusammenhangs gibt allein der *Betrag* des Korrelationskoeffizienten wieder. Je stärker sich eine Korrelation der Null nähert, desto geringer ist der Zusammenhang zwischen den untersuchten Merkmalen oder Variablen. Bei r = 0 besteht kein linearer Zusammenhang, bei Werten nahe 1 oder nahe minus 1 ein hoher positiver oder negativer Zusammenhang. Das *Vorzeichen* zeigt die Richtung an. Ein positiver Koeffizient beschreibt einen gleichläufigen Zusammenhang (bspw: je größer A, desto größer auch B). Ist der Zusammenhang gegenläufig (bspw.: je größer A, desto kleiner B) nimmt der Koeffizient einen negativen Wert an. Das kennen Sie bereits von der unstandardisierten Kovarianz. Bei der Interpretation der Werte haben sich bestimmte Richtlinien etabliert. Sie schwanken allerdings je nach Anwendungsgebiet. Was im klinischen Bereich nur als eine mittlere Korrelation angesehen wird, wird in der Korpuslinguistik vielleicht schon als starker Zusammenhang interpretiert.

Tabelle 11.1:

Korrelationskoeffizient	Interpretation
$|r| \leq 0{,}2$	sehr geringe Korrelation
$0{,}2 < |r| \leq 0{,}5$	geringe Korrelation
$0{,}5 < |r| \leq 0{,}7$	mittlere Korrelation
$0{,}7 < |r| \leq 0{,}9$	hohe Korrelation
$0{,}9 < |r| \leq 1$	sehr hohe Korrelation

11.2 Interpretation: Korrelation und Kausalität

Sie haben eine signifikante, also statistisch abgesicherte, Korrelation zwischen den Variablen A und B gefunden. Das könnte bedeuten, dass Variable A Variable B beeinflusst oder auch umgekehrt. Vielleicht gibt es auch eine Wechselwirkung, und die beiden

Variablen A und B beeinflussen sich gegenseitig. Es könnte allerdings auch eine dritte Variable im Spiel sein, die A und B beeinflusst, die Sie aber nicht erfasst haben. Korrelationsaussagen sind *keine Kausalaussagen*! Der Korrelationskoeffizient gibt lediglich an, wie groß der Zusammenhang zwischen zwei Merkmalen ist, wie sehr sie also kovariieren. Sind zwei Variablen voneinander unabhängig, gibt es keine lineare Abhängigkeit. Ihre Korrelation ist gleich Null. Umgedreht bedeutet aber eine Korrelation $r_{xy} = 0$ nicht zwangsläufig, dass die beiden betrachteten Variablen voneinander unbhängig sind. Es liegt nur kein *linearer* Zusammenhang vor.

In der Linguistik werden oft mehr als nur zwei Variablen betrachtet, deren Werte man mit unterschiedlichen Methoden erhoben hat (Test, Befragung, Selbsteinschätzung, Fremdeinschätzung usw.). Auch dann kann man untersuchen, ob die Variablen zusammenhängen. Sie werden dann in einer speziellen Tabelle, einer Matrix, abgebildet. Sie finden solche Matrizen in der Literatur unter dem Begriff *Multitrait-Multimethod-Matrizen*. *Method* kommt von den unterschiedlichen Methoden, die eingesetzt wurden. *Trait* ist der englische Begriff für eine Korrelation zwischen mehreren Merkmalen. Mit einer solchen Matrix kann man bspw. überprüfen, wie hoch die Korrelation ist zwischen den Variablen, die zwar mit unterschiedlichen Methoden erfasst wurden, aber eigentlich *ein* Merkmal repräsentieren.

Interpretation der Streudiagramme

Blättern Sie bitte zur ersten Seite des Kapitels zurück. Die ersten beiden Abbildungen (Abb. 11.1a und11.1b) zeigen eine positive und eine negative Korrelation. Bei der dritten Abbildung in der oberen Reihe (Abb. 11.1c) ist dagegen r = 0. Abb. 11.1d bis 11.1f sind Beispiele für problematische Fälle. Haben Sie das jeweilige Problem erkannt? In Abb. 11.1e verfälscht ein Ausreißer das Ergebnis. Er treibt die Korrelation nach oben. Bei der Punktwolke in Abb. 11.1f handelt es sich um zwei heterogene Untergruppen (bspw. Männer und Frauen), durch deren Kombination auch der Korrelationskoeffizient steigt. Man sollte solche Untergruppen nicht zusammenfassen, sondern stattdessen getrennt für jede Gruppe einen Koeffizienten berechnen. Auch in Abb. 11.1d ist r = 0. Trotzdem muss man dieses Streudiagramm anders interpretieren als das Scatterplot in Abb. 11.1c. Die Form des Streudiagrammes erinnert an ein umgedrehtes U. Hier existiert ein Zusammenhang, aber es ist kein linearer. Dazu ein nicht-linguistisches, aber sehr anschauliches Beispiel (nach Zöfel, 2003): Es gibt einen Zusammenhang zwischen verfügbarem Einkommen und Einkaufsverhalten in bestimmten Geschäften. Je höher das Einkommen, desto mehr kauft der Kunde ein. Ab einem bestimmten Einkommen „kippt" allerdings der Zusammenhang. Der Umsatz bei dieser Käuferschicht sinkt. Der Kunde gibt nämlich sein reichlich vorhandenes Geld dann lieber in „Luxusgeschäften" aus. Trotz r= 0 hängen Einkommen und Konsum natürlich zusammen, nur eben nicht linear.

Warnen möchte ich Sie auch noch vor der sogenannten *Heteroskedazität*. Sie ist das Gegenteil der Homoskedazität. Sie kennen bereits ein „ähnliches" Kriterium, die Varianzhomogenität. Zieht man aus einer bivariaten Grundgesamtheit eine bivariate Stichprobe, kann es bei einer nicht-perfekten Korrelation vorkommen, dass mehreren Probanden zwar identische x-Werte, aber unterschiedliche y-Werte zugeordnet sind. Die zu einem x-Wert gehörenden y-Werte nennt man die *Arrayverteilung*. Die Streu-

ungen der Array-Verteilungen müssen homogen sein. Menschen mit gleicher Schuhgröße bspw. sollten sich also nicht deutlich in ihrer Körpergröße unterscheiden. Ist das
aber der Fall, unterscheidet sich die Varianz der Residuen (der Abweichungen) zwischen den Ausprägungen der unabhängigen Variablen. Dann ist die Voraussetzung der
Homoskedazität verletzt. Die Punktwolke nimmt dann nicht eine elliptische Form an
(wie in Abb. 11.1a oder b), sondern ähnelt mehr einem Trichter. Trotzdem kann der
Korrelationskoeffizient einen ähnlich hohen Wert annehmen wie in Abb. 11.1a und b.

⚠️ Werfen Sie also bitte zunächst *immer* einen Blick auf das Streudiagramm, bevor
Sie mit der Berechnung anfangen. Und vertrauen Sie nicht blind einem Korrelationskoeffizienten. Der Bereich, über den Sie eine Aussage treffen möchten, sollte zudem auch angemessen repräsentiert sein. Das ist wichtig, wenn Sie nur einzelne Sub-
gruppen aus Ihrem Datensatz berücksichtigen wollen.

11.3 Zusammenhangsmaße für metrische Daten

Wenn in Publikationen von *Korrelationen* die Rede ist, sind meistens Koeffizienten aus
dieser Gruppe berechnet worden. Beginnen wir am besten mit dem „Klassiker":

11.3.1 Produkt-Moment-Korrelation nach Pearson und Bravais

- Klassifikation: Parametrisch
- Ziel: Test auf Zusammenhang zweier intervallskalierter Merkmale
- Voraussetzung: Mindestens intervallskalierte und normalverteile Variablen, li-
  nearer Zusammenhang, Homoskedazität, keine Ausreißerwerte
- Nullhypothese: $\rho = 0$ bzw. $\rho \geq 0$ oder $\rho \leq 0$ (gerichtet)
- Prüfgröße/Verteilung: r/ t-Verteilung
- Achtung: Vorher Streudiagramm analysieren, Ausreißerwerte

Wenn Sie überprüfen wollen, wie zwei mindestens intervallskalierte und normalverteilte Variablen zusammenhängen, ist der Produkt-Moment-Korrelationskoeffizient eine
gute Wahl. Er gilt als der „klassische" Korrelationskoeffizient. Entwickelt wurde er von
Auguste Bravais (1811–1863), Francis Galton (1822–1911) und Karl Pearson (1857–
1936). Sie finden ihn deshalb auch unter der Bezeichnung *Bravais-Pearson-
Korrelationskoeffizient.*

? Monika hat untersucht, wie gut 32 bilinguale Kinder in einem syntaktischen Lückentest abschneiden. Jetzt möchte sie noch überprüfen, ob das Ergebnis mit dem
Intelligenzniveau der Kinder signifikant korreliert ($\alpha = 0{,}01$), das Sie mit einem Intelligenztest gemessen hat. Sie hat auch das Alter der Kinder (z) erfasst.

Wir betrachten hier nur einen Teil von Monikas Daten, um leichter rechnen zu können, nämlich 13 Kinder aus Monikas Stichprobe. Für jedes der 13 Kinder liegt ein Wertepaar vor: Ergebnis im Lückentest (x_i; Punktwert) und Ergebnis im Intelligenztest (y_i;
Punktwert). Das Alter der Kinder lassen wir zunächst unberücksichtigt:

Tabelle 11.2: Monikas Datensatz (Produkt-Moment-Korrelation)

Lückentest (x)	Intelligenz (y)	Alter (z)	x^2	y^2	x·y
20	100	9	400	10000	2000
22	105	10	484	11025	2310
12	90	9	144	8100	1080
30	130	12	900	16900	3900
25	110	9	625	12100	2750
19	103	7	361	10609	1957
32	125	10	1024	15625	4000
31	98	10	961	9604	3038
23	101	8	529	10201	2323
33	132	11	1089	17424	4356
21	104	10	441	10816	2184
24	95	10	576	9025	2280
19	99	9	361	9801	1881
Σ 311	1392	124	7895	151230	34059
			A	B	C

Man berechnet die Produkt-Moment-Korrelation mit dieser Formel:

▶ **Produkt-Moment-Korrelation**

$$r_{xy} = \frac{\frac{1}{n} \cdot \sum_{i=1}^{n} (x_i - \overline{x}) \cdot (y_i - \overline{y})}{\sqrt{\frac{1}{n} \sum_{i=1}^{n} (x_i - \overline{x})^2} \cdot \sqrt{\frac{1}{n} \sum_{i=1}^{n} (y_i - \overline{y})^2}}$$

Das 1/n wird manchmal auch herausgekürzt. Machen Sie sich bitte klar, dass diese Formel nicht anderes besagt als:

$$r_{xy} = \frac{s_{xy}}{s_x \cdot s_y}$$

Sie setzen hier also die z-transformierten Kovarianzen der Variablen miteinander ins Verhältnis. Hat man die Daten wie Monika in einer Tabelle aufbereitet, lässt es sich mit der folgenden Formel leichter rechnen. Setzen wir einmal die ermittelten Werte aus Monikas Tabelle ein, also A, B und C:

$$r = \frac{n \cdot \sum_{i=1}^{n} x_i \cdot y_i - \sum_{i=1}^{n} x_i \cdot \sum_{i=1}^{n} y_i}{\sqrt{\left(n \cdot \sum_{i=1}^{n} x_i^2 - \left(\sum_{i=1}^{n} x_i \right)^2 \right) \cdot \left(n \cdot \sum_{i=1}^{n} y_i^2 - \left(\sum_{i=1}^{n} y_i \right)^2 \right)}}$$

$$r = \frac{13 \cdot C - 311 \cdot 1392}{\sqrt{(13 \cdot A - 311^2) \cdot (13 \cdot B - 1392^2)}} = \frac{13 \cdot 34059 - 311 \cdot 1392}{\sqrt{(13 \cdot 7895 - 311^2) \cdot (13 \cdot 151230 - 1392^2)}} = 0{,}761$$

Den Wert von $r_{xy} = 0{,}761$ interpretiert Monika als mittlere positive Korrelation zwischen der Leistung im Lückentest und dem Intelligenzniveau der Kinder. Bei einer perfekten positiven Korrelation würde dieser Wert 1 betragen. Bestünde kein *linearer* Zusammenhang, hätte Monika einen empirischen Wert von $r = 0$ errechnet. Monika muss ihren empirischen Wert noch statistisch absichern. Dazu benutzt man die t-verteilte Prüfgröße:

$$t = \frac{|r| \cdot \sqrt{n-2}}{\sqrt{1-r^2}} \qquad\qquad t = \frac{|0{,}761| \cdot \sqrt{13-2}}{\sqrt{1-0{,}761^2}} = 3{,}89$$

Wir benötigen noch die Zahl der Freiheitsgrade: $df = n{-}2$. Jetzt müssen Sie wieder den kritischen Wert bei $df = 13{-}2 = 11$ Freiheitsgraden heraussuchen, und zwar in der t-Tabelle (C). Die Werte lauten für $p = 0{,}05$: 2,201; für $p = 0{,}01$: 3,106. Da der empirische Wert mit 3,89 bei $p = 0{,}01$ (und damit auch $p = 0{,}05$) größer ist als der kritische Wert, darf Monika die Nullhypothese verwerfen. Die gefundene Korrelation weicht signifikant von Null ab. Man kann auch vereinfachend sagen: Die Korrelation ist auf dem 1%-Niveau signifikant. Monika wird in ihrer nächsten Untersuchung die Variable Intelligenz stärker berücksichtigen.

Fishers Z-Transformation

⚠ Bevor wir uns die nächste Korrelation anschauen, möchte ich Sie noch vor einer Verwechslung warnen. Angenommen, Sie haben zwei Untersuchungen durchgeführt und dabei die folgenden Korrelationen berechnet: $r_1 = 0{,}40$ und $r_2 = 0{,}80$. r_2 ist aber keineswegs doppelt so groß wie r_1! Um eine solche Aussage treffen zu können, benötigen Sie eine Maßzahl einer *Verhältnisskala*. Oder was ist, wenn man bspw. aus mehreren Korrelationskoeffizienten eine durchschnittliche Korrelation ermitteln möchte? Dafür hat R. Fisher eine Transformation entwickelt, die man als Fishers Z-Transformation bezeichnet (*großes* Z). Mit ihr lassen sich Korrelationskoeffizienten so transfomieren, dass die Stichprobenkennwerteverteilung zumindest annähernd standardnormalverteilt ist. Bitte verwechseln Sie sie nicht mit der z-Transformation (Standardwerte, *kleines* z). Im Falle der Mittelwerte müssen Sie also zunächst die einzelnen Korrelationen Z-transformieren, dann das arithmetische Mittel berechnen und schließlich dieses AM wieder zurück in eine Korrelation transformieren. Wie man eine solche Z-Transformation berechnet, finden Sie in Bortz (2005: 218 f.) oder Eid et al. (2010: 543f.). Ich stelle Ihnen hier nur die Formel vor. Sie enthält einen sogenannten Logarithmus: ln = Logarithmus zur Basis e ($\approx$ 2,718). Sie können leicht Ihre Werte einsetzen.

$$Z = \frac{1}{2} \cdot \ln\left(\frac{1+r}{1-r}\right)$$

Sie können übrigens auch die Signifikanz einiger Korrelationen mit der von Fisher entwickelten Z-Verteilung überprüfen.

11.3.2 Biseriale Korrelation

Ist in Ihrer Untersuchung nur ein Merkmal *intervallskaliert*, das andere dagegen *dichotom*, können Sie bei normalverteilten Variablen eine sogenannte **punktbiseriale Korrelation** berechnen. Wenn Sie bspw. berechnen wollen, wie das Geschlecht (dichotom) und die Reaktionszeit in einem Nachsprechtest zusammenhängen, können Sie die folgende Formel verwenden. Sie müssen dazu lediglich die jeweiligen Mittelwerte berechnen (durchschnittliche Reaktionszeit der Männer und der Frauen) und die gemeinsame Standardabweichung s_x. In die Formel gehen auch noch die jeweiligen Stichprobenumfänge ein (n_1 = Anzahl der Männer, n_2 = Anzahl der Frauen). Auch hier müssen Sie natürlich wieder auf Signifikanz testen. Das geschieht über die t-verteilte Prüfgröße. Die Freiheitsgrade berechnet man nach $df = n_1 + n_2 - 2$.

▶ **Punktbiseriale Korrelation**

$$r_{pbis} = \frac{\overline{x}_2 - \overline{x}_1}{s_x} \cdot \sqrt{\frac{n_1 \cdot n_2}{n^2}} \qquad r_{pbis} = \frac{138,5 - 145}{33,9957} \cdot \sqrt{\frac{8 \cdot 9}{289}} = -0,095$$

$$t = \frac{r_{pbis}}{\sqrt{(1 - r_{pbis}^2)\big/(n-2)}} \qquad t = \frac{0,095}{\sqrt{(1 - 0,095^2)\big/(17-2)}} = -0,3712$$

Teilgenommen haben n_1 = 8 Männer und n_2 = 9 Frauen. Die beiden Mittelwerte lauten: $\overline{x}_1$ = 145 und $\overline{x}_2$ = 138,88. Die Streuung beträgt s_x = 33,9957. Eingesetzt in die Formel ergibt sich eine negative Korrelation von –0,095. Geschlecht und Geschwindigkeit bei der Sprachverarbeitung hängen also nicht zusammen. Wir prüfen, aber nur der Vollständigkeit halber, noch auf Signifikanz, indem wir die Werte in die untere Formel einsetzen.

In der t-Tabelle lesen wir bei df = 8 + 9 – 2 = 15 Freiheitsgraden und α = 0,05 einen kritischen Wert von 2,131 ab. Da der ermittelte empirische Wert (–0,3712) sehr viel kleiner ist, ist dies kein signifikanter Wert. Es besteht also in unserem fiktiven Datensatz kein signifikanter Zusammenhang zwischen dem Geschlecht und der Geschwindigkeit der Sprachverarbeitung.

⚠ Die punktbiseriale Korrelation entspricht dem t-Test (unabhängig). In unserem Beispiel würde dann die Hypothese lauten: Männer und Frauen unterscheiden sich in der Geschwindigkeit der Sprachverarbeitung.

11.3.3 Partielle Korrelation

Die partielle Korrelation haben Sie im Kapitel „Versuchsplanung" als eine Möglichkeit kennengelernt, Störvariablen kontrollieren zu können („auspartialisieren"). Mit der partiellen Korrelation überprüfen Sie, ob es sich bei der Beziehung zwischen Merkmalen um eine sogenannte *Scheinkorrelation* handelt. Auch Scheinkorrelationen sind – statistisch betrachtet – „echte" Korrelationen. Sie gehen allerdings auf den Einfluss von Störvariablen zurück. Solche Korrelationen entstehen, wenn eine dritte Variable auf die beiden betrachteten Variablen einwirkt. In Monikas Beispiel haben wir einen signifikanten Zusammenhang zwischen dem Sprachtest (x) und dem Intelligenzniveau (y) nachgewiesen. Vielleicht ist dieser Zusammenhang aber zumindest teilweise auf eine dritte Variable zurückzuführen, nämlich das Alter der Kinder (z). Will man wissen, wie hoch die Korrelation zwischen den Variablen x und y ist, muss man sie entsprechend bereinigen, d.h. vom Einfluss der dritten Variable (z) „befreien". Das funktioniert übrigens auch bei mehreren Störvariablen. Dann rechnet man eine sogenannte partielle Korrelation *höherer Ordnung*.

Monika hat auch das Alter der Kinder erfasst, das wir jetzt als mögliche Störvariable berücksichtigen wollen. Ihre Daten sind normalverteilt.

○ Berechnen Sie bitte die Produkt-Moment-Korrelation für Sprachtest/Alter und Intelligenz/Alter.

Ihre Tabelle sollte die folgenden Werte enthalten. Das ist übrigens die übliche Darstellung einer sogenannten **Korrelationsmatrix**. Man präsentiert nur die Hälfte der Werte, weil die Matrix ja symmetrisch ist, und markiert die jeweilige Signifikanz durch einen Stern (bei $\alpha = 0,05$), zwei Sterne (bei $\alpha = 0,01$) oder drei Sterne (bei $\alpha = 0,001$) hinter den einzelnen Korrelationskoeffizienten. So ist laut Tabelle die Korrelation zwischen Alter und Intelligenz bspw. auf dem 5%-Niveau signifikant, die zwischen Lückentest und Intelligenz auf dem 1%-Niveau.

Tabelle 11.3: Korrelationsmatrix

	x (Lückentest)	y (Intelligenz)	z (Alter)
x (Lückentest)	1,0	0,761**	0,615*
y (Intelligenz)		1,0	0,608*
z (Alter)			1,0

Zur Berechnung der partiellen Korrelation $r_{xy \cdot z}$ verwenden wir diese Formel, die gut geeignet ist, wenn man mit der Hand rechnet. Die Indices x, y und z kennzeichnen die Variablen Sprachtest, Intelligenz und Alter

▶ **Partialkorrelation**

$$r_{xy.z} = \frac{r_{xy} - r_{xz} \cdot r_{yz}}{\sqrt{(1 - r_{xz}^2) \cdot (1 - r_{yz}^2)}} \qquad\qquad r_{xy.z} = \frac{0{,}761 - 0{,}615 \cdot 0{,}608}{\sqrt{(1 - 0{,}615^2) \cdot (1 - 0{,}608^2)}} = 0{,}58$$

Wie üblich, müssen wir noch auf Signifikanz testen über die t-verteilte Prüfgröße:

$$t = |r_{xy.z}| \cdot \sqrt{\frac{n-2}{1 - r_{xy.z}^2}} \qquad df = n - 3 \qquad t = |0{,}58| \cdot \sqrt{\frac{13 - 2}{1 - 0{,}58^2}} = 2{,}37$$

Der kritische Wert bei $\alpha = 0{,}05$ und $df = 10$ ist laut t-Tafel 2,228. Da der empirische Wert mit 2,37 größer ist, korrelieren die Variablen Lückentest und Intelligenz auch bei Ausschluss der Störvariable Alter immer noch signifikant auf dem 5%-Niveau miteinander. Die Korrelation fällt mit 0,58 allerdings niedriger aus.

Wenn Sie die dritte Variable Z nicht aus beiden, sondern nur aus einer der beiden Variablen (also X *oder* Y) auspartialisieren, handelt es sich um eine **Semipartialkorrelation** (semi, *lat*.: halb, teilweise). Diese Formel unterscheidet sich von der Formel zur Berechnung der Partialkorrelation nur in einem Punkt. Im Nenner fehlt entsprechend der Ausdruck, der sich auf die Korrelation zwischen X und Z oder eben Y und Z bezieht. Welche Variante Sie wählen, hängt von Ihren theoretischen Annahmen ab. Monika ist der Auffassung, dass das Alter auf *beide* Variablen einwirkt und hat sich deshalb für eine Partialkorrelation entschieden. Das gilt aber natürlich nicht für alle Fragestellungen. Natürlich können Sie auch mehr als nur drei Variablen (X, Y, Z) betrachten (vgl. Eid et al., 2010, Kapitel 17). Alle diese Verfahren setzen aber eine Normalverteilung voraus.

11.4 Zusammenhangsmaße für Rangdaten

Für ordinalskalierte Merkmale können Sie *monotone* Zusammenhänge bestimmen. Mit steigender Ausprägung des einen Merkmals (x) muss also die Ausprägung des anderen Merkmals (y) ebenfalls steigen (positiver monotoner Zusammenhang) oder fallen (negativer monotoner Zusammenhang). Ist der Zusammenhang perfekt monoton, nimmt die entsprechende Rangkorrelation den Wert –1/+1 an. Rangkorrelationen basieren auf Rangreihen. Sie weisen also jedem Probanden einen Rangplatz zu. Das kennen Sie vom U-Test oder auch vom Wilcoxon-Test. Sie können dann die *Differenz* bilden zwischen den beiden Rangreihen, wie beim Rangkorrelationskoeffizienten nach Spearman. Sie können aber auch auszählen, wie oft sogenannte *Fehlordnungen* auftreten. Damit werden wir uns bei der Rangkorrelation nach Kendall beschäftigen.

11.4.1 Rangkorrelation nach Spearman (rho)

- Klassifikation: Verteilungsfrei
- Ziel: Test auf monotonen Zusammenhang zweier ordinalskalierter Merkmale
- Voraussetzung: gleiche Differenzen von Rangplätzen oder herunterskalierte metrische Daten (intervallskalierte Rohdaten)
- Nullyhpothese: $\rho = 0$ bzw. $\rho \geq 0$ oder $\rho \leq 0$ (bei gerichteter H_1)
- Prüfgröße/Verteilung: r_s / t-Verteilung
- Achtung: Empfindlich gegenüber Ausreißerdifferenzen, Rangbindungen

Um die Rangkorrelation nach Spearman berechnen zu können, müssen Ihre Daten mindestens ordinalskaliert sein. Sie ist auch eine gute Wahl, wenn Ihre metrischen Variablen nicht normalverteilt sind. Als verteilungsfreies Prüfverfahren setzt die Rangkorrelation keine Normalverteilung voraus. Wir nehmen noch einmal Monikas Datensatz aus der Berechnung der Produkt-Moment-Korrelation. Wir gehen einfach davon aus, dass Monika aufgrund des Stichprobenumfanges ein verteilungsfreies Verfahren einsetzen möchte. Dann können wir auch einmal die Werte der errechneten Korrelationskoeffizienten miteinander vergleichen.

Tabelle 11.4: Rechenschritte der Spearman Rangkorrelation

Lückentest (x)	Intelligenz (y)	Lückentest Rang	Intelligenz Rang	d_i	d_i^2
20	100	10	9	1	1
22	105	8	5	3	9
12	90	13	13	0	0
30	130	4	2	2	4
25	110	5	4	1	1
19	103	$\frac{11-12}{2} = 11,5$	7	4,5	20,25
32	125	2	3	-1	1
31	98	3	11	-8	64
23	101	7	8	-1	1
33	132	1	1	0	0
21	104	8	6	3	9
24	95	6	12	-6	36
19	99	$\frac{11-12}{2} = 11,5$	10	1,5	2,25
Σ 311	1392	91	91	0	148,5

Wie wird rho berechnet? Rho arbeitet nicht mit den Messwerten, sondern mit den Werten der zugeordneten Rangplätze. Sie müssen deshalb in einem ersten Schritt *getrennt* für jede der beiden Variablen eine Rangreihe bilden. Achtung: Hier erhält der *höchste* Wert den *Rangplatz 1*. Enthält Ihre Reihe gleiche Werte, müssen Sie wieder gemittelte Rangplätze vergeben. Das kennen Sie schon vom U-Test. Auch die nächsten Schritte sind Ihnen vertraut: Sie müssen die Differenz d der Rangplätze bilden und die Werte quadrieren (wegen möglicher negativer Differenzen).

Bevor Sie weiterrechnen, sollten Sie mit der folgenden Formel kontrollieren, ob Ihre Berechnung möglicherweise fehlerhaft ist. Die Summe der Rangplätze der jeweiligen Variablen muss diesem berechneten Wert entsprechen. Das *n* steht hier für die Anzahl der Messwertpaare, in Monikas Datensatz also 13. Bis jetzt stimmt also alles, 91 ist auch die Summe der beiden Rangreihen:

$$\frac{n \cdot (n+1)}{2} = \frac{13 \cdot (13+1)}{2} = 91$$

Wenn Sie richtig gerechnet haben, ergibt die Summe der Rangplatzdifferenzen d_i den Wert 0. Auch das ist hier der Fall. Jetzt können Sie den Rangkorrelationskoeffizienten nach der folgenden Formel berechnen:

▶ **Rangkorrelation nach Spearman**

$$r_s = 1 - \frac{6 \cdot \sum_{i=1}^{n} d_i^2}{n \cdot (n^2 - 1)} \qquad r_s = 1 - \frac{6 \cdot 148,5}{13 \cdot (13^2 - 1)} = 0,592$$

Wenn wir die Werte einsetzen, errechnen wir eine Korrelation von 0,592. Der Wert ist also niedriger als der über die Produkt-Moment-Korrelation ermittelte Wert. Auch hier muss der Wert gegen null statistisch abgesichert werden. Dazu verwenden wir wieder die t-verteilte Prüfgröße mit *df* = n–2 Freiheitsgraden.

$$t = \frac{|r_s| \cdot \sqrt{n-2}}{\sqrt{1 - r_s^2}} \qquad t = \frac{|0,592| \cdot \sqrt{13-2}}{\sqrt{1 - 0,592^2}} = 2,43 \quad \text{bei} \quad df = n{-}2$$

Den kritischen Wert (Schwellenwert) für die Signifikanzprüfung schlagen wir wieder in der t-Tabelle bei 11 Freiheitsgrade nach: 2,201. Er ist kleiner als der empirisch ermittelte Wert, also verwerfen wir auch hier die Nullhypothese. Es besteht also ein positiver monotoner Zusammenhang zwischen der Leistung im Sprachtest und dem Intelligenzniveau, der auf dem 5% Niveau signifikant ist.

Auch das Problem der *Rangbindung* kennen Sie bspw. schon vom Wilcoxon-Test. In Monikas Datensatz kommt nur ein Messwert, der Wert 19, zweimal vor. Treten in den Daten Messwerte mehrfach auf, müssen Sie eine korrigierte Formel einsetzen. Auch hier müssen wir zunächst das Korrekturglied T bestimmen: $T = 1 \cdot (2^3 - 2) = 6$. Dann können wir die Werte in diese Formel einsetzen:

$$r_{s_{korr}} = 1 - \frac{6 \cdot \sum\limits_{i=1}^{n} d_i^2}{n \cdot (n^2 - 1) - \dfrac{T}{2}} \qquad\qquad r_{s_{korr}} = 1 - \frac{6 \cdot 148{,}5}{13 \cdot (13^2 - 1) - \dfrac{6}{2}} = 0{,}5915$$

Der korrigierte Rangkorrelationskoeffizient hat sich bei nur einer Rangbindung nur geringfügig verändert.

⚠️ Die Rangkorrelationen basieren auf Rangdifferenzen. Leider sind sie sehr sensitiv gegenüber Ausreißern und Extremwerten. Verbindet ein Proband den höchsten X-Rang mit dem niedrigsten Y-Rang, geht die Korrelation zwischen X und Y gegen Null, auch wenn die übrigen Rangpaare gut übereinstimmen. Rho kann aber auch höher ausfallen, wenn nur zwei Probanden Extremwerte aufweisen. Ein Proband besetzt mit X und Y den höchsten, der andere die beiden niedrigsten Rangplätze. Obwohl alle übrigen Rangpaare sehr unterschiedlich ausfallen, fällt die Rangkorrelation höher aus. Unter diesen Bedingungen sollte man rho nicht berechnen und auf den Korrelationskoeffizienten von Kendall ausweichen.

11.4.2   Rangkorrelation nach Kendall τ (tau)

- Klassifikation: Verteilungsfrei
- Ziel: Test auf monotonen Zusammenhang zweier ordinalskalierter Merkmale
- Voraussetzung: Rangplätze
- Nullhypothese: kein monotoner Zusammenhang ($\tau = 0$ bzw. $\tau \leq 0$ oder $\tau \geq 0$)
- Prüfgröße/Verteilung: τ (bei größerem N: z-Verteilung)
- Besonderheiten: es gibt drei Koeffizienten (Kendalls tau a, b und c)
- Achtung: Rangbindungen, Symmetrie der Tabelle (gleiche Anzahl von Zeilen und Spalten)

Wie Sie gesehen haben, wird bei der Berechnung von Spearmans rho mit Rangdifferenzen gearbeitet. Die **Rangkorrelation τ (tau)** wird dagegen als eine „echte" Rangkorrelation angesehen, denn sie nutzt wirklich nur die ordinale Information der Daten. Auch sie arbeitet mit zwei Rangreihen: R (*x*), der *Ankerreihe*, und R (*y*), der *Vergleichsreihe*. Die Idee: Sind beide Rangreihen aufsteigend geordnet, wird die Rangkorrelation perfekt positiv. Ist die Ankerreihe aufsteigend, die Vergleichsreihe dagegen absteigend geordnet, liegt eine perfekte negative Korrelation vor. Sind beide Reihen ungeordnet, muss man die Stärke des Zusammenhangs zwischen Anker- und Vergleichsreihe bestimmen.

Genau genommen hat Kendall drei Koeffizienten definiert, die mit a, b, und c gekennzeichnet werden. Welchen Koeffizienten man wählt, hängt auch davon ab, ob der Datensatz Bindungen enthält, ob also bei den Rangreihen gleiche Messwerte auftreten. Normalerweise wird Kendalls tau$_a$ verwendet, um den Zusammenhang von zwei ordinalskalierten Variablen zu messen, also bspw. Schichtzugehörigkeit und Schulbildung. Man kann diesen Koeffizienten aber auch anders verwenden. Er ist dann eine Alternative zur sogenannten *Kappa-Familie*. Diese Verfahren kann man einsetzen, wenn man wissen möchte, ob Beurteiler in ihrem Urteil übereinstimmen.

? Regula arbeitet über Varietäten. Sie hat dazu u.a. Sprachaufnahmen analysiert, aber auch zwei geschulte Personen um ein Urteil gebeten. Diese beiden Rater haben mit einer Skala bewertet, wie sehr die Sprache von $n = 5$ Probanden dialektal gefärbt ist, also vom Standard abweicht. Stimmen die Rater in ihrem Urteil überein, und ist dies ein signifikanter Zusammenhang auf einem 5%-Niveau?

Zuerst müssen alle Ausprägungen der beiden Variablen (hier also die Bewertungen der Rater) in Ränge umgewandelt werden (Tabelle 11.5). Dann wird eine Variable der Größe nach sortiert. Sie bildet die Ankerreihe x. Wir nehmen dafür den Beurteiler X (Tabelle 11.6).

Tabelle 11.5: Schritt 1

Sprecher	A	B	C	D	E
Beurteiler X	4	5	3	1	2
Beurteiler Y	3	4	1	2	5

Tabelle 11.6: Schritt 2

Sprecher	D	E	C	A	B
Beurteiler X	1	2	3	4	5
Beurteiler Y	2	5	1	3	4

Die zweite Reihe ist die Vergleichsreihe (y). Man vergleicht jetzt nämlich, ob die Rangordnung der ersten Reihe, der Ankerreihe, eingehalten wird. Wäre die Übereinstimmung maximal (positive Korrelation), müssten beide Beurteiler immer die gleichen Personen auf die jeweiligen Plätze gesetzt haben. Die Rater waren sich hier aber offensichtlich nicht einig. Jetzt muss man für jede Person der zweiten Reihe prüfen, ob die Rangzahlen in aufsteigender Ordnung aufeinander folgen. Ist dies der Fall, spricht man von einer *Proversion* und markiert diesen Fall mit einem Pluszeichen. Folgen die Rangwerte dagegen in absteigender Ordnung liegt eine *Inversion* vor, die mit einem Minuszeichen markiert wird. Denken Sie an die Kombinatorik: Bei $n = 5$ können Sie $n \cdot (n-1)/2$ Paare bilden, also $5 \cdot (5-1)/2 = 10$ Paare. Überprüfen wir das einmal und markieren die Proversionen (+) und die Inversionen (–): 2–5 (+), 2–1 (–), 2–3 (+), 2–4 (+), 5–1 (–), 5–3 (–), 5–4 (–), 1–3 (+), 1–4 (+), 3–4 (+). Man muss also in der Vergleichsreihe jeden Wert (jeden Rangplatz) mit jedem Wert vergleichen. Beim Wertepaar (5–1) liegt eine „falsche Reihenfolge" vor, denn 5 ist größer als 1 (Inversion). Das Wertepaar (2–5) ist dagegen ein Beispiel für eine Proversion („richtige Reihenfolge"), denn 2 ist kleiner als 5.

Um den Koeffizienten ermitteln zu können, muss man zunächst die sogenannte **Kendall-Summe (S)** berechnen. Sie ist die Differenz zwischen Pro- und Inversionszahl: **S = P – I**, hier also $6-4 = 2$, denn wir haben sechs Proversionen und vier Inversionen ausgezählt. Der Kendall-Korrelationskoeffizient wird mit der folgenden Formel ermittelt:

$$\tau_a = \frac{S}{\frac{1}{2} \cdot n \cdot (n-1)} \qquad\qquad \tau_a = \frac{2}{\frac{1}{2} \cdot 5 \cdot (5-1)} = 0,2$$

Das S steht hier nicht für die Streuung, sondern für die Kendallsumme. Für Regulas Datensatz bedeutet dies, dass der Koeffizient den Wert 2/10 = 0,2 annimmt. Für die Signifikanzprüfung muss in der Tabelle I der Schwellenwert bei $n = 5$ und $\alpha = 0,05$ (einseitig) abgelesen werden: 8. Da die Kendallsumme kleiner ist (S = 2 < 8), muss Regula die Alternativhypothese verwerfen und die Nullhypothese beibehalten. Die Rater sind sich also in ihren Urteilen nicht einig. Bei einem Stichprobenumfang n > 40, sollten Sie den Wert in einen z-Wert transformieren. Zum Üben setzen wir Regulas Werte ein:

$$z = \frac{|\tau|}{\sqrt{\dfrac{2 \cdot (2 \cdot n + 5)}{9 \cdot n \cdot (n-1)}}} \quad z = \frac{|0,20|}{\sqrt{\dfrac{2 \cdot (2 \cdot 5 + 5)}{9 \cdot 5 \cdot (5-1)}}} = 0,489$$

Auch dieser z-Wert ist nicht signifikant, abgelesen nach der z-Tabelle im Anhang.

11.4.3   Kendalls tau$_b$ und tau$_c$

In Regulas Datensatz ist kein „Problemfall" enthalten – ein *verbundener Rang*. Jeder Messwert kommt nur einmal in der Reihe vor. Wenn man Probanden aber den gleichen Rangplatz zuweisen muss, fallen sie natürlich aus der Größer-Kleiner-Relation heraus. Solche Paarvergleiche können dann nicht mehr verwendet werden, um die konkordanten und diskordanten Paare zu bestimmen, auf denen die Rangkorrelation nach Kendall aufbaut. Die Gesamtzahl der Vergleiche beträgt dann auch nicht mehr $n \cdot (n-1)/2$. Auch für dieses Rangbindungsproblem hat Kendall einen Koeffizienten entwickelt. Neben der Anzahl der konkordanten (C) und der diskordanten (D) Paare berücksichtigt diese Formel auch die jeweiligen Rangbindungen T_x und T_y. Für konkordante Paare gilt: $x_i < x_j$ und $y_i < y_j$ oder auch: $x_i > x_j$ und $y_i > y_j$. Für die diskordanten Paare gilt: $x_i < x_j$ und $y_i > y_j$ oder auch: $x_i > x_j$ und $y_i < y_j$. Kommen zwei gleiche x-Werte vor, werden sie als T_x gezählt: $x_i = x_j$, aber $y_i \neq y_j$. T_y ist entsprechend die Anzahl der Paare, bei denen eine Bindung in der y-Reihe auftritt: $x_i \neq x_j$, aber $y_i = y_j$. Bei T_{xy} gilt: $x_i = x_j$ und $y_i = y_j$.

▶   **Kendalls Tau b**

$$\tau_b = \frac{C - D}{\sqrt{C + D + T_x} \cdot \sqrt{C + D + T_y}} \quad \text{oder auch: } \tau_b = \frac{n_c - n_d}{\sqrt{n_c + n_d + t_x} \cdot \sqrt{n_c + n_d + t_y}}$$

Kendalls tau$_c$, der dritte von Kendall entwickelte Koeffizient, wird eingesetzt, wenn die Daten nicht in einer quadratischen Tabelle vorliegen, also bspw. statt einer 2 x 2-Tabelle (gleiche Anzahl an Zeilen und Spalten) in einer 3 x 2-Tabelle. Dieser Koeffizient kann dann ebenfalls wie Kendalls tau$_b$ einen Wert zwischen –1 und +1 annehmen. Er wird berechnet nach:

▶ **Kendalls Tau c**

$$\tau_c = \frac{2 \cdot m \cdot (C - D)}{(m-1) \cdot n^2} \qquad \text{oder auch:} \qquad \tau_c = \frac{2 \cdot (n_c - n_d)}{n^2 \cdot \dfrac{(m-1)}{m}}$$

In der Praxis werden Sie diesem Korrelationskoeffizienten allerdings nicht sehr oft begegnen.

11.5 Zusammenhangsmaße für Häufigkeitsdaten

Auch wenn Ihre Daten „nur" nominalskaliert sind, können Sie eine Reihe von Zusammenhangsmaßen berechnen. Wir schauen uns beispielhaft den Phi-Koeffizienten (φ), den Kontingenzkoeffizienten (CC) und Cramérs V an.

11.5.1 Vierfelder-Korrelation

- Klassifikation: Verteilungsfrei
- Ziel: Test auf atonen Zusammenhang zweier nominalskalierter Merkmale
- Voraussetzung: Natürlich dichotome Variablen oder ein Dummy
- Nullhypothese: Merkmale sind stochastisch unabhängig
- Prüfgröße/Verteilung: φ / χ^2
- Achtung: Kann nur bei symmetrischen Randverteilungen der Vierfeldertafel die Grenzwerte +1/–1 annehmen (gleiche Häufigkeiten in der Feldern b und c)

Vierfeldertafeln mit den entsprechenden Häufigkeiten a, b, c und d kennen Sie aus dem Kapitel „Auf signifikante Unterschiede testen". Die Variablen müssen dichotom sein, also nur zwei Merkmalsausprägungen haben. Dabei kann es sich um natürlich-dichotome Variablen handeln wie bspw. beim Geschlecht einer Person (männlich/weiblich). Sie können aber auch ordinale und kardinale Variablen „herunterskalieren". Wenn Sie bspw. nicht das Alter als Variable aufnehmen, sondern Ihre Probanden in Kinder und Erwachsene einteilen, arbeiten Sie mit einer künstlich dichotomisierten Variable. Eine solche Variable bezeichnet man als **Dummy-Variable**. Überprüfen wir einmal anhand des Datensatzes von Reni aus dem Kapitel „Auf signifikante Unterschiede testen", ob es einen Zusammenhang gibt zwischen dem Geschlecht (männlich, weiblich) und der Bereitschaft, den Dialekt zu wechseln. Der Vierfelder-Korrelationskoeffizient φ (Phi) wird nach dieser Formel berechnet. Sein Wert liegt zwischen 0 und 1.

▶ **Vierfelder-Korrelationskoeffizient**

$$\varphi = \sqrt{\frac{\chi^2}{n}} \qquad \varphi = \sqrt{\frac{16{,}666}{100}} = 0{,}412$$

Setzen wir Renis Werte ein, errechnen wir einen Koeffizienten von 0,412. In der Tabelle B suchen wir wieder den kritischen Wert bei einem Signifikanzniveau von 1% heraus. Bei einem Vierfeldertest ist $df = 1$, deshalb darf man hier auch einseitig testen. Da Reni erwartet, dass Frauen sprachbewusster sind (gerichtete Hypothese) lesen wir einen kritischen Wert von $\chi^2_{(99,1)}$ bei einer einseitigen Testung von 5,41 ab. Renis empirischer χ^2-Wert ist viel größer (16,666 > 5,41). Sie muss deshalb die Nullhypothese verwerfen. Das Geschlecht spielt also signifikant eine Rolle bei der Frage, ob man sich an eine neue sprachliche Situation anpasst. Dazu scheinen Frauen eher bereit zu sein. Der Zusammenhang ist allerdings nicht sehr groß.

11.5.2   Kontingenz-Koeffizienten: CC und Cramérs V

Neben dem Phi-Koeffizienten gibt es noch zwei andere Maße für den Zusammenhang nominalskalierter Variablen. Beim Phi-Koeffizienten haben wir *zwei* Alternativmerkmale betrachtet. Das lässt sich verallgemeinern auf die Kontingenz (den Zuammenhang) eines *k*-fach mit einem *m*-fach gestuften Merkmals, also einer $k \cdot m$-Tafel. Auch der Kontingenz-Koeffizient (CC) von Pearson (1904) basiert auf dem χ^2-Wert einer Kontingenztafel. Er wird mit dieser Formel berechnet:

▶ **Kontingenzkoeffizient**

$$CC = \sqrt{\frac{\chi^2}{n + \chi^2}}$$

Signifikant wird der CC, wenn auch der dazugehörige χ^2-Wert der Kontingenztafel signifikant ist. Schauen Sie genau auf die Formel: Im Nenner steht ein *n*, das natürlich nicht den Wert Null annehmen kann. Sie können ja keine Untersuchung mit null Probanden durchführen. Deshalb kann auch der CC nicht den Wert +1 annehmen, wenn ein perfekter Zusammenhang vorliegt. Trotz dieses Nachteils wird dieser Kontingenzkoeffizient häufig berechnet.

Das andere Maß, das ich Ihnen kurz vorstellen möchte, teilt diesen Nachteil nicht. Das Assoziationsmaß nach Cramérs, kurz Cramérs V genannt, kann Werte zwischen 0 und 1 annehmen. Dieser Koeffizient wird mit folgender Formel berechnet:

▶ **Cramérs V**

$$V = \sqrt{\frac{\chi^2}{n \cdot (k-1)}}$$

An die Stelle des *k* setzen Sie bitte die kleinere Anzahl der Spalten/Zeilen ein. Liegt also bspw. eine 3 x 5-Tafel vor, ist $k = 3$. Auch hier läuft die Signifikanzprüfung bereits über den χ^2-Wert (also über die Prüfgröße χ^2). Der φ-Koeffizient ist übrigens eine Anwendung von Cramérs V auf dichotome Variablen, bei denen ja $k = 2$ ist (Vierfeldertafel).

11.6 Wann welchen Korrelationskoeffizienten berechnen

Bevor wir uns mit der Regression beschäftigen, fassen wir noch einmal die wichtigsten Informationen in einem Entscheidungsbaum zusammen. Auch hier spielen das Skalenniveau der beteiligten Variablen und die Verteilung eine Rolle:

Normalverteilt und beide Variablen mindestens auf Intervallskalenniveau
▶ Produkt-Moment-Korrelation (Pearson) / Partielle Korrelation

Normalverteilt und Variable 1 intervallskaliert, Variable 2 dichotom (bspw. männlich-weiblich)
▶ Punktbiseriale Korrelation

Keine Normalverteilung und mindestens eine Variable auf Ordinalskalenniveau
▶ Rangkorrelation (Spearman) / Rangkorrelation (Kendalls Tau)

Nur nominalskalierte oder dichotome Variablen
▶ Vierfelderkorrelation (Phi), Kontingenzkoeffizient, Cramérs V

11.7 Regression

Korrelation (*correlation*) und Regression (*regression*) hängen, wie Sie gleich sehen werden, eng zusammen. Die Korrelationsrechnung bestimmt die *Stärke* eines Zusammenhangs. Die Regressionsanalyse ist eine Methode, die *Form* des Zusammenhangs zu ermitteln. Weiß man nämlich, wie Variablen zusammenhängen, kann man mit einer solchen **Funktion** aus den Werten der unabhängigen Variablen (X) die Werte der abhängigen Variablen (Y) schätzen, also *vorhersagen*. Die unabhängige Variable nennt man deshalb auch Prädiktor (praedicare, *lat.*: vorhersagen), Regressor oder erklärende Variable. Für die abhängige Variable gibt es ebenfalls verschiedene Bezeichnungen: Regressand, Kriterium oder auch erklärte Variable.

▶ UV: X, Prädiktor, Regressor, erklärende Variable (*explanatory variable*)
▶ AV: Y, Regressand, Kriterium, erklärte Variable (*response variable*)

Die Begriffe „abhängige" und „unabhängige" Variable werden hier allerdings anders verwendet, als Sie es im Kapitel „Versuchsplanung" gelernt haben. Die Regressionsanalyse gehört zu den sogenannten *strukturprüfenden Verfahren*. Die Unabhängigkeit ist deshalb keine „gegebene Tatsache", sondern lediglich eine Hypothese, deren Gültigkeit man mit der Regression erst überprüfen möchte. Und es gibt noch einen Unterschied: In der Korrelationsanalyse haben wir nicht zwischen UV und AV unterschieden. Ob man das Ergebnis eines Sprachtests mit dem Ergebnis eines Intelligenztests korreliert oder umgekehrt, spielte keine Rolle. Sie überprüfen, ob überhaupt ein Zusammenhang zwischen den Variablen besteht. Das Regressionsmodell unterscheidet dagegen zwischen Prädiktor (UV) und Kriterium (AV). Gesucht wird auch hier der Zusammenhang zwischen X und Y. Allerdings bestimmen Sie mit einer Regressionsanalyse eine eindeutige *Richtung des Zusammenhangs* („Je-Desto-Beziehung").

Variablen können natürlich ganz unterschiedlich zusammenhängen. In der Regressionsanalyse unterscheidet man dabei zwischen sogenannten *linearen* und *nicht-linearen* Zusammenhängen. Schauen Sie noch einmal auf die Abbildung 11.1d in diesem Kapitel. Die abgebildete U-Kurve ist ein Beispiel für einen nicht-linearen Zusammenhang. Wir beschränken uns im Folgenden aber auf die linearen Zusammenhänge, um eine Idee von der Regression zu bekommen. Sie können eine einfache oder eine multiple lineare Regression rechnen. Bei einer einfachen Regressionsanalyse (bivariates Modell) betrachten Sie nur einen Prädiktor (X) und ein Kriterium (Y). Bei einer multiplen Regression nehmen Sie zusätzliche unabhängige Variablen (X_1, X_2 ...) in das Modell auf. Vor allem multiple Regressionen werden in der Regel nicht mehr per Hand gerechnet. Es sind sehr viele Rechenschritte nötig, wobei aber jeder einzelne für sich genommen nicht schwer zu rechnen ist. Deshalb rechnen wir nur ein Beispiel für eine einfache lineare Regression durch. Ich stelle Ihnen aber abschließend zumindest auch die Idee der multiplen Regression vor.

11.7.1   Lineare Regression

Der Name verrät schon, dass eine lineare Regressionsanalyse unterstellt, dass zwischen Regressanden und Regressor(en) eine lineare Beziehung besteht. Linearität bedeutet, dass sich Regressand und Regressor(en) immer nur in *konstanten Relationen* verändern. Das wird auch als **Linearitätsprämisse** bezeichnet. Um wie viel verändert sich also Y, wenn sich X *um eine Einheit* ändert?

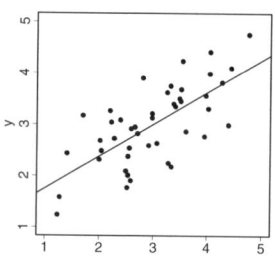

Abb. 11.2: Regressiongerade

Schauen Sie bitte auf die Punktwolke (*scatterplot*) in Abbildung 11.2. Man kann, so wie hier geschehen, durch die Punktwolke eine Gerade ziehen. Bei der linearen Regressionsanalyse wird diejenige Geradengleichung gesucht, die möglichst nah an *allen* Werten, also an allen Punkten, liegt. Der Verlauf der gesuchten Geraden muss sich also der empirischen Punkteverteilung *möglichst gut* anpassen. Leider liegen in der Regel nicht alle Punkte genau auf einer Linie. Das wäre nur bei einer maximalen linearen Korrelation von r = 1 der Fall. Sie streuen, weil vielleicht noch andere, hier nicht betrachtete Einflussgrößen eine Rolle spielen. Dazu gehören natürlich auch Messfehler. Da die Punkte oberhalb und unterhalb dieser Geraden liegen, kommt es zu negativen und positiven Abweichungen, die quadriert werden. Die Summe der quadrierten Abweichungen aller Punkte von dieser Geraden sollte natürlich möglichst klein sein. Das wird als **Kleinstes-Quadrat-Kriterium** (*least-square*) bezeichnet. Dabei addiert man nicht die Abstände der Punkte von der Geraden, sondern der Punkte von der Geraden in *Richtung der y-Achse*. Es sind ja auch die y-Werte, die man vorhersagen möchte.

▶ **Kleinstes-Quadrat-Kriterium**

$$\sum_{i=1}^{n} (y_i - \hat{y}_i)^2 = Minimum$$

 Bei der Regressionsanalyse ist es wichtig, welche der beiden Variablen die abhängige ist. Sie wird immer auf der Ordinate (y-Achse) aufgetragen.

Gesucht wird also eine Gerade der Form: Y = b · X + a, eine Regressionsfunktion. Sie wird manchmal auch auf diese Weise dargestellt: Y = b₀ + b₁· X. Lassen Sie sich davon nicht verwirren. Aus Ihrer Schulzeit wissen Sie vielleicht noch, dass eine solche Geradengleichung zwei Parameter enthält. Mit dem Parameter b bezeichnen wir hier die Neigung, also die Steigung der Geraden (*slope*). Er wird oft auch als **Regressionskoeffizient** (*regression coefficient*) bezeichnet. Das Vorzeichen von b hängt vom dazugehörigen Korrelationskoeffizienten ab. Ist die Korrelation positiv, ist auch b positiv. Bei negativer Korrelation nimmt b einen negativen Wert an. Der zweite Parameter a gibt an, wie groß *y* wird, wenn *x* den Wert Null annimmt. An diesem Punkt schneidet die Regressionsgerade die y-Achse. Das kennen Sie vielleicht noch unter dem Begriff „konstantes Glied". Das ist die sogenannte **Regressionskonstante** (*intercept*). In der Regel werden Ihre Daten aber aus den bereits genannten Gründen nicht genau auf einer Geraden liegen. Das Modell der linearen Regression wird deshalb noch um einen Term, den sogenannten *Störterm* e, ergänzt: Y = b · X + a + e.

Wie geht man vor, wenn man eine einfache lineare Regression (*simple linear regression*) rechnen möchte (also eine abhängige, eine erklärende Variable)? Im Grunde muss man zwei Probleme lösen: Zum einen gilt es, den Zusammenhang zwischen Regressand und Regressor zu ermitteln, also auf der Basis der Stichprobenwerte den Regressionskoeffizienten und die Regressionskonstante zu berechnen. Das zweite Problem betrifft das Schließen auf die Grundgesamtheit. Man muss prüfen, ob dieser Zusammenhang nicht nur in der Stichprobe, sondern auch in der Grundgesamtheit vorliegt. Man schätzt ihn, und verwendet dazu den ermittelten Zusammenhang in der Stichprobe. Auch das ist mittlerweile kein Neuland mehr für Sie. Man kann natürlich auch berechnen, wie sehr man sich *verschätzt*, wenn man aufgrund der X-Werte die Y-Werte vorhersagt. Die gesuchte Geradengleichung kann man aus den Kennwerten ermitteln, die man bereits bei der Korrelation berechnet hat: den beiden Mittelwerten, der Streuung und der Kovarianz. Nehmen wir einmal Monikas Daten, mit der wir eine Produkt-Moment-Korrelation berechnet haben (vgl. Tabelle 11.2). Um die Steigung b (den Regressionskoeffizienten) ermitteln zu können, verwenden wir einen Quotienten, nämlich den aus der Kovarianz der beiden Merkmale *x* und *y* und der Varianz des Merkmals *x*:

$$b = r_{xy} \cdot \frac{s_y}{s_x} = \frac{s_{xy}}{s_x^2} = \frac{Kovarianz_{xy}}{Varianz_x}$$

Setzen wir einmal die Werte aus Monikas Datensatz ein:

$$b = \frac{s_{xy}}{s_x^2} = \frac{Kovarianz_{xy}}{Varianz_x} = \frac{63,173}{37,910} = 1,666$$

Den Geradenpunkt auf der Ordinate, also der y-Achse, ermittelt man mit:

$$a = \bar{y} - b \cdot \bar{x}$$

Eingesetzt ergibt sich ein Wert von 67,2116, berechnet nach: a = 107,0769–1,66 · 23,9231 = 67,2116

Die Gleichung für die Regressionsgerade lautet entsprechend:

$$\hat{Y} = 1,66 \cdot x + 67,2116$$

Die geschätzten Werte für Y („Y Dach") erhält man also, indem man in die Regressionsgleichung die Werte des Y-Abschnittes und der Steigung einsetzt und für jeden empirischen Wert X den dazugehörigen *geschätzten* Y-Wert berechnet. Die geschätzten Werte, also die Werte auf der Regressionsgeraden, werden oft mit einem Dach (^) gekennzeichnet. Schauen Sie einmal auf die Abbildung 11.3 weiter unten. Wenn Sie dort vom Wert x_i bis zur Geraden gehen, können Sie auf der y-Achse den entsprechenden Wert ablesen. Wenn wir bspw. als x-Wert das Lückentestergebnis 25 einsetzen, schätzen wir einen y-Wert (Intelligenztestergebnis für diese Person) von 108,71. Das wäre aber in diesem Fall nur dann sinnvoll, wenn man der Auffassung ist, dass sich mit den sprachlichen Fähigkeiten auch tatsächlich das Intelligenzniveau vorhersagen lässt („Je eloquenter, desto klüger"). Oder auch umgekehrt, wenn man AV und UV andersherum zuordnet. Sie brauchen also für eine Regression ein gutes theoretisches Modell.

Der Regressionskoeffizient gibt an, um wie viele Einheiten sich Y schätzungsweise im Durchschnitt verändert, wenn sich X um eine Einheit verändert. Dabei spielen natürlich auch die Maßeinheiten von X und Y eine Rolle. Solche unstandardisierten Koeffizienten kann man nicht miteinander vergleichen, wenn bspw. zwei UV mit unterschiedlichen Maßeinheiten gemessen wurden. Ähnlich wie beim Korrelationskoeffizienten, braucht man deshalb einen **standardisierten Regressionskoeffizienten**. Er wird mit **Beta** (β) bezeichnet, nimmt einen Wert zwischen –1 und +1 an und wird mit der folgenden Formel berechnet, in die wir gleich einmal Monikas Daten einsetzen:

▶ **Standardisierter Regressionskoeffizient β**

$$\beta = b \cdot \frac{s_x}{s_y} \qquad\qquad \beta = 1,666 \cdot \frac{6,1571}{13,4750} = 0,761$$

Dieser Wert sollte Ihnen verdächtig bekannt vorkommen. Bei z-standardisierten Variablen ist die Steigung der Geraden nämlich nichts anderes als die errechnete Korrelation zwischen den beiden Variablen, hier also zwischen Lückentest und Intelligenz.

Entscheidend ist aber, wie gut das lineare Modell die Daten beschreibt. Wie gut bzw. wie exakt sind also die Vorhersagen, die es macht? Die Vorhersagen beziehen sich auf die Unterschiede zwischen den Probanden auf der Y-Variablen. Man muss also wissen, wie die einzelnen Punktwerte im Durchschnitt von der Regressionsgeraden abweichen. Dafür wurden zwei Gütemaße entwickelt: der Determinationskoeffizient und der Schätzfehler. Berechnen wir einmal beide Gütemaße:

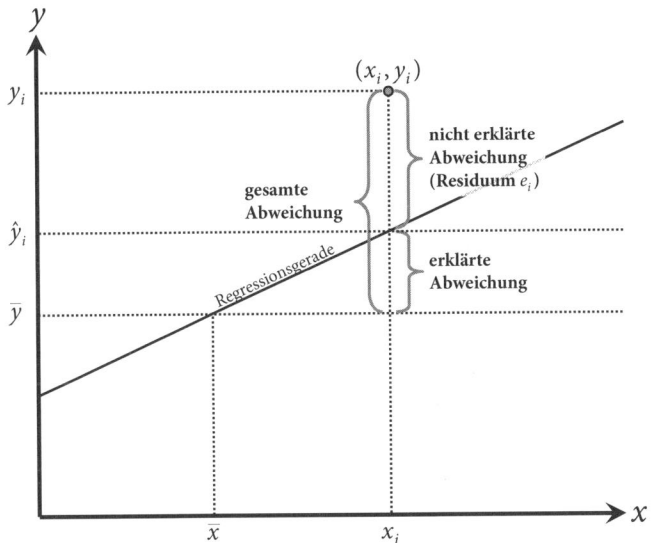

Abb.: 11.3: Abweichungen

Sie kennen bereits die Varianz als ein Maß für die Streuung. In der Regressionsanalyse wird die Gesamtvarianz in zwei Komponenten zerlegt: in die Regressionsvarianz und in die Fehlervarianz. Die Regressionsvarianz (s_y^2) ist die Varianz der Kriteriumsvariablen Y. Sie kann mit der Regressionsrechnung vorhergesagt werden. Sie ist nämlich die Differenz zwischen dem tatsächlichen Wert (in der Population) und dem Mittelwert: $(\hat{y}_i - \bar{y})$. Es gibt aber auch eine Varianz, die *nicht* vorhergesagt werden kann. Das ist die sogenannte Fehlervarianz (s_e^2). Sie basiert auf den Differenzen zwischen den tatsächlichen und den vorhergesagten Werten $(y_i - \hat{y}_i)$, also den Residuen e. Das veranschaulicht die Abbildung 11.3. Eingetragen sind die beiden Stichprobenmittelwerte und das Testergebnis einer einzigen Person als Punkt (x_i/y_i). Normalerweise läge um ja die Regressionsgerade herum eine Punktwolke. Der besseren Übersichtlichkeit wegen wurden aber hier einmal alle anderen Einzelwerte der Teilnehmer weggelassen. Das Bestimmtheitsmaß R², das auch als **Determinationskoeffizient** (*coefficient of determination*) bezeichnet wird, ist der Quotient aus Regressionsvarianz und Gesamtvarianz. Man kann ihn sehr leicht berechnen. Es ist der quadrierte Korrelationskoeffizient. In Monikas Datensatz ist $r^2 = 0{,}761^2 = 0{,}579$. Bei einem perfekten Zusammenhang würde er den Wert 1 annehmen. In diesem Fall lägen alle Messwerte auf der Regressionsgeraden und würden alle korrekt vorhergesagt. Die Regressionsvarianz ist dann die Gesamtvarianz. Die Fehlervarianz ist dann gleich Null.

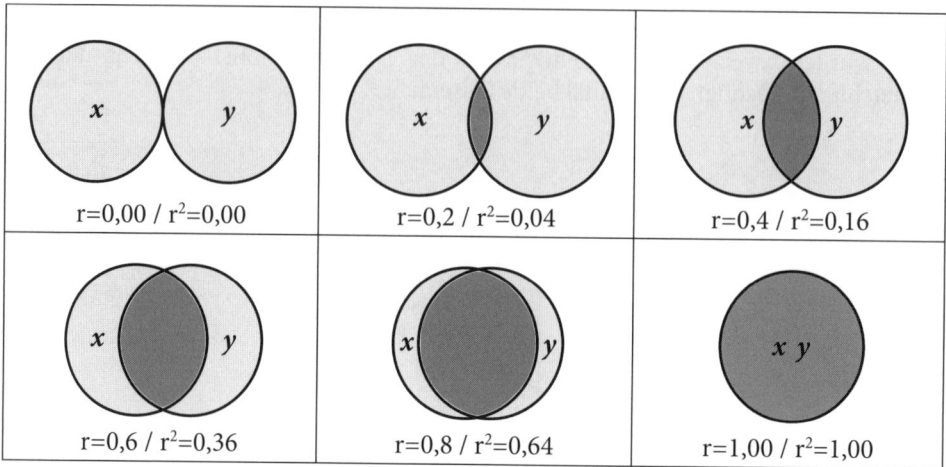

Abb. 11.4: Zusammenhang zwischen r und r²

Bei einem Bestimmtheitsmaß von 0,579 kann Monika also etwa 58% der Varianz der Punktwerte im Intelligenztest aus den Ergebnissen des Lückentests vorhersagen – und umgekehrt. Diesen Zusammenhang verdeutlicht die Abbildung 11.4.

Die Fehlervarianz ist ein Maß für die Vorhersagefehler. Aufgrund der Quadrierungen ist sie allerdings nicht einfach zu interpretieren. Deshalb zieht man die Wurzel und erhält den Standardschätzfehler s_e:

▶ **Standardschätzfehler**

$$s_e = \sqrt{\frac{\frac{1}{n}\sum_{i=1}^{n} e_i^2}{n-k}}$$ wobei: k = Anzahl der unabhängigen Variablen

In Monikas Fall würde also im Nenner $n-1$ stehen. Je größer der Betrag dieses geschätzten durchschnittlichen Residuums ist, desto schlechter beschreibt die Gerade durch die Punktwolke die Daten. Man kann es sich etwas einfacher machen, wenn man die folgende Formel verwendet und die Korrelation zwischen Prädiktor und Kriterium nutzt:

$$s_e = s_y \cdot \sqrt{1-r^2}$$ $$s_e = 13,47505 \cdot \sqrt{1-0,579} = 8,7432$$

Die tatsächlichen Punktwerte im Intelligenztest weichen also durchschnittlich um 8,74 Punkte von den vorhergesagten ab. Der Standardschätzfehler fällt allerdings etwas größer aus, weil er durch die Quadrierungen große Abweichungen stärker gewichtet als kleine. Jetzt müssen wir noch das R² und die einzelnen Regressionskoeffizienten auf

Signifikanz prüfen. Ist also das R^2 durch den Zusammenhang der Daten oder nur zufällig entstanden (Nullhypothese: $R^2 = 0$ bzw. alle Steigungskoeffizienten $= 0$ ($b_1 = b_2 = \ldots = 0$))? Dazu verwendet man den globalen **F-Test** und vergleicht den ermittelten mit dem theoretischen Wert in der Tabelle der F-Verteilung mit $df_1 = k$ (k: Anzahl der Koeffizienten) im Zähler und $df_2 = n-1-k$ im Nenner. Ist $F_{krit} \geq F_{emp}$ gilt die H_0 (d.h: zufälliger Zusammenhang). Beim F-Test setzen Sie die Abweichung der Mittelwerte von der Regressionsgeraden ins Verhältnis zur Abweichung der y-Werte von ihrem Gruppenmittelwert. Beim Vorliegen einer linearen Regression dürfen die Abweichungen von der Regressionsgeraden nicht zu groß ausfallen.

$$F = \frac{\dfrac{r^2}{k}}{\dfrac{(1-r)^2}{(n-k-1)}}$$

Die zweite Signifikanzprüfung bezieht sich auf die Regressionskoeffizienten. Sie überprüft die Nullhypothese, dass die Regressoren keinen Einfluss auf das Kriterium haben. Hier verwendet man am besten den **t-Test**. Den t-Wert ermittelt man, indem man den Wert des jeweiligen geschätzten Regressionskoeffizienten durch seinen geschätzten Standardfehler dividiert. Diesen empirischen t-Wert vergleicht man wieder mit dem dazugehörigen kritischen t-Wert bei $df = n-2$. Bei $t_{krit} \leq |t_{emp}|$ müssen Sie die Nullhypothese verwerfen und stattdessen davon ausgehen, dass die Regressoren das Kriterium beeinflussen. Damit prüfen Sie allerdings nur, ob überhaupt ein Zusammenhang in der Population besteht. Zusätzlich sollte man deshalb auch das Konfidenzintervall des Regressionskoeffizienten ermitteln. Damit wissen Sie dann auch, um *wie viel* der Betrag des Koeffizienten der Stichprobe vom Betrag des Koeffizienten der Grundgesamtheit abweichen kann.

11.7.2 Multiple Regression

Wir haben mit unserem Beispiel nur eine einfache lineare Regression gerechnet, also nur einen Regressor (Ergebnis im Lückentest) und seine Wirkung auf das Kriterium (Ergebnis im Intelligenztest) betrachtet. Sie können aber auch die Abhängigkeit einer abhängigen Variablen von *mehreren* unabhängigen Variablen mit einer sogenannten *multiplen* linearen Regression analysieren. Das Konzept und auch das Vorgehen sind fast identisch, es eröffnen sich Ihnen aber viele zusätzliche Möglichkeiten. So können Sie bspw. auch ermitteln, wie *hoch* der Beitrag der *einzelnen* Variablen ist. Ihre Variablen sollten auch hier intervallskaliert sein. Es ist aber auch zulässig, eine dichotome nominalskalierte Variable quasi als eine metrische Variable zu behandeln, was den Einsatzbereich dieser Methode in der Linguistik wesentlich erweitert. Auch bei der multiplen linearen Regressionsanalyse geht es darum, die Regressionskoeffizienten (b_1 bis b_n) und die Konstante a zu schätzen, hier allerdings nicht nur für eine, sondern für n unabhängige Variablen (x_1 bis x_n). Solche Analysen sind zwar nicht schwierig zu rechnen, aber leider sehr rechenaufwändig. Sie werden deshalb normalerweise nicht mehr per Hand gerechnet. Ich beschränke mich deshalb darauf, die Idee der einfachen und der multiplen Regression grafisch mit einem Pfeil- und einem Venn-Diagramm zu veranschaulichen. Sie können übrigens für den Determinationskoeffizienten einen Groß- oder einen Kleinbuchstaben wählen (also r^2 oder R^2).

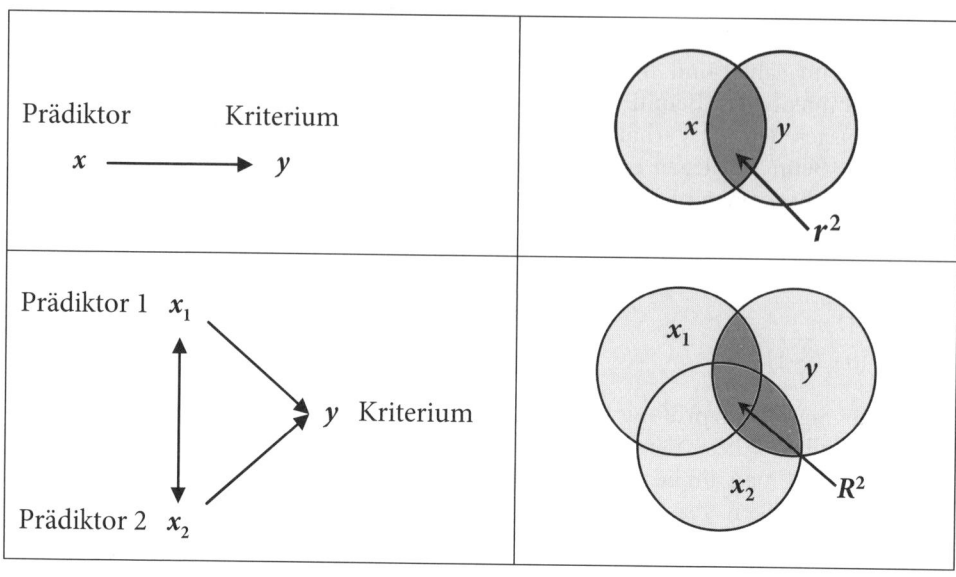

Abb. 11.5: Unterschied zwischen einfacher und multipler Regression

Bevor wir das Kapitel „Auf signifikante Zusammenhänge testen" abschließen können, möchte ich Ihnen abschließend noch die Voraussetzungen und den Ablauf einer Regressionsanalyse verdeutlichen. Bei der Fülle der Informationen ist es hier nicht leicht, den Überblick zu behalten.

Voraussetzungen einfache und multiple lineare Regression

- Verteilung: Normalverteilung
- Prädiktor(en): Intervall- oder dichotom nominalskaliert (Dummy)
- Kriterium: Intervallskaliert
- Einzelwerte sind voneinander unabhängig zustande gekommen; Regressoren sind unabhängig
- Linearer Zusammenhang
- Streuung der y-Werte, die zu einem x-Wert gehören muss über den ganzen Wertebereich von x homogen sein (**Homoskedazität**)
- *Zusätzlich bei der multiplen Regression*: Keine **Multikollinearität**, d.h. kein starker linearer Zusammenhang zwischen den einzelnen Prädiktoren. Das wäre je nach Modell bereits bei Korrelationswerten zwischen 0,60 und 0,80 der Fall. In der Praxis besteht natürlich immer ein gewisser Zusammenhang zwischen den Variablen, die Sie betrachten. Eine Verletzung dieses Kriteriums führt zu ungenauen Schätzungen der Regressionskoeffizienten. Bei perfekter Multikollinearität können Sie keine Regression rechnen.

Ablauf

- Modell formulieren (Prädiktoren auswählen auf der Basis von theoretischen Annahmen; Streudiagramm analysieren; eventuell noch die Anzahl der Prädiktoren reduzieren)
- Regressionsfunktion schätzen (Methode der kleinsten Quadrate)
- Regressionsfunktion prüfen (R^2: F-Statistik)
- Regressionskoeffizienten prüfen (Beta-Werte: t-Statistik)
- Modellannahmen prüfen (Sind alle Voraussetzungen erfüllt wie bspw. Normalverteilung, Homogenität usw.?), danach Interpretation.

Sie haben jetzt mit den verschiedenen Korrelationskoeffizienten und der Regression eine Reihe von Möglichkeiten kennengelernt, auf signifikante Zusammenhänge zu testen. Zusammen mit den Verfahren aus den Kapiteln 9 und 10, mit denen Sie Unterschiede nachweisen können, ist das schon ein recht guter Grundstock an Methoden. Vielleicht fühlen Sie sich jetzt aber auch von der Fülle der Verfahren regelrecht erschlagen. Im nächsten Kapitel geht es deshalb darum, wann man welches Verfahren wählen sollte. Der Nebeneffekt: Wir ordnen die Verfahren noch einmal in ein System ein und verschaffen uns auf diese Weise einen abschließenden Überblick.

Zusammenhang Kovarianz und Korrelation

Produkt-Moment-Korrelation

Biseriale Korrelation und Partialkorrelation

Rangkorrelation nach Spearman und nach Kendall

Phi-Koeffizient, Kontigenzkoeffizient und Cramérs V

Zusammenhang Korrelation und Kausalität

Einfache lineare Regression

Idee der multiplen Korrelation

Umfassende Einführungen sind die Lehrbücher von Backhaus et al. (2008) und Backhaus et al. (2011) sowie Eid et al. (2010). Auf typische Fehler und Fallen weist Stelzl (1982) hin. Anwendungsorientiert ist Cohen et al. (2003).

1. Was charakterisiert die Regressionsgerade?
2. Was bezeichnen b und β, und wodurch unterscheiden sie sich?
3. Wie hängen bei einer einfachen linearen Regression Beta und r zusammen?
4. Sicher kennen Sie auch solche Schlagzeilen: „Kreative haben mehr Sex“ oder auch „Rauchen macht dümmer“. Diskutieren Sie anhand der Schlagzeile „Ab Schuhgröße 42 wird weniger gelesen“ den Zusammenhang von Schuhgröße und Leseverhalten.
5. In einer Untersuchung wurde eine Korrelation von r = .60 gefunden, cov_{xy} = 6 und s_y = 2,3. Was können Sie über s_x aussagen?
6. Gerwin möchte wissen, ob das Geschlecht einen Einfluss auf die Satzlänge hat. Er ermittelt in verschiedenen Seminarsituationen die Satzlänge in einem 20-minütigen Referat bei Teilnehmern und Teilnehmerinnen. Wie kann er den Zusammenhang bestimmen, wenn er von Normalverteilung ausgehen kann?

12 Wann welches Verfahren wählen

Das folgende Schema soll Sie dabei unterstützen, das richtige Verfahren für Ihre Daten zu finden. Denken Sie bitte beim Lesen daran, dass es sich dabei um eine relativ grobe Einteilung handelt. Bei Ihrer Entscheidung sollten Sie deshalb zusätzliche Faktoren berücksichtigen. Die wichtigsten sind: Auf welcher theoretischen Basis bewegen Sie sich mit Ihrer Untersuchung? Arbeiten Sie also über ein bereits gut erforschtes Gebiet oder eher nicht? Welche Hypothesen möchten Sie testen? Wie sehen Ihre Ressourcen und Ihre Vorstellungen aus (Zeit, möglicher Stichprobenumfang, angestrebte Genauigkeit der Schätzungen etc.)? Und welche zusätzlichen (mathematischen) Bedingungen müssen bei der Anwendung eines bestimmten Verfahrens erfüllt sein?

Einige der Verfahren, die ich Ihnen im Folgenden vorschlage, kennen Sie noch nicht. Sie sind nicht im Buch enthalten, weil ihre Darstellung den zulässigen Umfang einer *Einführung* in die Statistik gesprengt hätte. Ist Ihr Wunschkandidat auf dieser Liste, schauen Sie bitte in der weiterführenden Literatur am Ende des Kapitels nach. Sie verfügen mittlerweile über eine solide Basis und sollten deshalb versuchen, sich selbständig in neue Verfahren einzuarbeiten. Die im Buch besprochenen Verfahren sind dagegen entsprechend mt einem kleinen Dreieck hervorgehoben: ▶.

Was ist Ihre Zielsetzung?

Haben Sie bereits Hypothesen formuliert, die Sie testen möchten, oder sind Sie noch auf der Suche?

➤ Ich möchte zunächst Hypothesen entdecken und formulieren.

Hier stehen Ihnen mehrere Wege offen. Angenommen, Sie haben viele Variablen betrachtet und auf *Zusammenhänge* getestet. Ihre Daten liegen als Korrelationsmatrix vor. Eine Struktur können Sie aber bei der Vielzahl der Korrelationen nicht erkennen? Dann können Sie mit einer sogenannten exploratorischen **Faktorenanalyse** die Variablen bündeln und damit die Anzahl der Variablen reduzieren (*Datenreduktion*). Mit dieser Variante der Faktorenanalyse versucht man, eine größere Anzahl von Variablen auf das Wirken einer kleinen Anzahl von abstrakten oder auch abgeleiteten Faktoren zurückzuführen. Daher auch der Name. Mit dieser reduzierten Anzahl von Variablen kann man dann weiterarbeiten und diese genauer untersuchen. Ein Beispiel aus der Soziolinguistik: Bei einer Untersuchung zur Sprachvariation werden die vielen ermittelten Teilindizes (wie etwa „Qualität der Langvokale") auf eine Anzahl weniger unabhängiger Faktoren reduziert, also bspw. auf „Lautqualität". Die Faktorenanalyse wird auch in der Korpuslinguistik sehr häufig eingesetzt, um die vielen Auszählungen von Textmerkmalen (Satzlänge, Nominalisierungen, Tempusmarkierung etc.) auf wenige Faktoren zurückführen zu können. Was der ermittelte Faktor dann aber *inhaltlich* repräsentiert, verrät Ihnen diese quantitative Analyse nicht. Sie liefert nur Informationen darüber, welche der untersuchten Variablen sich wie am besten gruppieren lassen und wie sehr jeweils eine einzelne Variable zu dem so gebildeten Faktor beiträgt (*Faktorladung*).

Manchmal ist es auch sinnvoll, in *Häufigkeiten* nach sogenannten *Clustern* zu suchen. Mit den **Clusteranalysen** (Oberbegriff für verschiedene Varianten) können Sie Fälle in einem Cluster (einem Haufen) zusammenfassen und dadurch eine Struktur entdecken (*Objektbündelung*). Als Fälle kommen dabei nicht nur Objekte und Personen, sondern auch Variablen infrage. Das Ordnungskriterium ist die *Ähnlichkeit*. In einem Cluster sind sich die Objekte also möglichst ähnlich (Homogenität). Die einzelnen Cluster wiederum sollten sich möglichst deutlich voneinander unterscheiden (Heterogenität). In der Linguistik wird dieses Verfahren häufiger in der Computer- und Korpuslinguistik, aber auch in der Soziolinguistik eingesetzt (bspw. zur Analyse von Wortbedeutungen, Textmerkmalen oder auch von Varietäten).

Auch bei der **Answer-Tree-Methode**, der Baumanalyse, geht es wie bei der Clusteranalyse um eine Gruppierung in Teilpopulationen (Segmente), die sich möglichst ähnlich sind, sich aber voneinander deutlich unterscheiden. Der Unterschied zur Clusteranalyse: Als Ergebnis erhalten Sie einen *Entscheidungsbaum*, der die betrachteten Variablen auch nach ihrer Relevanz ordnet. Der oberste Knoten im Baum ist am „wichtigsten" für Ihre Fragestellung. Man kann auf diese Weise bspw. herausfinden, welche Merkmale (Alter, Geschlecht oder Beruf) sich besonders auf die Einstellung zu Sprachgemeinschaften auswirken oder ob bestimmte soziale Gruppen eine höhere Bereitschaft aufweisen, Kinder mehrsprachig aufwachsen zu lassen. Die Baumanalyse wird auch eingesetzt, um verborgene Muster in Sprachatlasdaten aufzudecken (Erstellung von Sprachkarten) oder um in der klinischen Linguistik die Trennschärfe von Testverfahren (Testbatterie) zu optimieren, also die aus diagnostischer Sicht beste Kombination zu finden.

➢ Ich habe bereits Hypothesen formuliert, die ich jetzt testen möchte.

Überprüfen Sie bitte:

→ Wie viele Variablen haben Sie betrachtet: Nur zwei oder mehr als zwei?
→ Wie viele Stufen haben die Variablen: genau 2 oder mehr als 2?
→ Auf welchem Skalenniveau haben Sie gemessen (UV und AV)?
→ Sind Ihre Stichproben unabhängig oder abhängig?
→ Liegt Normalverteilung vor: ja oder nein? (Stichprobenumfang beachten)
→ Ist ein Zusammenhang gerichtet oder ungerichtet?

Möchten Sie auf Unterschiede oder auf Zusammenhänge testen?

➢ Ich möchte auf Unterschiede testen.

Hier können Sie Häufigkeiten, Varianzen oder Maße der zentralen Tendenz (Median oder Mittelwert) betrachten. Bedenken Sie, dass Sie nicht nur zwei Stichproben miteinander vergleichen können. Sie können auch analysieren, ob die Werte *einer* Stichprobe von einer *theoretischen* Verteilung (bspw. von der Normalverteilung) abweichen.

Wenn Sie eine empirische mit einer theoretischen *Häufigkeitsverteilung* vergleichen möchten, sind Sie bei der ▶ **Chi-Quadrat**-Familie gut aufgehoben. Eine Reihe alternativer Verfahren auch für sehr kleine Stichproben finden Sie in Bortz & Lienert (2008) und Bortz et al. (2008) beschrieben Mit einem Chi-Quadrat-Test können Sie auch überprüfen, ob Ihre Daten einer bestimmten Verteilung entsprechen und die Häufigkeiten von mehr als zwei Variablen miteinander vergleichen. Achten Sie aber darauf, dass in diesem Fall die Felder (die Zellen) ausreichend besetzt sind, und verwenden Sie immer die Rohdaten.

Sehr oft geht es aber um Unterschiede in der *zentralen Tendenz* zwischen Stichproben. Hier haben Sie viele Verfahren kennengelernt. Wie viele Stichproben wollen Sie miteinander vergleichen? Sind es nur *zwei* Gruppen (UV: zwei Stufen), müssen Sie als nächstes auf das Messniveau Ihrer Variablen schauen. Bei Intervallskalierung ist der ▶ **t-Test** eine gute Wahl, den Sie in zwei Varianten kennengelernt haben (unabhängig, abhängig). Bevor Sie ihn rechnen können, müssen Sie aber noch auf Varianzhomogenität testen. Sind Ihre Daten ordinalskaliert, ersetzen Sie den unabhängigen t-Test durch den ▶ **U-Test**, den abhängigen t-Test durch den ▶ **Wilcoxon-Test**. Das gilt auch, wenn Sie zwar intervallskalierte Daten erhoben haben, aber nur sehr wenige Messwerte vorliegen (also keine Normalverteilung). Dann sollten Sie besser mit einem verteilungsfreien Verfahren arbeiten.

Wenn Sie *mehr als zwei Gruppen* (UV: mehr als zwei Stufen) betrachten wollen, sind alle diese Verfahren keine gute Wahl. Hier beginnt das Reich der ▶ **Varianzanalysen**. Hier haben Sie parametrische und verteilungsfreie Varianten kennengelernt. Bei Normalverteilung und einer intervallskalierten AV können Sie eine einfaktorielle Varianzanalyse rechnen. Sind Ihre Stichproben abhängig, wird daraus eine einfaktorielle ANOVA mit Messwiederholung. Die verteilungsfreien Gegenstücke sind die beiden Rangvarianzanalysen: ▶ **H-Test** (unabhängige Stichproben) und ▶ **Friedman-Test** (abhängige Stichproben). Bezüglich der mehrfaktoriellen und der multivariaten ANOVA verweise ich Sie auf die Literaturempfehlungen.

> **Ich möchte auf Zusammenhänge testen.**

Interessiert Sie eher die Stärke (Wie sehr?) oder die Form (Auf welche Art und Weise?) des Zusammenhanges? Um die *Form* des Zusammenhangs überprüfen zu können, kommt die ▶ **Regression** infrage. Mit ihr prüfen Sie einen *gerichteten Zusammenhang*. Dabei können Sie auch mehrere Variablen betrachten (multiple Regression). Wichtig: Sie müssen festlegen können, was UV und was AV ist. Ihre Daten sollten normalverteilt sein. Die AV muss mindestens intervallskaliert sein, die UV kann aber auch dichotom sein (bspw. ein Dummy mit zwei Ausprägungen).

Um einen *ungerichteten Zusammenhang* testen zu können, stehen Ihnen verschiedene *korrelative* Verfahren offen. Schauen Sie auch hier auf das Messniveau Ihrer Variablen. Haben Sie Ihre Daten auf *Nominalskalenniveau* gemessen, kommen folgende Kennwerte in Frage: ▶ **Phi** (bei dichotomen Variablen, d.h. nur zwei Ausprägungen (männlich/weiblich)), bei polytomen Variablen (mehr als zwei Ausprägungen) auch der ▶ **Cramérs Index** und der ▶ **Kontingenzkoeffizient.** Für *ordinalskalierte* Daten (Rangreihe) haben Sie die ▶ **Spearman Rangkorrelation** und ▶ **Kendalls Tau** kennen-

gelernt. Alle diese Verfahren sind verteilungsfrei. Bei einigen müssen allerdings Zu-
satzbedingungen erfüllt sein. Schauen Sie bitte im Buch unter dem entsprechenden
Verfahren Ihrer Wahl nach. Für mindestens *intervallskalierte* Daten können Sie den
„Klassiker" rechnen: die ▸ **Produkt-Moment-Korrelation**. Da sie zu den parametri-
schen Verfahren zählt, wird hier allerdings auch eine Normalverteilung vorausgesetzt.
Wenn Sie eigentlich intervallskalierte Daten erhoben haben, aber nur eine sehr kleine
Stichprobe gezogen haben, sollten Sie besser die erwähnten verteilungsfreien Verfahren
einsetzen.

Alle diese Verfahren stellen nur einen kleinen Ausschnitt aus der Fülle der Möglichkeiten dar. Es gibt eine ganze Reihe zusätzlicher Verfahren, mit denen Sie auf Zusammenhänge bei *mehr als zwei* Variablen testen oder auch gerichtete Vorhersagen
prüfen können. Dazu gehören die **log-linearen Modelle** und die **Diskriminanzanalyse**.
Diese Verfahren der multivariaten Zusammenhangsanalyse können Sie auch auf Nominalskalenniveau einsetzen, was sie für linguistische Fragestellungen interessant
macht. Mit ihnen können Sie bspw. überprüfen, ob der Zusammenhang zwischen zwei
Variablen vielleicht durch eine dritte beeinflusst wird. Mit **Pfadanalysen** und **Struk-
turgleichungsmodellen** können Sie kausale Modelle testen. Damit können Sie auch
sehr komplexe (direkte und indirekte) Einflüsse zwischen Variablen quantifizieren
oder beschreiben, wie sich diese Beziehungen im Laufe der Zeit vielleicht verändern.
Außerdem möchte man diese Beziehungen möglichst messfehlerfrei testen. Als ersten
Einstieg in alle diese Verfahren, die über eine „Einführung in die Statistik" hinausge-
hen, empfehle ich Ihnen, das über 1000 Seiten starke Buch von Eid et al. (2010) zu kon-
sultieren. Abschließend möchte ich Ihnen noch einige weitere Literaturhinweise mit
auf den Weg geben. Sie verweisen auf spezielle Literatur zu einzelnen Bereichen.

📖

Eine gute Einführung in die multivariate Statistik ist Backhaus et al. (2008) und Backhaus et al. (2011). Dort finden Sie viele Verfahren dargestellt: die **Faktoren-** und die
Clusteranalyse, aber auch die **Diskriminanzanalyse**, ein strukturprüfendes Verfahren,
mit dem Sie auf Gruppenunterschiede testen können. Auch wenn Sie sich für Längs-
schnittstudien interessieren (Spracherwerb), werden Sie dort im Kapitel **Zeitreihen-
analyse** fündig werden. Blom & Unsworth (2010) ist eine Zusammenstellung experimenteller Methoden für den **Spracherwerb** (L1 und L2, normal und pathologisch). In
den Bereich „L2-Erwerb" führen die Publikationen von Gass & Mackey (2007), Larson-
Hall (2010) und Mackey & Gass (2005) ein. Sie finden darin auch eine Beschreibung
vieler experimenteller Paradigmen. Wer eine **korpuslinguistische Fragestellung** bearbeiten möchte und sich damit vom Datenumfang her in einer anderen Liga bewegt,
sollte zunächst einen Blick in zwei Handbücher werfen: Lüdeling & Kytö (2008, Vol. 1
und 2) und O'Koffee & McCarthy (2010), in denen viele Aspekte thematisiert werden,
bspw. auch die Frage nach der Nicht-Normalverteilung sprachlicher Daten. Empfehlenswert ist auch der „Klassiker" von McEnery & Wilson (2001). Für **Soziolinguisten**
ist das Buch von Paolillo (2002) eine Fundgrube, allerdings sollte man sich für mathematische Verfahren interessieren.

Auf die Darstellung der Methode **Befragung/Interview/Test** habe ich aus Platzgründen verzichtet. Wer damit arbeiten möchte, kann auf eine Fülle an speziellen Lehrbüchern und Einführungen zurückgreifen, wenn man sich in der Soziologie und Psychologie umschaut und die Methode an die eigene Fragestellung anpasst. Ich empfehle Ihnen als ersten Einstieg Alvesson (2011: für qualitative Interviews), Kirchhoff et al. (2010) und Mayer (2008). Wie für das Web-Experiment, gibt es mittlerweile auch Publikationen zur Technik der *Online-Befragung*. Eine solche Einführung in die Methodologie und Praxis ist Jakob et al. (2009). Als Klassiker der Testtheorie gilt Lienert (1998), empfehlenswert ist bspw. auch Moosbrugger & Kelava (2007).

13 Rechnen mit Programmpaketen

Lernziele Auswahl einer unterstützenden Software; Überblick über SPSS und R; erste Schritte (Dateneingabe und Auswertung mit dem t-Test)

Das gute, alte Rechnen „per Hand" ist meiner Erfahrung nach unverzichtbar. Es ist für viele immer noch der denkbar beste Einstieg in die Welt der Statistik. Es hilft, ein Verfahren richtig zu verstehen und seine Anwendungsbedingungen kennen zu lernen. Es macht Sie aber auch unabhängig von Software. Gerade in der Linguistik wird oft mit sehr kleinen Stichproben gearbeitet. Aber auch für solche Fälle hat die Statistik eine Fülle an Verfahren entwickelt (vgl. Bortz & Lienert, 2008), die aber nicht immer in jedem Auswertungsprogramm enthalten sind. In manchen Fällen würde es auch länger dauern, sich als Einsteiger in eine Statistiksoftware einzuarbeiten, als den Datensatz einer sehr kleinen Stichprobe mit einem exakten Test selbst per Hand zu berechnen. Mit einer soliden Grundlage können Sie solche Rechenverfahren selbst anwenden und sich auch neue Verfahren aneignen.

Das heißt aber nicht, dass ich gegen den Einsatz von „Rechenknechten" bin – ganz im Gegenteil, sie sind eine große Hilfe. Bei größeren Datensätzen ist ihr Einsatz unverzichtbar. Man sollte nur richtig und vor allem verantwortungsvoll mit ihnen umgehen. Programmpakete können auch große Datenmengen in kurzer Zeit verarbeiten, und ihnen unterlaufen dabei keine Flüchtigkeitsfehler. Ob Sie dabei auf kommerzielle Programme wie **SPSS** oder SAS zurückgreifen oder lieber mit der *open source Software* **R** arbeiten, bleibt Ihnen überlassen. Allen diesen Programmen gemeinsam ist aber, dass sie wesentlich mehr als das von manchen empfohlene Excel leisten können. Sie haben jetzt gelernt, eine Untersuchung professionell zu planen, durchzuführen und auszuwerten. Dann sollten Sie auch am Ende mit der gleichen Professionalität Ihre Daten bearbeiten. SPSS und R schließen sich übrigens nicht aus: Manche Anwender verarbeiten ihre Daten zunächst mit SPSS, weil hier das Datenmanagement so einfach und effektiv ist, nutzen dann aber für das Rechnen und die Erstellung von Grafiken R, weil R dafür viel mehr Möglichkeiten bietet.

Dieses Kapitel kann Ihnen nur erste Grundlagen vermitteln. Ich möchte, dass Sie schon bei der Planung Ihrer Untersuchung an die Auswertung Ihrer Daten mit einem Programmpaket denken. Wenn Sie sich für eine Software entschieden haben, nutzen Sie bitte die Hinweise am Ende des Kapitels.

13.1 Das Programmpaket SPSS

SPSS gilt als das weltweit am meisten verbreitete Programm für die Analyse statistischer Datensätze. Es ist allerdings kostenpflichtig. An vielen Universitäten können Sie aber zumindest das wichtige Basismodul relativ kostengünstig in Lizenz erhalten und oft auch an entsprechenden Einführungskursen teilnehmen. Fragen Sie bitte nach (bspw. bei Ihrem Betreuer oder im Hochschulrechenzentrum Ihrer Universität). Sie können SPSS auch 14 Tage kostenlos testen, indem Sie eine Probeversion von der IBM-Webseite herunterladen: [http://www-01.ibm.com/software/de/analytics/spss/products /statistics/]. Diese Probeversion ist für viele Fragestellungen vollkommen ausreichend.

SPSS geht zurück auf die Studenten Norman Nie, Dale Bent und Hadlai Hull. Sie waren im Jahre 1967 auf der Suche nach geeigneten Computerprogrammen zur statistischen Analyse in der Politikwissenschaft. Wegen der mageren Ausbeute begannen sie, eigene Programme zu entwickeln. Weil damals noch mit Lochkartenpäckchen gearbeitet wurde, nannten sie ihr Produkt *Statistical Package for the Social Sciences*, kurz SPSS. Heute steht das Kürzel für *Statistical Product and Service Solution*. Zwischenzeitlich wurde es unter dem Kürzel PASW angeboten. Das Programm wird mittlerweile von IBM vertrieben. Die Vorteile von SPSS: Es ist Windows-konform, läuft auch unter anderen Betriebssystemen und ist anwenderorientiert. Sie können, müssen aber nicht mit einer Programmsyntax arbeiten. Viele Auswahlprozesse können Sie deshalb auch als Erstanwender leicht bewältigen. Die leichte Bedienung ist allerdings auch gleichzeitig ein Nachteil von SPSS. Man kann nämlich relativ leicht das falsche Verfahren auswählen. In manche Programme (bspw. LaTeX) lassen sich SPSS-Grafiken außerdem nur mühsam einbinden. Im Vergleich mit R ist SPSS in gewisser Weise als kommerzielles Programm „konfektioniert". Für viele statistische Fragestellungen ist das allerdings ausreichend. Welche Systemvoraussetzungen die neueste Version (SPSS 19.0) benötigt, finden Sie unter [http://www-01.ibm.com/software/analytics/spss/products/statistics /requirements.html]. Aber auch mit den Vorgängerversionen lässt sich gut arbeiten. Ich stelle Ihnen hier SPSS 17.0 vor, weil es dazu bereits eine Fülle erprobter Lehrmaterialien gibt und man die Programmfehler (bugs) und Fallstricke kennt. Für die Installation benötigen Sie die Seriennummer und den Lizenzcode. Es ist sehr leicht, SPSS zu installieren. Legen Sie die CD ein. SPSS ruft dafür automatisch eine Installationsroutine auf und aktiviert das Setup-Programm, das Sie durch den Installationsvorgang führt.

13.1.1 Aufbau von SPSS

SPSS ist aus einzelnen Modulen zusammengesetzt. Unverzichtbar ist das *Basismodul*, mit dem Sie Ihre Daten erfassen und bearbeiten können. Es enthält auch die meisten von SPSS angebotenen statistischen Verfahren. Dazu gehören auch umfangreiche Möglichkeiten zur grafischen Darstellung und zur Bearbeitung von Daten. Wenn Sie allerdings speziellere statistische Verfahren suchen, benötigen Sie Zusatzmodule, die auf das Basismodul aufgesetzt werden. Viele dieser Verfahren gehen aber über die in diesem Buch behandelten Verfahren hinaus (bspw. Log-lineare Modelle, LISREL oder auch Zeitreihenanalysen). Die dafür benötigten Statistik-Kenntnisse sollten Sie zunächst in einem Aufbau-Seminar erwerben. Wie sieht SPSS aus? Schauen Sie bitte auf die Abbildung 13.1: Die obere Schaltleiste enthält praktisch alles, was Sie benötigen, um Daten statistisch analysieren zu können. Hier können Sie verschiedene Menüs einfach anklicken. Schauen wir uns einmal die wichtigsten an:

- **Datei**: alle administrativen Dinge (wie Speichern, Laden, Umbenennen etc.)
- **Bearbeiten**: Kopieren, Einfügen, Löschen usw.
- **Ansicht**: Präsentation (bspw. Daten- oder Variablenansicht, Symbolleisten, Schriftarten)

- **Daten**: Strukturierung von Daten und Datensätzen (Variableneigenschaften definieren, Auswählen, Zusammenfügen, doppelte Fälle finden etc.)
- **Transformieren**: Transformation von Variablen (bspw. Umbenennen, Rangfolgen bilden, fehlende Werte definieren), Zeitreihen erstellen und Zufallsgeneratoren
- **Analysieren**: Auswahl der statistischen Verfahren (damit werden wir uns gleich noch genauer beschäftigen)
- **Diagramme**: diverse Grafikformate
- **Extras**: zusätzliche Operationen (Skripts, mit Sets arbeiten, Aufgaben verwalten)
- **Fenster**: verschiedene Ansichten (Fenster aufteilen)
- **Hilfe**: Themen, Lernprogramm und Syntax

Das Herzstück von SPSS, der Menüpunkt „**Analysieren**", enthält eine ganze Reihe statistischer Verfahren. Viele davon sind Ihnen jetzt bekannt. Schauen Sie einmal auf die einzelnen Unterpunkte (Auswahl). Dann können Sie schon überprüfen, ob der von Ihnen ausgesuchte Test in SPSS enthalten ist:

- **Berichte**: Fälle zusammenfassen, Olap-Würfel
- **Deskriptive Statistik**: Häufigkeiten, Explorative Datenanalyse, Kreuztabellen
- **Mittelwerte vergleichen**: t-Tests, einfaktorielle ANOVA
- **Allgemein lineares Modell**: Univariate Analyse
- **Korrelationen**: Bivariat (Pearson, Kendall-Tau-b, Spearman) und Partiell, Distanzen
- **Regression**: Linear
- **Klassifikation**: Cluster- und Diskriminanzanalyse
- **Dimensionsreduzierung**: Faktorenanalyse
- **Skalierung**: Reliabilitätsanalyse, Mehrdimensionale Skalierung
- **Nichtparametrische Tests**: Chi-Quadrat, Test auf Binomialverteilung, Sequenztest, Kolmogorov-Smirnov-Test, Mann-Whitney-U-Test, Mosestest, Wilcoxon-Test, McNemar-Test, Vorzeichen-Test, Friedman-Test, Kendalls-W, Cochran-Q u.a.
- **Vorhersage**: Sequenzdiagramme, Kreuzkorrelationen, Mehrfachantworten

13.1.2   Daten codieren und eingeben

In SPSS sind vor allem drei Dateien wesentlich, die Ihnen auch als eigene Fenster begegnen (Daten-Editor, Viewer und Syntax-Editor). Die **Datendatei** *.sav*: Hier geben Sie Ihre Daten ein und können Variablen bearbeiten, Daten berechnen und weitere Anweisungen geben. Die **Ausgabedatei** *.spo* (in Version 19.0: .spv): In dieser Datei gibt SPSS Ihre Berechnungen und Grafiken aus. Diese können Sie später, falls gewünscht, mit der Maus bearbeiten, speichern und dann in Ihren Text einbinden. Die **Syntaxdatei** *.sps*: Hier können Sie die Syntax (den Programmcode) einsehen, speichern und bearbeiten.

Wenn Sie SPSS starten, fragt SPSS nach, ob Sie Daten neu eingeben wollen oder eine bereits vorhandene Datei öffnen wollen. Wir wollen jetzt einmal Daten eingeben. Schauen Sie bitte noch einmal auf die Abbildung 13.1: Im Fenster können Sie zwischen

der Variablenansicht und der Datenansicht wählen. Klicken Sie unten links auf die
Datenansicht. Es erscheint eine Art Tabelle, eine Matrix, in die Sie Ihre Daten direkt
eingeben können. Die *Spalten* repräsentieren Ihre Variablen mit ihren Merkmalen bzw.
Ausprägungen. Die *Zeilen* stehen für die Untersuchungseinheiten, also bspw. für Ihre
einzelnen Probanden. Damit SPSS mit Ihren Daten arbeiten kann, müssen Sie das Programm zunächst mit einigen Informationen füttern. Der Aufbau dieser Datei, also das
Definieren der Variablen und ihrer Werte sowie die Eingabe dauern viel länger als der
eigentliche Rechenprozess. Es ist aber keine Hexerei. Beim Codieren sollte Ihnen nur
möglichst kein Fehler unterlaufen. Wir behandeln deshalb dieses Codieren etwas ausführlicher und nutzen dazu Retos Untersuchung (aus Kapitel 9), an der 22 Probanden
teilgenommen haben. Damit man die Probanden zuordnen kann, sollte die erste Spalte
für die Identifikation der Teilnehmer reserviert sein.

⚠ Datenschutz! Bitte notieren Sie niemals die Namen Ihrer Probanden auf Aus-
wertungsbögen. Vergeben Sie stattdessen einen Code für jeden Teilnehmer. Die
Liste mit den Namen und den jeweils *zugeordneten* Codierungen (bspw.: Heidi Müller
= vpE1-10) sollten nur Sie kennen. Bewahren Sie diese Liste gesondert und für andere
unzugänglich auf.

Wenn Sie auf Variablenansicht klicken (unten links) öffnet sich das Variablenfenster.
Hier vergeben Sie zum einen die Namen und Labels für die Variablen. Hier müssen Sie
auch festlegen, ob die Variablen in verschiedenen Ausprägungen auftreten können.
SPSS nennt sie *Wertelabels*. Das ist in Retos Datensatz beim Geschlecht der Fall. Wir
legen für diese Variable fest, dass der Code 1 einen männlichen Teilnehmer repräsentiert, sich hinter dem Code 2 dagegen eine Frau verbirgt. Für alle Variablen muss auch
noch das Skalenniveau definiert werden (nominal, ordinal oder intervall). Retos Matrix
enthält fünf Variablen: In der ersten Spalte steht die Kennzahl für jeden Probanden
(bspw. Heidi Müller = vpE1-10), in der dritten Spalte vermerkt Reto das Geschlecht, in
der vierten das Alter und in der fünften den erreichten Punktwert. Das ist unmittelbar
einleuchtend. Was aber verbirgt sich hinter der zweiten Variable? Es ist die wichtige
Gruppierungsvariable. Sie müssen in Ihrer Codierung auch das Design Ihrer Untersuchung abbilden, um die Daten auswerten zu können. Retos Experiment besteht aus
zwei experimentellen Bedingungen: Die Experimentalgruppe bekam einen zusätzlichen
Hinweis, die Kontrollgruppe musste die Wörter ohne zusätzlichen Hinweis verarbeiten. Damit SPSS weiß, welche Person an welcher Bedingung teilgenommen hat, fügt
man die Gruppierungsvariable ein. Wir weisen hier einmal allen Teilnehmern der Experimentalgruppe den Wert 1, den Probanden der Kontrollgruppe das Wertelabel 2 zu.
Hinter der Gruppierung verbirgt sich also hier die UV. In der Variablenansicht legen
Sie also eine Reihe von Eigenschaften fest:

- Name: Sex, Alter oder vielleicht auch E1benenn03 oder Otto2
- Typ: Numerische Variable (Zahlen) oder ein Wort (*string*). SPSS verarbeitet
  auch Währungsangaben oder Datumsangaben
- Dezimalstellen: Anzahl der Stellen nach dem Komma
- Label: Der hier eingetragene Name erscheint zusätzlich bei Grafiken und Ana-
  lysen. Retos Variablen (Name) heißen: vpE1, e1grupp, sex, alter und e1punkt.
  Bei den Labels, den Etiketten (max. 225 Zeichen), würde entsprechend stehen:

ID, Gruppierung, Geschlecht, Alter und Punktwert. Sie beschreiben die Variablen „inhaltlich“. Diese Bezeichnungen erscheinen dann auch in der Ausgabe von SPSS, die Sie direkt in Ihren Text (Bachelor-Abschlussarbeit etc.) übernehmen können.
- Wertelabels: SPSS kann Ihre Codierungen für binäre und kategoriale Variablen in Wörter „übersetzen“. Diese erscheinen dann in den Outputs (Tabellen, Grafiken). SPSS schreibt bspw. für unseren Code 1 entsprechend: männlich.
- Fehlende Werte: Hier legen Sie fest, wie SPSS mit fehlenden Werten umgehen soll.
- Ausrichtung: in den Spalten (links, in der Mitte, rechts)
- Messniveau: nominal, ordinal oder metrisch.

Wechseln wir zurück zum Datenfenster und geben die Werte ein. Jede Zeile ist für einen Probanden bestimmt. In die erste Zeile tragen wir bei der ersten Spalte den Identifikationscode der jeweiligen Versuchsperson ein. Sie müssen Ihre Probanden nicht chronologisch eingeben. SPSS sortiert Ihre Daten, wenn Sie das wünschen.

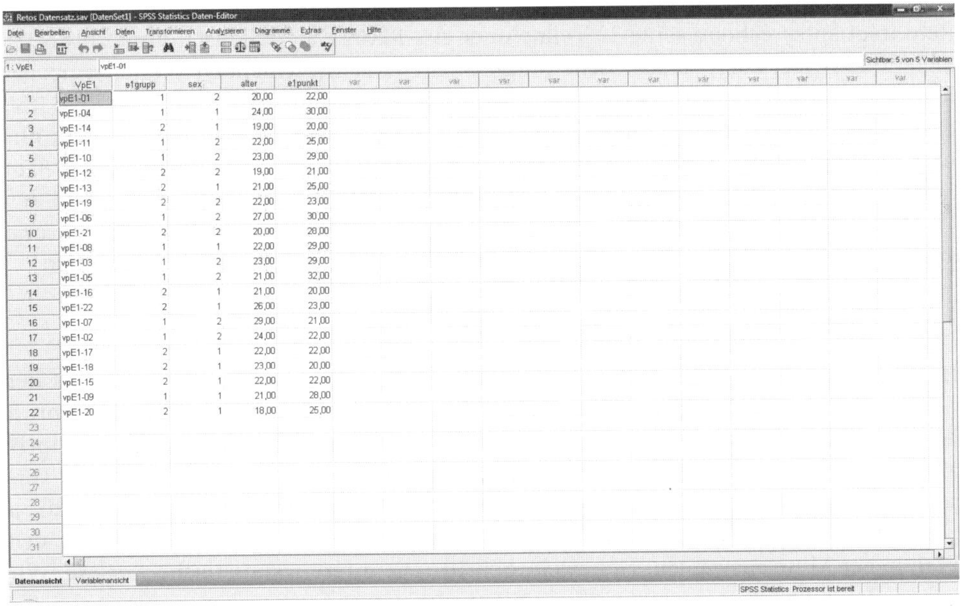

	VpE1	e1grupp	sex	alter	e1punkt
1	vpE1-01	1	2	20,00	22,00
2	vpE1-04	1	1	24,00	30,00
3	vpE1-14	2	1	19,00	20,00
4	vpE1-11	1	2	22,00	25,00
5	vpE1-10	1	2	23,00	29,00
6	vpE1-12	2	2	19,00	21,00
7	vpE1-13	2	1	21,00	25,00
8	vpE1-19	2	2	22,00	23,00
9	vpE1-06	1	2	27,00	30,00
10	vpE1-21	2	2	20,00	28,00
11	vpE1-08	1	1	22,00	29,00
12	vpE1-03	1	2	23,00	29,00
13	vpE1-05	1	2	21,00	32,00
14	vpE1-16	2	1	21,00	20,00
15	vpE1-22	2	1	26,00	23,00
16	vpE1-07	1	2	29,00	21,00
17	vpE1-02	1	2	24,00	22,00
18	vpE1-17	2	1	22,00	22,00
19	vpE1-18	2	1	23,00	20,00
20	vpE1-15	2	1	22,00	22,00
21	vpE1-09	1	1	21,00	28,00
22	vpE1-20	2	1	18,00	25,00

Abb. 13.1: Retos Datensatz als SPSS-Matrix

Nehmen wir also einmal Probandin Nr. 10 in SPSS-Zeile 5. In die Spalte ID (vpE1) tragen wir ihren Code ein: vpE1-10. Sie war Teilnehmerin in der Experimentalgruppe und bekommt deshalb hier das Wertelabel 1 zugeteilt (e1grupp) (Gruppierung). Da sie weiblich ist, notieren wir in der entsprechenden Spalte sex (Geschlecht) eine 2. Sie ist 23 Jahre alt (alter)(Alter) und hat 29 Punkte erzielt (e1punkt) (Punktwert). Die nächste im Stapel ist die 19-jährige Teilnehmerin (Alter) Nr. 12 (vpE1-12). Sie war in der Kontrollgruppe (Gruppierung = 2) und hat beim Test 21 Punkte erreicht (Punktwert). Die dritte Versuchsperson ist vpE1-13, ein Mann (Geschlecht: Label 1). Bei Alter tragen wir den Wert 21 ein und in die Spalte Punktwert den Wert 25.

Der Vorteil einer solchen Matrix: Sie können mit Ihren Daten arbeiten. So können Sie bspw. mit *Fälle auswählen* Teilmengen bilden oder einzelne Fälle herausgreifen. Wenn Sie nur die Ergebnisse der männlichen Teilnehmer betrachten wollen, können Sie mit einem Mausklick über die Wertelabels die Analyse auf diese Gruppe beschränken (Daten → Fälle auswählen; dann die Variable auswählen (sex) und dort die Bedingung definieren (sex = 1)). Vielleicht möchten Sie auch nur die Daten einer bestimmten Altersgruppe betrachten – auch das ist leicht möglich. Sie können auch Fälle gewichten und eine neue Gruppe bilden, also zusammenfassen.

⚠ Sie können nach der Eingabe Daten zu einer neuen Variablen zusammenfassen, aber natürlich nur, wenn Sie vorher alle Datenwerte *einzeln* erfasst haben. Manchmal stellt sich erst bei der Datenanalyse heraus, dass ein solcher Schritt sinnvoll ist. Sie sollten deshalb bspw. zuerst die Altersangaben einzeln erfassen. Dann können Sie bei Bedarf *später* Alterskategorien vergeben und die Werte entsprechend zusammenfassen. Umgekehrt ist das trivialerweise nicht mehr möglich.

Reto trägt entsprechend seine 22 Teilnehmer ein. Retos Datensatz ist vollständig. SPSS bietet Ihnen aber auch verschiedene Möglichkeiten an, mit fehlenden Werten umzugehen. Beim Blick auf seine Matrix (also in die Tabelle mit seinen Werten) stellt Reto fest, dass er bei der Variable *Punktwert* einmal den Wert 62 eingetragen hat. Da man nur maximal 35 Punkte erreichen konnte, kann dieser Wert nicht stimmen. Reto schaut noch einmal in seine Unterlagen und findet noch einen Zahlendreher. Er korrigiert den Wert auf 26 und speichert seine Datei noch einmal unter einem anderen Namen und auch noch einmal an einer anderen Stelle ab. Jetzt kann er mit der Analyse beginnen.

13.1.3   Daten analysieren: t-test

In SPSS ist die statistische Analyse „nur einen Mausklick entfernt". Was ist jetzt der nächste Schritt, nachdem Sie Ihre Daten eingegeben und auf Konsistenz überprüft haben? Als Methodiker wissen Sie jetzt, dass Sie als nächstes Ihre Variablen **deskriptiv** analysieren müssen. Sie finden unter dem Menüpunkt *Analysieren → Häufigkeiten* verschiedene deskriptive Maße, die Sie unter *Statistik* anklicken können. Auf der linken Seite listet SPSS alle Variablen auf, die der Datensatz enthält. Sie können sie über den Pfeil in der Mitte auswählen. Der zweite Schritt? Die **inferenzstatistische** Analyse. Wir haben Retos Daten mit einem t-Test für unabhängige Stichproben ausgewertet. Sie finden diesen Test in SPSS unter *Analysieren → Mittelwerte vergleichen*. Dort finden Sie auch die einfaktorielle ANOVA. Wählen Sie den t-Test für unabhängige Stichproben aus. SPSS listet wieder alle Variablen auf. Wir wählen als AV den *Punktwert (e1punkt)* aus. Jetzt kommt die Gruppierungsvariable ins Spiel. Hier nehmen wir die Variable *Gruppierung (e1grup)* mit den Labels 1 und 2. Bei *Optionen* können Sie SPSS anweisen, bspw. auch das Konfidenzintervall anzugeben. SPSS liefert den folgenden Output:

```
GET
  FILE='C:\Users\Meindl.Meindl-PC\Dokumente\Retos Datensatz.sav'.
  T-TEST GROUPS=e1grupp(1 2)
  /MISSING=ANALYSIS
  /VARIABLES=e1punkt
  /CRITERIA=CI(.95).
```

→ **T-Test**

[DatenSet1] C:\Users\Meindl.Meindl-PC\Dokumente\Retos Datensatz.sav

Gruppenstatistiken

	Gruppierung	N	Mittelwert	Standardabweichung	Standardfehler des Mittelwertes
Punktwert	Experimentalgruppe	11	27,0000	3,82099	1,15207
	Kontrollgruppe	11	22,6364	2,54058	,76601

Test bei unabhängigen Stichproben

		Levene-Test der Varianzgleichheit		T-Test für die Mittelwertgleichheit					95% Konfidenzintervall der Differenz	
		F	Signifikanz	T	df	Sig. (2-seitig)	Mittlere Differenz	Standardfehler der Differenz	Untere	Obere
Punktwert	Varianzen sind gleich	3,738	,067	3,154	20	,005	4,36364	1,38349	1,47772	7,24955
	Varianzen sind nicht gleich			3,154	17,396	,006	4,36364	1,38349	1,44978	7,27749

Wie Sie sehen, übernimmt SPSS auch die von uns definierten Wertelabels der Gruppierungsvariablen (Experimental- und Kontrollgruppe). Sie können die Tabelle direkt in Ihren Text kopieren oder im Anhang Ihrer Arbeit dokumentieren. SPSS testet auf Varianzhomogenität mit dem Levene-Test. Ein nicht-signifikanter Wert wie hier (,067) bedeutet, dass wir von gleichen Varianzen ausgehen können. SPSS bietet Ihnen aber auch die Variante für ungleiche Varianzen an, deren Berechnung Sie ja auch kennen. Sie sehen die Prüfgröße T mit den entsprechenden $n-2$ Freiheitsgraden (*df*). Das Konfidenzintervall für den Mittelwert*unterschied* haben wir nicht per Hand berechnet. Sie wissen aber, was Konfidenzintervalle sind. Der wahre Wert des Mittelwertunterschiedes liegt also im Intervall von 1,47772 und 7,24955. Die beiden Gruppen unterscheiden sich also mindestens um 1,5, höchstens aber um 7,3 Punkte in ihrer Benennleistung. Sie kennen auch den Standardfehler des Mittelwertes und der Differenz. Sie sollten also bei der Interpretation Ihrer Ergebnisse nicht nur auf die Spalte *Sig (2-seitig)* schauen, also auf die Signifikanz. SPSS testet hier zweiseitig und berechnet einen p-Wert von ,005 (bei Varianzhomogenität), bei ungleichen Varianzen von ,006.

⚠ Wo finden Sie die anderen Signifikanztests, die wir im Buch besprochen haben? Wenn Sie mit SPSS 19.0 arbeiten, verwenden Sie bitte den Menüpunkt *Alte Dialogfelder*. Damit erhalten Sie die Dialogfelder bis zur Version 18, auf die sich die folgenden Angaben beziehen.

- Chi-Quadrat- Anpassungstest: Analysieren → Nichtparametrische Tests → χ^2
- Chi-Quadrat- Vierfelder-Test: Analysieren → Kreuztabellen → Statistiken *χ^2
- McNemar-Test: Analysieren → Nichtparametrische Tests → zwei verbundene Stichproben *McNemar
- Wilcoxon-Test: Analysieren → Nichtparametrische Tests → zwei verbundene Stichproben *Wilcoxon

- U-Test: Analysieren → Nichtparametrische Tests → zwei unabhängige Stichproben *Mann-Whitney-U-Test
- t-Test (unabhängig/abhängig): Analysieren → Mittelwerte vergleichen → t-Test bei unabhängigen/verbundenen Stichproben
- ANOVA: Analysieren → Mittelwerte vergleichen → Einfaktorielle ANOVA
- Kruskal-Wallis-H-Test: Analysieren → Nichtparametrische Tests → K unabhängige Stichproben *Kruskal-Wallis-H
- Friedman-Rangvarianzanalyse: Analysieren → Nichtparametrische Tests → K verbundene Stichproben → *Friedman
- Produkt-Moment-Korrelation: Analysieren → Korrelation → Bivariat *Pearson
- Spearman-Rangkorrelation: Analysieren → Korrelation → Bivariat *Spearman (auch unter: Analysieren → Kreuztabellen → Statistiken *Korrelationen)
- Kendalls tau: Analysieren → Korrelation → Bivariat *Kendall-Tau-b (auch unter: Analysieren → Kreuztabellen → Statistiken *Kendall-Tau-b/c)
- Vierfelderkorrelation/Kontingenzkoeffizient: Analysieren → Kreuztabellen → Statistiken *Kontingenzkoeffizient/Phi
- Regression: Analysieren → Regression → linear

Besser ist es allerdings, statt mit der Maus mit Syntax-Befehlen zu arbeiten. Man weiß genau, was man rechnet und kann Befehle speichern und mehrfach verwenden. Sie finden am Ende des Kapitels Hinweise auf gute Einführungen in SPSS und umfassende Darstellungen. Hier kann aus Platzgründen nur demonstriert werden, wie man Daten codiert und beispielhaft einen Signifikanztest (den t-Test) rechnen lässt. Schauen wir uns noch das zweite Programm R an.

13.2 Das Programmpaket R

R ist eine Programmiersprache und gleichzeitig auch der Name eines Softwaresystems, das diese Sprache implementiert. Es wurde 1992 von Ross Ihaka und Robert Gentleman entwickelt. Die eigentlich verwendete Sprache heißt S, die aus den Bell Laboratories stammt. R ist also genau genommen ihre Implementierung und das System. S gibt es als kommerzielles System *S-Plus* und als kostenlose Version R (die deshalb manchmal auch als *GnuS* bezeichnet wird).

Entwickelt wurde R für die praktische Arbeit im Bereich Statistik. Nützlichkeit geht deshalb vor Design. Das erschwert leider die systematische Einführung in R. Auch in R-Kursen werden Sie immer nur einen kleinen Teil der mächtigen Software kennenlernen können. Zum Glück gibt es aber eine umfangreiche Sammlung von Büchern und Online-Materialien zu R. Erste Hinweise dazu finden Sie auch auf der offiziellen Homepage von R und am Ende des Kapitels.

Der Vorteil: R kostet nichts, enthält wesentlich mehr Funktionen als SPSS und wird von einer Community unterstützt, die es ständig weiterentwickelt und anpasst. Dort kann man sich auch per Email Unterstützung bei Problemen holen. R arbeitet mit einer Kommandosprache (Syntax), die man lernen muss, wenn man professionell mit R arbeiten möchte. Vor allem, wenn Sie R wegen der umfangreichen Grafikmöglichkeiten nutzen wollen oder auf der Suche nach speziellen statistischen Verfahren sind, müssen

Sie sich mit R genauer auseinandersetzen. Allerdings versteht man dadurch auch besser, was man eigentlich macht. Wenn Sie (zunächst) eher an „Standardanwendungen" interessiert sind, steigen Sie am besten über den sogenannten *R-Commander* ein, einer Art Benutzeroberfläche. Er ähnelt dem SPSS-Menü, das Sie zumindest in Ansätzen gerade kennengelernt haben.

13.2.1 Download und Installation

Um Zugang zu R zu bekommen, benötigen Sie nur einen Internetzugang und Schreibrechte für ein Laufwerk. Auf dem privaten PC ist das kein Problem, in Institutionen hilft der Administrator weiter. R finden Sie unter: [www.cran.r-project.org]. CRAN bedeutet *Comprehensive R Archive Network*. Auf dieser Webseite finden Sie die Option *Download and Install R*. Wählen Sie das passende Betriebssystem (bspw. Windows), und öffnen Sie die heruntergeladene Set-up-Datei. Ein Assistent führt Sie durch die verschiedenen Optionen. Wählen Sie die Option: *SDI-Interface* (mehrere Fenster). Damit haben Sie die Basisversion installiert.

Sie sollten aber noch weitere Pakete installieren, die Zusatzfunktionen enthalten. Damit können Sie mit R leichter umgehen (bspw.: R-Commander) oder komplexere statistische Verfahren anwenden. Die Startseite von R listet alle Pakete auf. Für die Pakete gilt: Sie müssen jedes Paket einmalig installieren und es in *jeder* neuen Sitzung wieder neu laden. Es wird also nicht automatisch mit geöffnet, wenn Sie R starten. Um diese Pakete zu installieren, müssen Sie R öffnen und in der Menüleiste (Abb. 13.2) die folgende Option auswählen: *Pakete → Installiere Paket(e)*. Wählen Sie einen CRAN-Mirror (einen Spiegelserver) aus. R listet sie alle auf. Das sind die Server, auf denen die R-Dateien gespeichert sind. Wenn Sie einen Spiegelserver ausgewählt haben (bspw.: Germany (Wiesbaden) oder Austria), zeigt R Ihnen alle Pakete in alphabetischer Reihenfolge an. Wenn Sie das Gesuchte nicht finden, schauen Sie bitte auf der Startseite nach. Auch von der CRAN-Homepage können Sie Pakete direkt herunterladen. Der Befehl library() zeigt Ihnen alle Pakete an, die Sie bereits installiert haben. Sie müssen in jeder Sitzung die gewünschten Pakete laden. Das geht mit dem Befehl: library (und in Klammern den Namen des Pakets) oder über die Menüleiste: *Pakete und Daten → Paketverwaltung*. Da R sich ständig verändert, sollten Sie Ihre Pakete auch regelmäßig aktualisieren, um sie auf den neuesten Stand zu bringen. Nutzen Sie dazu das Menü *Pakete → Aktualisiere Pakete*. Wählen Sie einen Mirror und entscheiden Sie, welche Pakete Sie aktualisieren möchten. Mit *ok* starten Sie den Prozess.

13.2.2 Aufbau von R

Öffnen Sie R. Auf dem Bildschirm erscheint **RGui**, das *Graphical User Interface* von R (Abb. 13.2). Wie bei SPSS gibt es oben eine Menüleiste, hier mit sieben Unterpunkten. Schauen wir uns einige Optionen an: Unter *Datei* können Sie bspw. R-Codes einlesen, Skripte erstellen oder öffnen, Arbeitsschritte dokumentieren sowie Drucken und Speichern. Hinter *Bearbeiten* verbirgt sich der Daten-Editor, aber auch Prozesse wie Kopieren und Einfügen. Wichtig ist auch der Menüpunkt *Pakete*. Hier können Sie Pakete laden, installieren und aktualisieren und den CRAN-Mirror festlegen.

In der Mitte des Bildschirms sehen Sie die **R-Konsole** *(R-Console)*. Sie wird immer geöffnet, wenn Sie R starten und meldet sich mit dem Zeichen „>" , dem *prompt*. Hier geben Sie die Befehle ein.

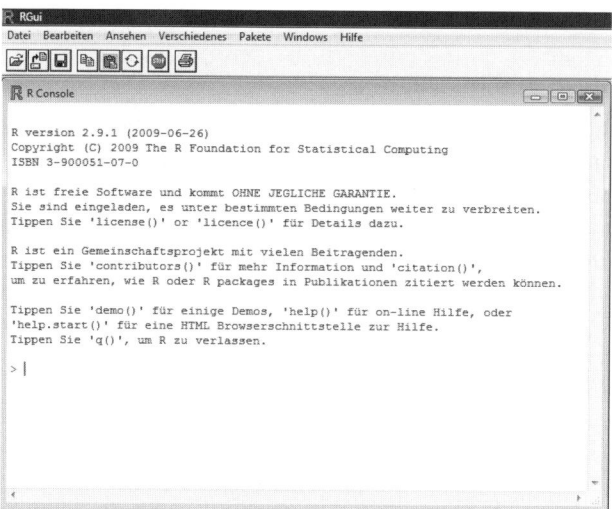

Abb.: 13.2 RGui

Wie in SPSS, können Sie auch in R mit Syntax-Befehlen arbeiten, d.h. die Befehle in ein Skript schreiben und dann immer wieder verwenden und kombinieren. Schauen Sie in der R-Konsole unter *Datei → Neues Skript*. Dort finden Sie den **R-Editor** zum Schreiben von R-Skripten. Sie sollten auf jeden Fall auch den **R-Commander** installieren. Er ist eine Benutzeroberfläche, auf der verschiedene Pakete operieren. Dadurch wird die R-Basisversion erheblich erweitert. Aber auch SPSS-Umsteiger bewegen sich hier auf vertrautem Gebiet. Der R-Commander enthält bspw. ein Menü *Statistik* mit verschiedenen Optionen, das dem SPSS Menü *Analysieren* ähnelt.

Für den R-Commander (Abb. 13.3) brauchen Sie das Paket `Rcmdr`. Laden Sie es herunter und installieren Sie es. Also: Pakete → Installiere Pakete. R fragt vielleicht noch nach dem CRAN-Mirror, wenn Sie noch keinen Spiegelserver ausgewählt haben. Wählen Sie einen aus. Aus der Liste der angezeigten Pakete wählen Sie das Paket *Rcmdr* aus. Dieser Prozess dauert übrigens etwas, da viele Bausteine installiert werden müssen. Geben Sie dann hinter dem Prompt auf der R-Konsole ein: `library(Rcmdr)`. Sie sehen den R-Commander:

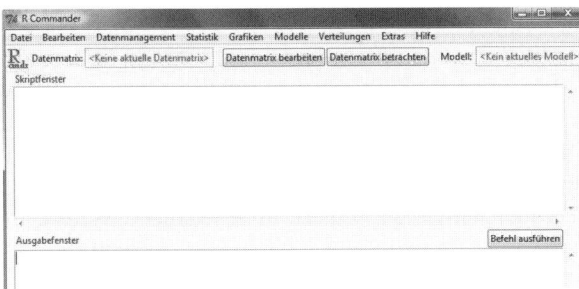

Abb. 13.3: R-Commander

Es gibt drei Fenster: Skript, Ausgabe und Meldungen. Das dritte Fenster (Meldungen) habe ich in der Abbildung 13.3 aus Platzgründen unten abgeschnitten. Das Skriptfenster entspricht dem R-Editor, das Ausgabefenster der R-Konsole. Der R-Commander fasst also beide Funktionen in einem Fenster zusammen. Im Skriptfenster geben Sie einen Befehl ein, den R dann ausführt und das Ergebnis im Ausgabefenster anzeigt. Weiter unten (hier nicht sichtbar) meldet R Fehler oder gibt Ihnen Hinweise (Meldungen, also bspw. wie viele Fälle Ihre Datenmatrix enthält). Der Commander ermöglicht es Ihnen, viele Operationen in R durchzuführen, ohne die Programmiersprache kennen zu müssen. Ich fasse deshalb weiter unten die wichtigsten R-Befehle für den R-Commander zusammen und zwar für die Verfahren, die Sie in diesem Buch kennengelernt haben.

R ist eine objektbasierte Software. Man kann bspw. einzelne Datenwerte, ganze Matrizen, Variablen oder Modelle als Objekt speichern und damit weiterarbeiten. R unterscheidet dabei verschiedene Typen von Objekten. Wichtig sind vor allem **Vektoren, Faktoren** und **Data Frames**. Vereinfacht gesagt: Vektoren repräsentieren eine Menge von Elementen, bspw. eine Variable. In SPSS würde man sie in einer Spalte der Matrix abbilden. In einem Vektor werden Objekte zu einer endlichen Folge zusammengefasst. Ein Vektor besteht aus sogenannten Komponenten. In R erzeugt man ihn mit der Funktion *c*. Sie macht aus einer Menge von Zahlen (den Argumenten der Funktion) einen Vektor. Reto hatte ja auch die Altersangaben seiner Probanden erfasst, die er über einen Befehl in der R-Konsole zu einem Vektor *alter* zusammenfassen kann: `alter<-c(20,24,19,22` und alle weiteren 18 Altersangaben`)`. *alter* ist der Name des Objekts (der Variablen), der die Werte (Altersangaben) zugewiesen werden sollen. Das Zeichen `<-` ist ein Zuweisungsoperator, der eine Funktion zuweist. Am *c (...)* für *content* sieht man, dass es sich bei dem neuen Objekt um einen Vektor handelt. Die Altersangaben sind quantitativ. Mit ihnen darf man rechnen, bspw. alle Werte aufsummieren und einen Mittelwert und eine Standardabweichung berechnen lassen. Reto hat aber auch qualitative Merkmale erhoben wie bspw. die Variable Geschlecht mit den beiden Ausprägungen 1 (männlich) und 2 (weiblich). Hier könnte man keine Summe aus den Einsen und Zweien bilden und einen Durchschnitt berechnen. Wie geht R mit solchen Daten um? Auch hier werden die Daten als Vektor eingegeben, dessen Komponenten numerisch sind. Dieser Vektor *sex* muss aber dann noch mit der Funktion `factor` transformiert werden. Sie macht daraus wieder einen Vektor, dessen Komponenten aber die Ausprägungen eines sogenannten Faktors sind, also eines qualitativen

Merkmals, hier mit den entsprechenden Wertelabels (1 = männlich und 2 = weiblich). Damit ist festgelegt, dass das Geschlecht (sex) eine kategoriale Variable ist. Das werden wir uns noch am Beispiel des t-Testes anhand Retos Gruppierungsvariablen genauer anschauen. Wenn Sie Faktoren und Vektoren kombinieren und in einem Objekt zusammenfassen, erhalten Sie ein *data frame*. Das erinnert an die SPSS-Matrix. In den Spalten sind die Variablen, in den Zeilen die Teilnehmer abgebildet. Lesen Sie Daten aus SPSS oder Excel in R ein, wird R diese in eine solche Matrix, in ein Datenframe, schreiben.

13.2.3   Daten importieren

Wollen Sie Daten aus SPSS einlesen, nutzen Sie im R-Commander die Funktion *Datenmanagement → Importiere Daten → aus SPSS Datendatei*. Dann müssen Sie festlegen, wie die neue Datenmatrix heißen soll und welche Variablen R wie einlesen soll. R orientiert sich dabei an den SPSS-Wertelabels. Liegen Ihre Daten als Textdatei vor, gilt es mehr zu beachten: Achten Sie darauf, wie Ihre Datenfeldtrennzeichen aussehen, also die Zeichen, die Ihre Werte voneinander trennen (bspw. Leerzeichen, Kommata u.a.). Damit die Werte untereinanderstehen, werden häufig bei mehrstelligen Werten Leerzeichen verwendet, die R dann nicht korrekt interpretiert. Importiert werden auch solche Daten über *Importiere Daten → from text file (...)*. Liegen Ihre Daten als Excel-Datei vor, öffnet sich mit *Importiere Daten → aus Excel-, Access- oder dbase-Dateien* ein Fenster, das Sie nach dem Namen der Matrix fragt. Excel-Importe über die Syntax (nicht über den Commander) gelten als problematisch (vgl. Manual R Data Import/Export). Sie müssen auch unter Umständen fehlende Werte nach dem Einlesen mühsam umcodieren, weil R nicht erkennen kann, dass Sie solche Werte entsprechend codiert haben.

13.2.4   Daten analysieren: t-Test mit dem R-Commander

Wenn Sie Ihre Daten nicht einlesen wollen (bspw. aus SPSS oder Excel), gehen Sie zu *Datenmanagement → Neue Datenmatrix*. Vergeben Sie einen Namen für Ihre Matrix (bspw. *RetosDatensatz*). Jetzt müssen Sie die zwei Variablen für den t-Test definieren, nämlich die AV und die Gruppierungsvariable. Wir nennen Sie wieder e1punkt und e1grup. Wir codieren die beiden Variablen zunächst als numerisch. Jetzt können Sie Ihre Daten eingeben. Das funktioniert genauso wie bei SPSS. Sie geben für jeden Probanden zeilenweise das Ergebnis im Benennexperiment ein und definieren über ein Wertelabel (1 = Experimentalgruppe; 2 = Kontrollgruppe), wer an welcher Bedingung teilgenommen hat. Bevor wir R rechnen lassen können, müssen wir allerdings noch dafür sorgen, dass R unsere Gruppierungsvariable als Faktor erkennt. Unter *Datenmanagement → Variable bearbeiten → Konvertiere numerische Variablen in Faktoren* wählen wir e1grup aus und tragen die entsprechenden Wertelabels (1 und 2) ein. Der erste Schritt ist wieder die deskriptive Analyse. Sie finden sie unter *Statistik → Deskriptive Statistik → Tabelle mit Statistiken*. Der zweite Schritt: Auf signifikante Unterschiede testen. Achtung: R testet nicht wie SPSS automatisch auf Varianzhomogenität! Sie müssen unter *Statistik → Varianzen → F-Test zweier Varianzen* auf Varianzgleichheit testen. R bietet Ihnen auch den Levene- und den Bartlett-Test an. In diesem Fenster wählen

Sie also die Gruppierungsvariable (hier: e1grupp) und die abhängige Variable (hier e1punkt) aus. R gibt einen nicht-signifikanten Wert aus. Wir weisen die Nullhypothese der Varianzgleichheit also nicht zurück und gehen weiter von Varianzhomogenität aus. Entsprechend wählen wir einen t-Test unter der Annahme der Varianzgleichheit aus: *Statistik → Mittelwerte vergleichen → t-Test für unabhängige Stichproben*. R fragt Sie, ob Sie von gleichen Varianzen ausgehen wollen. Wenn Sie die Frage bejahen, erhalten Sie die folgende Ausgabe:

```
Two Sample t–test

data: e1punkt by e1grupp
t = 3.1541, df = 20, p–value = 0.004992
alternative hypothesis: true difference in means is not equal to 0
95 percent confidence interval:
 1.477723 7.249550
sample estimates:
mean in group Experimentalgruppe    mean in group Kontrollgruppe
          27.00000                        22.63636
```

R gibt Ihnen also die jeweiligen geschätzten Mittelwerte, den t-Wert, die Freiheitsgrade, den p-Wert und das Konfidenzintervall an. Jetzt verstehen Sie auch, warum im Buch hinter vielen Begriffen in Klammern die englische Bezeichnung angegeben ist. Sie finden diese Begriffe nicht nur in den auf Englisch verfassten Publikationen, sondern auch in den Statistikprogrammen.

 Wo finden Sie im R-Commander die anderen Signifikanztests, die wir im Buch besprochen haben?

- Chi-Quadrat-Anpassungstest: Statistik → Deskriptive Statistik → Häufigkeitsverteilung
- Chi-Quadrat-Vierfelder-Test: Statistik → Kontingenztabelle → Kreuztabelle
- McNemar-Test: Funktion mcnemar.test (nicht im Rcmdr, dazu laden)
- Wilcoxon-Test: Statistik → Nichtparametrische Tests → Gepaarter Wilcoxon-Test
- U-Test: Statistik → Nichtparametrische Tests → Wilcoxon-Test für unabhängige Stichproben
- t-Test (unabhängig/abhängig): Statistik → Mittelwerte vergleichen → t-Test für unabhängige/gepaarte Stichproben
- ANOVA: Statistik → Mittelwerte vergleichen → Einfaktorielle Varianzanalyse
- Kruskal-Wallis-H-Test: Statistik → Nichtparametrische Tests → Kruskal-Wallis-Test
- Friedman-Rangvarianzanalyse: Statistik → Nichtparametrische Tests → Friedman rank sum test
- Produkt-Moment-Korrelation: Statistik → Deskriptive Statistik → Korrelationsmatrix → *Pearsons Punkt-Moment
- Spearman-Rangkorrelation: Statistik → Deskriptive Statistik → Korrelationsmatrix → *Spearman Rangkorrelation
- Kendalls tau: Statistik → Funktion cor (außerhalb des Rcmdr, dazu laden)

- Regression: Statistik → Regressionsmodelle → lineare Regression (genauere Analyse mit: Modelle → …; zunächst aktives Modell auswählen

Wir haben für R (und SPSS) den Weg über die Menüsteuerung gewählt, weil wir uns hier beschränken müssen. Fast alle Abbildungen in diesem Buch wurden mit R erzeugt. R bietet Ihnen eine Fülle an Möglichkeiten, Grafiken zu erzeugen, die genau Ihren Vorstellungen entsprechen. Allein deswegen lohnt es sich, sich näher mit R und der R-Syntax zu beschäftigen. Aber auch mit der SPSS-Syntax kommen Sie weiter als über die Menüsteuerung. Für beide Programme gilt: Man lernt sie am besten anhand von (eigenen) Datensätzen.

Die deutsche Homepage von SPSS Inc. finden Sie unter: [http://www.spss.com.de]. Im Web gibt es eine Reihe von Flash-Videos, Lernplattformen und Material, bspw. von der Uni Hamburg oder auch von der Uni Bamberg (Angele, 2010). Wer lieber mit einem Buch arbeitet: Brosius (2011), Bühl (2010) und Leonhart (2010) führen in Buchform in SPSS (PASW) ein.

Auch zu R gibt es eine Fülle an kostenlosen Materialien im Web. Als Einstieg empfehle ich bspw.: [http://cran.r-project.org/doc/manuals/R-intro.pdf]. In Buchform: Behr & Pötter (2011), Hellbrück (2011) und Luhmann (2010). Eine praxisnahe Darstellung ist auch Teetor (2011), ein Kochbuch, das aber auch den Aufbau von R erklärt. Speziell für die Zielgruppe „Linguist" sind zwei Bücher auf dem Markt: Baayen (2008; übersichtlich aufgebaut, aber in Englisch verfasst) und Gries (2008, auf Deutsch).

14 Ausblick

Sie haben in diesem Buch neben der deskriptiven vor allem den „klassischen Ansatz"
der Inferenzstatistik kennengelernt. Stichworte: Signifikanztest und Konfidenzintervall.
Man muss ihn kennen, wenn man den Methodikteil vieler linguistischer Publikationen
lesen möchte, denn er dominiert immer noch die Forschung. Auch die Statistikprogrammpakete SPSS und R enthalten viele Verfahren, die zu diesem Ansatz gehören. Sie
wissen ja jetzt aus dem Kapitel „Linguistik als empirische Wissenschaft", welche Rolle
Paradigmen im Wissenschaftsbetrieb spielen. Es gibt aber noch weitere Ansätze.

Mit dem klassischen Ansatz ermitteln Sie die Wahrscheinlichkeit von *Daten*. Im
Kapitel „Kombinatorik und Wahrscheinlichkeit" haben Sie als eine Alternative zumindest ansatzweise das Modell von **Bayes** kennengelernt. Mit diesem Namen ist auch ein
weiteres Paradigma verknüpft. Hier geht es darum, die Wahrscheinlichkeit von *Hypothesen* zu bestimmen und diese durch neue Erkenntnisse immer wieder verändern zu
können. Die Subjektivität der Wahrscheinlichkeitsschätzungen der Bayes-Statistik
schreckt aber immer noch viele ab.

Einen anderen Weg gehen Sie auch mit dem sogenannten **Bootstrapping**, das Sie
nicht mit dem Bootstrapping in der Linguistik (Spracherwerb) verwechseln sollten. Es
ist eine Alternative, eine Stichprobenverteilung (bspw. für einen Mittelwert) zu erhalten. Man zieht aus einer *Stichprobe* wiederholt Stichproben (*Resampling*). Die Idee: Ist
die Stichprobe repräsentativ für die Population, erhält man durch mehrmaliges Ziehen
eine Stichprobenverteilung, die der Verteilung in der Population ähnelt. Damit ersetzt
die so gewonnene empirische Verteilungsfunktion die theoretische Verteilungsfunktion einer Zufallsvariablen, die Sie aus Kapitel 6 kennen. Die Stichproben müssen lediglich repräsentativ sein, alle anderen Voraussetzungen, die Sie kennengelernt haben,
müssen hier nicht erfüllt sein (wie bspw. die Normalverteilung oder die Homogenität).
Sie müssen sich auch nicht auf die gängigen Lage- und Streuungsmaße (also Mittelwert
und Varianz) beschränken. Dieser Ansatz, zu dem verschiedene Verfahren gehören,
war früher nur wenigen Anwendern zugänglich, weil er viel Rechenkapazität benötigt.
Mittlerweile ist er aber bspw. schon in R enthalten und steht damit auch allen offen.

Wie auch immer Sie zu Ihrer Verteilung gelangen, die nächste Frage ist immer
gleich: Sind die Ergebnisse bedeutsam? Und wie kann man die Ergebnisse verschiedener Studien miteinander vergleichen? Hier gewinnen Effektgrößen immer mehr an
Bedeutung. Es gibt mittlerweile eine Vielzahl von Effektgrößen, die auch in der linguistischen Literatur eine Rolle spielen. Sie haben bspw. mit dem η^2 bei der Varianzanalyse,
dem r^2 in der linearen Regression oder auch dem Cramérs Index (Korrelation) einige
kennengelernt, aber leider nicht alle. Allerdings ist auch die Angabe von Effektgrößen
nicht ganz unproblematisch. Auch beim Umgang mit diesen Kenngrößen ist also ein
kritischer Blick angebracht.

Verzichtet habe ich auch auf die Darstellung der Theorie der optimalen Stichprobenumfänge, die eng mit den Effektgrößen verknüpft ist. Hier kann man schon in der
Planungsphase festlegen, wie groß bei einer gegebenen Effektgröße eine Stichprobe sein
muss, um mit einem gewählten Signifikanztest ein signifikantes Ergebnis zu erzielen.
Wenn Sie sich solche Tabellen anschauen (bspw. Bortz & Döring, 2006), werden Sie

allerdings feststellen, dass Sie nur bei relativ großen Effektstärken in einem Bereich arbeiten, der mit der üblichen Probandenanzahl einer linguistischen Bachelor-Arbeit vereinbar ist. Ich habe deshalb immer auch verteilungsfreie Verfahren dargestellt, um Ihnen zu zeigen, dass man auch bei kleinen Stichproben und unklaren Verteilungseigenschaften eine erfolgreiche Statistik betreiben kann. Es ist aber aus methodischer Sicht immer von Vorteil, ein „möglichst großes Stück vom Kuchen" zu betrachten. Ein Problem aber bleibt:

Von der *publication bias* ist schon im Kapitel 4 die Rede gewesen. Signifikante Ergebnisse haben eine größere Chance, der Welt auch mitgeteilt zu werden. Und sie werden nach meiner Erfahrung auch häufiger von Studenten in Hausarbeiten zitiert oder im Seminar referiert. Ich möchte Sie deshalb bitten, abschließend einmal über Gigerenzers Kritik an den „statistischen Ritualen" nachzudenken („Mindless statistics", 2004b). Was ist das „Null-Ritual", über das Gigerenzer sich beklagt? Formuliere eine statistische Nullhypothese, halte Dich aber bei der Ausformulierung der Alternativhypothese bedeckt. Lege ein Signifikanzniveau fest (vorzugsweise 1% oder 5%, nach Konvention). Und: Führe diese Prozedur immer durch. Gigerenzer plädiert dafür, stattdessen den *ganzen* Werkzeugkasten der Statistik zu nutzen. Es muss also nicht immer die ANOVA oder die multiple Regression sein, nur weil alle diese Verfahren verwenden. Auch eine mächtige deskriptive Analyse liefert wichtige Hinweise. Eine umfangreiche Statistik kann auch *niemals* ein intelligentes Design und eine gute Theorie ersetzen. Auch sind Hypothesen wie etwa „die Erde ist rund, p < .05" überflüssig, wie Cohen (1994) kritisch anmerkt. Hypothesen müssen scheitern können, Ergebnisse müssen repliziert werden. Signifikanztests sind dabei lediglich Entscheidungshilfen im Forschungsprozess – nicht mehr, aber auch nicht weniger.

Das Buch trägt aus gutem Grund den Untertitel „Einführung". Es kann Ihnen leider nur erste Grundlagen vermitteln, etwa im Umfang einer einsemestrigen Lehrveranstaltung. Jetzt sind Sie gefordert: Für die Bearbeitung vieler Fragestellungen aus den linguistischen Teilbereichen (Psycho-, Computer, Korpus- oder Soziolinguistik etc.) sind passende statistische Methoden entwickelt worden. Bleiben Sie jetzt deshalb bitte nicht stehen, sondern nehmen Sie die nächsten Etappen in Angriff. Es gibt noch so viele interessante und mächtige Verfahren zu entdecken, die Sie auf sprachliche Daten anwenden können.

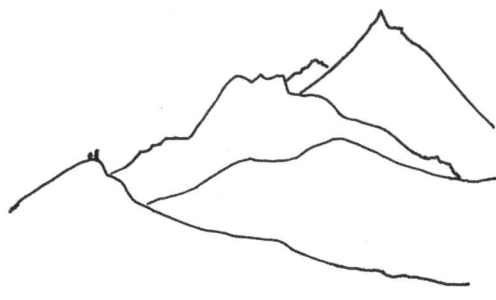

Lösungshinweise zu den Übungsaufgaben

Aus Platzgründen muss ich auf eine ausführliche Darstellung verzichten und mich auf Lösungshinweise beschränken. Bei Problemen arbeiten Sie bitte noch einmal das entsprechende Kapitel im Buch durch.

- ## Kapitel 2: Linguistik als empirische Wissenschaft

2.1 Wahrheit, Originalität und praktische Relevanz gehören nicht dazu.

2.2 Durch Introspektion gewonnene Daten sind subjektiv und oft inkonsistent (ein Sprecher urteilt bei wiederholter Befragung unterschiedlich). Feine Abstufungen lassen sich nicht erfassen, weil es viele Sprecher überfordert, darüber Angaben zu machen. Bestimmte Prozessabläufe sind nur schwer oder gar nicht zugänglich (unbewusste, hochgradig automatisierte Sprachverarbeitung).

2.3 Nur eine kleine Auswahl: Lautschwächungen, „unvollständige" Sätze (Ellipsen, Satzabbrüche), vermischte Konstruktionen, Auslassung obligatorischer Satzglieder, „semantisch vage" Ausdrücke. Ihre Operationalisierung hängt auch von der zugrundegelegten Theorie ab.

- ## Kapitel 3: Versuchsplanung

3.1 Lesegeschwindigkeit (AV) in Abhängigkeit von der syntaktischen Komplexität (UV) der Testsätze. Auswirkung der Textsorte (Brief und Chat) (UV) auf die syntaktische Komplexität (AV).

3.2 Probleme mit den unterschiedlichen Rollenanforderungen (ein interagierender Teilnehmer, der eingreift, gleichzeitig aber auch ein Beobachter, der unbeteiligt bleiben will). Täuschung der Teilnehmer. Vor allem aber: Fülle der Information, mit der man umgehen muss.

3.3 Über das Projekt aufklären, dabei Interesse wecken; die Bedeutung der Untersuchung hervorheben; Anonymität betonen und Maßnahmen zu ihrer Sicherung erläutern; Ausstiegsmöglichkeiten anbieten. Bei gut gefülltem Geldbeutel: Aufwandsentschädigung.

3.4 Drei Faktoren mit 3, 2, und 4 Faktorstufen. Mögliche Kombinationen: 3 x 2 x 4 = 24. Pro Zelle sollen 14 Probanden teilnehmen: 24 x 14 = 336 Teilnehmer. Sie sollten allerdings immer zusätzliche Daten erheben, falls Probanden kurzfristig abspringen oder ausfallen.

3.5 Der Rosenthal-Effekt ist ein Versuchsleitereffekt. Die Erwartungen des Versuchsleiters beeinflussen den Versuch. Kontrolle: Versuchsbedingungen standardisieren; keinen oder auch mehrere Versuchsleiter einsetzen; Versuchsleiter nicht über die Zielsetzung des Experimentes informieren oder auch speziell schulen.

3.6 Wiederholte Messungen können Sequenzeffekte verursachen. Dazu gehören die Positions- und Übertragungseffekte, die wir besprochen haben. Zwischen den Messungen können außerdem zusätzliche Einflüsse auf die AV einwirken, die nichts mit dem Versuch zu tun haben.

3.7 Eventuell Voruntersuchung durchführen, gutes theoretisches Modell einsetzen, adäquat operationalisieren, geeignetes Verfahren auswählen, besonders wichtig: Störfaktoren kontrollieren.

- ## Kapitel 4: Die Arbeitsschritte einer Untersuchung

4.2 Es hilft anderen, die Forschung nachzuvollziehen (Gütekriterium). Es bewahrt Sie vor Fehlern (in der aktuellen Untersuchung) und Folgefehlern (bei weiteren Untersuchungen).

4.3 Mit der Berücksichtigung vieler Fakoren steigt in der Regel auch die Anzahl der benötigten Teilnehmer. Auch das Datenmanagement wird anspruchsvoller. Es ist daher besser, eine methodisch sauber durchgeführte Untersuchung auf der Basis eines erklärungsstarken theoretischen Modells zu präsentieren.

4.4 Manchmal lässt es die Forschungslage noch nicht zu, eine Hypothese zu formulieren. Dann kann man Verfahren einsetzen, die Hypothesen generieren (vgl. Kapitel 12). Bei Signifikanztest gilt allerdings immer: zuerst die Hypothese, dann der Test (vgl. Kapitel 8).

- ## Kapitel 5: Deskriptive Statistik – erste Schritte der Datenanalyse

5.1. Nominal: Affixart, Zugehörigkeit zu einer Sprachgemeinschaft. Ordinal: Sonorität, Ratingskala (wird manchmal auch als intervallskaliert behandelt) Metrisch: Alter, Lautdauer.

5.2 Es sind alles Maße der zentralen Tendenz, die allerdings unterschiedlichen Skalenniveaus zugeordnet sind (Modus: Nominal; Median: Ordinal; AM: Intervall).

5.3 Das arithmetische Mittel. Bei Ausreißerwerten sollten Sie deshalb auf den Median ausweichen.

5.4 Sie können Extremwerte und Ausreißer identifizieren, erkennen den Median und die Variabilität der Daten.

5.5 Das AM setzt intervallskalierte Daten voraus. Hier werden Differenzen berechnet.

5.6 Klausurdurchschnitt: 23. Typischer Teilnehmer (Modus): 21. Median (Teilnehmer „in der Mitte"): 21.

- ## Kapitel 6: Kombinatorik und Wahrscheinlichkeit

6.1 a) 11 Spieler, also 11! Möglichkeiten = 39.916.800. b) Neuer steht fest, also (11–1)! Möglichkeiten = 3.628.800. c) 2!·2!·3!·5! = 2.880 Möglichkeiten.

6.2 Das lässt sich am schnellsten über das Gegenereignis lösen. Wie groß ist die Wahrscheinlichkeit, dass alle anderen an einem anderen Tag Geburtstag haben? $(364/365)^{30} = 0{,}92099$. Lösung: etwa 8%.

6.3 Bei 26 Buchstaben und der Vorgabe (vier Buchstaben) gibt es $26!/(26-4)! = 358.800$.

6.4

	Verbesserung (V)	keine Verbesserung (KV)
Therapie (T)	$\dfrac{6312}{11101}=0,569$	$\dfrac{87}{11101}=0,008$
keine Therapie (KT)	$\dfrac{312}{11101}=0,028$	$\dfrac{4390}{11101}=0,395$

$$p(V\,|\,T)=\frac{p(T\cap V)}{p(T)} \qquad p(V\,|\,T)=\frac{6312/11101}{(6312+87)/11101}=\frac{6312}{6399}=0,9864$$

6.5 Mississippi: 11 Buchstaben, n_1 (M) =1, n_2 (I) = 4; n_3 (S) = 4 und n_4 (P) = 2. Es gibt demnach 11!/1!·4!·4!·2! = 34.650 Möglichkeiten.

6.6 $p(B)^C = 1-.35 = .65$. Die Wahrscheinlichkeit von Ereignis und Gegenereignis muss den Wert 1 annehmen (Kolmogorov-Axiome).

- **Kapitel 7: Von der Stichprobe zur Grundgesamtheit**

7.1 Die Randomisierung ist eine Möglichkeit in der Versuchsplanung, Störvariablen zu kontrollieren. Die Repräsentativität bezieht sich auf die Stichprobe.

7.2 Werner zieht nur eine Ad-hoc-Stichprobe. Außerdem sind drei Probanden pro experimenteller Bedingung viel zu wenig (Umfang, Randomisierung).

7.3 Der Standardfehler wird kleiner, was positiv ist. Man muss aber mit einem höheren Aufwand kalkulieren und bedenken, dass bei einem großen Stichprobenumfang auch unbedeutende Unterschiede signifikant werden. Hätten bei einer Umfrage von n = 2.000 40% eine Präferenz für den Landrat angegeben, läge das Konfidenzintervall (95%) bei 37,86% bis 42,14%.

7.4 Vom Stichprobenumfang, von der Standardabweichung (Streuung).

7.5 Punktschätzung: Ein Stichprobenkennwert wird als Schätzer für den unbekannten Populationsparameter genommen. Intervallschätzung: Angabe eines Konfidenzintervalles mit Wahrscheinlichkeitsaussage.

7.6 $n = 27$, AM = 35, s = 5. Standardfehler schätzen: $\dfrac{s}{\sqrt{n}}=\dfrac{5}{\sqrt{27}}=0,962$.

Weiter über die t-Verteilung (wegen des relativ kleinen Stichprobenumfangs): Wert in der t-Verteilung ablesen bei *df* = 26: 2,056. In die Formel zur Berechnung des Konfidenzintervalles (95%) einsetzen: 35 +/- 2,056 · 0,962 = 36,978/33,022. µ liegt in diesem Intervall.

- ## Kapitel 8: Statistische Hypothesen formulieren und testen

8.1 Mit α wird die Wahrscheinlichkeit bezeichnet, die der Wissenschaftler *vorher* festlegt (Irrtumswahrscheinlichkeit). Auch p ist eine Wahrscheinlichkeit, allerdings die für das empirische Ergebnis der Untersuchung.

8.2 β wird kleiner.

8.3 Auch kleine Effekte, die praktisch unbedeutend sind, werden bei entsprechend großem Stichprobenumfang signifikant.

8.4 α legen Sie vor der Untersuchung fest. Um β zu minimieren, können Sie den Stichprobenumfang erhöhen, α verringern, einseitig testen (also eine gerichtete Hypothese formulieren), das geeignete Verfahren auswählen (Teststärke).

8.5 α und β gelten als gegenläufig (im binären Entscheidungsmodell). Je kleiner das eine, desto größer das andere (und umgekehrt).

8.6 Erst einmal natürlich von der Streuung der Populationswerte, aber auch vom gewählten α-Niveau (je kleiner, desto geringer ist die Wahrscheinlichkeit, sich für die H_1 zu entscheiden), vom Umfang der Stichprobe (je größer, desto höher die Wahrscheinlichkeit, sich für die H_1 zu entscheiden) und von der Effektstärke (je größer bspw. ein Unterschied ausfällt, desto größer ist ε und desto größer wird auch die Wahrscheinlichkeit, sich gegen die H_0 zu entscheiden).

- ## Kapitel 9: Auf signifikante Unterschiede testen – Teil I

9.1 Katharina wollte wissen, ob die Zahlen für den Fachbereich ($n = 400$) anders ausfallen als in der gesamten Universität. Die Werte für die Universität lauten: Spanisch: 670; Chinesisch: 103; Tagalog: 79 und Schwedisch: 20 ($n = 872$). Unterscheiden sich die Häufigkeiten im Fachbereich signifikant ($\alpha = 0{,}05$) von den Häufigkeiten der gesamten Universität? Die erwarteten Häufigkeiten im Fachbereich richten sich jetzt also nach den *anteilsmäßigen* Zahlen der *Universität*. Man muss deshalb zunächst diese erwarteten Häufigkeiten für jede Sprache berechnen, für Spanisch: 670/872 mal 400 = 307,339; für Chinesisch: 103/872 mal 400 = 47,248; für Tagalog: 79/872 mal 400 = 36,239 und für Schwedisch: 20/872 mal 400 = 9,174. Für jede Sprache (Zelle) berechnen Sie dann: Beobachtete minus erwartete Häufigkeit, dividiert durch die erwartete Häufigkeit. Diese Werte addieren Sie auf. Als Summe ergibt: 109,146. Dieser Wert ist viel größer als der kritische χ^2-Wert bei $\alpha = 0{,}05$ und $df = 3$: 7,82. Es gibt also einen signifikanten Unterschied.

9.2 Heidis „Lösung" ist unzulässig. Man darf niemals im Nachhinein Hypothesen verändern. Heidi muss also die Planung und die Ergebnisse korrekt darstellen und sollte danach diskutieren, warum das Ergebnis anders als von ihr erwartet ausgefallen ist.

9.3 Ob sich die im Text vorkommenden Pluralaffixe auf alle Kategorien gleich verteilen, überprüfen Sie mit dem eindimensionalen χ^2-Test.

9.4 Man muss auch auf die Richtung des Unterschiedes achten (Häufigkeiten betrachten).

9.5 Obwohl metrische Daten erhoben wurden, sollte man aufgrund der Stichprobengröße verteilungsfrei testen: U-Test.

9.6 Man sollte immer auf Varianzhomogenität testen.

- **Kapitel 10: Auf signifikante Unterschiede testen – Teil II (Varianzanalysen)**

10.1 Mit einer Varianzanalyse können Sie nur ungerichtete Hypothesen testen (Global- oder Omnibustest). Um zu erfahren, welche Gruppen sich unterscheiden, müssen Sie anschließend Post-hoc-Tests rechnen.

10.2 Es sind drei Faktoren A, B, und C. Das ergibt drei Haupteffekte. Dazu kommen noch die vier Interaktionseffekte: A mit B, A mit C und B mit C und schließlich noch A x B x C. Insgesamt werden also sieben Signifikanztests gerechnet.

10.3 Der F-Wert setzt die Treatment- und die Fehlervarianz miteinander ins Verhältnis. Bei einem F-Wert = 1 gilt: Varianz$_{Zwischen}$ = Residualvarianz. Es gibt also keinen Effekt. Bei einem F-Wert > 1 ist die Varianz zwischen den Gruppen größer als die Varianz innerhalb der Gruppen. Es gibt also einen Effekt der UV.

10.4 Wenn man den Einfluss eines dichotomen Merkmals auf ein stetiges Merkmal untersuchen möchte, also zwei Stichproben betrachtet.

10.5 Sind alle Voraussetzungen erfüllt, sollte man die parametrische Varianzanalyse rechnen. Begründung: Größere Teststärke, und sie schöpft nicht nur Ranginformationen aus.

10.6 Über die χ^2-Verteilung.

- **Kapitel 11: Auf signifikante Zusammenhänge testen**

11.1 Der Vorhersagefehler ist für alle Versuchspersonen hinweg am kleinsten.

11.2 Das Regressionsgewicht b ist unstandardisiert. Es gibt an, um wie viele Einheiten sich Y (Kriterium) verändert, wenn sich X (Prädiktor) um eine Einheit verändert, gemessen in der ursprünglichen Messeinheit. Das Regressionsgewicht β ist standardisiert. Es gibt an, um wie viele Standardabweichungen sich Y verändert, wenn X um eine Standardabweichung größer wird. Vorteil: Unabhängigkeit von der Maßeinheit, Vergleichbarkeit.

11.3 Beta = r.

11.4 Klassische Fehlinterpretation eines Zusammenhangs: Es gibt keinen direkten (also kausalen) Zusammenhang zwischen Schuhgröße und Leseverhalten. Frauen lesen allerdings mehr als Männer. Sie sind kleiner und haben deshalb im Durchschnitt eine kleinere Schuhgröße. Nicht nur Zeitungen irren allerdings, sondern auch Wissenschaftler haben Probleme mit dem richtigen Umgang, vgl. dazu: Vul et al. (2009).

11.5 Formen Sie die Formel zur Berechnung der Produkt-Moment-Korrelation entsprechend um und setzen Sie die Werte ein, also r = 0,6; s_{xy} = 6 und s_y = 2,3. Eingesetzt: $s_x = s_{xy}/s_y \cdot r = 6/2{,}3 \cdot 0{,}6 = 4{,}3478$.

11.6 Da hier ein natürlich-dichotomes Merkmal (Geschlecht) in Beziehung gesetzt werden soll mit einem metrischen Merkmal (Satzlänge), ist eine punktbiseriale Korrelation eine gute Wahl. Gerwin könnte allerdings noch das Design verbessern und vor allem die Stichproben anders ziehen.

Tabellen

A: Standardnormalverteilung (z-Werte)

z	0,00	0,01	0,02	0,03	0,04	0,05	0,06	0,07	0,08	0,09
0,0	0,5000	0,5040	0,5080	0,5120	0,5160	0,5199	0,5239	0,5279	0,5319	0,5359
0,1	0,5398	0,5438	0,5478	0,5517	0,5557	0,5596	0,5636	0,5675	0,5714	0,5754
0,2	0,5793	0,5832	0,5871	0,5910	0,5948	0,5987	0,6026	0,6064	0,6103	0,6141
0,3	0,6179	0,6217	0,6255	0,6293	0,6331	0,6368	0,6406	0,6443	0,6480	0,6517
0,4	0,6554	0,6591	0,6628	0,6664	0,6700	0,6736	0,6772	0,6808	0,6844	0,6879
0,5	0,6915	0,6950	0,6985	0,7019	0,7054	0,7088	0,7123	0,7157	0,7190	0,7224
0,6	0,7258	0,7291	0,7324	0,7357	0,7389	0,7422	0,7454	0,7486	0,7518	0,7549
0,7	0,7580	0,7612	0,7642	0,7673	0,7704	0,7734	0,7764	0,7794	0,7823	0,7852
0,8	0,7881	0,7910	0,7939	0,7967	0,7996	0,8023	0,8051	0,8079	0,8106	0,8133
0,9	0,8159	0,8186	0,8212	0,8238	0,8264	0,8289	0,8315	0,8340	0,8365	0,8389
1,0	0,8413	0,8438	0,8461	0,8485	0,8508	0,8531	0,8554	0,8577	0,8599	0,8621
1,1	0,8643	0,8665	0,8686	0,8708	0,8729	0,8749	0,8770	0,8790	0,8810	0,8830
1,2	0,8849	0,8869	0,8888	0,8907	0,8925	0,8944	0,8962	0,8980	0,8997	0,9015
1,3	0,9032	0,9049	0,9066	0,9082	0,9099	0,9115	0,9131	0,9147	0,9162	0,9177
1,4	0,9192	0,9207	0,9222	0,9236	0,9251	0,9265	0,9279	0,9292	0,9306	0,9319
1,5	0,9332	0,9345	0,9357	0,9370	0,9382	0,9394	0,9406	0,9418	0,9430	0,9441
1,6	0,9452	0,9463	0,9474	0,9485	0,9495	0,9505	0,9515	0,9525	0,9535	0,9545
1,7	0,9554	0,9564	0,9573	0,9582	0,9591	0,9599	0,9608	0,9616	0,9625	0,9633
1,8	0,9641	0,9649	0,9656	0,9664	0,9671	0,9678	0,9686	0,9693	0,9700	0,9706
1,9	0,9713	0,9719	0,9726	0,9732	0,9738	0,9744	0,9750	0,9756	0,9762	0,9767
2,0	0,9773	0,9778	0,9783	0,9788	0,9793	0,9798	0,9803	0,9808	0,9812	0,9817
2,1	0,9821	0,9826	0,9830	0,9834	0,9838	0,9842	0,9846	0,9850	0,9854	0,9857
2,2	0,9861	0,9865	0,9868	0,9871	0,9875	0,9878	0,9881	0,9884	0,9887	0,9890
2,3	0,9893	0,9896	0,9898	0,9901	0,9904	0,9906	0,9909	0,9911	0,9913	0,9916
2,4	0,9918	0,9920	0,9922	0,9925	0,9927	0,9929	0,9931	0,9932	0,9934	0,9936
2,5	0,9938	0,9940	0,9941	0,9943	0,9945	0,9946	0,9948	0,9949	0,9951	0,9952
2,6	0,9953	0,9955	0,9956	0,9957	0,9959	0,9960	0,9961	0,9962	0,9963	0,9964
2,7	0,9965	0,9966	0,9967	0,9968	0,9969	0,9970	0,9971	0,9972	0,9973	0,9974
2,8	0,9974	0,9975	0,9976	0,9977	0,9977	0,9978	0,9979	0,9980	0,9980	0,9981
2,9	0,9981	0,9982	0,9983	0,9983	0,9984	0,9984	0,9985	0,9985	0,9986	0,9986
3,0	0,9987	0,9987	0,9987	0,9988	0,9988	0,9989	0,9989	0,9989	0,9990	0,9990

B: χ^2-Verteilung

df	Einseitig nur für df=1					
α	0,10	0,05	0,025	0,01	0,005	0,0005
	Zweiseitig					
α	0,2	0,1	0,05	0,02	0,01	0,001
1	1,642	2,706	3,841	5,412	6,635	10,828
2	3,219	4,605	5,991	7,824	9,210	13,816
3	4,642	6,251	7,815	9,837	11,345	16,266
4	5,989	7,779	9,488	11,668	13,277	18,467
5	7,289	9,236	11,070	13,388	15,086	20,515
6	8,558	10,645	12,592	15,033	16,812	22,458
7	9,803	12,017	14,067	16,622	18,475	24,322
8	11,030	13,362	15,507	18,168	20,090	26,124
9	12,242	14,684	16,919	19,679	21,666	27,877
10	13,442	15,987	18,307	21,161	23,209	29,588
11	14,631	17,275	19,675	22,618	24,725	31,264
12	15,812	18,549	21,026	24,054	26,217	32,909
13	16,985	19,812	22,362	25,472	27,688	34,528
14	18,151	21,064	23,685	26,873	29,141	36,123
15	19,311	22,307	24,996	28,259	30,578	37,697
16	20,465	23,542	26,296	29,633	32,000	39,252
17	21,615	24,769	27,587	30,995	33,409	40,790
18	22,760	25,989	28,869	32,346	34,805	42,312
19	23,900	27,204	30,144	33,687	36,191	43,820
20	25,038	28,412	31,410	35,020	37,566	45,315
21	26,171	29,615	32,671	36,343	38,932	46,797
22	27,301	30,813	33,924	37,659	40,289	48,268
23	28,429	32,007	35,172	38,968	41,638	49,728
24	29,553	33,196	36,415	40,270	42,980	51,179
25	30,675	34,382	37,652	41,566	44,314	52,620
26	31,795	35,563	38,885	42,856	45,642	54,052
27	32,912	36,741	40,113	44,140	46,963	55,476
28	34,027	37,916	41,337	45,419	48,278	56,892
29	35,139	39,087	42,557	46,693	49,588	58,301
30	36,250	40,256	43,773	47,962	50,892	59,703

C: t-Verteilung

df	Fläche						
	0,800	**0,850**	**0,900**	**0,950**	**0,975**	**0,990**	**0,995**
1	1,376	1,963	3,078	6,314	12,706	31,821	63,657
2	1,061	1,386	1,886	2,920	4,303	6,965	9,925
3	0,978	1,250	1,638	2,353	3,182	4,541	5,841
4	0,941	1,190	1,533	2,132	2,776	3,747	4,604
5	0,920	1,156	1,476	2,015	2,571	3,365	4,032
6	0,906	1,134	1,440	1,943	2,447	3,143	3,707
7	0,896	1,119	1,415	1,895	2,365	2,998	3,499
8	0,889	1,108	1,397	1,860	2,306	2,896	3,355
9	0,883	1,100	1,383	1,833	2,262	2,821	3,250
10	0,879	1,093	1,372	1,812	2,228	2,764	3,169
11	0,876	1,088	1,363	1,796	2,201	2,718	3,106
12	0,873	1,083	1,356	1,782	2,179	2,681	3,055
13	0,870	1,079	1,350	1,771	2,160	2,650	3,012
14	0,868	1,076	1,345	1,761	2,145	2,624	2,977
15	0,866	1,074	1,341	1,753	2,131	2,602	2,947
16	0,865	1,071	1,337	1,746	2,120	2,583	2,921
17	0,863	1,069	1,333	1,740	2,110	2,567	2,898
18	0,862	1,067	1,330	1,734	2,101	2,552	2,878
19	0,861	1,066	1,328	1,729	2,093	2,539	2,861
20	0,860	1,064	1,325	1,725	2,086	2,528	2,845
21	0,859	1,063	1,323	1,721	2,080	2,518	2,831
22	0,858	1,061	1,321	1,717	2,074	2,508	2,819
23	0,858	1,060	1,319	1,714	2,069	2,500	2,807
24	0,857	1,059	1,318	1,711	2,064	2,492	2,797
25	0,856	1,058	1,316	1,708	2,060	2,485	2,787
26	0,856	1,058	1,315	1,706	2,056	2,479	2,779
27	0,855	1,057	1,314	1,703	2,052	2,473	2,771
28	0,855	1,056	1,313	1,701	2,048	2,467	2,763
29	0,854	1,055	1,311	1,699	2,045	2,462	2,756
30	0,854	1,055	1,310	1,697	2,042	2,457	2,750
40	0,851	1,050	1,303	1,684	2,021	2,423	2,704
60	0,848	1,045	1,296	1,671	2,000	2,390	2,660
120	0,845	1,041	1,289	1,658	1,980	2,358	2,617
∞	0,842	1,036	1,282	1,645	1,960	2,326	2,576

D: F-Verteilung: (Fläche = 0,90, Teil 1)

df$_2$ \ df$_1$	1	2	3	4	5	6	7	8	9	10	11	12
1	39,86	49,50	53,59	55,83	57,24	58,20	58,91	59,44	59,86	60,20	60,47	60,71
2	8,53	9,00	9,16	9,24	9,29	9,33	9,35	9,37	9,38	9,39	9,40	9,41
3	5,54	5,46	5,39	5,34	5,31	5,29	5,27	5,25	5,24	5,23	5,22	5,22
4	4,55	4,33	4,19	4,11	4,05	4,01	3,98	3,96	3,94	3,92	3,91	3,90
5	4,06	3,78	3,62	3,52	3,45	3,41	3,37	3,34	3,32	3,30	3,28	3,27
6	3,78	3,46	3,29	3,18	3,11	3,06	3,01	2,98	2,96	2,94	2,92	2,91
7	3,59	3,26	3,07	2,96	2,88	2,83	2,79	2,75	2,73	2,70	2,68	2,67
8	3,46	3,11	2,92	2,81	2,73	2,67	2,62	2,59	2,56	2,54	2,52	2,50
9	3,36	3,01	2,81	2,69	2,61	2,55	2,51	2,47	2,44	2,42	2,40	2,38
10	3,29	2,92	2,73	2,61	2,52	2,46	2,41	2,38	2,35	2,32	2,30	2,28
11	3,23	2,86	2,66	2,54	2,45	2,39	2,34	2,30	2,27	2,25	2,23	2,21
12	3,18	2,81	2,61	2,48	2,39	2,33	2,28	2,25	2,21	2,19	2,17	2,15
13	3,14	2,76	2,56	2,43	2,35	2,28	2,23	2,20	2,16	2,14	2,12	2,10
14	3,10	2,73	2,52	2,40	2,31	2,24	2,19	2,15	2,12	2,10	2,07	2,05
15	3,07	2,70	2,49	2,36	2,27	2,21	2,16	2,12	2,09	2,06	2,04	2,02
16	3,05	2,67	2,46	2,33	2,24	2,18	2,13	2,09	2,06	2,03	2,01	1,99
17	3,03	2,65	2,44	2,31	2,22	2,15	2,10	2,06	2,03	2,00	1,98	1,96
18	3,01	2,62	2,42	2,29	2,20	2,13	2,08	2,04	2,01	1,98	1,95	1,93
19	2,99	2,61	2,40	2,27	2,18	2,11	2,06	2,02	1,98	1,96	1,93	1,91
20	2,98	2,59	2,38	2,25	2,16	2,09	2,04	2,00	1,97	1,94	1,91	1,89
22	2,95	2,56	2,35	2,22	2,13	2,06	2,01	1,97	1,93	1,90	1,88	1,86
24	2,93	2,54	2,33	2,20	2,10	2,04	1,98	1,94	1,91	1,88	1,85	1,83
26	2,91	2,52	2,31	2,17	2,08	2,01	1,96	1,92	1,88	1,86	1,83	1,81
28	2,89	2,50	2,29	2,16	2,06	2,00	1,94	1,90	1,87	1,84	1,81	1,79
30	2,88	2,49	2,28	2,14	2,05	1,98	1,93	1,88	1,85	1,82	1,79	1,77
40	2,84	2,44	2,23	2,09	2,00	1,93	1,87	1,83	1,79	1,76	1,74	1,72
60	2,79	2,39	2,18	2,04	1,95	1,88	1,82	1,78	1,74	1,71	1,68	1,66
120	2,75	2,35	2,13	1,99	1,90	1,82	1,77	1,72	1,68	1,65	1,63	1,60
200	2,73	2,33	2,11	1,97	1,88	1,80	1,75	1,70	1,66	1,63	1,60	1,58
∞	2,71	2,30	2,08	1,95	1,85	1,77	1,72	1,67	1,63	1,60	1,57	1,55

D: F-Verteilung: Fläche = 0,90 (Teil 2)

df₁ \ df₂	15	20	25	30	40	50	60	100	120	200	500	∞
1	61,22	61,74	62,06	62,27	62,53	62,69	62,79	63,01	63,06	63,17	63,26	63,33
2	9,43	9,44	9,45	9,46	9,47	9,47	9,48	9,48	9,48	9,49	9,49	9,49
3	5,20	5,18	5,18	5,17	5,16	5,16	5,15	5,14	5,14	5,14	5,14	5,13
4	3,87	3,84	3,83	3,82	3,80	3,80	3,79	3,78	3,78	3,77	3,76	3,76
5	3,24	3,21	3,19	3,17	3,16	3,15	3,14	3,13	3,12	3,12	3,11	3,11
6	2,87	2,84	2,82	2,80	2,78	2,77	2,76	2,75	2,74	2,73	2,73	2,72
7	2,63	2,60	2,57	2,56	2,54	2,52	2,51	2,50	2,49	2,48	2,48	2,47
8	2,46	2,43	2,40	2,38	2,36	2,35	2,34	2,32	2,32	2,31	2,30	2,29
9	2,34	2,30	2,27	2,26	2,23	2,22	2,21	2,19	2,18	2,17	2,17	2,16
10	2,24	2,20	2,17	2,16	2,13	2,12	2,11	2,09	2,08	2,07	2,06	2,06
11	2,17	2,12	2,10	2,08	2,05	2,04	2,03	2,01	2,00	1,99	1,98	1,97
12	2,11	2,06	2,03	2,01	1,99	1,97	1,96	1,94	1,93	1,92	1,91	1,90
13	2,05	2,01	1,98	1,96	1,93	1,92	1,90	1,88	1,88	1,86	1,85	1,85
14	2,01	1,96	1,93	1,91	1,89	1,87	1,86	1,83	1,83	1,82	1,81	1,80
15	1,97	1,92	1,89	1,87	1,85	1,83	1,82	1,79	1,79	1,77	1,76	1,76
16	1,94	1,89	1,86	1,84	1,81	1,79	1,78	1,76	1,75	1,74	1,73	1,72
17	1,91	1,86	1,83	1,81	1,78	1,76	1,75	1,73	1,72	1,71	1,69	1,69
18	1,89	1,84	1,81	1,78	1,75	1,74	1,72	1,70	1,69	1,68	1,67	1,66
19	1,87	1,81	1,78	1,76	1,73	1,71	1,70	1,67	1,67	1,65	1,64	1,63
20	1,85	1,79	1,76	1,74	1,71	1,69	1,68	1,65	1,64	1,63	1,62	1,61
22	1,81	1,76	1,73	1,70	1,67	1,65	1,64	1,61	1,60	1,59	1,58	1,57
24	1,78	1,73	1,70	1,67	1,64	1,62	1,61	1,58	1,57	1,56	1,54	1,53
26	1,76	1,71	1,67	1,65	1,62	1,59	1,58	1,55	1,54	1,53	1,51	1,50
28	1,74	1,69	1,65	1,63	1,59	1,57	1,56	1,53	1,52	1,50	1,49	1,48
30	1,72	1,67	1,63	1,61	1,57	1,55	1,54	1,51	1,50	1,48	1,47	1,46
40	1,66	1,61	1,57	1,54	1,51	1,48	1,47	1,43	1,43	1,41	1,39	1,38
60	1,60	1,54	1,50	1,48	1,44	1,41	1,40	1,36	1,35	1,33	1,31	1,29
120	1,55	1,48	1,44	1,41	1,37	1,34	1,32	1,28	1,27	1,24	1,21	1,19
200	1,52	1,46	1,41	1,38	1,34	1,31	1,29	1,24	1,23	1,20	1,17	1,14
∞	1,49	1,42	1,38	1,34	1,30	1,26	1,24	1,19	1,17	1,13	1,08	1,00

D: F-Verteilung (Fläche = 0,95; Teil 1)

df₁ / df₂	1	2	3	4	5	6	7	8	9	10	11	12
1	161,45	199,50	215,71	224,58	230,16	233,99	236,77	238,88	240,54	241,88	242,98	243,91
2	18,51	19,00	19,16	19,25	19,30	19,33	19,35	19,37	19,39	19,40	19,41	19,41
3	10,13	9,55	9,28	9,12	9,01	8,94	8,89	8,85	8,81	8,79	8,76	8,75
4	7,71	6,94	6,59	6,39	6,26	6,16	6,09	6,04	6,00	5,96	5,94	5,91
5	6,61	5,79	5,41	5,19	5,05	4,95	4,88	4,82	4,77	4,74	4,70	4,68
6	5,99	5,14	4,76	4,53	4,39	4,28	4,21	4,15	4,10	4,06	4,03	4,00
7	5,59	4,74	4,35	4,12	3,97	3,87	3,79	3,73	3,68	3,64	3,60	3,58
8	5,32	4,46	4,07	3,84	3,69	3,58	3,50	3,44	3,39	3,35	3,31	3,28
9	5,12	4,26	3,86	3,63	3,48	3,37	3,29	3,23	3,18	3,14	3,10	3,07
10	4,97	4,10	3,71	3,48	3,33	3,22	3,14	3,07	3,02	2,98	2,94	2,91
11	4,84	3,98	3,59	3,36	3,20	3,10	3,01	2,95	2,90	2,85	2,82	2,79
12	4,75	3,89	3,49	3,26	3,11	3,00	2,91	2,85	2,80	2,75	2,72	2,69
13	4,67	3,81	3,41	3,18	3,03	2,92	2,83	2,77	2,71	2,67	2,64	2,60
14	4,60	3,74	3,34	3,11	2,96	2,85	2,76	2,70	2,65	2,60	2,57	2,53
15	4,54	3,68	3,29	3,06	2,90	2,79	2,71	2,64	2,59	2,54	2,51	2,48
16	4,49	3,63	3,24	3,01	2,85	2,74	2,66	2,59	2,54	2,49	2,46	2,43
17	4,45	3,59	3,20	2,97	2,81	2,70	2,61	2,55	2,49	2,45	2,41	2,38
18	4,41	3,56	3,16	2,93	2,77	2,66	2,58	2,51	2,46	2,41	2,37	2,34
19	4,38	3,52	3,13	2,90	2,74	2,63	2,54	2,48	2,42	2,38	2,34	2,31
20	4,35	3,49	3,10	2,87	2,71	2,60	2,51	2,45	2,39	2,35	2,31	2,28
22	4,30	3,44	3,05	2,82	2,66	2,55	2,46	2,40	2,34	2,30	2,26	2,23
24	4,26	3,40	3,01	2,78	2,62	2,51	2,42	2,36	2,30	2,26	2,22	2,18
26	4,23	3,37	2,98	2,74	2,59	2,47	2,39	2,32	2,27	2,22	2,18	2,15
28	4,20	3,34	2,95	2,71	2,56	2,45	2,36	2,29	2,24	2,19	2,15	2,12
30	4,17	3,32	2,92	2,69	2,53	2,42	2,33	2,27	2,21	2,17	2,13	2,09
40	4,09	3,23	2,84	2,61	2,45	2,34	2,25	2,18	2,12	2,08	2,04	2,00
60	4,00	3,15	2,76	2,53	2,37	2,25	2,17	2,10	2,04	1,99	1,95	1,92
120	3,92	3,07	2,68	2,45	2,29	2,18	2,09	2,02	1,96	1,91	1,87	1,83
200	3,89	3,04	2,65	2,42	2,26	2,14	2,06	1,99	1,93	1,88	1,84	1,80
∞	3,84	3,00	2,61	2,37	2,21	2,10	2,01	1,94	1,88	1,83	1,79	1,75

D: F-Verteilung (Fläche = 0,95; Teil 2)

df₁ / df₂	15	20	25	30	40	50	60	100	120	200	500	∞
1	245,95	248,01	249,26	250,10	251,14	251,77	252,20	253,04	253,25	253,68	254,06	254,31
2	19,43	19,45	19,46	19,46	19,47	19,48	19,48	19,49	19,49	19,49	19,49	19,50
3	8,70	8,66	8,63	8,62	8,59	8,58	8,57	8,55	8,55	8,54	8,53	8,53
4	5,86	5,80	5,77	5,75	5,72	5,70	5,69	5,66	5,66	5,65	5,64	5,63
5	4,62	4,56	4,52	4,50	4,46	4,44	4,43	4,41	4,40	4,39	4,37	4,37
6	3,94	3,87	3,84	3,81	3,77	3,75	3,74	3,71	3,71	3,69	3,68	3,67
7	3,51	3,45	3,40	3,38	3,34	3,32	3,30	3,28	3,27	3,25	3,24	3,23
8	3,22	3,15	3,11	3,08	3,04	3,02	3,01	2,98	2,97	2,95	2,94	2,93
9	3,01	2,94	2,89	2,86	2,83	2,80	2,79	2,76	2,75	2,73	2,72	2,71
10	2,85	2,77	2,73	2,70	2,66	2,64	2,62	2,59	2,58	2,56	2,55	2,54
11	2,72	2,65	2,60	2,57	2,53	2,51	2,49	2,46	2,45	2,43	2,42	2,40
12	2,62	2,54	2,50	2,47	2,43	2,40	2,38	2,35	2,34	2,32	2,31	2,30
13	2,53	2,46	2,41	2,38	2,34	2,31	2,30	2,26	2,25	2,23	2,22	2,21
14	2,46	2,39	2,34	2,31	2,27	2,24	2,22	2,19	2,18	2,16	2,14	2,13
15	2,40	2,33	2,28	2,25	2,20	2,18	2,16	2,12	2,11	2,10	2,08	2,07
16	2,35	2,28	2,23	2,19	2,15	2,12	2,11	2,07	2,06	2,04	2,02	2,01
17	2,31	2,23	2,18	2,15	2,10	2,08	2,06	2,02	2,01	1,99	1,97	1,96
18	2,27	2,19	2,14	2,11	2,06	2,04	2,02	1,98	1,97	1,95	1,93	1,92
19	2,23	2,16	2,11	2,07	2,03	2,00	1,98	1,94	1,93	1,91	1,89	1,88
20	2,20	2,12	2,07	2,04	1,99	1,97	1,95	1,91	1,90	1,88	1,86	1,84
22	2,15	2,07	2,02	1,98	1,94	1,91	1,89	1,85	1,84	1,82	1,80	1,78
24	2,11	2,03	1,98	1,94	1,89	1,86	1,84	1,80	1,79	1,77	1,75	1,73
26	2,07	1,99	1,94	1,90	1,85	1,82	1,80	1,76	1,75	1,73	1,71	1,69
28	2,04	1,96	1,91	1,87	1,82	1,79	1,77	1,73	1,71	1,69	1,67	1,65
30	2,02	1,93	1,88	1,84	1,79	1,76	1,74	1,70	1,68	1,66	1,64	1,62
40	1,92	1,84	1,78	1,74	1,69	1,66	1,64	1,59	1,58	1,55	1,53	1,51
60	1,84	1,75	1,69	1,65	1,59	1,56	1,53	1,48	1,47	1,44	1,41	1,39
120	1,75	1,66	1,60	1,55	1,50	1,46	1,43	1,37	1,35	1,32	1,28	1,25
200	1,72	1,62	1,56	1,52	1,46	1,42	1,39	1,32	1,30	1,26	1,22	1,19
∞	1,67	1,57	1,51	1,46	1,39	1,35	1,32	1,24	1,22	1,17	1,11	1,00

D: F-Verteilung (Fläche = 0,99; Teil 1)

df₁ / df₂	1	2	3	4	5	6	7	8	9	10	11	12
2	98,50	99,00	99,17	99,25	99,30	99,33	99,36	99,37	99,39	99,40	99,41	99,42
3	34,12	30,82	29,46	28,71	28,24	27,91	27,67	27,49	27,35	27,23	27,13	27,05
4	21,20	18,00	16,69	15,98	15,52	15,21	14,98	14,80	14,66	14,55	14,45	14,37
5	16,26	13,27	12,06	11,39	10,97	10,67	10,46	10,29	10,16	10,05	9,96	9,89
6	13,75	10,93	9,78	9,15	8,75	8,47	8,26	8,10	7,98	7,87	7,79	7,72
7	12,25	9,55	8,45	7,85	7,46	7,19	6,99	6,84	6,72	6,62	6,54	6,47
8	11,26	8,65	7,59	7,01	6,63	6,37	6,18	6,03	5,91	5,81	5,73	5,67
9	10,56	8,02	6,99	6,42	6,06	5,80	5,61	5,47	5,35	5,26	5,18	5,11
10	10,04	7,56	6,55	5,99	5,64	5,39	5,20	5,06	4,94	4,85	4,77	4,71
11	9,65	7,21	6,22	5,67	5,32	5,07	4,89	4,74	4,63	4,54	4,46	4,40
12	9,33	6,93	5,95	5,41	5,06	4,82	4,64	4,50	4,39	4,30	4,22	4,16
13	9,07	6,70	5,74	5,21	4,86	4,62	4,44	4,30	4,19	4,10	4,03	3,96
14	8,86	6,52	5,56	5,04	4,70	4,46	4,28	4,14	4,03	3,94	3,86	3,80
15	8,68	6,36	5,42	4,89	4,56	4,32	4,14	4,00	3,90	3,81	3,73	3,67
16	8,53	6,23	5,29	4,77	4,44	4,20	4,03	3,89	3,78	3,69	3,62	3,55
17	8,40	6,11	5,19	4,67	4,34	4,10	3,93	3,79	3,68	3,59	3,52	3,46
18	8,29	6,01	5,09	4,58	4,25	4,02	3,84	3,71	3,60	3,51	3,43	3,37
19	8,19	5,93	5,01	4,50	4,17	3,94	3,77	3,63	3,52	3,43	3,36	3,30
20	8,10	5,85	4,94	4,43	4,10	3,87	3,70	3,56	3,46	3,37	3,29	3,23
22	7,95	5,72	4,82	4,31	3,99	3,76	3,59	3,45	3,35	3,26	3,18	3,12
24	7,82	5,61	4,72	4,22	3,90	3,67	3,50	3,36	3,26	3,17	3,09	3,03
26	7,72	5,53	4,64	4,14	3,82	3,59	3,42	3,29	3,18	3,09	3,02	2,96
28	7,64	5,45	4,57	4,07	3,75	3,53	3,36	3,23	3,12	3,03	2,96	2,90
30	7,56	5,39	4,51	4,02	3,70	3,47	3,30	3,17	3,07	2,98	2,91	2,84
40	7,31	5,18	4,31	3,83	3,51	3,29	3,12	2,99	2,89	2,80	2,73	2,67
60	7,08	4,98	4,13	3,65	3,34	3,12	2,95	2,82	2,72	2,63	2,56	2,50
120	6,85	4,79	3,95	3,48	3,17	2,96	2,79	2,66	2,56	2,47	2,40	2,34
200	6,76	4,71	3,88	3,41	3,11	2,89	2,73	2,60	2,50	2,41	2,34	2,28
∞	6,64	4,61	3,78	3,32	3,02	2,80	2,64	2,51	2,41	2,32	2,25	2,19

D: F-Verteilung (Fläche = 0,99; Teil 2)

df₂＼df₁	15	20	25	30	40	50	60	100	120	200	500	∞
2	99,43	99,45	99,46	99,47	99,47	99,48	99,48	99,49	99,49	99,49	99,50	99,50
3	26,87	26,69	26,58	26,51	26,41	26,35	26,32	26,24	26,22	26,18	26,15	26,13
4	14,20	14,02	13,91	13,84	13,75	13,69	13,65	13,58	13,56	13,52	13,49	13,46
5	9,72	9,55	9,45	9,38	9,29	9,24	9,20	9,13	9,11	9,08	9,04	9,02
6	7,56	7,40	7,30	7,23	7,14	7,09	7,06	6,99	6,97	6,93	6,90	6,88
7	6,31	6,16	6,06	5,99	5,91	5,86	5,82	5,76	5,74	5,70	5,67	5,65
8	5,52	5,36	5,26	5,20	5,12	5,07	5,03	4,96	4,95	4,91	4,88	4,86
9	4,96	4,81	4,71	4,65	4,57	4,52	4,48	4,42	4,40	4,36	4,33	4,31
10	4,56	4,41	4,31	4,25	4,17	4,12	4,08	4,01	4,00	3,96	3,93	3,91
11	4,25	4,10	4,01	3,94	3,86	3,81	3,78	3,71	3,69	3,66	3,62	3,60
12	4,01	3,86	3,77	3,70	3,62	3,57	3,54	3,47	3,45	3,41	3,38	3,36
13	3,82	3,67	3,57	3,51	3,43	3,38	3,34	3,27	3,26	3,22	3,19	3,17
14	3,66	3,51	3,41	3,35	3,27	3,22	3,18	3,11	3,09	3,06	3,03	3,00
15	3,52	3,37	3,28	3,21	3,13	3,08	3,05	2,98	2,96	2,92	2,89	2,87
16	3,41	3,26	3,17	3,10	3,02	2,97	2,93	2,86	2,85	2,81	2,78	2,75
17	3,31	3,16	3,07	3,00	2,92	2,87	2,84	2,76	2,75	2,71	2,68	2,65
18	3,23	3,08	2,98	2,92	2,84	2,78	2,75	2,68	2,66	2,62	2,59	2,57
19	3,15	3,00	2,91	2,84	2,76	2,71	2,67	2,60	2,58	2,55	2,51	2,49
20	3,09	2,94	2,84	2,78	2,70	2,64	2,61	2,54	2,52	2,48	2,45	2,42
22	2,98	2,83	2,73	2,67	2,58	2,53	2,50	2,42	2,40	2,37	2,33	2,31
24	2,89	2,74	2,64	2,58	2,49	2,44	2,40	2,33	2,31	2,27	2,24	2,21
26	2,82	2,66	2,57	2,50	2,42	2,36	2,33	2,25	2,23	2,19	2,16	2,13
28	2,75	2,60	2,51	2,44	2,35	2,30	2,26	2,19	2,17	2,13	2,09	2,06
30	2,70	2,55	2,45	2,39	2,30	2,25	2,21	2,13	2,11	2,07	2,03	2,01
40	2,52	2,37	2,27	2,20	2,11	2,06	2,02	1,94	1,92	1,87	1,83	1,81
60	2,35	2,20	2,10	2,03	1,94	1,88	1,84	1,75	1,73	1,68	1,63	1,60
120	2,19	2,04	1,93	1,86	1,76	1,70	1,66	1,56	1,53	1,48	1,42	1,38
200	2,13	1,97	1,87	1,79	1,69	1,63	1,58	1,48	1,45	1,39	1,33	1,28
∞	2,04	1,88	1,77	1,70	1,59	1,52	1,47	1,36	1,33	1,25	1,15	1,00

E: U-Tabelle für α = 0,05

n₂ \ n₁	2	3	4	5	6	7	8	9	10	11	12	13	14	15	15	17	18	19	20
4			0																
5		0	1	2															
6		1	2	3	5														
7		1	3	5	6	8													
8	0	2	4	6	8	10	13												
9	0	2	4	7	10	12	15	17											
10	0	3	5	8	11	14	17	20	23										
11	0	3	6	9	13	16	19	23	26	30									
12	1	4	7	11	14	18	22	26	29	33	37								
13	1	4	8	12	16	20	24	28	33	37	41	45							
14	1	5	9	13	17	22	26	31	36	40	45	50	55						
15	1	5	10	14	19	24	29	34	39	44	49	54	59	64					
16	1	6	11	15	21	26	31	37	42	47	53	59	64	70	75				
17	2	6	11	17	22	28	34	39	45	51	57	63	69	75	81	87			
18	2	7	12	18	24	30	36	42	48	55	61	67	74	80	86	93	99		
19	2	7	13	19	26	32	38	45	52	58	65	72	78	85	92	99	106	113	
20	2	8	14	20	27	34	41	48	55	62	69	76	83	90	98	105	112	119	127

E: U-Tabelle für α = 0,01

n₂ \ n₁	2	3	4	5	6	7	8	9	10	11	12	13	14	15	15	17	18	19	20
5				0															
6			0	1	2														
7			0	1	3	4													
8			1	2	4	6	7												
9		0	1	3	5	7	9	11											
10		0	2	4	6	9	11	13	16										
11		0	2	5	7	10	13	16	18	21									
12		1	3	6	9	12	15	18	21	24	27								
13		1	3	7	10	13	17	20	24	27	31	34							
14		1	4	7	11	15	18	22	26	30	34	38	42						
15		2	5	8	12	16	20	24	29	33	37	42	46	51					
16		2	5	9	13	18	22	27	31	36	41	45	50	55	60				
17		2	6	10	15	19	24	29	34	39	44	49	54	60	65	70			
18		2	6	11	16	21	26	31	37	42	47	53	58	64	70	75	81		
19	0	3	7	12	17	22	28	33	39	45	51	57	63	69	74	81	87	93	
20	0	3	8	13	18	24	30	36	42	48	54	60	67	73	79	86	92	99	105

E: U-Tabelle für α = 0,001

n_2 \ n_1	2	3	4	5	6	7	8	9	10	11	12	13	14	15	15	17	18	19	20
7						0													
8				0	1	2													
9			0	1	2	4	5												
10			0	2	3	5	7	8											
11			1	2	4	6	8	10	12										
12			1	3	5	7	10	12	15	17									
13		0	2	4	6	9	11	14	17	20	23								
14		0	2	5	7	10	13	16	19	22	25	29							
15		0	3	5	8	11	15	18	21	25	28	32	36						
16		1	3	6	9	13	16	20	24	27	31	35	39	43					
17		1	4	7	10	14	18	22	26	30	34	39	43	47	51				
18		1	4	8	11	15	20	24	28	33	37	42	46	51	56	61			
19		2	5	8	13	17	21	26	31	35	40	45	50	55	60	65	70		
20		2	5	9	14	18	23	28	33	38	43	49	54	59	65	70	76	81	

F: Wilcoxon-Test

n \ α	0,05	0,01	0,001
6	0		
7	2		
8	3	0	
9	5	1	
10	8	3	
11	10	5	0
12	13	7	1
13	17	9	2
14	21	12	4
15	25	15	6
16	29	19	8
17	34	23	11
18	40	27	14
19	46	32	18
20	52	37	21
21	58	42	25
22	65	48	30
23	73	54	35
24	81	61	40
25	89	68	45

G: Kritische H-Werte für den Kruskal-Wallis-Test

Größe der Stichproben			Signifikanzniveau ≈ 5%		Signifikanzniveau ≈ 1%	
N1	N2	N3	h	P(H≥h)	h	P(H≥h)
2	2	2	4,571	0,0667		
3	2	2	4,714	0,0476		
3	3	2	5,139	0,0607		
3	3	3	5,600	0,0500		
4	2	1	4,821	0,0571		
4	2	2	5,125	0,0524		
4	3	1	5,208	0,0500		
4	3	2	5,400	0,0508		
4	3	3	5,727	0,0505	6,745	0,0100
4	4	1	4,867	0,0540	6,667	0,0095
4	4	2	5,236	0,0521	6,873	0,0108
4	4	3	5,576	0,0507	7,136	0,0107
4	4	4	5,692	0,0487	7,538	0,0107
5	2	1	5,000	0,0476		
5	2	2	5,040	0,0556	6,533	0,0079
5	3	1	4,871	0,0516	6,400	0,0119
5	3	2	5,251	0,0492	6,822	0,0103
5	3	3	5,515	0,0507	7,079	0,0087
5	4	1	4,860	0,0556	6,840	0,0111
5	4	2	5,268	0,0505	7,118	0,0101
5	4	3	5,631	0,0503	7,445	0,0097
5	4	4	5,618	0,0503	7,760	0,0095
5	5	1	4,909	0,0534	6,836	0,0108
5	5	2	5,246	0,0511	7,269	0,0103
5	5	3	5,626	0,0508	7,543	0,0102
5	5	4	5,643	0,0502	7,823	0,0098
5	5	5	5,660	0,0509	7,980	0,0105
6	2	1	4,822	0,0478		
6	3	1	4,855	0,0500	6,582	0,0119
6	3	2	5,227	0,0520	6,970	0,0091
6	3	3	5,615	0,0497	7,192	0,0102
6	4	1	4,947	0,0468	7,083	0,0104
6	4	2	5,263	0,0502	7,212	0,0108
6	4	3	5,604	0,0504	7,467	0,0101
6	4	4	5,667	0,0505	7,724	0,0101
6	5	1	4,836	0,0509	6,997	0,0101
6	5	2	5,319	0,0506	7,299	0,0102
6	5	3	5,600	0,0500	7,560	0,0102
6	5	4	5,661	0,0499	7,936	0,0100
6	5	5	5,729	0,0497	8,012	0,0100
6	6	1	4,857	0,0511	7,066	0,0103
6	6	2	5,410	0,0499	7,410	0,0102
6	6	3	5,625	0,0500	7,725	0,0099
6	6	4	5,721	0,0501	8,000	0,0100
6	6	5	5,765	0,0499	8,119	0,0100
6	6	6	5,719	0,0502	8,187	0,0102
7	7	7	5,766	0,0506	8,334	0,0101
8	8	8	5,805	0,0497	8,435	0,0101
Asymptotischer Wert			5,991	0,0500	9,210	0,0100

Größe der Stichproben				Signifikanzniveau ≈ 5%		Signifikanzniveau ≈ 1%	
N1	N2	N3	N4	h	P(H≥h)	h	P(H≥h)
3	2	2	2	6,333	0,0476	7,133	0,0079
3	3	2	1	6,156	0,0560	7,044	0,0107
3	3	2	2	6,527	0,0492	7,636	0,0100
3	3	3	1	6,600	0,0493	7,400	0,0086
3	3	3	2	6,727	0,0495	8,015	0,0096
3	3	3	3	6,879	0,0502	8,436	0,0108
4	2	2	1	6,000	0,0566	7,000	0,0095
4	2	2	2	6,545	0,0492	7,391	0,0089
4	3	1	1	6,178	0,0492	7,067	0,0095
4	3	2	1	6,309	0,0494	7,455	0,0098
4	3	2	2	6,621	0,0495	7,871	0,0100
4	3	3	1	6,545	0,0495	7,758	0,0097
4	3	3	2	6,782	0,0501	8,333	0,0099
4	3	3	3	6,967	0,0503	8,659	0,0099
4	4	1	1	5,945	0,0495	7,500	0,0114
4	4	2	1	6,364	0,0500	7,886	0,0102
4	4	2	2	6,731	0,0487	8,308	0,0102
4	4	3	1	6,635	0,0498	8,218	0,0103
4	4	3	2	6,874	0,0498	8,621	0,0100
4	4	3	3	7,038	0,0499	8,867	0,0100
4	4	4	1	6,725	0,0498	8,571	0,0101
4	4	4	2	6,957	0,0496	8,857	0,0101
4	4	4	3	7,129	0,0502	9,075	0,0100
4	4	4	4	7,213	0,0507	9,287	0,0100
Asymptotischer Wert				7,815	0,0500	11,345	0,0100

Größe der Stichproben					Signifikanzniveau ≈ 5%		Signifikanzniveau ≈ 1%	
N1	N2	N3	N4	N5	h	P(H≥h)	h	P(H≥h)
2	2	2	2	2	7,418	0,0487	8,291	0,0095
3	2	2	1	1	7,200	0,0500	7,600	0,0079
3	2	2	2	1	7,309	0,0489	8,127	0,0094
3	2	2	2	2	7,667	0,0508	8,682	0,0096
3	3	2	1	1	7,200	0,0500	8,055	0,0102
3	3	2	2	1	7,591	0,0492	8,576	0,0098
3	3	2	2	2	7,897	0,0505	9,103	0,0101
3	3	3	1	1	7,515	0,0538	8,424	0,0091
3	3	3	2	1	7,769	0,0489	9,051	0,0098
3	3	3	2	2	8,044	0,0492	9,505	0,0100
3	3	3	3	1	7,956	0,0505	9,451	0,0100
3	3	3	3	2	8,171	0,0504	9,848	0,0101
3	3	3	3	3	8,333	0,0496	10,200	0,0099
Asymptotischer Wert					9,488	0,0500	13,277	0,0100

H: Kritische Werte für den Friedman-Test

k=3	n=3		n=4		n=5	
	χ_r^2	P	χ_r^2	P	χ_r^2	P
	2,0	0,528	3,5	0,273	2,8	0,367
	2,7	0,361	4,5	0,125	3,6	0,182
	4,7	0,194	6,0	0,069	4,8	0,124
	6,0	0,028	6,5	0,042	5,2	0,093
			8,0	0,0046	6,4	0,039
					7,6	0,024
					8,4	0,0085
					10,0	0,00077

n=6		n=7		n=8		n=9	
χ_r^2	P	χ_r^2	P	χ_r^2	P	χ_r^2	P
2,3	0,430	3,7	0,192	3,3	0,236	2,9	0,278
3,0	0,252	4,6	0,112	4,0	0,149	4,2	0,154
4,0	0,184	5,4	0,085	4,8	0,120	4,7	0,107
4,3	0,142	6,0	0,052	5,3	0,079	5,6	0,069
5,3	0,072	7,1	0,027	6,3	0,047	6,2	0,048
6,3	0,052	7,7	0,021	7,0	0,030	8,0	0,019
7,0	0,029	8,0	0,016	9,0	0,0099	8,7	0,010
8,3	0,012	8,9	0,0084	9,8	0,0048	9,6	0,0060
9,0	0,0081	10,3	0,0036	10,8	0,0024	10,7	0,0035
9,3	0,0055	10,6	0,0027	12,0	0,0011	11,6	0,0013
10,3	0,0017	11,1	0,0012	12,3	0,00086	12,7	0,00066
12,0	0,00013	12,3	0,00032	13,0	0,00026	14,0	0,00020

k=4	n=3		n=4					
	χ_r^2	P	χ_r^2	P	χ_r^2	P	χ_r^2	P
	5,0	0,207	3,6	0,355	6,3	0,094	9,3	0,012
	5,8	0,148	3,9	0,324	6,6	0,077	9,9	0,0062
	6,6	0,075	4,5	0,242	6,9	0,068	10,2	0,0027
	7,4	0,033	4,8	0,200	7,5	0,052	10,8	0,0016
	8,2	0,017	5,4	0,158	7,8	0,036	11,1	0,00094
	9,0	0,0017	5,7	0,141	8,4	0,019	12,0	0,00007

I: Signifikanzgrenzen für Kendall-Summe (bei einseitiger Fragestellung: τ > 0 oder τ < 0)

N	α = 0,005	α = 0,010	α = 0,025	α = 0,050	α = 0,100
4	8	8	8	6	6
5	12	10	10	8	8
6	15	13	13	11	9
7	19	17	15	13	11
8	22	20	18	16	12
9	26	24	20	18	14
10	29	27	23	21	17
11	33	31	27	23	19
12	38	36	30	26	20
13	44	40	34	28	24
14	47	43	37	33	25
15	53	49	41	35	29
16	58	52	46	38	30
17	64	58	50	42	34
18	69	63	53	45	37
19	75	67	57	49	39
20	80	72	62	52	42
21	86	78	66	56	44
22	91	83	71	61	47
23	99	89	75	65	51
24	104	94	80	68	54
25	110	100	86	72	58
26	117	107	91	77	61
27	125	113	95	81	63
28	130	118	100	86	68
29	138	126	106	90	70
30	145	131	111	95	75
31	151	137	117	99	77
32	160	144	122	104	82
33	166	152	128	108	86
34	175	157	133	113	89
35	181	165	139	117	93
36	190	172	146	122	96
37	198	178	152	128	100
38	205	185	157	133	105
39	213	193	163	139	109
40	222	200	170	144	112

J: Binomial-Verteilung

p		0,1		0,2		0,3		0,4		0,5	
n	k	f(k)	F(k)	f(k)	F(k)	f(k)	F(k)	f(k)	F(k)	f(k)	F(k)
1	0	0,900	0,900	0,800	0,800	0,700	0,700	0,600	0,600	0,500	0,500
	1	0,100	1,000	0,200	1,000	0,300	1,000	0,400	1,000	0,500	1,000
2	0	0,810	0,810	0,640	0,640	0,490	0,490	0,360	0,360	0,250	0,250
	1	0,180	0,990	0,320	0,960	0,420	0,910	0,480	0,840	0,500	0,750
	2	0,010	1,000	0,040	1,000	0,090	1,000	0,160	1	0,250	1
3	0	0,729	0,729	0,512	0,512	0,343	0,343	0,216	0,216	0,125	0,125
	1	0,243	0,972	0,384	0,896	0,441	0,784	0,432	0,648	0,375	0,500
	2	0,027	0,999	0,096	0,992	0,189	0,973	0,288	0,936	0,375	0,875
	3	0,001	1	0,008	1	0,027	1	0,064	1	0,125	1
4	0	0,656	0,656	0,410	0,410	0,240	0,240	0,130	0,130	0,062	0,062
	1	0,292	0,948	0,410	0,819	0,412	0,652	0,346	0,475	0,250	0,313
	2	0,049	0,996	0,154	0,973	0,265	0,916	0,346	0,821	0,375	0,688
	3	0,004	1	0,026	0,998	0,076	0,992	0,154	0,974	0,250	0,938
	4	0,000	1	0,002	1	0,008	1	0,026	1	0,062	1
5	0	0,590	0,590	0,328	0,328	0,168	0,168	0,078	0,078	0,031	0,031
	1	0,328	0,919	0,410	0,737	0,360	0,528	0,259	0,337	0,156	0,187
	2	0,073	0,991	0,205	0,942	0,309	0,837	0,346	0,683	0,312	0,500
	3	0,008	1	0,051	0,993	0,132	0,969	0,230	0,913	0,312	0,812
	4	0,000	1	0,006	1	0,028	0,998	0,077	0,990	0,156	0,969
	5	0,000	1	0,000	1	0,002	1	0,010	1	0,031	1
6	0	0,531	0,531	0,262	0,262	0,118	0,118	0,047	0,047	0,016	0,016
	1	0,354	0,886	0,393	0,655	0,303	0,420	0,187	0,233	0,094	0,109
	2	0,098	0,984	0,246	0,901	0,324	0,744	0,311	0,544	0,234	0,344
	3	0,015	0,999	0,082	0,983	0,185	0,930	0,276	0,821	0,312	0,656
	4	0,001	1	0,015	0,998	0,060	0,989	0,138	0,959	0,234	0,891
	5	0,000	1	0,002	1	0,010	0,999	0,037	0,996	0,094	0,984
	6	0,000	1	0,000	1	0,001	1	0,004	1	0,016	1
7	0	0,478	0,478	0,210	0,210	0,082	0,082	0,028	0,028	0,008	0,008
	1	0,372	0,850	0,367	0,577	0,247	0,329	0,131	0,159	0,055	0,063
	2	0,124	0,974	0,275	0,852	0,318	0,647	0,261	0,420	0,164	0,227
	3	0,023	0,997	0,115	0,967	0,227	0,874	0,290	0,710	0,273	0,500
	4	0,003	1	0,029	0,995	0,097	0,971	0,194	0,904	0,273	0,773
	5	0,000	1	0,004	1	0,025	0,996	0,077	0,981	0,164	0,938
	6	0,000	1	0,000	1	0,004	1	0,017	0,998	0,055	0,992
	7	0,000	1	0,000	1	0,000	1	0,002	1	0,008	1

Literatur

Albert, H. (1980). Die Wissenschaft und die Suche nach Wahrheit. In: Radnitzky, G. & Andersson, G. (Hrsg.). *Fortschritt und Rationalität der Wissenschaft.* Tübingen: Mohr Siebeck, 221-245.

Albert, J. (2007). *Baysian Computation with R.* New York: Springer.

Alvesson, M. (2011). *Interpreting Interviews.* Los Angeles: Sage.

Andersson, G. (1994). *Criticism and the History of Science. Kuhn's, Lakatos's and Feyerabend's Criticism of Critical Rationalism.* Leiden: Brill.

Angele, G. (2010). *SPSS Statistics 19. Eine Einführung.* Rechenzentrum der Otto-Friedrich-Universität Bamberg. [http://www.uni-baberg.de/fileadmin/uni/service/rechenzentrum/serversysteme/dateien/spss/skript.pdf; 13.10.2010].

Ascheron, C. (2007). *Die Kunst des wissenschaftlichen Präsentierens und Publizierens. Ein Praxisleitfaden für junge Wissenschaftler.* München: Elsevier.

Baayen, R.H. (2008). *Analyzing Linguistic Data. A Practical Introduction to Statistics Using R.* Cambridge: UP.

Backhaus, K., Erichson, B., Plinke, W. & Weiber, R. (2008). *Multivariate Analysemethoden: Eine anwendungsorientierte Einführung.* Berlin: Springer.

Backhaus, K., Erichson, B. & Weiber, R. (2011). *Fortgeschrittene multivariate Analysemethoden: Eine anwendungsorientierte Einführung.* Berlin: Springer.

Behr, A. & Pötter, U. (2011). *Einführung in die Statistik mit R.* München: Vahlen.

Behrends, E. (2008). *Fünf Minuten Mathematik: 100 Beiträge der Mathematik-Kolumne der Zeitung DIE WELT.* Wiesbaden: Vieweg & Teubner.

Blom, E. & Unsworth, S. (2010). *Experimental Methods in Language Acquisition.* Amsterdam: John Benjamins.

Bod, R., Hay, J. & Jannedy, S. (Eds.) (2003). *Probabilistic Linguistics.* Cambridge, Mass.: MIT Press.

Bortz, J. (2005). *Statistik für Human- und Sozialwissenschaftler.* Heidelberg: Springer.

Bortz, J. & Döring, N. (2006). *Forschungsmethoden und Evaluation für Human- und Sozialwissenschaftler.* Berlin: Springer.

Bortz, J. & Lienert, G.A. (2008). *Kurzgefasste Statistik für die klinische Forschung. Ein praktischer Leitfaden für die Analyse kleiner Stichproben.* Heidelberg: Springer.

Bortz, J., Lienert, G.A. & Boehnke, K. (2008). *Verteilungsfreie Methoden in der Biostatistik.* Berlin: Springer.

Brosius, F. (2011). *SPSS 19.* Heidelberg: mitp-Verlag.

Brülisauer, B. (2008). *Was können wir wissen? Grundprobleme der Erkenntnistheorie.* Stuttgart: W. Kohlhammer.

Brüsemeister, Th. (2008). *Qualitative Forschung. Ein Überlick.* Wiesbaden: Verlag für Sozialwissenschaften.

Büchter, A. & Henn, H.-W. (2007). *Elementare Stochastik. Eine Einführung in die Mathematik der Daten und des Zufalls.* Berlin: Springer.

Bühl, A. (2010). *PASW 18. Einführung in die moderne Datenanalyse.* München: Pearson.

Bühner, M. (2006). *Einführung in die Test- und Fragebogenkonstruktion*. München: Pearson.

Bühner, M. & Ziegler, M. (2009). *Statistik für Psychologen und Sozialwissenschaftler*. München: Pearson.

Campbell, D.T. & Stanley, J.C. (1963). *Experimental and Quasi-Experimental Designs for Research*. Chicago: Rand McNally.

Carnap, R. (1961). *Scheinprobleme der Philosophie*. Frankfurt: Suhrkamp (Original 1928).

Carrier, M. (2006). *Wissenschaftstheorie zur Einführung*. Hamburg: Junius.

Casper, K. (2002). *Spracheinstellungen. Theorie und Messung*. Heidelberg: Books on Demand.

Chalmers, A.F. (2001). *Wege der Wissenschaft. Einführung in die Wissenschaftstheorie*. Berlin: Springer.

Cohen, J. (1988). *Statistical Power Analysis for the Behavioral Sciences*. Hillsdale: Erlbaum.

Cohen, J. (1994). The Earth is Round (p < .05). *American Psychologist, 49*, 997-1003.

Cohen, J. (2003). *Applied Multiple Regression: Correlation Analysis for the Behavioral Sciences*. Mahwah: Erlbaum.

Cook, T.D. & Campbell, D.T. (1979). *Quasi-experimentation: Design and Analysis Issues for Field Settings*. Chicago: Rand McNally.

Cropley, A.J. (2002). *Qualitative Forschungsmethoden. Eine praktische Einführung*. Eschborn: Klotz.

Dörnyei, Z. (2007). *Research Methods in Applied Linguistics*. Oxford: UP.

Duhem, P. (1908). *Ziel und Struktur der physikalischen Theorien*. Hamburg: Felix Meiner.

Eid, M. (Ed.) (2006). *Handbook of Multimethod Measurement in Psychology*. Washington, D.C.: American Psych. Assoc.

Eid, M., Gollwitzer, M. & Schmitt, M. (2010). *Statistik und Forschungsmethoden. Lehrbuch*. Weinheim: Beltz.

Feyerabend, P. (1986). *Wider den Methodenzwang*. Frankfurt/Main: Suhrkamp. (Against Method. Outline of an Anarchistic Theory of Knowledge, 1975, New Left Books).

Flick, U., Kardoff, E. v. & Steinke, I. (Hrsg.) (2009). *Qualitative Forschung. Ein Handbuch*. Reinbek: Rowohlt.

Gass, S.M. & Mackey, A. (2007). *Data Elicitation for Second and Foreign Language Research*. Mahwah: Erlbaum.

Gawronski, B. (2000). Falsifikationismus und Holismus in der experimentellen Psychologie: Logische Grundlagen und methodologische Konsequenzen. *Zeitschrift für Sozialpsychologie, 31*, 1, 3-17.

Gigerenzer, G. (1981). *Messung und Modellbildung in der Psychologie*. München: Reinhardt.

Gigerenzer, G. (2004a). *Das Einmaleins der Skepsis. Über den richtigen Umgang mit Zahlen und Risiken*. Berlin: Berlin Taschenbuch Verlags GmbH.

Gigerenzer, G. (2004b). Mindless Statistics. *The Journal of Socio-Economics, 33*, 587-606.

Gonzales-Marquez, M. et al. (Eds.) (2006). *Methods in Cognitive Linguistics*. Amsterdam: John Benjamins.

Gries, St. Th. (2008). *Statistik für Sprachwissenschaftler*. Göttingen: Vandenhoeck & Ruprecht.

Hager, W. & Spies, K. (1991). *Versuchsdurchführung und Versuchsbericht. Ein Leitfaden*. Göttingen: Hogrefe.

Hager, W. (1987). Grundlagen einer Versuchsplanung zur Prüfung empirischer Hypothesen der Psychologie. In: Lüer, G. (Hrsg.). *Allgemeine Experimentelle Psychologie*. Stuttgart: Gustav Fischer, 43-264.

Heigham, J. & Croker, R.A. (2009). *Qualitative Research in Applied Linguistics: A Practical Introduction*. New York: Palgrave Macmillan.

Held, L. & Sabanés Bové, D. (2008). *Methoden der statistischen Inferenz: Likelihood und Bayes*. Heidelberg: Spektrum.

Hellbrück, R. (2011). *Angewandte Statistik mit R. Eine Einführung für Ökonomen und Sozialwissenschaftler*. Wiesbaden: Gabler.

Hoerster, N. (2010). *Was können wir wissen: Philosophische Grundfragen*. München: C.H. Beck.

Huber, O. (2005). *Das psychologische Experiment. Eine Einführung*. Bern: Huber.

Hussy, W. & Jain, A. (2002). *Experimentelle Hypothesenprüfung in der Psychologie*. Göttingen: Hogrefe.

Jackob, N., Schoen, H. & Zerback, Th. (Hrsg.) (2009). *Sozialforschung im Internet: Methodologie und Praxis der Online-Befragung*. Wiesbaden: VS.

Jacobs, B. (2001). *Tutorium zur Versuchsplanung*. [http:www.phil.uni-sb.de/~jacobs/seminar/vpl/experiment/formal.htm; 24.9.2010].

Kennedy, G. (1993). Einladung zur Statistik. Frankfurt/Main: Campus Verlag.

Kerlinger, F.N. (1973). *Foundations of Behavioral Research*. London: Holt, Rinehart & Winston.

Keuth, H. (1998). *Karl Popper: Logik der Forschung*. Berlin: Akademie Verlag.

Kirchhoff, S., Kuhnt, S. & Lipp, P. & Schlawin, S. (2010). *Der Fragebogen: Datenbasis, Konstruktion und Auswertung*. Wiesbaden: VS Verlag für Sozialwissenschaften.

Kline, R.B. (2004). *Beyong Significance Testing*. Washington: American Psychological Association.

Koch, K.-R. (2000). *Einführung in die Bayes-Statistik*. Berlin: Springer.

Krämer, W. (1991). *So lügt man mit Statistik*. Frankfurt/Main: Campus.

Kromrey, H. (2005). *„Qualitativ" versus „quantitativ" - Ideologie oder Realität?* Symposium: Qualitative und quantitative Methoden in der Sozialforschung: Differenz und/oder Einheit? 1. Berliner Methodentreffen Qualitative Forschung, 24.-25. Juni 2005.: [http://www.berliner-methodentreffen.de/material/2005/kromrey.pdf; 11.10.2010]

Kruse, O. (1999). *Keine Angst vor dem leeren Blatt. Ohne Schreibblockaden durchs Studium*. Frankfurt: Campus.

Kuhn, Th. (1974). Bemerkungen zu meinen Kritikern. In: Lakatos, I. & Musgrave, A. (Hrsg.). *Kritik und Erkenntnisfortschritt*. Braunschweig: Vieweg, 223-269.

Kuhn, Th. (1988). *Die Struktur wissenschaftlicher Revolutionen*. Frankfurt: Suhrkamp. (The Structure of Scientific Revolutions, University of Chicago 1962).

Lakatos, I. (1974). Falsifikation und die Methodologie wissenschaftlicher Forschungsprogramme. In: Lakatos, I. & Musgrave, A. (Hrsg.). *Kritik und Erkenntnisfortschritt*. Braunschweig: Vieweg, 89-189.

Larson-Hall, J. (2010). *A Guide to Doing Statistics in Second Language Research Using SPSS*. New York: Routledge,

Leonard, Th. & Hsu, J.S.J. (2010). *Baysian Methods: An Analysis for Statisticians and Interdisciplinary Researchers*. Cambridge: Cambridge UP.

Leonhart, R. (2010). *Datenanalyse mit SPSS*. Göttingen: Hogrefe.

Lienert, G.A. (1998). *Testaufbau und Testanalyse*. München: PVU.

Litosseliti, L. (Ed.) (2010). *Research Methods in Linguistics*. London: Continuum.

Lüdeling, A. & Kytö, M. (Eds.) (2008). *Corpus Linguistics. An International Handbook*. Vol. 1 und 2. Berlin: De Gruyter.

Luhmann, M. (2010). *R für Einsteiger. Einführung in die Statistiksoftware für die Sozialwissenschaften*. Basel: Beltz.

Mackey, A. & Gass, S.M. (2005). *Second Language Research: Methodology and Design*. Mahwah: Erlbaum.

Mayer, H.O. (2008). *Interview und schriftliche Befragung. Entwicklung, Durchführung, Auswertung*. München: Oldenbourg.

Mayring, P. (2007). *Qualitative Inhaltsanalyse. Grundlagen und Techniken*. Weinheim: Beltz.

McEnery, T. & Wilson, A. (2001). *Corpus Linguistics*. Edinburgh: UP.

McMahon, A. & McMahon, R. (2005). *Language Classification by Numbers*. Oxford: UP.

Milroy, L. & Gordon, M. (2003). *Sociolinguistics. Method and Interpretation*. Maldon: Blackwell.

Mißler, B. (1993). *Datenerhebung und Datenanalyse in der Psycholinguistik*. Bochum; AKS-Verlag.

Moosbrugger, H. (2002). *Lineare Modelle. Regressions- und Varianzanalysen*. Bern: Huber.

Moosbrugger, H. & Kelava. A. (Hrsg.) (2007). *Testtheorie und Fragebogenkonstruktion*. Heidelberg: Springer.

Müller-Fonfarra, R. (2006). *Mathematik verständlich*. Augsburg: Weltbild.

Newman, P. & Ratliff, M. (2001). *Linguistic Fieldwork*. Cambridge: UP.

O'Keeffee, A. & McCarthy, M. (Eds.) (2010). *The Routledge Handbook of Corpus Linguistics*. London: Routledge.

Orth, B. (1974). *Einführung in die Theorie des Messens*. Stuttgart: Kohlhammer.

Patry, P. (2002). *Experimente mit Menschen: Einführung in die Ethik der psychologischen Forschung*. Bern: Huber.

Paolillo, J.C. (2002). *Analyzing Linguistic Variation. Statistical Models and Methods*. Stanford: CSLI Publications.

Popper, K.R. (1972). *Conjectures and Refutations. The Growth of Scientific Knowledge*. London: Routledge and Kegan Paul.

Popper, K.R. (1973). *Objektive Erkenntnis. Ein evolutionärer Entwurf*. Gürtersloh: Bertelsmann. (Objective Knowledge, Oxford: Clarendon Press, 1972).

Popper, K. (1989). Zwei Bedeutungen von Falsifizierbarkeit. In: Seiffert, H. & Radnitzky (Hrsg.). *Handlexikon zur Wissenschaftstheorie*. München: Ehrenwirth, 82-86.

Popper, K.R. (2005). *Logik der Forschung*. Tübingen: Mohr Siebeck. (1934, Julius Springer).

Quine, W.v.O. (1951). Two Dogmas of Empiricism. *Philosophical Review, 60*, 20-43.

Randow, G. v. (2009). *Das Ziegenproblem: Denken in Wahrscheinlichkeiten*. Reinbek: Rowohlt.

Rao, C.R. & Sinharay, S. (Eds.) (2007). *Psychometrics. Handbook of Statistics, Volume 26*. Amsterdam: Elsevier.

Reich, H.H., Roth, H.-J. & Neumann, U. (Hrsg.) (2007). *Sprachdiagnostik im Lernprozess. Verfahren zur Analyse von Sprachständen im Kontext von Zweisprachigkeit*. Münster: Waxmann.

Reips, U.-D. (2002). Standards for Internet-based Experimenting. *Experimental Psychology, 49*, 243-256.

Rietveld, T. & Hout, Roeland van (2010). *Statistics in Language Research: Analysis of Variance*. Berlin: De Gruyter.

Sarris, V. (1992). *Methodologische Grundlagen der Experimentalpsychologie 2: Versuchsplanung und Stadien des psychologischen Experiments*. München: Reinhardt.

Schaner-Wolles, C. (2001). Vom Umgang mit Erstspracherwerbsdaten aus Langzeit-Fallstudien. In: Gruber, H. & Menz, F. (Hrsg.). *Interdisziplinarität in der Angewandten Sprachwissenschaft. Methodenmenü oder Methodensalat?* Frankfurt/Main: Lang, 223-249.

Schnapp, K.-U., Schindler, D., Gschwend, Th. & Behnke, J. (2006). Qualitative und quantative Zugänge: Eine integrative Perspektive. In: Behnke, J., Gschwend, Th., Schindler, D. & Schnapp, K.-U. (Hrsg.). *Methoden der Politikwissenschaft. Neuere qualitative und quantitative Analyseverfahren*. Baden-Baden: Nomos-Verlagsgesellschaft, 11-26.

Schurz, G. (2008). *Einführung in die Wissenschaftstheorie*. Darmstadt: Wissenschaftliche Buchgesellschaft.

Sedlmeier, P. & Renkewitz, F. (2008). *Forschungsmethoden und Statistik in der Psychologie*. München: Pearson.

Shohamy, E. & Hornberger, N.H. (Eds.) (2008). *Encyclopedia of Language and Education. Vol. 7: Language Testing and Assessment*. New York: Springer.

Sigelman, L. (1999). Publication Bias Reconsidered. *Political Analysis, 8*, 2, 201-210.

Sixtl, F. (1967). *Messmethoden der Psychologie*. Weinheim: Beltz.

Snodgrass, J.G. & Vanderwart, M. (1980). A Standardized Set of 260 Pictures: Norms for Name Agreement, Image Agreement, Familiarity, and Visual Complexity. *Journal of Experimental Psychology: Human Learning and Memory, 6*, 2, 174-215.

Stelzl, I. (1982). *Fehler und Fallen der Statistik*. Bern: Huber.

Stephany, U. & Froitzheim, C. (2009). *Arbeitstechniken Sprachwissenschaft*. Paderborn: Fink.

Sterling, T.D. (1959). Publication Decisions and Their Possible Effects on Inferences Drawn from Tests of Significance – Or Vice Vesa. *Journal of the American Statistical Association, 54*, 285, 30-43.

Sterling, T.D., Rosenbaum, W.L. & Weinkam, J.J. (1995). Publication Decisions Revisited: The Effect of the Outcome of Statistical Tests on the Decision to Publish and Vice Versa. *The American Statistician, 49*, 1, 108-112.

Stevens, S.S. (1959). Measurement, Psychophysics, and Utility. In: Churchman, C.W. & Ratoosh, P. (Eds.). *Measurement: Definitions and Theories*. New York: Wiley.

Steyer, R. & Eid, M. (2001). *Messen und Testen*. Berlin: Springer.

Tabachnick, B.G. & Fidell, L.S. (2007). *Using Multivariate Statistics*. Boston: Pearson.

Teetor, P. (2011). *R Cookbook*. Sebastopol, CA: O'Reilly.

Tracy, R. (2007). *Wie Kinder Sprachen lernen*. Tübingen: Narr.

Trochim, W.M.K. & Donnelly, J.P. (2008). *The Research Methods Knowledge Base*. Mason: Cengage Learning.

Viswanathan, M. (2005). *Measurement Error and Research Design*. Thousands Oaks: Sage Publications.

Vul, E., Harris, C., Winkielman, P. & Pashler, H. (2009). Puzzling High Correlations in fMRI Studies of Emotion, Personality, and Social Cognition. *Perspectives on Psychological Science, 4*, 3, 274-290.

Walz, G. (2004). *Lexikon der Statistik mit ausführlichem Anwendungsteil*. München: Elsevier.

Westermann, R. (1987). Wissenschaftstheoretische Grundlagen der experimentellen Psychologie. In: Lüer, G. (Hrsg.). *Allgemeine Experimentelle Psychologie*. Stuttgart: Gustav Fischer, 5-42.

Witt, H. (2001). Forschungsstrategien bei quantitativer und qualitativer Sozialforschung. *Forum Qualitative Sozialforschung, 2.1.* [http://qualitative-research.net /fqs.htm; 13.10.2010]

Wray, A. et al. (1998). *Projects in Linguistics. A Practical Guide to Researching Language*. London: Arnold.

Zöfel, P. (2003). *Statistik für Psychologen*. München: Pearson.

Stichwortverzeichnis